本书由以下项目资助出版：

1. 福建省教育厅科技计划项目（编号JK2016029）
2. 教育部人文社科基金一般项目（编号18YJCZH059）
3. 厦门理工学院高层次人才科研启动项目（编号YKJ19007R）
4. 厦门理工学院"科研攀登计划"项目（编号XPDKT20035）
5. 厦门理工学院学术专著出版基金

历史赋能下的空间进化
——多元文化交汇与村落形态演变

Spacial Evolution in the Empowerment of History:
Intersection of Multivariate Culture and Morphological Evolution of Traditional Villages

黄源成 著

厦门大学出版社
XIAMEN UNIVERSITY PRESS
国家一级出版社
全国百佳图书出版单位

图书在版编目(CIP)数据

历史赋能下的空间进化:多元文化交汇与村落形态演变/黄源成著.—厦门:厦门大学出版社,2020.12

ISBN 978-7-5615-8034-9

Ⅰ.①历… Ⅱ.①黄… Ⅲ.①村落—研究—漳州 Ⅳ.①K925.75

中国版本图书馆 CIP 数据核字(2020)第 252523 号

出 版 人	郑文礼
责任编辑	陈进才

出版发行	厦门大学出版社
社 址	厦门市软件园二期望海路 39 号
邮政编码	361008
总 机	0592-2181111 0592-2181406(传真)
营销中心	0592-2184458 0592-2181365
网 址	http://www.xmupress.com
邮 箱	xmup@xmupress.com
印 刷	厦门市金凯龙印刷有限公司

开本	787 mm×1 092 mm 1/16
印张	15.25
插页	2
字数	402 千字
版次	2020 年 12 月第 1 版
印次	2020 年 12 月第 1 次印刷
定价	58.00 元

本书如有印装质量问题请直接寄承印厂调换

厦门大学出版社
微信二维码

厦门大学出版社
微博二维码

序

何镜堂

历史传播文明,现实成就未来。改革开放四十多年以来中国经济快速增长,各行各业突飞猛进取得了举世瞩目的成就,尤其在城市建设领域,数十年间发生了翻天覆地的变化,从而展开了一幅"激变的中国"时代图景,体现了当代中国城乡空间不断进化的历程。然而,这些变化并非"无源之水、无本之木"。南宋朱熹的《观书有感》有云"问渠那得清如许,为有源头活水来",于是我们不禁要问:究竟是什么要素赋予这个新时代与新机遇呢?答案或许就隐藏在我们的历史文化遗产之中。因为文化是传承的,是有根的,中国的五千年文化就是我们的根,如果脱离了文化,就没有生存力量。此时此刻,中国建筑师的历史使命应是立足传统而积极创新,加强中国优秀文化系统的学习,从文化内涵中领会和吸收,走有中国文化和特色的现代建筑创作道路。

传统村落与民居,蕴含民族智慧。作为中华建筑文化的核心,"天人合一、师法自然、和谐共生、厚德载物"的价值观,在当代则演绎为我们更容易去理解的所谓整体观与可持续发展观。这种理念主要体现在对自然和社会的适应,并形成鲜明的形态特征,具体可表现在城市、建筑、园林等多方面。以中国传统村落与民居为例,本质上其实是不同地区先民在不同时空下解决人与自然、人与人之间各种关系的一种方式与智慧,外在方面则表现为不同区域各具布局、空间与造型特色,鲜明地体现了传统建筑的地域性、文化性与时代性。

建筑记录时代脉动,体现空间进化历程。在当代,许多建筑作品本身就是对某些重大历史事件的一种回应,比如侵华日军南京大屠杀遇难同胞纪念馆扩建工程、汶川大地震震中纪念馆是民族灾难的历史事件,而2010年上海世博会中国馆是民族走向富强的标志。古建亦然,流传至今的传统村落与民居的形制也并不是一成不变的,它们在不同时期的内外环境推动下随着时代的变迁也不断发生迭代,其演变的路径即是不断进化的历程。

相信不少建筑界及圈外读者朋友，听说过我所提出的"两观三性"建筑理论体系。大部分人或许会认为这是只适用于当代建筑的创作哲学。这本书似乎从另外一个角度拓展了"两观三性"理论的内涵与外延，尤其是在面对传统村落保护与更新的理论探索与创作实践时依然可作为一种有益的参考。

我于20世纪90年代初曾亲自考察过福建土楼，当地乡土建筑给我留下了深刻的印象。黄源成是我亲自指导的博士生，作为闽南人，他充分利用地缘优势，对漳州地区的传统村落进行了较为深入的田野调研与具有一定理论创新性的学术探索。

未来，中国建筑要走向世界，中国文化也会在新的世纪里不断复兴与发展，这是时代的要求，也是中国建筑师与建筑历史学者的历史使命。

是为序！并以此与诸位读者共勉！

中国工程院院士
华南理工大学教授、博导
2020年11月于广州

前 言

"君不见黄河之水天上来,奔流到海不复回……""光阴迅速,时序更迁,刹那刹那,一念不住……"上述诗文均蕴含了时空的流动性与导向性内涵。时间与空间,在相互交织流转之中沉淀为历史,不断述说空间进化的故事。

"一花一世界,一叶一如来。"这种尺度的相对论以及"一叶知秋"的全息思维,为研究者的宏观研究背景与研究对象聚焦提供了具有哲学性的理论依据。

有鉴于此,本书围绕"历史赋能未来"的核心思想,以多元文化交汇为视角,以漳州传统村落形态演变为案例,以"空间进化"为落脚点,期待为读者展开一幅大比例尺度下跨越多个时空的画卷,从而体会到基于历史的动力系统与基于文化的深层逻辑。

除此之外,传统村落于我个人而言是具有一定独特意义的。从情感上来说,它是我出生与长大的地方,陪伴我度过快乐无忧的童年;从工作学习上看,它逐渐成为我的一个重要科研方向,是与教学相长的另一片天空。

本书内容分为五章。第一章,即绪论部分介绍了研究的缘起、目的、意义、对象、方法以及文献综述,重点强调了历史回顾与文化诠释的时代意义,并阐述了漳州传统村落作为研究对象的代表性。第二章,从自然环境的参与性建构、共时性结构、历时性演变与交汇性特征四个方面诠释了漳州传统村落多元文化生成与交汇的逻辑,即村落形态演变生境。第三章,从类型划分、构成体系、整体特征三个方面展开了漳州传统村落形态外部表征解析。第四章,从延续机制、转变机制、适应机制与演化规律四个方面论述了漳州传统村落形态的演化机制及其规律。第五章,从村落文化变迁、发展现状解析、多元路径探索三个方面回应了漳州传统村落形态的当代保护与发展需求。

值得一提的是,对漳州传统村落的研究,可谓是我学术生涯中的"半路出家"吧。毕竟学海无涯,难免有许多错漏之处。借用佛家所言"未成佛道,先结人缘",敬请建筑历史研究的前辈师长以及广大读者批评指正。

黄源成
2020 年 11 月

目　录

第一章　绪　论 ··· 1
1.1　研究课题缘起 ·· 1
1.1.1　回顾中国历史以拓展精神容量 ··· 1
1.1.2　文化诠释史实下的理论参照系 ·· 3
1.1.3　闽南文化见证了不同时代变迁 ·· 3
1.1.4　漳州传统村落为典型代表案例 ·· 4
1.1.5　形态演变是文化传承理论基础 ·· 6
1.2　研究目的及意义 ·· 8
1.2.1　研究目的：探索基于村落形态演变的空间进化 ·························· 8
1.2.2　研究意义：期待当代与未来地域文化有机存续 ·························· 9
1.3　研究现状综述 ·· 10
1.3.1　文化与形态演变相关研究 ··· 10
1.3.2　传统村落形态的相关研究 ··· 12
1.3.3　漳州传统村落的相关研究 ··· 19
1.3.4　上述研究现状的综合述评 ··· 21
1.4　研究对象界定与内涵 ·· 22
1.4.1　研究对象范畴与研究层面界定 ·· 22
1.4.2　相关核心概念及其内涵的阐释 ·· 26
1.5　研究内容、方法与框架 ·· 35
1.5.1　研究内容 ·· 35
1.5.2　研究方法 ·· 35
1.5.3　研究框架 ·· 37

第二章　村落形态演变生境：多元文化的生成与交汇 ··············· 38
2.1　漳州自然环境参与文化生成地域性建构 ································ 38
2.1.1　山海同构地形地貌塑造文化的封闭性与互动性 ······················· 39
2.1.2　差异明显的土壤与耕地资源孕育不同经济形态 ······················· 42
2.1.3　多元气候分区影响沿海与内陆的生产方式差异 ······················· 44
2.1.4　自然灾害多样性引发人口迁徙与祈福文化现象 ······················· 45
2.2　漳州传统村落多元文化的共时性结构 ·································· 46

	2.2.1	地理约束下的大陆文化与海洋文化	47
	2.2.2	国籍背景下的中国文化与南洋文化	50
	2.2.3	民族差异下的汉族文化与闽越文化	54
	2.2.4	民系分支下的闽海文化与客家文化	57

2.3 漳州传统村落多元文化的历时性演变 ………………………………… 61
    2.3.1 先秦时期：闽越土著文化的自然发展 …………………………… 64
    2.3.2 秦汉时期：中原汉族文化的初步介入 …………………………… 66
    2.3.3 唐宋元时期：中原汉族文化成为主流文化 ……………………… 67
    2.3.4 明清时期：宗族村落的大规模发展 ……………………………… 69
    2.3.5 清末至民国：中国文化外溢与南洋文化的引入 ………………… 70

2.4 漳州传统村落多元文化的交汇性特征 …………………………………… 72
    2.4.1 中心与边缘：基于空间区位与信息密度的文化迁徙 …………… 73
    2.4.2 一体与多元：基于空间层叠与时间承传的文化共生 …………… 75
    2.4.3 内生到外溢：基于人口增长与商业贸易的文化溢出 …………… 75
    2.4.4 化外到化内：基于行政管理与儒家教育的文化融合 …………… 77

2.5 本章小结 …………………………………………………………………… 78

第三章 村落形态外部表征：从类型、构成到特征 ……………………………… 79

3.1 漳州传统村落形态的类型划分 …………………………………………… 79
    3.1.1 基于文化视野下的民系类别与经济形态 ………………………… 79
    3.1.2 基于物质层面下的村落规模与历史风貌 ………………………… 85

3.2 漳州传统村落形态的构成体系 …………………………………………… 90
    3.2.1 不同地貌环境下村落选址的多样性 ……………………………… 90
    3.2.2 不同结构组织下村落格局的差异性 ……………………………… 92
    3.2.3 自然与人工边界的构成及相互关系 ……………………………… 94
    3.2.4 村落街巷与重要节点下的公共空间 ……………………………… 103

3.3 漳州传统村落形态的整体特征 …………………………………………… 108
    3.3.1 顺应自然与因地制宜的环境介入方式 …………………………… 108
    3.3.2 聚族而居与内向防御的空间组织模式 …………………………… 109
    3.3.3 形态多样与相互交融的历史风貌特色 …………………………… 111

3.4 本章小结 …………………………………………………………………… 116

第四章 村落形态演变内在机理：演化机制及其规律 ……………………………… 117

4.1 漳州传统村落形态的延续机制 …………………………………………… 119
    4.1.1 聚族而居与祖先崇拜的宗族社会形态 …………………………… 120
    4.1.2 漳州区域地理特色下的村落经济形态 …………………………… 127
    4.1.3 风水、礼制与宗教影响下的意识形态 …………………………… 130

4.2 漳州传统村落形态的转变机制 …………………………………………… 138
    4.2.1 族群械斗与倭寇匪患的民间社会动乱 …………………………… 139
    4.2.2 沿海海禁、迁界与卫所屯田国家制度 …………………………… 147

  4.2.3　唐初陈元光平定漳州与明清海外移民 ························ 150
 4.3　漳州传统村落形态的适应机制 ································· 154
  4.3.1　月港海外贸易与九龙江内陆贸易联动 ························ 156
  4.3.2　"王化"与"儒化"政策的共同推动 ························ 160
  4.3.3　不同族群多元宗教信仰之间相互融合 ························ 164
 4.4　漳州传统村落形态的演化规律 ································· 166
  4.4.1　村落整体规划布局演化的性质与路径 ························ 167
  4.4.2　村落安全防御体系的空间与精神构建 ························ 173
  4.4.3　村落公共空间的功能复合与形态强化 ························ 178
 4.5　本章小结 ··· 182

第五章　村落形态的当代困境与机遇：保护与发展 ························ 184
 5.1　全球化与城镇化背景下漳州传统村落文化变迁 ····················· 185
  5.1.1　从解构到转型到重构的历史脉络 ···························· 185
  5.1.2　从全球到地方的多维性驱动因素 ···························· 187
  5.1.3　从传统到现代不同机制相互博弈 ···························· 188
 5.2　文化变迁下漳州传统村落形态的发展现状解析 ····················· 189
  5.2.1　传统村落形态存续现状 ···································· 189
  5.2.2　传统村落形态保护困境 ···································· 194
  5.2.3　传统村落形态发展机遇 ···································· 198
 5.3　漳州传统村落形态保护与发展的多元路径探索 ····················· 200
  5.3.1　多元价值作为保护发展基础 ································ 200
  5.3.2　物质与非物质文化遗产对象 ································ 205
  5.3.3　整体保护与可持续发展原则 ································ 206
  5.3.4　空间策略与协同性策略结合 ································ 208
 5.4　本章小结 ··· 212

总结与展望 ·· 214

参考文献 ·· 218

附录：调研传统村落概况信息表 ······································ 227

后记 ·· 228

图片目录

图 1-1	中华古代文明的象征之——北京故宫	2
图 1-2	"中国传统村落"——南靖县石桥村	4
图 1-3	世界遗产——南靖田螺坑鸟瞰图	5
图 1-4	世界遗产——南靖县河坑村鸟瞰图	6
图 1-5	国家级文物保护单位——漳浦县赵家城(堡)鸟瞰图	7
图 1-6	论文的研究视角示意图	8
图 1-7	国内以"传统村落"为主题的学位论文数量统计	15
图 1-8	传统村落文化的层次性	28
图 1-9	影响文化变迁的内外因素结构	31
图 1-10	研究框架示意图	37
图 2-1	漳州传统村落文化的自然性基础示意图	39
图 2-2	九龙江冲积平原	40
图 2-3	山海同构对文化的塑造示意图	41
图 2-4	自然灾害影响下的移民与祈福文化现象示意图	46
图 2-5	漳州传统村落多元文化的共时性结构示意图	47
图 2-6	古闽越族耕作图景	49
图 2-7	客家人的农耕用具	49
图 2-8	漳州地区海洋文化历史示意图	50
图 2-9	中国文化形成的两个步骤示意图	51
图 2-10	珪后村祠堂的敬祖示意图	52
图 2-11	中原文化的源流、内涵、地位的分析框架图	55
图 2-12	疍民水上传统武术——蛇刀斗	56
图 2-13	漳州水上居民习俗——祭王船	56
图 2-14	塔下村临溪土楼的"吊脚"式处理	60
图 2-15	上洋村土楼民居的"吊脚"式处理	60
图 2-16	漳州出土的先秦时期石器陶器和玉器	64
图 2-17	延续至今的"干栏式"建筑	66
图 2-18	高山族服饰	66
图 2-19	武夷山闽越王城陶器文化因素组合示意图	67
图 2-20	平和县秀峰乡福塘村朱氏族谱	69
图 2-21	芦溪镇芦丰村"丰作阙宁楼"	70

图 2-22	龙海市海澄镇合浦村苏宅	72
图 2-23	漳州传统村落多元文化的时空交汇示意简图	73
图 2-24	漳州传统村落多元文化的"中心与边缘"特征示意图	73
图 2-25	漳州传统村落多元文化的"一体与多元"特征示意图	75
图 2-26	漳州传统村落多元文化的"内生与外溢"特征示意图	76
图 2-27	漳州传统村落多元文化的"化外到化内"特征示意图	77
图 3-1	漳州传统村落形态的类型划分示意图	79
图 3-2	古月港饷馆码头遗址	83
图 3-3	月港商市遗址——帆巷	83
图 3-4	埭尾村	84
图 3-5	华侨对侨乡建设作用的时空规律	85
图 3-6	天一总局旧址	85
图 3-7	龙海市城内社"黄开盛楼"	85
图 3-8	具有鲜明地域特征的闽南民居燕尾脊——以埭尾村为例	88
图 3-9	长泰县珪后村叶文龙故居主入口	88
图 3-10	南靖县上洋村和平古寨与周边土楼民居	89
图 3-11	诒安堡的城门与城墙	90
图 3-12	和春村两种风格民居的共存	90
图 3-13	村落形态构成体系示意图	90
图 3-14	龙海市埭尾村的网状街巷	105
图 3-15	依山而建错落有致的下版寮传统民居	109
图 3-16	西安半坡村落遗址复原图	110
图 3-17	秀峰乡福塘村福墩美组团鸟瞰图	111
图 3-18	以鹅卵石乡土材料为特色的和春村土楼民居	113
图 4-1	漳州传统村落形态演化的基本动力与作用机制示意图	118
图 4-2	漳州传统村落形态演化的动力与机制合成示意图	118
图 4-3	漳州传统村落形态的延续机制示意图	119
图 4-4	漳州传统村落聚族而居的内涵与村落形态的关系示意图	122
图 4-5	祖先崇拜的内涵与村落形态的关系示意图	125
图 4-6	芗城区洪坑村深度宗祠	125
图 4-7	塔下村德远堂	127
图 4-8	上洋村庄亨阳墓	127
图 4-9	神农教稼图	128
图 4-10	传统农耕的内涵与村落形态的关系示意图	129
图 4-11	河流与海洋的商业经济内涵与村落形态的关系示意图	130
图 4-12	龙海市埭尾村通过内河水系连通九龙江开展贸易	130
图 4-13	中国古代最佳城址选择示意图	133
图 4-14	钟腾村榜眼府主入口	134

图 4-15	具有礼制精神的诒安堡中轴线民居建筑群	135
图 4-16	信仰文化空间的意义示意图	136
图 4-17	长泰县珪后村普济岩寺主入口	137
图 4-18	漳州传统村落形态的转变机制示意图	138
图 4-19	龙海宋江九州八卦阵	143
图 4-20	云霄县菜埔堡复原鸟瞰图	147
图 4-21	明代中叶福建各地墟市情况	148
图 4-22	龙海市角美镇杨厝村过井社"林氏义庄"	154
图 4-23	南洋华侨文化对漳州城乡风貌的影响示意图	154
图 4-24	漳州传统村落形态的适应机制示意图	155
图 4-25	菜埔村车寮传统制糖工艺	158
图 4-26	明代驰名海外的漳州瓷器	158
图 4-27	松洲书院	160
图 4-28	松洲书院石柱	160
图 4-29	明正德科考名录	162
图 4-30	福塘村"寿山耸秀"民居	164
图 4-31	漳州市文衡殿"哪吒鼓乐"民俗信仰	165
图 4-32	龙海市林前村"伽蓝药王巡社"民俗信仰	165
图 4-33	南欧村天后宫	166
图 4-34	下版寮村天后宫	166
图 4-35	主动控制下的演化性质示意图	167
图 4-36	被动演化的性质示意图	168
图 4-37	南欧村手绘鸟瞰图	174
图 4-38	洪坑村"鸿湖乐居"楼防御示意图	176
图 4-39	生产与生活相结合的公共空间实例	180
图 4-40	芦丰村祠堂兼作老人活动中心	180
图 4-41	漳州"舆神渡河"民俗	180
图 5-1	传统村落的现代困境与机遇共存示例	184
图 5-2	改革开放后漳州地区农村农户投资额的年度统计图	186
图 5-3	新中国成立后漳州农村非农村户籍所占比例的演变历程示意图	187
图 5-4	漳州市各地区 2016 年人口迁移情况统计图	188
图 5-5	旅游发展推动下的村落公共设施建设实例	200
图 5-6	漳州传统村落历史价值的示意	202
图 5-7	漳州传统村落文化价值的示意图	202
图 5-8	漳州传统村落生态价值的示意图	203
图 5-9	漳州传统村落艺术价值的示意图	205
图 5-10	漳州传统村落中活态非物质文化遗产实例	207
图 5-11	上海松江方塔园	208

表格目录

表 1-1	闽南地区传统村落现状概况	5
表 1-2	中国传统村落形态的早期相关研究概况	13
表 1-3	漳州的建制沿革历史示意	23
表 1-4	"中国传统村落"的评价要求	24
表 1-5	漳州市"中国传统村落"名录	25
表 1-6	传统村落形态研究的层次划分	26
表 1-7	传统村落文化类型	27
表 1-8	功能主义人类学的代表人物与观点	29
表 1-9	文化区的特征	30
表 1-10	相关学者对"传统村落"的概念辨析	32
表 1-11	相关概念与本书"传统村落"概念的相近性示意	32
表 1-12	与"传统村落"概念相近的词汇辨析示意	33
表 2-1	漳州地区的地貌特征	39
表 2-2	漳州地区的土壤概况	42
表 2-3	万历《漳州府志》关于漳州农田的记载	43
表 2-4	漳州地区耕地的统计概况	44
表 2-5	漳州市典型气候分区	45
表 2-6	新中国成立前漳州地区历史灾害统计表	45
表 2-7	中国文化的特征概述	52
表 2-8	华侨对侨乡的近代化影响	53
表 2-9	闽海系相近概念示意	58
表 2-10	关于客家民系源流的记载概要	59
表 2-11	漳州人口迁移变化历史进程的主要脉络示意	62
表 2-12	漳州传统村落的演变历程概况示意	63
表 2-13	漳州史前遗址目录表	64
表 2-14	客家族谱里的迁徙记载	68
表 2-15	漳州华侨商人在海外积极投入家乡各种公共事业的案例	71
表 3-1	基于经济形态的传统村落形态类型表	81
表 3-2	村落规模类型与统计表	86
表 3-3	村落风貌类型与统计表	87
表 3-4	村落选址环境背景类型与统计表	91

i

表 3-5	自然环境类型	91
表 3-6	村落格局意象类型表	93
表 3-7	村落格局意象类型示意图	93
表 3-8	自然边界类型统计表	96
表 3-9	自然边界类型示意图表	96
表 3-10	村落人工边界构成要素示意图	99
表 3-11	基于边界完整性的类型表	100
表 3-12	村落人工边界的边界完整性示例	100
表 3-13	自然边界与人工边界关系的类型统计表	101
表 3-14	自然边界与人工边界关系的示例	102
表 3-15	漳州传统村落街巷空间类型统计表	104
表 3-16	规整与自由的村落布局示意图	112
表 3-17	人工与自然统一的示意图	113
表 3-18	村落层面上不同民居风格交融的示意图	115
表 4-1	漳州传统村落形态的延续动力因素及其影响结果	120
表 4-2	漳州传统村落中的村规民约示例	122
表 4-3	中国家族制度的变迁概况	123
表 4-4	传统村落风水的社会内涵	131
表 4-5	漳州传统村落形态的转变动力因素及其影响结果	139
表 4-6	漳州地区不同族群之间械斗的基本原因	140
表 4-7	明清朝廷对漳州地区械斗的记载与评价	142
表 4-8	漳州地区的民间武术类型及其源流	142
表 4-9	漳州地区历史倭患记载表	144
表 4-10	漳州地区的海陆防历史遗存名录	145
表 4-11	清政府沿海海禁与迁界政令	147
表 4-12	漳州地区"迁界"范围及其影响示例	148
表 4-13	漳州地区的海防体系构成	149
表 4-14	陈元光开发漳州的事迹	151
表 4-15	中原文化对漳州文化的主要影响	152
表 4-16	华侨形成的历史背景	153
表 4-17	漳州传统村落形态的适应动力因素及其影响结果	155
表 4-18	清代漳州的交通网络示意	159
表 4-19	漳州传统村落中民间私学的案例	162
表 4-20	村落演化性质类型统计表	167
表 4-21	基于演化路径的村落统计表	170
表 4-22	不变型的演化示意表	171
表 4-23	变化型的演化路径示意表	172
表 4-24	基于精神防御的村落祠堂布局示意图	177

表 4-25	私人与公共空间复合的示意图	179
表 4-26	漳州传统村落公共空间形态基于技术的强化示意图	181
表 5-1	基于村落整体格局演化路径的村落类型统计表	190
表 5-2	不变型的传统村落演化示意表	190
表 5-3	变化型的演化示意表	192
表 5-4	村落历史风貌保护情况统计表	193
表 5-5	现代传统村落的生长模式	197
表 5-6	传统村落保护的三层次任务	206
表 5-7	基于功能活化的空间策略工程案例	209
表 5-8	地区建筑营建体系与其他营建体系比较	211

第一章 绪 论

1.1 研究课题缘起

1.1.1 回顾中国历史以拓展精神容量

不可否认,人类社会在近现代西方文化的主导下获得了巨大的进步。于是,随着现代全球化进程的不断推进,人类文化发展进入了一种所谓的"西方文化中心论"时代,以至于西方文化所成就的现代性,被视作一个完备的价值系统。但是,假设这个立论可以成立的话,那么今天的西方文化就应当可以独立承担伟大历史重任,指引着人类未来走向光明前途。事实上,西方文化却逐渐暴露出一些严重的问题,甚至为全球社会与生态带来诸多负面影响[1]。

然而,当从更为广阔的人类发展历史视角去解析全球化现象时,我们会发现,不同于前者将全球化完全等同于西方化的"一元文化观[2]",以现代德国哲学思想家卡尔·雅思贝斯(Karl Jaspers)所提出的"轴心时代"为代表的多元文化理论立场,表明了在公元前8世纪到前2世纪之间,一些各自独立发展的人类文化共同体,从原生性的文明向"超越的突破"的成熟形态转化,从而形成了"轴心文明"[3]。在漫长人类历史中,古代中国(图1-1)、希腊与印度这些文明古国,都曾经秉承着一种所谓的自我轴心意识(self-axial consciousness),自认为是世界中心,从而在其民族的自我与他者之间建立一种合理的区别与认同关系(relationship of discrimination and identification)[4]。而且历史也验证了,只有这种文明系统才能获得未来进一步发展的空间。

作为轴心文明的载体,中国以天下为思考尺度的普世主义是其重要特征,促使中国的精神结构中蕴含着普遍主义的价值观,于是在古代,它将自己理解为世界本身;而在现代,只有借助普遍主义的理念才能理解中国与世界的关系,因为单纯的民族主义理念无法提供足够

---

[1] 负面影响大致有三个方面。一是人生价值意义的缺失,因为现代哲学与科学不能取代宗教提供终极的价值和意义;二是唯科学主义带来非人性化的倾向,人类沦为科学技术的奴隶;三是过度开发利用自然资源,打破自然生态系统平衡,出现了生态危机。

[2] 一元文化观,指的是将全球化等同于西方化,认为全球化的实质就是逐渐在全球范围内推行源于西方的社会制度、价值取向、思维方式乃至生活方式。详见:李翔海.20世纪中国哲学研究[M].天津:天津人民出版社,2012:170.

[3] 李翔海.20世纪中国哲学研究[M].天津:天津人民出版社.2012:170.

[4] 高建,刘训练.回顾与展望:中外政治思想史研究[M].北京:世界知识出版社,2014:301.

图 1-1 中华古代文明的象征之一——北京故宫
图片来源：作者自绘

的精神容量，以支撑起它的精神世界[1]。

中国的发展历史，就是多元文化共生的历程。有关考古学的新石器时代资料表明了先秦时期中华大地上已经并存着多种地方性文化区[2]。秦汉时期的统一，首次促成了多元一体格局的形成，并以汉文化为中心不断传播并融合其他民族的文化。费孝通先生的"中华民族多元一体"理论，阐释了中华文明生生不息、不断茁壮之因：提倡"各美其美，美人之美，美美与共，天下大同[3]"的观念，并不断地兼容并蓄不同文化的特色，成就多元文化的心胸气概。中国除了具有高原、草原、平原、海洋等多元地理结构，还是一个以汉、满、蒙、回、藏为主体的多元民族结构的国家，在两千多年的多次历史变迁和整合下，中国文化多元一体的格局基本形成，各族文化共同适应、共同发展是我国民族关系以及中华民族文化形成过程中的主要特征[4]。

21 世纪以来，在人工智能等先进科技、互联互通的信息交流模式下，世界已发生根本变化，基于技术的变迁全球秩序也走向新的格局。众所周知，自改革开放四十多年以来，中国在文化、经济、科技等方面获得了巨大的发展，成就举世瞩目。在全球化过程中，中国已经逐渐融入并重构着世界的经济、文化、政治等秩序。然而，纵览世界历史，一个迅速崛起的国家，往往会促使其所处的原有诸多体系产生深刻变迁，当过去的参照系失效时，便容易陷入一种迷茫与焦虑。此时此刻，当我们回顾历史，基于对中国历史的重新理解，廓清当下的处境，才能更好地建构对未来的想象愿景。从这个意义上去认知过去的苦难与辉煌时，历史学即是未来学。

---

[1] 施展.枢纽：3000 年的中国[M].桂林：广西师范大学出版社，2018：1-3.
[2] 到了春秋战国之后，地方性文化逐渐发展为中原、齐鲁、楚越与巴蜀等多种文化百花齐放的状态。
[3] 李培林，李强，马戎.社会学与中国社会[M].北京：社会科学文献出版社，2008：637.
[4] 袁年兴.族群的共生属性及其逻辑结构——一项超越二元对立的族群人类学研究[M].北京：社会科学文献出版社，2015：237.

1.1.2 文化诠释史实下的理论参照系

一个民族在叙述有关自己和世界命运的宏大历程时,最能展现自己心智中的文明意识[1][2]。文化乃一个国家或地区影响力、凝聚力与感召力之重要体现。中国文化源远流长、博大精深,其丰富多元、包容和谐的特性在不同的历史阶段中,依然持续焕发出新的生命力。不同的文化类型在对立中走向互相融合而生生不息,从而构建出一幅幅多彩多姿、各具特色的文化篇章。

恩格斯曾说:"一个民族要站在科学的最高峰,就一刻不能离开理论思维[3]。"史学家余英时先生曾就实证与诠释的关系进行论述:"……论世必尚外在之客观,故实证之法为不可废;知人必重内在之主观,故诠释之法亦不可少……内外合一、主客交融即思维之所由起也;使内外不合、主客不交,则思维之道绝矣……[4]"因此作为客观的实证历史与作为主观的文化诠释是相辅相成、缺一不可的。历史研究和文化研究的区别在于:历史是实证的,而文化是诠释的;历史通过实证以证明其存在,而文化则通过诠释完成一种建构[5]。作为历史的投影,文化是基于特定的空间而发展形成的历史范畴,不存在超越时空的文化。文化建构需要有历史实证作为其基础或背景;历史实证则需要文化建构从而升华为一种理解媒介,并且获得认知的理论参照系。

1.1.3 闽南文化见证了不同时代变迁

人类发展史揭示了"文明都摆脱不了地理空间的约束","文明是以地区的形式展现的"[6]。中国历史悠久、幅员辽阔,且各区域自然环境、经济发展等差异下的发展进程各有不同,因此中国文化在多元化自然与文化背景的差异影响下[7],具有显著的多样性、层次性、地域性。地域文化作为地域历史过程生存方式的动态积淀,在一定程度上既反映了世界与中国的深层次宏观历史背景,也体现了这一区域内人群特有的文化传统、心理和性格。

兼具普遍性与地域性于一体的闽南文化,是中国文化在历史发展过程中的延伸,是在汉人南下进入福建后,吸收当地原住民以及历代不同国家与民族外来文化的基础上,逐渐形成的具有自身特点和个性的区域文化[8]。因此,闽南地域文化见证了古代中国的历史演变,同时也展示了以南洋华人为代表的近代中国融入以东南亚为代表的世界秩序的历史进程。

---

[1] 高建,刘训练.回顾与展望:中外政治思想史研究[M].北京:世界知识出版社,2014:302-303.

[2] 所谓文明意识,是指这个民族在化育人伦的创造活动中产生的自觉担当意识:一个民族确证自己拥有某种卓越的德性,能够在由诸民族所构成的人类大家庭中有所担当、有所创造,因而成为化育人伦的轴心。参见,高建,刘训练.回顾与展望:中外政治思想史研究[M].北京:世界知识出版社,2014:302-303.

[3] 施展.枢纽:3000年的中国[M].桂林:广西师范大学出版社,2018:序言.

[4] 余英时.方以智晚节考[M].北京:生活·读书·新知三联书店,2012:5.

[5] 福建省炎黄文化研究会,世界(澳门)闽南文化交流协会编.闽南文化的当代性与世界性[M].福州:海峡文艺出版社,2015:108.

[6] 单军.建筑与城市的地区性——一种人居环境概念的地区建筑学研究[M].北京:中国建筑工业出版社,2010:2.

[7] 差异性的体现一方面是西高东低的阶梯式地理分布涵盖了山川、高原、丘陵、平原、盆地、湖泊、海洋等多种类型的地形地貌,一方面是南北纬度与地形环境不同条件下所形成的多种气候,一方面是基于56个民族文化背景下的多民族自治与融合。

[8] 林华东.闽南文化:闽南族群的精神家园[M].厦门:厦门大学出版社,2013:3.

1.1.4 漳州传统村落为典型代表案例

2007年闽南地区成为我国第一个国家级文化生态保护实验区[1][2]。闽南文化主要由厦门、漳州、泉州三地文化所构成,三者之间既有共同特征,同时也各具特色。漳州,作为国家历史文化名城,位于福建省南部,属于多民族聚居、多宗教融合的闽南文化圈区域。

作为世界上一种独立而成熟的体系,中国传统建筑与园林在历史上成就斐然,其所依赖的丰厚的传统与地方性的原型环境资源,可从中提炼并构建反映中国传统文化与地域特色的环境模式语言[3]。作为中国传统农业文明的物质载体,那些以村落自组织营造机制下的历史建筑为主体的传统村落,才是真正属于中国的建筑文化传统。传统村落是民族性与地方性最为突出的聚居单元,每个村落皆因其生活习惯、文化素养、民族风俗、地区自然条件等方面的制约形成独特的物质文化和村落形态[4]。

相比较厦门和泉州两座城市而言,漳州传统村落文化更具有多元性的特征,并且这种多元性的特征集中体现在其丰富多彩的传统村落形态上。漳州市由西到东所呈现出的山海各异的多样地理环境特殊性与不同民系的文化,孕育了具有鲜明地域特征与不同风格的传统村落形态(图1-2)。

图1-2 "中国传统村落"——南靖县石桥村
图片来源:作者改绘[5]

截至2017年9月,漳州市共有4个村落列入世界遗产"福建土楼"名录[6](图1-3),25个村落进入国家建设部所公布的"中国传统村落"名录,4个村落被评为"中国历史文化名村",

---

[1] 文化生态保护实验区,是指以保护非物质文化遗产为核心,对历史文化积淀丰厚、存续状态良好,具有重要价值和鲜明特色的文化形态进行整体性保护,并经省级以上文化行政主管部门批准设立的特定区域。

[2] 实验区的目标在于重点保护古建筑、历史街区、传统民居、当地民居及其民族传统生产生活方式、风俗习惯、文化艺术、传统手工艺等重要表现形式,重视对整个文化生态环境的维护。详见:夏涛.文化遗产保护与闽南文化生态保护实验区[J].闽台文化交流,2008(1):20-25.

[3] 王健.关于构建中国环境模式语言的思考[J].风景园林,2008(1):72-74.

[4] 赵之枫.传统村镇聚落空间解析[M].北京:中国建筑工业出版社,2015:前言.

[5] 黄汉民,陈立慕.福建土楼建筑[M].福州:福建科学技术出版社.2012:114

[6] 2008年,"福建土楼"被联合国教科文组织批准,列入了"世界遗产名录",漳州地区的土楼是其中不可或缺的重要组成部分。世界遗产"福建土楼"包含福建省漳州市南靖县的田螺坑土楼群、河坑土楼群、和贵楼、怀远楼,华安县的大地土楼群;龙岩市永定区的高北土楼群、洪坑土楼群、初溪土楼群和衍香楼、振福楼。

数量位居闽南地区之首、福建地区的前列。具有多元自然环境、文化背景的漳州传统村落，是闽南多元文化存续的一种载体,具有较高的研究价值(表1-1)。2016年《闽南文化生态保护区总体规划》漳州市实施方案出台,其总体目标涵盖了文化遗产保护基础设施的建设、文化生态保护体制的建立、文化生态平衡的维护、文化自觉和文化自信的培养、精神家园的构建[1]。

图1-3 世界遗产——南靖田螺坑鸟瞰图

图片来源:作者自绘

表1-1 闽南地区传统村落现状概况

城市	中国传统村落	《世界遗产名录》	国家4A、5A级景区	中国历史文化名村	民系类型
厦门	无	无	无	无	闽海
泉州	19个	无	崇武古城	福全村、土坑村	闽海
漳州	26个	●南靖县田螺坑、河坑村 和贵楼,怀远楼,华安县的大地土楼群	●南靖县田螺坑、河坑村、和贵楼,怀远楼,华安县大地土楼群	●田螺坑、钟腾村、庄上村,埭尾村	●闽海、客家

资料来源:作者绘制整理[2]

---

[1]《闽南文化生态保护区总体规划》漳州市实施方案出台[N].闽南日报,2016-05-22(第01版:要闻).

[2] 厦门历史上也有客家人传统村落的存在,但是目前在文化(以语言为代表)与民居形式上均完全被闽海系同化。详见:廖荣富,中共厦门市委宣传部,厦门市社会科学界联合会编.山陬海隅客家歌:厦门客家古村落研究[M].厦门:厦门大学出版社,2009.而根据现有调查和文献,泉州地区至今尚未发现有客家聚落。详见:张佑周,吴福文,张树廷.闽西客家研究丛书:海峡客家论集[M].成都:四川民族出版社,2012:60.

1.1.5 形态演变是文化传承理论基础

经由先民经营与传承的传统村落,是中国传统人居环境之重要组成部分,彰显了传统社会中的思想、生活、经济与技术,为后世珍贵之遗产,可作当代城市和乡镇建设之鉴。在几千年的发展历程中,中国传统村落在一种"选择→范式→模仿→改进"的模式下,逐渐形成了自己独特的体系(图1-4),并因其符合地域性经济技术的背景和契合当地生活方式的空间形制,得到广泛的认同与传承。地方性是传统村落的本质特征和可持续发展的根本,传统村落是地方性的具体体现和载体,是认识和理解地方性的重要途径[1]。基于"天人合一"的理念,中国各民族、地区的地域性建筑注重人与自然的协调发展,提倡建筑与环境的有机统一以形成共生的关系,这与当前的生态环境观与可持续性发展方向是紧密联系的。因此,传承和发扬地域性文化,探索其文化遗传的基因,将其适应时代和社会发展的理念与策略发扬光大,用以指导当代中国的创作和实践[2]。传统村落作为地域文化的重要载体,解读其形态差异与演变规律,是揭示其背后地理环境、经济技术、社会文化等多重因素关联与内涵的第一步,也是后续保护与发展过程中文化传承的理论基础(图1-5)。

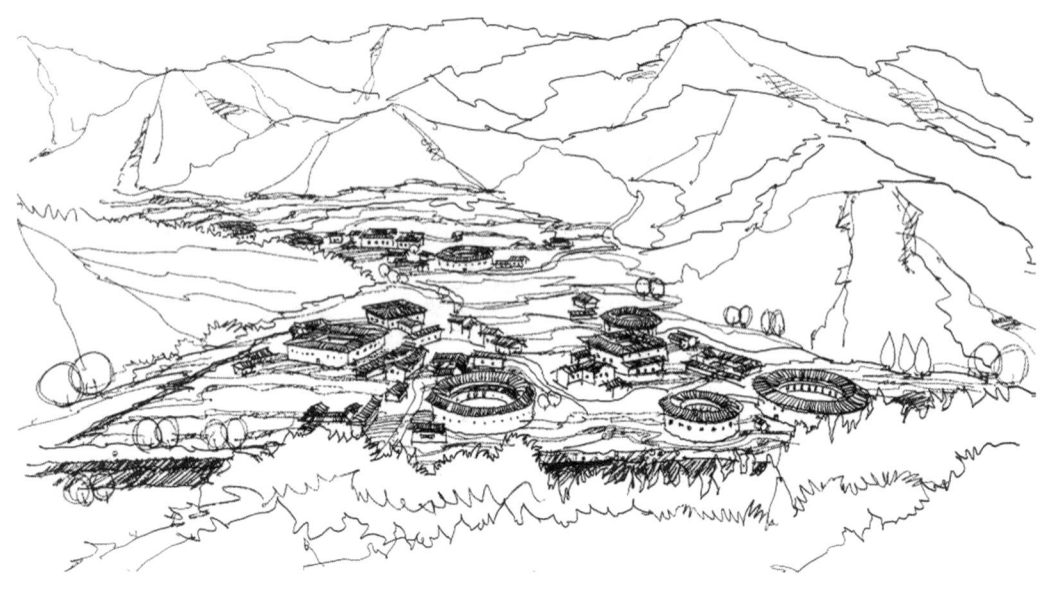

图1-4 世界遗产——南靖县河坑村鸟瞰图
图片来源:作者自绘

---

[1] 王云才.传统地域文化景观之图式语言及其传承[J].中国园林杂志,2009(10):73-76.
[2] 杨大禹.地域性建筑文化基因传承与当代建筑创新[J].新建筑,2015(5):99-103.

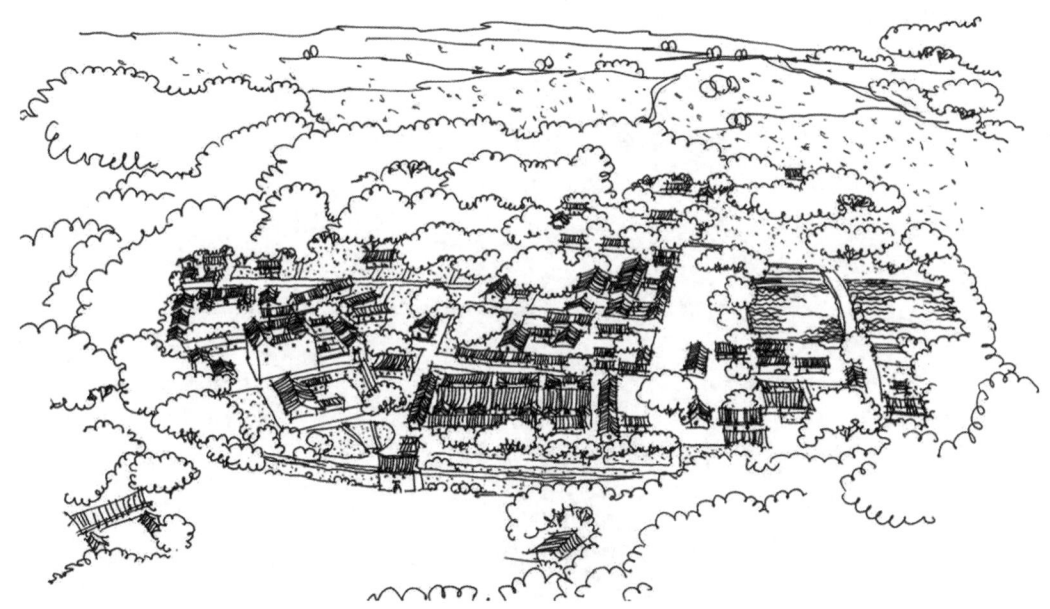

图 1-5　国家级文物保护单位——漳浦县赵家城(堡)鸟瞰图
图片来源:作者自绘

有关中国传统村落的研究,肇始于 20 世纪初跨度时间近一百年的"乡村研究"议题。建筑学的"乡村研究"发轫于中国营造学社对传统住宅的调研,早期侧重于通过研究民居建筑单体来探寻中国建筑之特征,后来逐渐进入到以具体村落为研究情境的民居建筑群和聚落研究[1]。改革开放后,在当代市场经济驱动下的全球化与快速城市化进程下,中国传统村落的社会组织、物质空间形态经历巨变,导致城乡社会空间的断裂和历史文化的消亡[2]。因此传统村落的研究语境已随之发生了改变,仅仅停留于民居建筑单体与静态的认知方式是不够的,更加全面化的系统解析是当代传统村落研究的意义所在,并值得我们不断去深入思考和探寻。

漳州传统村落的研究,长期以来以静态层面的村落个案与民居单体作为主要研究视角。主要有以下原因:从研究的客体上看,改革开放前传统村落的破坏,主要是个别民居单体的损坏,未出现后来城镇化进程下大规模的系统性巨变,同时之前的经济发展水平较低,村落整体性保护研究的紧迫性与可行性都存在不足;从研究的主体上看,早期的学科研究视角较为单一、研究方法和技术较为传统,对于单体的研究来说基本可以实现研究目的,但是由于缺乏地理信息与计算机技术的支持,村落整体性研究的技术支撑尚未成熟。当前传统村落的系统性保护与发展面临着一系列的困境,多元开放的研究视角与方法带来了新的时代选择,这赋予漳州传统村落历史一种新的解析路径:从地域主体出发来考察建筑历史,以区域

---

[1] 雷冬雪,鲁安东.基于"场所"工具的滨水乡村聚落分析与设计研究——以里下河地区沙沟镇为例[J].时代建筑,2017(4):66-79.

[2] 20 世纪 90 年代以来,随着城市化进程的加速,传统村落从人口、文化、社会、环境、产业、经济、建筑等多方面受到了严峻的考验。随着技术与经济的发展,现代乡村建设突破了原有的传统村落空间秩序,传统村落原有特征性和相互差异性在后工业文明的野蛮蔓延下逐渐消失,从而缩减了这种时空与文化距离感。

村落宏观整体为研究尺度,重新发掘传统村落的价值所在(图1-6)。

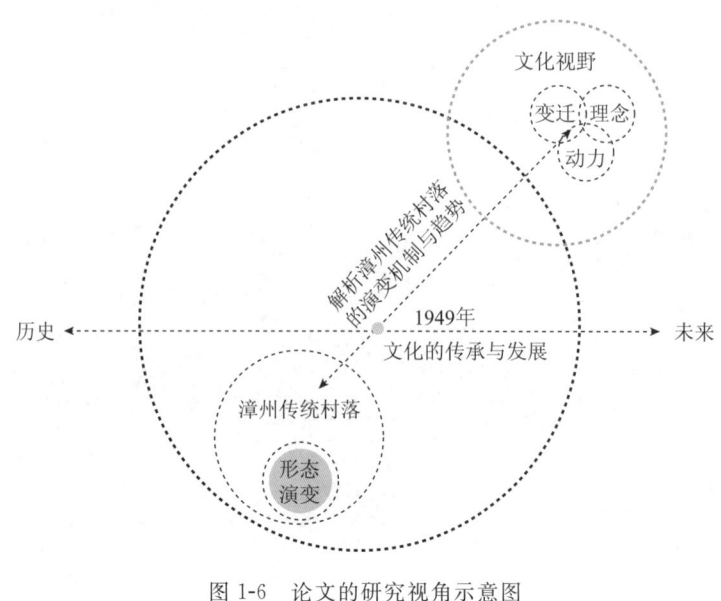

图1-6 论文的研究视角示意图
图片来源:作者自绘

漳州地域文化,是北方汉族移民后裔与当地原住民在漫长历史的相互融合中所形成的独特地域文化。中国历史上北方中原汉族的数次南下移民,推动着漳州地区在文化、经济、政治上的持续发展,多元文化不断融合并重组着漳州城乡社会与空间的秩序。文化与空间在相互影响过程中见证了彼此的共同历史进程。

因此,本书试图在一种新的地域文化史视野下,重新理解漳州传统村落。这个古代中国曾经的"蛮荒"边缘地带,与中国历史移民和海外贸易相遇后,共同构建了漳州文化变迁的历史背景。通过探析漳州传统村落多元文化变迁的历史逻辑,以漳州传统村落形态演变为着眼点,来理解漳州传统村落形态的外在形式构成与内在演化的机制和规律,以此为契机,期待获得一种动态发展的包容性视野,在近处可以正确看待与处理传统村落保护发展过程中所面临的困境与机遇,而眺望远方时可以正确理解与想象大比例时空尺度下的中国与世界。

1.2 研究目的及意义

1.2.1 研究目的:探索基于村落形态演变的空间进化

传统村落形态及其承载文脉的演变历程,蕴含了一种乡土社会"原生秩序"的生命力。作为显性的外在物质形式,传统村落形态只有通过一定的研究方法,才能发掘其中的内在规律,不论是基于时间的纵向演变,还是基于空间的横向拓展。在中国传统文化的历史背景下,传统村落的生成与演变,经历了特定时空维度下文化、历史、宗教、礼俗、风水等因素的深刻影响,如果不从文化和社会的角度来研究就很难得出正确的结论[1]。随着传统村落保护与更新工作的开展,其形态不得不面临一系列的新挑战,在对村落现有形态进行保护、再利用乃至拓展新形态时,需要基于历史文脉延续的发展理念,强调村落形态整体性,以动态可持续的发展眼光进行空间的改造与建构[2]。因此,对村落传统形态演变的系统研究是一项重要的基础工作。

1.2.2 研究意义:期待当代与未来地域文化有机存续

对于中国传统社会近代化变迁下现代化与传统的复杂关系,费孝通先生曾就此进行了论述:"对传统力量与新的力量具有同等重要性的强调是必要的,因为中国经济生活变迁的真正过程,既不是从西方社会直接转渡的过程,也不仅是传统的平衡受到干扰而已[3]。"对于漳州地区的传统村落而言,全新的营建体系尚未形成,传统的营建模式也依然具有生命力。研究漳州传统村落形态演变的实质,是一项探索地域文化在全球化背景下发展可能性的基础工作,对于传统村落的保护与发展意义重大。

1.2.2.1 学术层面:充实传统村落的理论框架体系

本书研究的理论意义主要体现在以下几个方面:

(1)通过探析漳州传统村落文化的生成与演变,揭示了同一民系、不同民系之间在特定的时空下封闭式或交融式的发展轨迹,探索了漳州多元文化交汇下传统村落形态的内在演化规律,促进对传统村落文化交流史、非典型文化区的村落形态等问题的深入研究,拓展了传统村落综合研究的相关理论。

(2)建筑学以民居建筑静态特征为关注点的研究成果颇丰,学科交叉将进一步丰富传统村落形态研究的方法体系。建筑学、风景园林学、城乡规划学、文化学、心理学、地理学、人类学等多学科的综合,为传统村落的理论与方法研究提供了一种新思路,有利于提高研究的科学性与准确性。

(3)当前漳州传统村落的相关学术研究,大多侧重于民俗、文化、旅游、历史等方面,缺乏相应的空间实体技术材料作为有力支撑,同时研究的尺度大多以建筑层面为主,较少涉及村落层面,因此本书实地调研所积累的漳州传统村落形态的基础素材,可为后续相关学科的研究提供一定的参考。

(4)本书对多元文化交汇区的传统村落研究进行了初步探索。目前国内典型区域传统民居谱系建构已经十分成熟[4],作为一种"文化边缘地带",多元文化交汇区的传统村落研究应该加大关注力度,以弥补整个村落理论系统建构的缺憾。

(5)传统村落的物质形态与非物质文化是相辅相成的一个整体,物质形态是非物质文化的空间载体,非物质文化是物质形态的灵魂。文化传播历经扩散、整合、演变的过程。传统村落文化的变迁在时空上的节点,与每个历史时期下传统村落分布、村落形态及民居建筑特征息息相关。将基于描述性为主的村落物质形态层面研究与基于分析解释性的文化层面研

---

[1] 戴志坚.福建民居[M].北京:中国建筑工业出版社,2009:前言.
[2] 武启祥,韩林飞,朱连奇,等.江西婺源古村落空间布局探析[J].规划师,2010(4):84-89.
[3] 费孝通.江村经济:中国农民的生活[M].北京:商务印书馆,2001.
[4] 孟祥武,王军,叶明晖,等.多元文化交错区传统民居建筑研究思辨[J].建筑学报,2016(2):70-73.

究联系起来后,各类型的村落研究将超越孤立的个案与历史片段,相互之间的纵横关联也愈加清晰,从而成为一个立体的系统。

1.2.2.2 实践层面:指导传统村落与当代建筑可持续发展

(1) 传统村落的保护与发展。通过对漳州传统村落形态演变的研究,深入剖析其中蕴含的内在演化机制与规律,强调了传统村落形态的地域性、系统性与整体性等特征,为漳州传统村落的整体性保护提供有力的理论依据。

(2) 传统建筑文化在当代城乡建设中的传承应用。古为今用,具有历史、文化和艺术价值的传统村落,可以有意识地将其所积累下来的宏观设计理念与具体的营建经验、技术或手法,有机地运用到城乡规划、建筑与园林的一系列创作与建设过程中,以创造出具有文化与地域特色的人居环境。

(3) 村落形态演变研究的成果可以用于相关的传统村落管理部门。通过对传统村落形态演变机制与规律的深入理解,从而建立一套相关的规划与建设指导准则,并能有效指导传统村落的保护与更新工作。

1.3 研究现状综述

1.3.1 文化与形态演变相关研究

1.3.1.1 不同视角下的文化变迁研究

多元文化交汇下的文化相关理论研究文献成果丰富。概括起来大致可以分为以下几个方面。第一是文化交汇性质:涉及了文化冲突[1]、文化认同[2][3]、文化适应[4]、文化重构[5]、文化变迁[6]等方面。第二是研究的方法:人类学[7]从田野调查和民族志访谈出发,以研究者身临其境的观察、访谈、日常交往为第一手原始资料,"深描"其所获文化体验和理解;社会学[8]的研究方法是以人口普查、抽样调查、访谈为主;文化人类学[9]从物质、制度和精神三个层次来解析人与自然关系、人与人关系下的文化结构,并且从文化变迁的历史视角阐释上述三个层次的相互关系;心理学[10]关注的是研究对象在情感、行为与认知上的变化;文化地理学[11]研究的是人类文化空间的构成,也就是关于文化的地域系统及其生成和演化的规律,关

---

[1] 陈艳宇.文化冲突与多元文化导论[M].北京:中国民主法制出版社,2016.
[2] 郑晓云.文化认同与文化变迁[M].北京:中国社会科学出版社,1992.
[3] 张海洋.中国的多元文化与中国人的认同[M].北京:民族出版社,2006.
[4] 郭建斌.文化适应与传播[M].昆明:云南大学出版社,2007.
[5] 高丙中.居住在文化空间里[M].广州:中山大学出版社,1999.
[6] 伍兹.文化变迁[M].何瑞福,译.石家庄:河北人民出版社.1989.
[7] 张曦.民族走廊与地域社会——羌族社会·文化的人类学思考[M].北京:社会科学文献出版社,2017.
[8] 阿尔弗雷德·韦伯.文化社会学视域中的文化史[M].姚燕,上海:上海人民出版社,2006.
[9] 郑一省.文化人类学视野下的广西华侨农林场归侨研究[M].北京:民族出版社,2017.
[10] 王光荣.文化的诠释——维果茨基学派心理学[M].济南:山东教育出版社,2009.
[11] 迈克·克朗.文化地理学[M].杨淑花,宋慧敏,南京:南京大学出版社,2003.

注的是各种文化现象的扩散、变化,并基于空间和时间的两个线索来把握文化的动态特征[1];生态学[2]是基于自然生态的类比视角,将文化现象看作是如自然现象一样,拥有内部秩序和存续的原则,并在尊重和顺应发展规律的情况下才能维持平衡。第三则是研究的视角,存在宏观[3]、中观[4]、微观[5][6]不同的层次。第四是类型的不同:民族文化类,包括汉族[7][8]与少数民族[9];民系文化类,如广府系[10]、客家系[11]、闽海系[12];以地域为着眼点,遍及国外[13][14]与国内各地具有文化特色的区域[15][16];宗教文化类,除了主流的儒释道[17]文化,也涉及边缘地带[18][19][20]的民俗信仰;行业文化,包含旅游[21]、服饰[22]与其他一些比较特殊的行业[23]。

1.3.1.2 文化同构下的村落形态研究

文化同构下的传统村落形态研究大致可分为以下几种。第一是文化与形态的视角,可分为无典型视角[24][25]、基于区域村落的宏观视角[26][27]、基于村落个案的中观视角[28]、基于传

---

[1] 文化地理学的主要研究内容包括:文化源、文化传播、文化景观、文化区、文化生态等。参见:曾艳.广东传统聚落及其民居类型文化地理研究[D].广州:华南理工大学,2016:3-4.
[2] 黄正泉.文化生态学[M].北京:中国社会科学出版社,2015.
[3] 周均平.秦汉审美文化宏观研究[M].北京:人民出版社,2007.
[4] 黄凯锋.中观层面文化经营管理的价值论基础[M].上海:上海人民出版社,2004.
[5] 刘小荣.日本微观文化解析:日文版[M].北京:北京大学出版社,2014.
[6] 徐平.文化的适应和变迁——四川羌村调查[M].上海:上海人民出版社,2006.
[7] 丁鹏.汉族移民的文化适应研究[M].呼和浩特:内蒙古大学出版社,2012.
[8] 刘有安.移民社会文化适应:20世纪迁入宁夏的汉族移民研究[M].北京:民族出版社,2013.
[9] 雷金瑞,陈金生.西北少数民族文化[M].兰州:甘肃文化出版社,2010.
[10] 纪德君.广府文化:第2卷[M].广州:中山大学出版社,2016.
[11] 丘桓兴.客家人与客家文化[M].北京:中国国际广播出版社,2011.
[12] 戴志坚.闽海系民居建筑与文化研究[J].新建筑,2001(4):79-79.
[13] 曹云华.从文化适应的角度看东南亚华人与当地民族的关系[D].广州:暨南大学,2001.
[14] 李爱慧.文化的移植与适应:东欧犹太移民的美国化之路[M].北京:光明日报出版社,2010.
[15] 戴维海.徽派文化校园读本[M].合肥:安徽人民出版社,2013.
[16] 李伦新,等.海派文化的兴盛与特色——第六届海派文化学术研讨会论文集[M].上海:文汇出版社,2008.
[17] 洪修平.儒佛道思想家与中国思想文化[M].南京:江苏人民出版社,2015.
[18] 李相兴,等.文化边缘:六枝彝族文化研究[M].成都:西南交通大学出版社,2011.
[19] 赵小花.从华夏边缘到民族边疆:近代青海河湟地区社会文化变迁研究[D].西安:陕西师范大学,2016.
[20] 张咏.在汉文化的边界地带:新疆园村汉族移民的族群认同与文化适应性研究[M].西安:世界图书西安出版公司,2010.
[21] 张文.旅游与文化[M].北京:旅游教育出版社,2001.
[22] 张志春.中国服饰文化[M].北京:中国纺织出版社,2009.
[23] 张璐.近世稳婆群体的形象建构与社会文化变迁[D].天津:南开大学,2013.
[24] 吴良镛.广义建筑学[M].北京:清华大学出版社,2011.该书通过从聚居、地区、文化、科技、经济、艺术、政策、法规、教育,甚至哲学的角度来讨论建筑,形成"广义建筑学",是国内较早关注地区主义相关建筑理论的著作。
[25] 单军.建筑与城市的地区性[D].北京:清华大学,2001.
[26] 高介华.中国建筑文化研究文库[M].武汉:湖北教育出版社,2002.该书是国内第一套系统的中国建筑文化研究的集成。其中《中国西南地域建筑文化》(戴志中,等)对中国西南地域建筑文化做了系统研究;《中国江南水乡建筑文化》(周学鹰,马晓)则诠释了江南水乡独特的地理与人文环境中的建筑特征。
[27] 郑东军.中原文化与河南地域建筑研究[D].天津:天津大学,2008.
[28] 段进,揭明浩著.世界文化遗产宏村古村落空间解析[M].南京:东南大学出版社,2009.

统民居建筑(含装饰与构造)的微观视角[1][2]。第二,涉及文化与形态的构成:有基于形态的功能,如信仰[3]、宗教、审美[4]、交往[5]、仪式;有基于形态的层次,如村落布局、街巷空间、公共空间、空间节点。第三则是文化与形态的机制:如人居环境学[6]、文化人类学[7]、文化地理学[8]、文化生态学[9]、人文地理学[10]、旅游学[11]、管理学、传播学、历史学、防灾学。第四是文化与形态的地域:遍布国内各地,如北京、浙江、陕西、福建、广东、四川与东南系[12]。

1.3.2 传统村落形态的相关研究

1.3.2.1 国外传统村落形态相关研究

人类学(Anthropology)名称,始见于古希腊哲学家亚里士多德(公元前384—前322年)[13]。1901年,美国人类学家霍姆斯(William Henry Holmes)提出"文化人类学"(Culture Anthropology)的概念。身为人类学功能主义理论的倡导者,马林若夫斯基(Malinowski)通过对特洛布里安德岛(Trobriand)的长期考察,从而奠定了人类社区研究法的基础[14]。从习俗研究出发,文化人类学探讨了一个地域、民族或社会的文化特征及其含义:建筑也是人类习俗的一种具象形式,建筑的进化反映了习俗的演变[15]。19世纪40年代,德国地理学家科尔(J. G. Kohl)以《交通殖民地与地形之关系》一书为代表,对大都市到村落等不同类型的聚落进行了调研,被认为是开聚落研究之先河;1933年,德国地理学家克里斯泰勒(W. Christaller)对德国南部乡村聚落进行了实证研究,为乡村聚落地理的研究和实践提供了理论基础,并提出了"中心地学说"。1953年,美国的著名考古学家戈登·威利(Gordon·R. Willey)发表了《维鲁河谷聚落形态之研究》,对聚落形态进行了定义[16],认为聚落形态是人类活动与生态环境相互作用的反映,并认识到聚落形态在研究古代社会结构和政治体制演变上的巨大潜力[17]。日本学者藤井明(Akira Fujii)在20世纪60年代后期,以文化人类学研究方法,广泛实地调研了许多村落,探讨了蕴含其中的空间秩序及其所表达的制度、信仰等本质。日本学者原广思(Hiroshi Hara)于20世纪70年代调查了世界范围的聚落。拉普波特

---

[1] 陆元鼎.中国传统民居与文化:中国民居学术会议论文集[M].北京:中国建筑工业出版社,1991.
[2] 赵晓梅.黔东南六洞地区侗寨乡土聚落建筑空间文化表达研究[D].北京:清华大学,2012.
[3] 白佩芳.晋中传统村落信仰文化空间研究[D].西安:西安建筑科技大学,2014.
[4] 王东.明清广州府传统村落审美文化研究[D].广州:华南理工大学,2017.
[5] 魏楚楚.宗族聚落公共交往场所景观格局探析[D].武汉:华中科技大学,2012.
[6] 吴良镛.中国人居史[M].北京:中国建筑工业出版社,2014.
[7] 黄丽坤.基于文化人类学视角的乡村营建策略与方法研究[D].杭州:浙江大学,2015.
[8] 曾艳.广东传统聚落及其民居类型文化地理研究[D].广州:华南理工大学,2016.
[9] 冯淑华.文化生态学视角下的传统村落空间演化及其模式研究——以江西婺源为例[D].南京:南京师范大学,2008.
[10] 陈昆仑.自然·空间·社会——广州城市水体的人文地理学研究[M].武汉:中国地质大学出版社,2015.
[11] 车震宇.旅游开发背景下传统村落的形态变化研究[D].广州:中山大学,2005.
[12] 余英.中国东南系建筑区系类型研究[M].北京:中国建筑工业出版社,2001.
[13] 哈登.人类学史[M].廖泗友,译.济南:山东人民出版社,1988:9.
[14] 赵冶.广西壮族传统聚落及民居研究[D].广州:华南理工大学,2012:9.
[15] 常青.人类学与当代建筑思潮[J].新建筑,1993(3):47-50.
[16] 赵冶.广西壮族传统聚落及民居研究[D].广州:华南理工大学,2012:8.
[17] 张楠.作为社会结构表征的中国传统聚落形态研究[D].天津:天津大学,2010:2.

（Amos Rapoport）于1976年出版的《住屋形式与文化》一书中，重点强调了社会文化因素对于住宅形式的影响[1]。1979年，丹尼德（Peter Danied）和霍普金森（Michael Hopkillson）出版了《聚落地理学》，论述了聚落的起源和生长[2]。

1.3.2.2　国内传统村落形态相关研究

（1）传统村落形态研究的流变

国内对传统村落形态的建筑学学科研究肇始于早期的民居研究（表1-2），大致经历了"局面开拓—地位确立—知识普及—停滞不前—蓬勃复兴—多元发展"的六个时期，从而渐渐形成了"乡土建筑（广义）"的研究框架[3]。

表1-2　中国传统村落形态的早期相关研究概况

时间	文献或事件	人物	学科	意义
1922年	●成立考古学研究所与考古学会		考古学	●国内最早的文物保护学术研究机构
1930至1932年	●《古物保存法》《古物保存法细则》与《中央古物保管委员会组条例》		考古学	●开创了中国古文物保护的探索过程
1934年	●发表了《穴居杂考》论文	龙庆忠	建筑学	●国内最早关注民居建筑的学者[4]
1940至1941年	●《西南古建筑调查概况》	刘敦桢	建筑学	●首次提出把民居建筑作为古建筑研究的一种类型
1950年	●政务院颁布《关于文化遗址及古墓葬调查、发掘暂行办法》《关于保护文物建筑的指示》			●以文物保护为中心内容的历史文化遗产保护制度的形成，为民居研究的全面开展奠定基础
1957年	●出版了《中国住宅概说》	刘敦桢	建筑学	●早期国内从平面功能分类来阐释中国各地传统民居的较为全面的一本著作[5]
1960年	●《浙江民居调查》在北京国际学术会议上宣讲			●我国第一次把传统民居研究的优秀建筑艺术成就和经验推向世界[6]

资料来源：作者根据相关资料整理

20世纪30年代，朱启钤先生在北京创办了中国营造学社后，梁思成、刘敦桢先生等前辈随后加入，侧重于华北地区的庙宇、殿堂、陵墓等古建筑的调研、测绘，对民居研究的成果较少[7]。在对河南、陕西、山西等省的窑洞进行了考察调查之后，1934年中国建筑史学家龙庆

---

[1] 浦欣成.传统乡村聚落二维平面整体形态的量化方法研究[D].杭州：浙江大学，2012：28.
[2] 席丽莎.基于人类聚居学理论的京西传统村落研究[D].天津：天津大学，2014：6-7.
[3] 浦欣成.传统乡村聚落二维平面整体形态的量化方法研究[D].杭州：浙江大学，2012：5.
[4] 张力智.儒学影响下的浙江西部乡土建筑[D].北京：清华大学，2014：7.
[5] 张力智.儒学影响下的浙江西部乡土建筑[D].北京：清华大学，2014：6.
[6] 陆元鼎.中国民居研究五十年[J].建筑学报，2007(11)：70-73.
[7] 谭立峰.河北传统堡寨聚落演进机制研究[D].天津：天津大学，2007：1.

忠先生发表了《穴居杂考》论文[1]。1940—1941年,刘敦桢先生撰写了《西南古建筑调查概况》一文,首次提出把民居建筑作为古建筑研究的一种类型。1944年,刘致平先生以云南古民宅为调查对象,撰写了《云南一颗印》论文[2]。

20世纪30—40年代,费孝通先生对中国吴江开弦弓村农民经济与社会生活进行了田野调查,促使人类学研究开始从野蛮社会走向了复杂的文明社会,由此开创了本土人类学的发展途径[3]。20世纪40年代左右,我国地理学家林超先生论述了乡村聚落与农村土地的关系,并介绍了聚落分类情况,是国内聚落类型研究较早的论文[4]。1952年,龙庆忠先生对潮州、梅州、粤中、广西等地民居进行了考察。后来,在陆元鼎先生及其同人的推动下,华南理工大学成为国内民居研究的一个中心,在关注民居建筑的营造和设计方法基础上,用民系概念的宏观视角对移民文化下不同地域民居建筑风格的变化进行广泛的讨论[5]。

1957年,刘敦桢先生发表了题为《中国住宅概说》一书,这是早期国内较为全面的一本以平面功能分类为视角对中国各地传统民居进行论述的著作[6]。20世纪60至80年代,在全国范围内普遍开展的民居调查研究,以《浙江民居调查》为典型代表[7],采用的是广泛的测绘、调查为主的方式,关注的是单体物质层面,如建筑平面布局、结构、技术、材料、空间等,未对宏观的村落整体空间以及建筑环境、建筑文化、建造背景、民俗等影响因素做深入的分析。20世纪80年代开始,清华大学陈志华与李秋香[8]、楼庆西[9]等教授开始了全国多个地方乡土建筑特征的调研,并陆续出版了一系列著作,其中陈志华与李秋香教授引入了"乡土建筑"概念,借助人类学与文化学方法,拓展了民居研究的范畴,形成村落和乡土建筑研究,并从村落个案切入到建筑史研究[10];1989年9月吴良镛先生在其专著《广义建筑学》中提出"聚居论",将建筑从单纯的"房子"(shelter)概念走向"聚落"(settlement)的概念[11];1992年彭一刚先生以自然因素、社会因素、美学等为视角,诠释了传统聚落空间形态之形成过程[12];1996年,张玉坤先生的博士论文体现了居住空间与社会结构之间的相互关系[13];1997年杨大禹教授探讨云南少数民族住屋的形成、发展的各种背景条件和制约因素以及文化意义[14];1998年起,清华大学单德启教授所出版《中国传统民居图说》系列[15],致力于乡土建筑与从传统走向现代过程中的研究。2001年,梁雪教授对以往以地区为范围的民居建筑

---

[1] 陆元鼎.中国民居研究五十年[J].建筑学报,2007(11):70-73.
[2] 陆元鼎.中国民居研究五十年[J].建筑学报,2007(11):70-73.
[3] 赵冶.广西壮族传统聚落及民居研究[D].广州:华南理工大学,2012:9.
[4] 席丽莎.基于人类聚居学理论的京西传统村落研究[D].天津:天津大学,2014:6-7.
[5] 张力智.儒学影响下的浙江西部乡土建筑[D].北京:清华大学,2014:7.
[6] 陆元鼎.中国民居研究五十年[J].建筑学报,2007(11):70-73.
[7] 陆元鼎.中国民居研究五十年[J].建筑学报,2007(11):70-73.
[8] 如《诸葛村》(1999)、《新叶村》(1999)、《流坑村》(2003)、《楠溪江中游》(2010)、《老房子:浙江民居〈中英文本〉》,(2000).
[9] 如《西文兴村》(2003)、《南社村》(2004)、《乡土景观十讲〈插图珍藏本〉》(2012).
[10] 张力智.儒学影响下的浙江西部乡土建筑[D].北京:清华大学,2014:8.
[11] 梁林.基于可持续发展观的雷州半岛乡村传统聚落人居环境研究[D].广州:华南理工大学,2015:13.
[12] 彭一刚.传统村镇聚落景观分析[M].北京:中国建筑工业出版社,1992:3.
[13] 张玉坤.聚落·住宅:居住空间论[D].天津:天津大学,1996.
[14] 杨大禹.云南少数民族住屋——形式与文化研究[M].天津:天津大学出版社,1997.
[15] 单德启.中国传统民居图说1:徽州篇[M].北京:清华大学出版社,1998.

研究进行深化和总结,系统全面地阐述中国传统村镇形态;李晓峰先生尝试从社会学的视角对传统聚落的社会结构、社会文化和社会变迁等几个方面进行考察,从传统乡土建筑跨学科研究理论和方法来把握乡土建筑的发展规律[1]。2001年余英的《中国东南系建筑区系类型研究》提出"地域生活圈"的概念;2004年单德启先生的《从传统民居到地区建筑》一书是传统民居面向地区建筑之实际问题的深入研究[2]。2007年以来,张玉坤先生所指导的博士论文,通过对各种防御性聚落的分析比较,建立"传统防御性聚落"的类型框架[3];2009年,东南大学段进教授对宏村各个历史阶段的发展与村落现状空间形态进行了解析[4];基于快速城镇化的背景,2013年同济大学常青教授提出梳理各地风土建筑的分布情况、谱系和类型[5]。在福建,以黄汉民和戴志坚先生为代表的专家,致力于福建民居与土楼的单体研究,对其空间布局、建筑技术以及历史成因等进行了深入的研究。

进入21世纪以来,城镇化进程下传统村落所面临的困境与机遇,引发了学术界广泛关注,同时随着高等建筑教育规模的扩展与现代研究技术的有力支撑,传统村落相关研究的成果迅速增加,以学位论文为例,可以明显看到其中的变化轨迹(图1-7)。

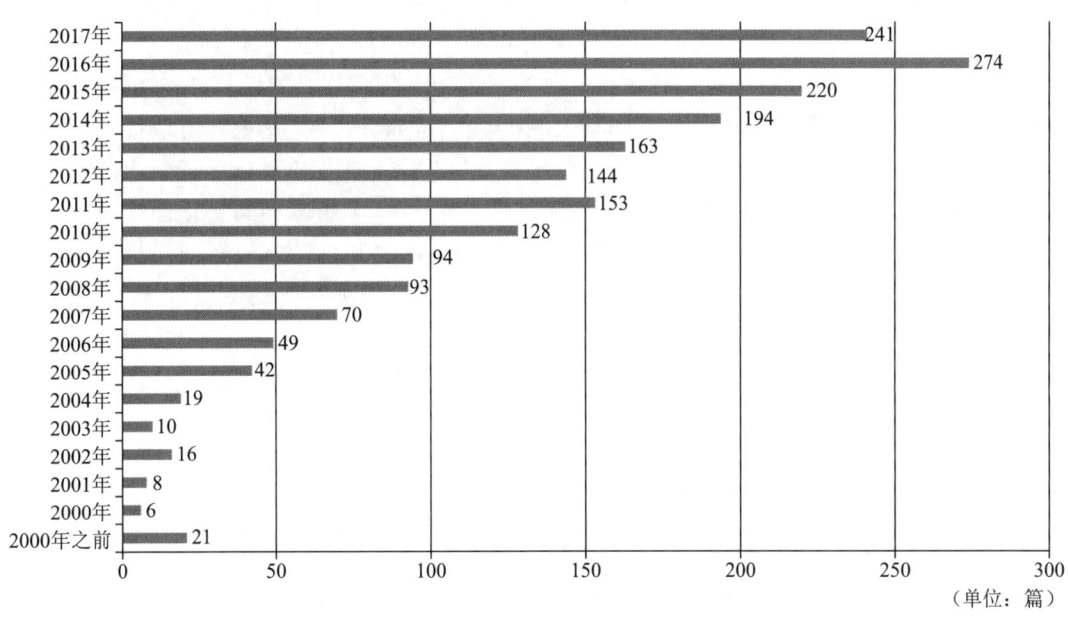

图1-7　国内以"传统村落"为主题的学位论文数量统计
图片来源:作者整理自绘[6]

---

[1] 李晓峰.乡土建筑:跨学科研究理论与方法[M].北京:中国建筑工业出版社,2005:86.
[2] 吴艳.滇西北民族聚居地建筑地区性与民族性的关联研究[D].北京:清华大学,2012:9.
[3] 席丽莎.基于人类聚居学理论的京西传统村落研究[D].天津:天津大学,2014:7-8.
[4] 段进,揭明浩.世界文化遗产宏村古村落空间解析[M].南京:东南大学出版社,2009.
[5] 常青.风土观与建筑本土化:风土建筑谱系研究纲要[J].时代建筑,2013(3):10-15.
[6] 在读秀网站里,以"传统村落"为关键词进行检索,统计出不同年代的博、硕士论文数量,时间为2018年4月.

(2) 传统村落形态研究新动向

① 从单一学科到交叉学科

涉及传统村落形态研究的学科领域,主要有城乡规划学、建筑学、风景园林学、地理学、旅游学、文化学、人类学等。但是,这几个领域的研究早期大多局限于各自的学科视野。其中,建筑学可谓是研究的主力军,大多以村落的整体或民居单体的形态或历史为主,尤其是建筑历史及其理论的研究方向,侧重于民居的测绘调查,以其年代、类型、特征、空间、构造、形式等为主要对象。城乡规划学,一般以村落的规划布局与历史演变为主,侧重于宏观的整体形态特征与发展保护。如张东的《中原地区传统村落空间形态研究》[1]、刘磊的《中原地区传统村落历史演变研究》[2]、张艳琼的《美丽宜居视角下湖州荻港村传统村落保护利用策略研究》[3]。风景园林学侧重于传统村落的景观空间、景观格局分析、景观元素分析、文化景观、景观保护与改造等。如李畅的《乡土聚落景观的场所性诠释——以巴渝沿江场镇为例》[4]、王南希的《京西门头沟山区村落乡土建筑与景观研究》[5]、杨宇亮的《滇西北村落文化景观的时空特征研究》[6]、杨立国的《侗族传统村落景观基因在地方认同建构中的作用及其机制》[7]。地理学可细分为自然与人文地理学,以研究传统村落的空间差异性为主。如顾人和等结合四川省平武县白马乡若干白马人村落为例,解析了白马人村落人居环境的地理特色[8];余亮等运用地理格网的分级法,对国家公布的三批中国传统村落(2555个)数据进行空间格局分析[9];江春雪对安徽省传统村落进行了地理学研究[10]。旅游学,关注的是传统村落的空间形态在旅游发展下的变化与适应、保护与发展,如韩凤的《龙塘村山地传统民居聚落文化旅游资源保护与开发研究》[11]、周尚洁等的《传统村落旅游开发与形态变化研究》[12]、吴文刚的《广东古村落旅游发展驱动力研究》[13]。人类学,从生物本体与文化的视角关注了传统村落的演变,如钱晶晶通过对三门塘四大家族的族谱材料、碑文与访谈材料的分析,从而勾勒了谢、刘、王、吴四大家族的定居历史,以及推断出三门塘村落的形成过程[14];张丽然对一个汉族村落宗教生活进行了人类学调查研究[15];秦桂芬以寻甸县小多姑村为例,结合各种文化因素,运用人类学的方法,分析历史上形成的村民思维定式[16]。作为历史学的分支,

---

[1] 张东.中原地区传统村落空间形态研究[D].广州:华南理工大学,2015.
[2] 刘磊.中原地区传统村落历史演变研究[D].南京:南京林业大学,2016.
[3] 张艳琼.美丽宜居视角下湖州荻港村传统村落保护利用策略研究[D].杭州:浙江大学,2015.
[4] 李畅.乡土聚落景观的场所性诠释——以巴渝沿江场镇为例[D].重庆:重庆大学,2015.
[5] 王南希.京西门头沟山区村落乡土建筑与景观研究[D].北京:北京林业大学,2014.
[6] 杨宇亮.滇西北村落文化景观的时空特征研究[D].北京:清华大学,2014.
[7] 杨立国.侗族传统村落景观基因在地方认同建构中的作用及其机制[D].北京:中山大学,2015.
[8] 顾人和,梁海棠,陈爽.白马人村落人居环境的地理特色[J].中国园林杂志,2006(4):56-62.
[9] 余亮,孟晓丽.基于地理格网分级法提取的中国传统村落空间分布[J].地理科学进展 2016(11):1388-1396.
[10] 江春雪.安徽省传统村落地理研究[D].长沙:湖南师范大学,2016.
[11] 韩凤.龙塘村山地传统民居聚落文化旅游资源保护与开发研究[D].重庆:重庆师范大学,2015.
[12] 周尚洁,李雪利.传统村落旅游开发与形态变化研究[J].旅游纵览(下半月),2016(12):36.
[13] 吴文刚.广东古村落旅游发展驱动力研究[J].旅游纵览(下半月).2016,(12):74-75.
[14] 钱晶晶.历史人类学视野下的村落空间:三门塘人的谱系建构与姓氏空间[J].青海民族研究.2013(2).
[15] 张丽然.一个汉族村落宗教生活的人类学调查[D].天津:南开大学,2007.
[16] 秦桂芬,秦莹.少数民族聚居村落生态景观变化的人类学分析——以云南省寻甸县小多姑村为例[J].学术探索,2017(1):63-70.

考古学以挖掘探索传统村落的遗址、遗物为目标,如刘海旺的《汉代农耕聚落考古学研究》[1]、习通源的《青铜时代至早期铁器时代东天山地区聚落遗址研究》[2]、傅俊的《南宋的村落世界》[3]。

随着传统村落的保护与发展日益受到广泛的关注,参与村落形态研究的学科类别也越来越多元。以建筑形态学为视点的研究,需要更加广泛和深入的视角,在社会学、文化人类学、旅游学、风俗学、景观环境学与建筑学之间的关联上进行探索[4]。单一学科的研究局限在于其有限的视野和理论,体现在研究对象、研究方法及理论运用上将出现过度细化、潜力不足的问题;随着时代的发展所带来的学科交叉,近年来的村落研究并非完全脱离、泾渭分明的,而是相互学习交融的;交叉学科在研究内容和研究方法上相互渗透与融合,促使当前的传统村落形态研究呈现出多维的视野,如车震宇教授以黄山、大理与丽江的传统村落为例,结合旅游学和建筑学学科研究方法,分析了传统村落在旅游开发过程中的形态变化差异[5];曾艳基于建筑学与文化地理学的交叉运用,构建了广东传统村落的类型形态、文化原型,揭示文化景观与时空对应的关系[6]。

②注重可持续地保护与发展利用研究

随着改革开放与城镇化进程下经济的飞速发展,新的经济和生活模式为传统村落的保护带来巨大的挑战与冲击,传统的较为单一的静态历史研究必然要适应新的时代发展,走向多元融合的评价体系、可持续保护与再利用探索,如张艳玲在建筑学、城乡规划、风景园林学的基础上结合统计学、评价方法学、社会学、经济学和管理学等学科,构建了历史文化村镇的评价体系[7];王伟博士以永定区南江村为例,从技术的视角探索土楼聚落的保护和更新[8];许艳玲从管理学的视角出发,论述了历史聚落的更新与保护管理体制[9]。传统村落所蕴含的基于文化、历史、艺术、建筑等价值,在新的时代下依然具有生命力,如王云才等的《传统村落公共开放空间图式语言及应用》[10]、张大玉的《北京古村落空间解析及应用研究》[11]、柳超强的《晋东南传统村落户外活动空间特征和模式及其应用》[12]、赵雅玲的《碛口古镇传统聚落空间组织智慧及其现代应用研究》[13]。

③增加对村落非物质文化遗产的关注

传统村落的物质文化遗产和非物质文化遗产,是相辅相成、相互交融的共同体。早期的建筑学研究成果大多侧重于前者,近年来随着学科的交融,非物质文化遗产日益受到关注,

---

[1] 刘海旺.汉代农耕聚落考古学研究[D].郑州:郑州大学,2017.
[2] 习通源.青铜时代至早期铁器时代东天山地区聚落遗址研究[D].西安:西北大学,2014.
[3] 傅俊.南宋的村落世界[D].浙江大学,2009.
[4] 倪琪,王玉.中国徽州地区传统村落空间结构的演变[M].北京:中国建筑工业出版社,2015:2.
[5] 车震宇.传统村落的旅游开发与形态变化[M].北京:科学出版社,2008.
[6] 曾艳.广东传统聚落及其民居类型文化地理研究[D].广州:华南理工大学,2016.
[7] 张艳玲.历史文化村镇评价体系研究[D].广州:华南理工大学,2011.
[8] 王伟.基于聚落形态的土楼保护和更新技术研究——以永定区南江村为例[D].南京:东南大学,2015.
[9] 许艳玲.历史聚落更新与保护管理体制研究[D].南京:东南大学,2007.
[10] 王云才,孟晓东,邹琴.传统村落公共开放空间图式语言及应用[J].中国园林,2016(11):44-49.
[11] 张大玉.北京古村落空间解析及应用研究[D].天津:天津大学,2014.
[12] 柳超强.晋东南传统村落户外活动空间特征和模式及其应用:以高平市寺庄镇为例[D].北京:北京大学,2012.
[13] 赵雅玲.碛口古镇传统聚落空间组织智慧及其现代应用研究[D].西安:西安建筑科技大学,2014.

如汤诗旷论述了苗族火塘的多重意义,同时整理出苗族文化内核中独特的"恒常特征"及文化关联[1];单霁翔先生提出了将物质文化与非物质文化遗产共同保护的思路[2];熊莹结合梅山地区不同村落非物质文化遗存的现状,提出非物质文化遗产保护和传承的策略[3]。

④基于传统村落研究尺度的双向拓展

尺度是人类自身(包括肢体、视觉和思维)衡量客观世界和主观世界相关关系的一种准则[4],理论上可以分解为无限的层次。在实际研究的可操作层面上,以传统村落为研究对象,则大致可以分为八个尺度。第一是全域尺度下的研究,对尺度并没有特别的限制。如王静文尝诚以空间句法视野对传统聚落环境进行解读,通过对其空间形态的分析来探讨其隐含的文化与社会本性[5];业祖润运用"空间结构理论",对聚落环境空间创造理念、空间结构体系、形态、结构方式进行探析,探索了古人对居住环境创造的智慧和实践的文化积淀[6]。第二是国家尺度下的研究,以整个国家为视角,如王飒的《中国传统聚落空间层次结构解析》[7]、刘沛林的《中国传统聚落景观基因图谱的构建与应用研究》[8]、张楠的《作为社会结构表征的中国传统聚落形态研究》[9]。第三是区域尺度下的研究,一般以跨省、省、省内某区域或某个民族、民系、某个特色地理区域、某个气候分区为边界,如李芗的基于东南地区的《中国东南传统聚落生态历史经验研究》[10]、陈博的基于黎族生活区的《黎族传统聚落形态研究》[11]、袁晓羚的《渭河上游流域传统聚落及民居建筑形态研究》[12]。第四是市域尺度下的研究,一般以某个市的行政区划为空间边界,如刘丹的《北京传统村落景观整治研究》[13]、沈晖的《苏州传统村落适应性保护研究》[14]、冯志丰的《基于文化地理学的广州地区传统村落与民居研究》[15]、谭乐乐的《基于文化地理学的桂林地区传统村落及民居研究》[16]。第五是县域尺度下的研究,以某个县的行政区划为空间边界,如张演宇的《旬阳县传统村落形态与建筑特征研究》[17]、冯卫杰的《山西静乐县传统村落形态对比研究》[18]、孙春杰的《井陉县传统村落调查与保护研究》[19]。第六是镇域尺度下的研究,以某个镇的行政区划为空间边界,如杨悦的

---

[1] 汤诗旷.苗族传统民居中的火塘文化研究[J].建筑学报,2016(2):89-94.
[2] 单霁翔.从"文物保护"走向"文化遗产保护"[M].天津:天津大学出版社,2008.
[3] 熊莹.基于梅山非物质文化传承的乡村建筑环境研究[D].长沙:湖南大学,2014.
[4] 段汉明.建筑的尺度与时空特征[J].新建筑,2000(5):19-21.
[5] 王静文.传统聚落环境句法视域的人文透析[J].建筑学报,2010(A1):58-61.
[6] 业祖润.传统聚落环境空间结构探析[J].建筑学报,2001(12):21-25.
[7] 王飒.中国传统聚落空间层次结构解析[D].天津:天津大学,2011.
[8] 刘沛林.中国传统聚落景观基因图谱的构建与应用研究[D].北京:北京大学,2011.
[9] 张楠.作为社会结构表征的中国传统聚落形态研究[D].天津:天津大学,2010.
[10] 李芗.中国东南传统聚落生态历史经验研究[D].广州:华南理工大学,2004.
[11] 陈博.黎族传统聚落形态研究[D].杭州:中国美术学院,2016.
[12] 袁晓羚.渭河上游流域传统聚落及民居建筑形态研究[D].西安:长安大学,2016.
[13] 刘丹.北京传统村落景观整治研究[D].北京:北京建筑工程学院,2008.
[14] 沈晖.苏州传统村落适应性保护研究[D].苏州:苏州科技大学,2017.
[15] 冯志丰.基于文化地理学的广州地区传统村落与民居研究[D].广州:华南理工大学,2014.
[16] 谭乐乐.基于文化地理学的桂林地区传统村落及民居研究[D].广州:华南理工大学,2016.
[17] 张演宇.旬阳县传统村落形态与建筑特征研究[D].西安:长安大学,2016.
[18] 冯卫杰.山西静乐县传统村落形态对比研究[D].西安:西安建筑科技大学,2015.
[19] 孙春杰.井陉县传统村落调查与保护研究[D].石家庄:河北师范大学,2014.

《传统村落人居环境评价——以蔚县宋家庄镇为例》[1]、李滨的《河东店镇传统聚落空间的演变与发展研究》[2]、张银松的《基于数值模拟的珠海斗门镇传统聚落风热环境研究》[3]。第七是村域尺度下的研究，以某个村为研究对象，如清华大学罗德胤的《传统村落规划实践——以西河村为例》[4]、李戈的《东莞市传统村落保护与发展研究——以南社村为例》[5]、蒋静静的《兰溪诸葛村传统村落热环境生态调节策略研究》[6]。第八是单体尺度，以建筑单体为研究对象，包括了传统民居单体、公共建筑单体、院落空间、装饰、材料等，目前这个尺度下的研究成果最为丰富。

近年来，传统村落形态的研究尺度不断拓展，宏观方向上由村落个案向区域聚落整体进行拓展，如珠江三角洲[7]、中原地区[8]；微观方向上从建筑本体特征深化到组成因素的分项研究[9]，如营建技艺专项。多元尺度下的研究，使传统村落的研究体系更为全面与科学。

1.3.3 漳州传统村落的相关研究

1.3.3.1 漳州传统村落的整体研究

漳州传统村落的建筑学视角研究，肇始于20世纪80年代的传统民居探索。21世纪初，随着"福建土楼"成为世界遗产的知名景点后，在乡村旅游的推动下，传统村落逐渐引起学术界关注，并出现了一些相关的学术成果，从整体上看具有如下特征：

第一，由局部微观的单体民居研究逐渐向中观层面的整体村落个案研究转变。20世纪七八十年代的民居研究，以物质形态为重点，以调研和测绘为手段，关注民居的设计方法和营建技艺，属于建筑考据法时期的成果；后来随着学科的交叉与研究技术的进步，村落的系统整体性研究渐渐成为一个趋势。

第二，研究的区域集中于旅游的热点区域，即"福建土楼"世界遗产所在地的南靖县和华安县、国家文物保护单位的漳浦县赵家堡等。这些著名旅游景区的传统村落以其独特的历史文化价值，成为学术研究的重点对象。

第三，从传统村落的外部物质形态向内在的历史、文化与技术[10][11]等因素转变。原有静态、孤立的传统民居研究模式，存在系统性和内涵性不足，文化学、历史学、人类学、地理学等学科的介入进一步拓展和深化了传统村落的研究视角与深度。

1.3.3.2 漳州传统村落的专项研究

近年来，基于地理学、人类学、社会学等多学科理论，漳州传统村落的研究渐渐形成一批

---

[1] 杨悦.传统村落人居环境评价——以蔚县宋家庄镇为例[D].石家庄:河北师范大学,2017.
[2] 李滨.河东店镇传统聚落空间的演变与发展研究[D].西安:西安建筑科技大学,2011.
[3] 张银松.基于数值模拟的珠海斗门镇传统聚落风热环境研究[D].哈尔滨:哈尔滨工业大学,2015.
[4] 罗德胤.传统村落规划实践——以西河村为例[J].小城镇建设,2016(7):19-22.
[5] 李戈.东莞市传统村落保护与发展研究——以南社村为例[D].深圳:深圳大学,2017.
[6] 蒋静静.兰溪诸葛村传统村落热环境生态调节策略研究[D].杭州:浙江理工大学,2017.
[7] 张智敏.珠江三角洲水乡聚落桑园围研究[D].广州:华南理工大学,2016.
[8] 张东.中原地区传统村落空间形态研究[D].广州:华南理工大学,2015.
[9] 孟祥武,王军,叶明晖,等.多元文化交错区传统民居建筑研究思辨[J].建筑学报,2016(2):70-73.
[10] 袁炯炯,冉茂宇,黄源成.福建圆形土楼民居空间原型风环境模拟研究[J].厦门理工学院学报,2011(2):45-48.
[11] 吴任平,叶坤杰,关瑞明.南方传统生土建筑夯土墙的水稳定性及其加固保护技术[J].华中建筑,2016(10):59-62.

专题性研究,为本课题研究奠定了一定的基础。

(1) 漳州传统村落的社会文化研究

曾五岳的《漳州土楼揭秘》[1]与谢东的《漳州历史建筑》[2]侧重于从历史视角来介绍漳州传统村落;黄兴泉以社会学与文化学为视角,研究了明清时期的漳州家法族规[3];荣珏借助民族舞蹈学的研究方法,以华安县高山族"杵舞"为研究对象,探索其舞蹈形态的文化成因与文化价值、传承发展[4];沈宏娜从民族学的角度出发,提出通过文化自觉的方式挖掘真实的地方文化,同时结合相关旅游硬件与软件,从而建立一种地方文化表达体系[5];肖惠娜从法律学的视角论述了村社自治与政府治理的相互关系[6];吉芳以漳州北溪蒋氏宗族为观察个案,采用人类学的方法对其宗族的历史发展进行了梳理[7];吴智强梳理了漳州鹿溪村的建制沿革,同时分析了经济文化发展下的民间信仰生存状况[8]。

(2) 漳州传统村落的形态相关研究

罗哲文先生从风景园林的视角出发,解析了赵家堡"汴派园"和"辑卿小院"的设计手法[9];黄汉民先生在民居尺度下以测绘、拍照的方式对漳州地区的部分典型土楼进行了开创性的研究,为后面的深入研究奠定了基础[10][11][12];戴志坚教授从民系的角度来分析总结福建民居发展演化规律、民居结构与形态,以及各地区民居的空间居住模式[13];曹春平[14]博士在闽南传统建筑研究中提及了漳州传统民居的特征;郭磊在大量的实地调研基础上,对洪坑村传统聚落与建筑形态进行分析[15];毕晶晶从布局选址、村落形态、建筑单体三个层面解析了诒安堡的建筑文化、建筑形态[16];贺慕屿从考古学的视角研究了漳州明清的牌坊[17];雷松霖以城内社村和埭尾村为例,从两个村落空间形态的特征中解析闽南传统堡寨聚落"群体形式"的防御性特征[18];孙晶[19]从建筑学视角分析了赵家堡的空间形态。

---

[1] 曾五岳.漳州土楼揭秘[M].福州:福建人民出版社,2006.
[2] 谢东.漳州历史建筑[M].福州:海风出版社,2005.
[3] 黄兴泉.明清时期漳州家法族规研究[D].漳州:闽南师范大学,2016.
[4] 荣珏.漳州华安高山族"杵舞"的舞蹈研究[D].漳州闽南师范大学,2015.
[5] 沈宏娜.旅游开发背景下古村落地方文化的再表达:以漳州南靖县田螺坑村为例[D].厦门:厦门大学,2014.
[6] 肖惠娜.乡村秩序:村社自治与政府治理——以漳州市朝阳镇"庙会宴客禁令"的个案分析为进路[D].成都:西南财经大学,2012.
[7] 吉芳.漳州北溪蒋氏宗族的人类学个案观察[D].漳州:闽南师范大学,2010.
[8] 吴智强.民间信仰与社会主义新农村建设——漳州鹿溪村的个案研究[D].泉州:华侨大学,2008.
[9] 罗哲文.一处独具历史文化内涵特色的古园林——赵家堡"汴派园"和"辑卿小院"[J].中国园林杂志,2006(8):61-61.
[10] 黄汉民.福建土楼[M].北京:生活·读书·新知三联书店,2009.
[11] 黄汉民.中国传统民居:福建土楼[M].北京:中国建筑工业出版社,2011.
[12] 黄汉民,陈立慕.福建土楼建筑[M].福州:福建科学技术出版社,2012.
[13] 戴志坚.福建民居[M].北京:中国建筑工业出版社,2009.
[14] 曹春平,庄景辉,吴奕德.闽南建筑[M].福州:福建人民出版社,2008.
[15] 郭磊.洪坑村传统聚落建筑形态研究[D].泉州:华侨大学,2013.
[16] 毕晶晶.漳浦诒安堡聚落形态研究[D].厦门:华侨大学,2012.
[17] 贺慕屿.漳州明清牌坊研究[D].漳州:闽南师范大学,2016.
[18] 雷松霖.漳州堡寨式聚落空间形态研究——以城内社村和埭尾村为例[D].厦门:厦门大学,2017.
[19] 孙晶.漳浦赵家堡聚落历史研究[D].厦门:华侨大学,2013.

(3) 漳州传统村落的保护发展研究

近年来,在城镇化进程的冲击下,传统村落的保护面临一系列的困境,同时在乡村旅游的推动下,传统村落的发展也出现了一些难得的机遇。李雄飞先生对赵家城古堡保护规划设计提出了设想[1];韩俊艳以漳州市南靖县官洋村为例,探索了闽南地区非典型传统村落的保护和旅游发展[2];李艳英从村落的生长记忆空间构成与乡土建筑特色出发,探索了南靖县石桥古村落保护和发展策略[3];林少斌在总结了漳州部分土楼民居建筑特色基础上,对其保护利用策略提出了一些建议[4];张长水以南靖、华安两县"世遗"景点为例,论述了其保护管理与开发利用的情况[5]。

1.3.4 上述研究现状的综合述评

1.3.4.1 整体性评析

研究对象的区域与研究视角上的不均衡,致使漳州传统村落的研究成果总体上侧重个案的研究,缺乏整体性与系统性的生成逻辑诠释。第一,至今尚未有基于漳州市域层面的区域传统村落形态研究专著;其次,作为著名旅游景点的"明星"传统村落个案研究取得了初步的成果,但缺少横向水平的研究对比,不利于相关理论研究的深入拓展;第三,传统村落研究的相关学科如建筑学、文化学、人类学、社会学与历史学,大多基于本学科的视角出发开展研究,在学科交叉的综合研究上还具有较大的潜力;第四,纯粹物质形态层面的研究,如果不引入非物质文化层面的研究,将会以偏概全,难以对传统村落形成全面深入的解析。

1.3.4.2 专题性评析

当前,在对漳州传统村落的研究上,存在研究对象集中于某个区域的现象。比如南靖县田螺坑、石桥村与漳浦县赵家堡等具有特色旅游资源的村落,对其他地区的传统村落研究成果则十分稀少。这些漳州传统村落的相关研究已经奠定了一定基础,其他地区的相关研究成果也为本课题研究的开展提供了可资借鉴的研究基础与方法,但从国内尤其是漳州地区的综合研究成果来看,仍然具有研究的巨大空间与潜力。

(1) 缺乏漳州村落区域性历史演变进程研究

传统村落个案中对某座村落的历史演变进程研究,从区域的视角上看是不够的,应进一步从漳州区域的宏观视角进行整体性的梳理,以便能系统把握区域内传统村落相互影响与交融下的发展脉络。漳州地区传统村落的历史进程是在一定区域内多元文化交汇下不断演变的,因此通过市域尺度视角上的梳理,可以将村落内部与外部的相关历史、地理、经济、文化等要素有机联系起来,形成一条清晰明朗的脉络。

---

[1] 李雄飞,谢早南,李日春,等.漳州市赵家城古堡保存规划[J].城市规划,1990(5):56-59.
[2] 韩俊艳.地域文化背景下非典型传统村落的保护和旅游发展研究——以漳州市南靖县官洋村为例[D].北京:北京交通大学,2016.
[3] 李艳英.福建南靖县石桥古村落保护和发展策略研究[J].建筑学报,2004(12):54-56.
[4] 林少斌.漳州土楼民居建筑特色及其保护利用[J].福建建筑,2003(3):23-25.
[5] 张长水."福建土楼"的保护管理与开发利用刍议:兼以南靖、华安两县"世遗"点为例[J].漳州职业技术学院学报,2009(4).

(2)漳州传统村落形态的构成尚未归纳分类

虽然同处于漳州地区,基于地理环境、社会文化等背景的区别,不同传统村落之间仍然存在着某种相似性或差异性,只有在区域尺度的视角上系统地总结与解析各自的类型与特征,才能有助于更加清楚地认知各自在所处体系中的坐标与特点。

(3)漳州传统村落形态的演化机制尚待挖掘

形态层面的研究,包含了实质的村落营造物质形态,也涵盖了行为活动下的社会文化因素。前者侧重于村落实质层面上的分析,后者关注的是社会行为所形成的空间领域研究[1]。社会文化分析是传统村落形态解析中静态物质研究的重要补充,其目的是通过分析与形态构成相关的群体事件和社会行为,探讨实质形态与社会文化的相互关系,从而加强对村落形态结构的整体性理解。

(4)漳州传统村落形态的发展策略需要探索

传统村落的保护与发展是一项系统工程,单纯依靠村域、镇域与县域尺度下的策略难以充分整合各种有效的资源。目前研究的尺度以村域为主,缺乏从漳州市的市域尺度下进行整体与系统的统筹,以便从城乡一体的宏观视角对传统村落的保护发展进行有效的组织与管理。

1.4 研究对象界定与内涵

1.4.1 研究对象范畴与研究层面界定

1.4.1.1 地理范围:漳州行政管辖区划

漳州,位于中国东南地区福建省的南部,北纬23°34′至25°15′,东经116°54′至118°08′。东临台湾海峡,西临龙岩市,南临广东省潮州与梅州两座城市,北临厦门与泉州。全市行政现辖"二区一市八县",即芗城区、龙文区、龙海市、漳浦县、云霄县、诏安县、东山县、南靖县、平和县、长泰县和华安县。本课题所研究的地理范围以漳州市现有行政区划范围为依据。

漳州于周代属于"七闽之地"。战国时期属越。秦代(秦始皇二十五年,即公元前222年)属于闽中郡,为漳州第一次纳于行政建制。西汉改为闽越地。东汉属会稽郡。三国(吴)属建安郡。晋代属晋安郡,并第一次设立绥安县。南朝(梁)属南安郡。南朝(陈)属于闽州,后改为丰州。隋朝属泉州,后改为建安郡。唐初属于岭南道。唐垂拱二年(686年)正式建州置郡,因漳江而取名漳州,州署初设于西林,唐开元四年(716年)迁州治于李澳川(即今漳浦县城绥安镇),唐贞元二年(786年)迁至龙溪县登高山南麓桂林村(即今芗城区)[2]。漳州的建制巩固了唐王朝的东南疆域,使唐朝各种制度得以推行,促进该地区的开发,中原文化也随之传播[3]。

---

[1] 蔡凌.建筑—村落—建筑文化区——中国传统民居研究的层次与架构探讨[J].新建筑,2005(4):6-8.
[2] 陈志宏.闽南侨乡近代地域性建筑研究[D].天津:天津大学,2005:16.
[3] 郑镛.漳州的建置与江南开发[J].中国名城,1991(1):29-30.

五代十国南唐时期改称南州,宋复称漳州。宋代时期漳州郡名为漳浦郡,下辖龙溪、漳浦、龙岩、长泰四县[1],其中龙溪县管辖之范围大致涵盖了今天的芗城区、龙文区、龙海市、南靖县、平和县、华安县,漳浦县管辖的范围大致涵盖今天的漳浦县、云霄县、东山县、诏安县,龙岩县应包括今天的龙岩市新罗区、永定区、漳平市等地,长泰县范围与今天的基本一致[2]。元称漳州路,明、清为府治。1913年改为漳龙道。到了1949年,中华人民共和国成立后改为福建省第六行政区,又叫龙溪专区。1951年改为地级市。1969年改为龙溪地区,1985年改为漳州市[3][4][5](表1-3)。

表1-3　漳州的建制沿革历史示意

序号	朝代	历史纪年	公元	名称	隶属	备注
01	周代				七闽之地	
02	战国				越	
03	秦代	秦始皇二十五年	公元前222年		闽中郡	纳入建制
04	西汉	汉高祖五年	公元前202年		闽越地	
05	东汉				会稽郡	
06	三国(吴)	永安三年	260年		建安郡	
07	晋代	太康三年	282年		晋安郡	设绥安县
08	南朝(梁)	天监九年	510年		南安郡	
09	南朝(陈)				闽州	后改丰州
10	隋朝	开皇九年	589年		泉州	后改建安郡
11	唐初	武德元年	618年		建州	
12	唐朝	垂拱二年	686年	漳州	岭南道	正式建制
13	五代十国南唐	保大四年	946年	南州	闽国	
14	宋朝	太平兴国五年	980年	漳州	福建路	
15	元朝	世祖至元十六年	1279年	漳州路	福建行省	
16	明清			漳州府		
17	民国		1913年	漳龙道		
18	新中国成立后		1949年	福建第六行政区		龙溪专区
19			1985年	漳州市		

资料来源:作者根据相关资料整理

[1] 刘云.宋代漳州进士及诸科登第人次考[J].闽台文化交流,2012(4):77-86.
[2] 刘云.宋代漳州进士及诸科登第人次考[J].闽台文化交流,2012(4):77-86.
[3] 阮仪三.中国历史文化名城保护与规划[M].上海:同济大学出版社,1995:209.
[4] 漳州市人民政府官方网站:http://www.zhangzhou.gov.cn/cms/html/zzsrmzf/2007-11-09/254698833.html.
[5] 陈诠.海峡两岸开漳圣王文化史料集:开漳篇[M].厦门:厦门大学出版社,2014.

1.4.1.2　时间边界:以一九四九年为界

传统村落形态并不是静态不变的,其形成是一个随时间与环境而不断演变的历史过程。村落社会结构受到政治、社会、经济、伦理方面的影响,具体包括宗族权力、行政权力、世俗信仰、契约关系等要素,各要素的权重比例在不同时期会发生变化[1](图1-8)。因此,基于不同时代的语境,传统村落形态的演化机制存在着巨大的差异。20世纪40年代末以前,中国古代社会的国家机构与运营系统在这些村落里依然延续,自从土地改革开始后,随之社会结构也产生了根本性的变化[2],在中国社会经济走向发展的同时,村落的社会结构也开始了变化[3]。为了在研究过程中尽可能还原传统社会制度与文化语境下的传统村落形态,本书在时间节点的界定上,以1949年为节点,1949年之前侧重于传统语境下村落的形态演变研究,1949年之后侧重于现代文明下村落形态保护与发展的策略研究,让村落的"前世今生"之间得以有机穿越。

1.4.1.3　研究对象:漳州的"中国传统村落"名录

本书的研究对象以漳州地区已被列入"中国传统村落"(表1-4,表1-5)名录的代表性村落为主。截至2017年9月,国家住建部、文化部、文物局与财政部认定的四批"中国传统村落"名录中,漳州共获得了25座。这些传统村落零散地分布在漳州各个县(市)、区之中,并在自然、社会、文化与经济环境背景上具有典型的相似性、差异性与层次性,从而在其村落形态上存在丰富的多样性,因此对本书的研究目标与研究意义具有重要的探索价值。

表1-4　"中国传统村落"的评价要求

	界定方式	详细描述
1	传统建筑风貌完整	●历史建筑、乡土建筑、文物古迹等建筑集中连片分布或总量超过村庄建筑总量的1/3,较完整体现一定历史时期的传统风貌。
2	选址和格局保持传统特色	●村落选址具有传统特色和地方代表性,利用自然环境条件,与维系生产生活密切相关,反映特定历史文化背景;村落格局鲜明体现有代表性的传统文化,鲜明体现有代表性的传统生产生活方式,且村落整体格局保存良好。
3	非物质文化遗产活态传承	●该传统村落拥有较为丰富的非物质文化遗产资源、民族或地域特色鲜明,或拥有省级以上非物质文化遗产代表性项目,传承形式良好,至今仍以活态延续。

资料来源:根据相关资料整理[4]

---

[1] 王鑫.环境适应性视野下的晋中地区传统聚落形态模式研究[D].北京:清华大学,2014:177.

[2] 在土地改革、人民公社制度、"文革"、村民委员会等制度影响下,传统村落原来所依赖的经济、组织等基础几乎完全被颠覆了。

[3] 倪琪,王玉.中国徽州地区传统村落空间结构的演变[M].北京:中国建筑工业出版社,2015:3.

[4] 2012年4月16日,由国家住房城乡建设部会同文化部、国家文物局、财政部共同明确传统村落的定义,并号召开展传统村落调查工作。

第一章 绪 论

表 1-5 漳州市"中国传统村落"名录

县城	乡镇	序号	村落	中国传统村落 第一批	中国传统村落 第二批	中国传统村落 第三批	中国传统村落 第四批	其他名录 历史文化名村	其他名录 省级历史文化名村	备注
芗城区	天宝镇	01	洪坑村		■					
长泰县	马洋溪	02	山重村			■				国家景观村落
	岩溪镇	03	珪后村			■				
龙海市	东园镇	04	埭尾村			■				
	港尾镇	05	城内社			■				
漳浦县	旧镇镇	06	石牛尾			■				
	湖西乡	07	城内村			■				国家重点文保单位
	湖西镇	08	赵家城			■				国家重点文保单位
东山县	西埔镇	09	梧龙村			■				
	樟塘镇	10	古港村			■				
诏安县	西潭乡	11	山河村			■				
云霄县	火田镇	12	菜埔村			■				国家重点文保单位
华安县	马坑乡	13	和春村			■				
	马坑乡	14	福田村			■				
南靖县	书洋镇	15	田螺坑	■						国家重点文保单位
	书洋镇	16	河坑村	■						
	书洋镇	17	塔下村	■						国家重点文保单位
	书洋镇	18	石桥村			■				
	书洋镇	19	下版寮			■				
	书洋镇	20	南欧村			■				
	奎洋镇	21	上洋村			■				
平和县	小溪镇	22	庄上村	■						国家重点文保单位
	霞寨镇	23	钟腾村			■				省级文保单位榜眼府
	芦溪镇	24	芦丰村		■					
	秀峰乡	25	福塘村			■		■		

资料来源:作者整理(截至 2017 年 9 月)[1]

1.4.1.4 本书对漳州传统村落形态研究的层次界定

不同学科与学者对传统村落形态的层次划分存在着相同或不同的方式(表 1-6)。如天津大学张玉坤先生认为,村落形态包含了区域形态、聚落、住宅与住宅的组成部分

---

[1] 因漳浦县的"城内村"与龙海市的"城内社"名称容易混淆,本文叙述过程中将"城内村"之名以"诒安堡"代替。

或构件四个层次。而蔡凌认为中国传统民居研究的三个层次分别是建筑、村落、建筑文化区,村落层次应侧重于村落形态、村落空间与村落历史的研究[1]。结合前人的研究方式,本书将传统村落形态研究分为三个层面:宏观的区域层面,侧重于村落与村落之间的关系;中观的村落层面,以村落个案整体为研究对象;微观的建筑单体层面,侧重于建筑单体的平面、空间、形式与装饰。鉴于研究的基础与关注点,本书研究以宏观与中观层面的村落研究为主,微观的单体层面为辅,形成一个主次分明、有机联系的整体性研究框架。

表1-6 传统村落形态研究的层次划分

学科	序号	出处	层次划分方式
考古学	01	《聚落考古综述》	●三个层次:个别建筑物、村落内与村落间。
	02	戴维·克拉克	●微观:建筑物内部;半微观:遗址内部;宏观:遗址之间。
	03	布鲁斯·特里格	●个别建筑、社区布局、聚落的区域形态。
建筑学	01	日本学者	●五个层次:家屋、居住群、居住域、集落域、集落间。
	02	张玉坤	●四个层次:区域形态、聚落、住宅、住宅的组成部分或构件。
	03	浦欣成	●微观:村落内部民居单体建筑;中观:村落在整体层面的物质形态,包括边界、结构与肌理;宏观:区域、经济或者文化上具有特定关联的一些村落,相互之间所形成的整体关系,强调的是一种区域性的概念。
	04	蔡凌	●三个层次:建筑、村落、建筑文化区。

资料来源:作者根据相关资料整理[2]

1.4.2 相关核心概念及其内涵的阐释

1.4.2.1 文化

(1)文化的定义与分类

①定义

《周易》"贲[3]"卦曰:"观乎人文,以化成天下。"其被认为是中国古代对文化的原始提法[4]。"文化"一词在中国古籍中的理解,涵盖了典籍制度、礼仪风俗与文治教化:"文"意指文字、文章和文采,同时也代表典籍、制度与礼仪;"化"则含有教化、生成和改变之意,体现了事物形态或性质的动态改变。梁漱溟先生则认为:"文化,就是吾人生活所依靠之一切。……文化是极其实在的东西。文化之本义,应在经济、政治,乃至一切无所不包[5]。"文化是人化过程中所呈现的内涵与形态及其历史情状[6],中国文化自古以来秉承"上观天文以察时变、下观人文以化成天下"的方式展现其文化策略并演绎华夏文明。彭兆荣先生曾说:

---

[1] 蔡凌.建筑-村落-建筑文化区——中国传统民居研究的层次与架构探讨[J].新建筑,2005(4):6-8.
[2] 部分参考自:浦欣成.传统乡村聚落二维平面整体形态的量化方法研究[D].杭州:浙江大学,2012:31-32
[3] "贲"(即虎贲),古时指勇士;还指纹饰,装饰美。
[4] 郑东军.中原文化与河南地域建筑研究[D].天津:天津大学,2008:17-18.
[5] 梁漱溟,中国文化书院学术委员会.梁漱溟全集:第3卷[M].济南:山东人民出版社,1990.
[6] 白佩芳.晋中传统村落信仰文化空间研究[D].西安:西安建筑科技大学,2014:31-32.

"任何文化,严格地说,都属于民族和地域的叙事传统[1]。"

西方"文化"一词发源于拉丁文"cultura",本意是农耕与植物培育,后引申为对人的培养。19世纪人类学家泰勒(E. B. Tylor)对文化进行了定义:"文化是包括知识、信仰、艺术、道德、法律、风俗,以及作为社会成员的个人获得的任何其他任何能力在内的一种综合体[2]。"1845年至1846年,马克思提出"文化起源于人类物质生产活动的思想观点"。美国的社会学家罗伯特·E.帕克(Robert E. Park)和伯吉斯(Ernest Watson Burgess)以历史性的视野,表明文化是某一群体生活的社会遗传结构之总和,并且这种遗传结构又因这一群体特定时空下的历史生活和种族特点而获得其社会意义[3]。克罗博和克拉康1952年发表的《文化——有关概念和定义的回顾》一书中,做了总结:"文化是人们通过符号和形象(如语言艺术)所获得并加以传播的行为模式。这些模式基于一定的传统观念和价值,并代表了某一人类集团的特征[4]。"

②分类

文化类型的分类方式具有多样性。基于外延的广度上可分为广义与狭义:广义指的是在漫长的社会实践历史过程中,人类所创造的一切物质与精神财富的总和;狭义是指精神层面,如政治、经济、社会、艺术、语言、文学、宗教等意识形态方面的成果。根据文化所在地域的差异进行划分,如国家尺度上的中国文化与美国文化,区域尺度上的闽南文化与岭南文化。根据文化作用大小可分为主文化和亚文化。根据文化所依附的民族不同,可分为汉族文化、藏族文化。根据文化的构成要素,可分为物质文化、制度文化、行为文化与观念文化(表1-7)。

表1-7 传统村落文化类型

序号	文化类型	文化特征
01	传统村落物质文化	●与传统村落营建过程中所需的实体物质相关的文化要素,如自然环境。
02	传统村落制度文化	●与传统村落形态特征相关的、具有约定俗成的文化要素,如宗族制度。
03	传统村落行为文化	●发生于传统村落中与村落功能紧密相联系的各种人类活动与行为,如祭祀。
04	传统村落观念文化	●传统村落精神和观念层面的相关文化要素,如宗教信仰。

资料来源:作者根据资料整理

(2)文化的特性与层次

①特性

文化的特质指的是文化具有决定性、本质性的特征,如精神层面和物质层面。对文化特质的研究,是文化研究中的必然走向[5]。文化特性可体现为地域性、民族性、时代性和继承性:文化的地域性,指的是在不同的自然环境下,人们的生产生活方式以及物质生活条件受到的影响不同,从而使得这些不同地域文化的内容、结构、价值观等方面表现出典型的地域

---

[1] 彭兆荣.西南舅权论[M].昆明:云南教育出版社,1997:1.
[2] 王芳.历史文化视角下的内陆传统城市近现代建筑研究[D].西安:西安建筑科技大学,2011:37.
[3] 于运国.文化交汇对大学生思想政治教育的影响及对策研究[D].长春:东北师范大学,2014:12.
[4] 郑东军.中原文化与河南地域建筑研究[D].天津:天津大学,2008:18.
[5] 林晓平.先秦民俗典籍与客家民俗文化[M].北京:中国社会科学出版社,2016:88.

差异;文化的民族性,则是指基于某个民族的共同个性和心理特征,如使用共同的语言、遵守统一的风俗习惯,从而使文化产生了民族凝聚力与归属感;受不同时代生产力、物质水平、精神生活与科技发展等诸多因素的制约,每个时代都伴随着与其相适应的文化,这就是文化的时代性;文化的继承性,表达的是文化的连续不断的动态发展过程,因为文化总是在一定的文化背景下,继承传统历史文化"基因"的基础上不断改造、创新和发展,从而代代相传、生生不息的。

②层次

文化具有典型的层次性。以传统村落文化为例,传统村落是一个由非物质文化和物质文化共同建构的有机系统。作为村落的灵魂,传统村落文化除了系统性,还具有较为鲜明的层次性:核心层面是精神和意识形态,如宗教、艺术、观念;第二层次是体现文化特色形态的生活与生产方式,如衣食、礼仪、风俗等;第三层次是属于文化的外部物质载体,如包含村落布局、历史风貌的村落空间形态与民居建筑(图1-8)。传统村落的三个层次维度下的各种因素相互映射、影响,形成彼此依赖的有机整体。

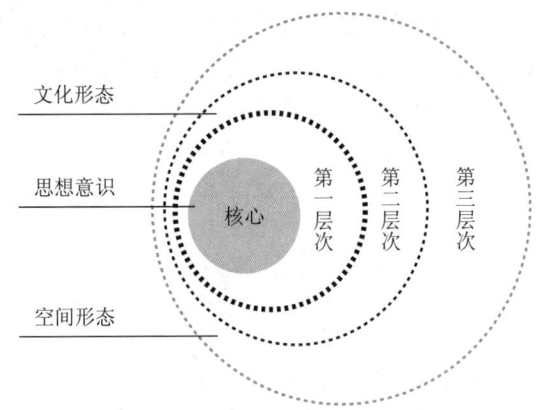

图1-8 传统村落文化的层次性

图片来源:作者自绘

(3)文化相关学术理论

①文化功能理论

文化功能理论,彰显了文化作为工具性的一面。"文化,即工具的整体及社会群体、人类思想、信仰及风俗的规章,构成了人赖以更好地对付在满足需要的过程中适应环境时所面临的具体问题的伟大器具[1]。"在文化的统一体中,文化元素存在着与整体密切联系的某种确定功能,这种文化的功能运行蕴含了文化影响空间的更为深层的动因。因此,任何文化都是作为一个整合的统一体或系统存在的,并且其中每个元素都有与整体相联系的确定功能[2]。文化的核心信息源自历史传统,文化只有链接历史后才具有真正的意义。文化具备了"桥

---

[1] 马林诺斯基.文化论[M].费孝通,译.北京:华夏出版社,2002:10.转引自:姚准.景观空间演变的文化解释[D].南京:东南大学,2006:39.

[2] 拉德克利夫-布朗.社会人类学方法[M].夏建中,译.北京:华夏出版社,2001:前言.

梁"的联系功能[1],连接着过去和现在、物质和精神、人类与自然、传统和创新,乃至于地区与地区、民族与民族之间,使其成为相互联系的整体而不是断裂的鸿沟。

以人居环境构建为例,人类在适应现有地理环境的同时,不断对其进行改造,使其更符合人类的生产与生活发展需求。在这个过程中,逐渐沉淀为一种理性的选择与植根于日常生活的精神世界。文化通过改变原生地理环境后,人化的自然逐渐取代原有的自然,在这样的长期持续活动中,文化的作用模式甚至成为一种惯性,促使这种惯性的行为成为一种"集体无意识"的自然选择。这种力量虽似无形,却无处不在。

功能主义(Functionalism)学派源自20世纪20年代的英国学者[2]。功能主义认为事物的内在实质或主要原因是难以发现的,并且只有通过事物的现象和属性才可以认知,同时主张对实质论概念的摒弃,通过相互依存、构成整体的诸要素之间的联系来把握对象,因而是一种实证主义的主张[3]。

表1-8 功能主义人类学的代表人物与观点

代表人物		代表观点	异同
马林诺斯基	1	●不同于早先某些人类学家(比如博厄斯学派及威斯勒等人)的观点,将文化"分割成较小的部分以作传播的单位",因为他主张"文化并不能视作一堆偶然集合的特质的"。分析种种文化或文化现象时,应该"从生活本身出发来认识文化的意义及生活的整体性,在研究方法上,也需要从文化的整体入手"。	相同
	2	●理论核心是"需要"和"功能"。"文化"不仅仅是被定义为"需要"发展的动力,甚至是被当作"需要"发展的原动力。	不同
	3	●"文化,即工具的整体及社会群体、人类思想、信仰及风俗的规章,构成了人赖以更好地对付在满足需要过程中适应环境所面临的具体问题的伟大器具。"	
拉德克利夫—布朗	1	●将社会视为一个整体,也就是任何文化均是经过整合的统一体或系统,并且在这个系统中的每个元素的功能都与整体紧密相联系。	相同
	2	●理论的核心是"结构"和"功能"。认为应该将社会人类学与社会学结合起来,因为社会现象是不同于生理学、心理学等而自成为独立系统的现象,如果想认知社会现象的实质和规律,那么就不能求诸社会之外,而只能在社会生活中进行研究,即基于社会学的意义上的研究。	不同

资料来源:作者整理。部分参考自:姚准.景观空间演变的文化解释[D].南京:东南大学,2006:38-39。

---

[1] 作为一种思想和价值观念,文化影响了人类生活方式或行为控制系统。文化拥有清晰的内在结构与规律,在其架构下使内隐或外显的各种行为模式,藉由某种符号系统得以传递。文化的结构指的是文化体系中内部各组成要素及其组成的子体系之间相互联系、作用的方式和秩序。它确保了文化体系作为一个整体的系统存续与发挥作用,并决定了文化体系类型、性质、特征与功能。

[2] 代表人物是布罗尼斯拉夫·马林诺斯基(Bronislaw Malinowski,1884—1942)和拉德克利夫—布朗(A. R. Radcliffe-Brown,1881—1955),并以前者发表的《西太平洋的航海者》与后者的《安达曼群岛的居民》为标志。他们的理论,继承了以涂尔干为代表的社会学派的社会整体论思想,摒弃了涂尔干的社会进化论,将"功能"观点进一步加以系统的阐述而发展成为完整的文化理论,认为必须把任何一个民族的文化作为一个完整的体系、作为一个由各个部分相互联系而组成的整体来加以考察,其中每个部分对于整体都发挥着一定的作用,完成自己特有的功能。详见:陈建宪.文化学教程:第2版[M].武汉:华中师范大学出版社,2011:278.

[3] 黄平,等.当代西方社会学·人类学新词典[M].长春:吉林人民出版社,2003:51.

马林诺斯基的"需要"理论，认为功能即是对需要的满足，人类需要存在着不同的层次性。其中生物需要是最基本的，为了有效达到此目的，人类需要不断去创造"文化"，从而形成了一种原始的和最基本的"文化迫力"，即所谓的文化原动力。在上述对"文化"的创造过程中，当文化状态得到满足之时又产生了新的限制，随即萌发出了新的"文化迫力"。这种生生不息、具有不同层次的"文化迫力"，推动人的需求不断由低层次向高层次发展，以追求一种"更为深刻的需要"。这种文化迫力是社会团结、文化延续和生存所需的条件，并只能在整个文化体系加以阐释[1]。

然而威廉·亚当斯（William Y. Adams）认为功能主义学派存在一定的局限或不足之处：强调了"功能"却忽视了变迁；强调社会与文化整体性而忽视个人；关注社会稳定性与一体性而忽视社会冲突与矛盾；强调研究"客观性"而忽视了主观性[2]。

② 文化区划理论

"文化区"的概念起源于20世纪初欧美人类学者在地理学概念基础上的发展，最早由美国学者梅森（O. T. Mason）提出，1922年美国人类学家威斯勒（Wissler Clark）重新阐释了文化区的概念，指的是居住在同一地理区域中不同人群之间相关联的文化特质，反映了文化是基于时间和空间的同构，并以同构文化特质的空间分布来重建文化历史顺序和不同人群之间关系。由于文化要素内容广泛，划分依据体现的是区内具有均一性的文化要素，比如语言、宗教信仰、聚落形式[3]。文化区划是了解区域特征的一种方式，旨在发现并阐释建筑和村落本身的差异与关系[4]（表1-9）。

表1-9 文化区的特征

	特征类型	具体描述
1	区内文化特质的共通性	● 文化差异存在于文化区之间，也存在于文化区内部；对于文化区内部，差异相对是次要的，起主导作用的还是共通性。
2	相邻文化区之间过渡性	● 文化从核心区向外辐射传播到文化的边缘区，从典型文化特质高密度分布到逐渐减弱边缘化，形成不同文化的渗透，边缘文化产生变异，出现文化的涵化现象，由此产生相邻文化区之间的过渡地带。
3	区内文化机能的一致性	● 形式文化区内部具有某些共同文化机能，机能作用主要体现在文化传播、吸收等方面，通过文化体系的无意识反映实现，表现出文化区内部文化机能一致性。

资料来源：曾艳. 广东传统聚落及其民居类型文化地理研究[D]. 广州：华南理工大学，2016：165.

文化地理学往往将文化区分为形式文化区与功能文化区。形式文化区，关注的是一种文化现象，基于文化形态特征的差异而把一个地区按一种或多种具有共同文化特征的居民或景观进行划分，如语言、民俗文化区。功能文化区内体现某种特定的功能，如社会、政治、

---

[1] 陈建宪. 文化学教程：第2版[M]. 武汉：华中师范大学出版社，2011：279.
[2] 姚准. 景观空间演变的文化解释[D]. 南京：东南大学，2006：38-39.
[3] 郑度. 地理区划与规划词典[M]. 北京：中国水利水电出版社，2012：205-206.
[4] 蔡凌. 建筑—村落—建筑文化区——中国传统民居研究的层次与架构探讨[J]. 新建筑，2005(4)：6-8.

经济,一般具有较为明确的边界,如经济区、文教区[1]。相似文化特质的区域构成了特定的文化区,文化特质以此为中心不断向外传播。

③文化变迁理论

文化是一个过程,也是一个阶段性的文明显示[2],随着历史发展便存在着文化的发展与变迁。因此文化的均衡稳定状态是相对的,其不断的变迁发展过程则是绝对的。对文化的研究,除了某一时空态下共时性的静态研究,也需要探索历时性的动态研究,后者体现了文化的变迁,因为文化遭受到一系列的综合性因素[3]的影响。文化变迁,指的是一种文化结构的变化与迁移现象[4]。文化结构的改变,除了文化的扩散与文化自身的创造外,也与社会的变迁、科技发展密切相关。文化的变迁,需要将创新、传播、进化、涵化、冲突、调适和融合等一起纳入动态的过程进行分析,因为这一个过程中既有外在环境的变迁,也有内在的变迁,是各种因素影响下的综合效果:外部因素可分为自然环境、科学技术、经济政策和社会环境四类;内部因素可归纳为人类认知与文化自身发展[5][6](图1-9)。

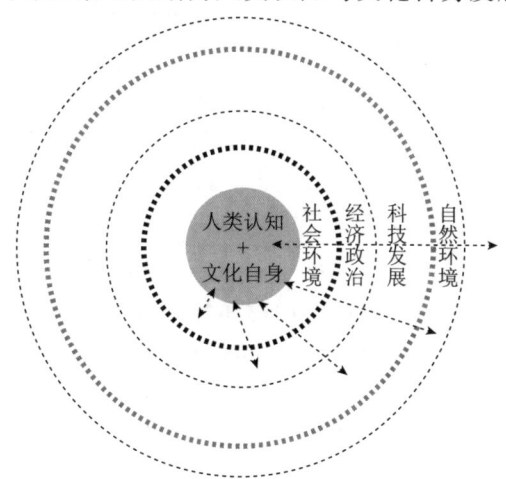

图1-9 影响文化变迁的内外因素结构
图片来源:作者自绘[7]

1.4.2.2 传统村落

传统村落,是在历史各种因素共同作用下形成的聚居集合,也是人类文化与自然环境紧密联系的时空单元和系统[8]。"传统",作为历史沿袭下来的事物,如观念、道德、民俗、

---

[1] 曾艳.广东传统聚落及其民居类型文化地理研究[D].广州:华南理工大学,2016:163.
[2] 白佩芳.晋中传统村落信仰文化空间研究[D].西安:西安建筑科技大学,2014:31-32.
[3] 如地理环境、历史人文、家庭社会结构、社会组织、政治经济、宗教信仰、人口经济等。
[4] 郑度.地理区划与规划词典[M].北京:中国水利水电出版社,2012:205.
[5] 魏晓芳.三峡人居环境文化地理变迁研究[D].重庆:重庆大学,2013:169-170.
[6] 文化变迁主要表现在人类思想与行为的变化上,而人类思想与行为的变化又使得人居环境发生相应的改变。人居环境的改变,又会引起人类思维方式与行为方式的变化。文化变迁是人类社会进步的内在动力。文化变迁使得人类的认知、思维方式与行为方法发生变化,从而促进技术的变革与生产工具的改进,使得生产力逐步提升,人居环境品质提升,进而推动人类社会的进步。
[7] 魏晓芳.三峡人居环境文化地理变迁研究[D].重庆:重庆大学,2013:167.
[8] 袁媛,肖大威,黄家平,等.传统村落边界空间保护初探[J].南方建筑,2014(6):48-51.

艺术、宗教、制度等,具有历史性、文化性和地区性的基本特征[1]。单德启先生曾定义:"传统",指的是历代传承下来的具有本质性的模式、模型和准则的总和[2]。传统村落体现了一定时间的传承和延续,表现为其空间形态、营建方式、艺术风格、装饰手法、民俗习惯等都遵循着某种"约定俗成"的模式。在村落形态上则具有相对的稳定性和连续性,形成一种统一的历史风貌,并反映某一区域内特定时空下的独特历史文化。关于传统村落的概念辨析可详见表 1-10、表 1-11、表 1-12。

表 1-10 相关学者对"传统村落"的概念辨析

序号	界定方式	详细描述
1	社会生产方式	●以农业生产为主要生产方式的居民聚居点。
2	行政区划层次	●县级以下(不包含县级)的人口聚居点。
3	聚居的性质	●(1)居民生活依赖于自然界,从事种植、养殖或采伐业;(2)聚居规模较小,并且是内向的;(3)一般不经过规划,是自然生长发展的;(4)通常是一个最简单最基本的社区。

资料来源:作者根据相关资料整理[3]

与现代化的城市与农村社区相比而言,本书所界定的"传统村落"具有以下六个方面的典型特征:第一,在环境区位上,一般位于远离城镇中心的乡野之处;第二,在行政区划上,为自然村或行政村;第三,在人口组成上为单姓结构(一般为自然村)或杂姓结构(一般为行政村);第四,组织形式上以基于血缘的宗族社会组织结构为特征;第五,村民意识形态上保存了较多传统的宗教信仰、道德准则与生活模式;第六,村落风貌上仍保留了较多中国传统民居地域建筑的特色。从与本书"传统村落"一词相近概念的辨析(表 1-11)中可以看出,古村落、保留历史风貌的乡村、具有历史风貌的乡村聚落、兼有军事防御功能的堡寨聚落,在内涵上是接近本文对"传统村落"的概念界定的。

表 1-11 相关概念与本书"传统村落"概念的相近性示意

序号	相关概念	与本课题传统村落概念的吻合度			备注
1	古村落				"古"即历史
2	乡村	完全新建的村庄			
		没特色的一般村庄			
		风貌破坏严重的古村			
		保留历史风貌的村落			
3	聚落	狭义	乡村聚落	有历史风貌	
				无历史风貌	
		广义	含城市聚落		

---

[1] 杨定海.海南岛传统聚落与建筑空间形态研究[D].广州:华南理工大学,2013:19.
[2] 单德启.从传统民居到地区建筑:单德启建筑学术论文自选集[M].北京:中国建材工业出版社,2004.
[3] 浦欣成.传统乡村聚落二维平面整体形态的量化方法研究[D].杭州:浙江大学,2012:29.

续表

序号	相关概念	与本课题传统村落概念的吻合度		备注
4	传统聚落	传统村落		
		集镇		
		城市中传统街区		
5	军事聚落			纯军事成守功能
6	堡寨聚落			兼军事防御功能

资料来源:作者整理[1]

表1-12 与"传统村落"概念相近的词汇辨析示意

序号	概念	具体描述
1	聚落	●聚落的概念可追溯至汉代,文献《史记·五帝本纪第一》[2]与《汉书·沟洫志第九》[3]均有提及。在《辞源》的释义中,"聚落"即"村落",是人类集体居住的空间场所[4]。"聚落"是指人类各种形式的居住场所,聚落不仅仅是民居建筑群,还涵盖了与居住场所密切相关的其他生活设施和生产设施[5]。聚落有狭义与广义之别:狭义的聚落一般指的是乡村聚落,广义的聚落则包含城市聚落。城市聚落指的是规模较大的以非农业活动和非农业人口为主的聚落,一般为某地区的政治、经济或文化中心[6]。
2	传统聚落	●各地区的居民经过长期的选择与积淀,具有特定历史风貌的聚居环境系统,涵盖了传统村落、集镇及城市中的传统街区[7]。可以说,"聚落"一词的外延比"村落"宽广,上可拓展至集镇与城市,而后者仅限于行政村一级。在行政村或自然村这个层面,传统聚落与传统村落两者可互换。
3	乡村	●"乡"是中国最低一级的行政单位,属于农村地区;"村"由一个具有血缘关系的家族或几个家族自然聚居而成[8]。乡村一词,是比较宽泛的概念,是指主要从事农业活动、人口分布较城镇分散的地域,也指人口稀少、以农业生产方式为主要经济基础[9],强调的是与城市的差异性。乡村的外延可包含新建的整体规划的村庄、没有传统特色的一般村庄、风貌破坏严重的古村、保护良好的传统村落。
4	古村落	●古村落是指在民国时期以前建村,较多保留了村落历史风貌,除了周边环境、建筑风貌、村落选址未有大的改变之外,还依然保存着独特的民俗民风,且至今仍为人们服务的村落[10]。作为民间历史文化的重要载体之一,古村落是物质文化与非物质文化遗产相互依存共生的统一体。本文中对传统村落的概念定义与古村落基本一致。

[1] 颜色越深者,表示相关性越强。
[2] "舜耕历山,历山之人皆让畔;渔雷泽,雷泽上人皆让居;陶河滨,河滨器皆不苦窳。一年而所居成聚,二年成邑,三年成都。"
[3] "时至而去,则填淤肥美,民耕田之。或久无害,稍筑室宅,遂成聚落。"
[4] 辞源(修订本)2卷[M].北京:商务印书馆,2010:2765.
[5] 张楠.作为社会结构表征的中国传统聚落形态研究[D].天津:天津大学,2010:1.
[6] 吕京庆.齐长城沿线军事聚落研究[D].天津:天津大学,2013:57.
[7] 李晓峰.适应与共生——传统聚落之生态发展[J].华中建筑,1998(2):119-121.
[8] 褚兴彪.山东乡村聚落景观评价模型构建与优化应用研究[D].长沙:湖南农业大学,2013:9.
[9] 童磊.村落空间肌理的参数化解析与重构及其规划应用研究[D].杭州:浙江大学,2016:6.
[10] 朱晓明.试论古村落的评价标准[J].古建园林技术,2001(4):53-55.

续表

序号	概念	具体描述
5	传统民居	●作为学术界长期使用的术语,传统民居一般是指民间的传统居住类建筑。早期的研究仅仅指的是民间住宅,属于建筑单体范畴;但是后来该术语的内涵和外延被个别学者进行了拓展,研究内容也突破了住宅建筑本身而包含了聚落、装饰、环境等多个方面[1]。本文对其定义仍属于建筑单体层面,为传统村落中的重要组成部分之一,有别于村落的整体范畴。
6	乡村聚落	●乡村聚落,是指聚落居民以务农为主要生产形式,以农业为主要经济活动而形成的具有一定规模、历史文化遗存的聚居地。相对于城市聚落来说,乡村聚落是非城市人口的聚居地或集中住区,总的来说包括了村落、集市、集镇等在内的不同层级的非城市聚落。
7	军事聚落	●军事聚落,是聚落的一种独特类型,指的是因军事戍守目的而建立的聚落,因此有相对稳定的人口(军事人员)而无稳定居住的当地居民;其基本组成要素为营房、军需用房、训练场地、畅通的道路设施等。狭义的军事聚落无需配置经济职能和其他社会职能,广义的军事聚落可能具有一定的经济职能和社会职能[2]。
8	堡寨聚落	●堡寨聚落,是聚落的一种类型,在一定程度上与军事聚落有点类似,但是有所区别:堡寨聚落,侧重于从村落形态的特征去定义,一般具有防御性;军事聚落,主要从村落的功能属性去定义。堡,意为"土筑小城",是军事上防守用的建筑物;寨,意为"防卫所用的木栅",引申为旧时驻兵的营地,如营寨、山寨,指四面环围的驻军地点[3]。

表格来源:作者根据相关资料整理

1.4.2.3 村落形态

作为一个抽象的概念,"形态"缺乏情感与内容,只有在赋予形态一定人文活动和意义的基础上,形态才具有生命力。"形态"(Morphology)一词起源于希腊语,为 Morphe(形)和 Logos(逻辑)的合成词,即形式的构成逻辑。《辞海》中阐述"形态"为:形状和态度,事物的外在表现形式。其中的"形"指的是形象,表达空间尺度概念;"态"指的是发生着什么[4]。德国学者歌德于1800年左右为了研究生物外形、生长与内在结构关系而提出形态学概念,后来被引用至其他领域如城市与地理学研究[5]。传统村落形态指的是一定时期内村落生长发展过程中所呈现的整体性表现形式,包含了村落全面的实体组成、实体环境与各类活动的物质载体。形态是多维的,为物质、精神和社会等多方面因素的组合体。传统村落形态具有物质性与精神性的双重属性[6],物质层面是其外在表征,精神层面是其内在的深层结构机制,通过自然环境、社会文化、经济技术、政治政策[7]等影响制约物质层面的发展。因此除了传统村落物质的结构、形式与演变等显性的形态外,对隐性的结构探析也是重点。

---

[1] 李建斌.传统民居生态经验及应用研究[D].天津:天津大学,2008:4.
[2] 吕京庆.齐长城沿线军事聚落研究[D].天津:天津大学,2013:58.
[3] 吕京庆.齐长城沿线军事聚落研究[D].天津:天津大学,2013:63.
[4] 张东.中原地区传统村落空间形态研究[D].广州:华南理工大学,2015:6-7.
[5] 何峰.湘南汉族传统村落空间形态演变机制与适应性研究[D].长沙:湖南大学,2012:37.
[6] 张东.中原地区传统村落空间形态研究[D].广州:华南理工大学,2015:6-7.
[7] 何峰.湘南汉族传统村落空间形态演变机制与适应性研究[D].长沙:湖南大学,2012:39-42.

1.5 研究内容、方法与框架

1.5.1 研究内容

本书以建筑史学与文化学为研究基础,结合社会学、地理学、形态学、文献学等学科的研究方法,在梳理相关文献的前提下,对漳州地区具有典型特色的传统村落进行深入调研与分析,试图回答以下几个问题:

(1)在历史的长河中,漳州传统村落文化的生成背景与组成结构是什么?它们是如何发展演变的?有什么典型的特征?

(2)从区域性的宏观视角上看,漳州传统村落的形态有哪些类型?构成体系是什么?整体特征又是什么?

(3)从文化的动态性视角看,漳州传统村落形态的演化机制与规律是什么?

(4)在当前全球化与城镇化背景下,漳州传统村落形态应如何保护与发展?

1.5.2 研究方法

1.5.2.1 文献考证与田野调查

文献考证是研究的重要基础,首先要解决文献的来源问题,如地方文献收集,包括历史地图、传统村落申报与保护规划、各级政府统计年鉴、村落谱牒、史志材料、历史文献、政府政策文件、口述史等地方文字和图纸资料。这些资料主要来源于漳州市住房建设局、漳州市规划局、闽南师范大学图书馆、漳州市博物馆、各县规划建设局、厦门大学图书馆区域资料研究中心。

田野调查也是必不可少的基础工作,实地调研传统村落,从其所在的区位特征、自然环境、村落空间布局、历史建筑等实体层面入手,结合社会文化、民俗风情、生产方式、经济发展等非物质文化背景,融合文化学、民族学、人类学与建筑学等多学科研究基础,全面把握调研对象的整体性、动态性与地域性。

1.5.2.2 形态研究与数理统计

传统村落形态的外部表征研究属于形态学研究的范畴,纯粹视觉外貌形态的描述性研究[1]是其中一个重要的层面。作为传统形态分析的定性方法,"图学(Graphics)"是建筑类型学与城市形态学常用的工具,以图形为研究对象,用图形来表达与分析设计思维的学科,可以通过图示分析的方式归纳、描述空间结构与形态的表层规律[2]。同时,采用分析归纳与演绎的方法,将所调研的传统村落根据研究的框架进行类型的定性梳理,并适度结合一些数学的定量统计方法,以定性与定量相结合的方式来深化研究。

1.5.2.3 学科交叉的多维分析

从形态学研究的内涵视角来讲,形态形成的过程机制研究才是传统村落形态研究的另一个重要层面,因为这涉及了形态背后的社会民俗、经济政治、历史文化等诸多内在的因素。漳州传统村落形态,是在多元文化的交汇历史背景下形成的,存在着村落—经济—社会—政治—文化等复杂交叉的关系。这种研究对象及其背景的特殊性,需要借助研究方法的多维性与综合性才能全面认知。因此,本书将以建筑学为基础,借鉴文化学、经济学、社会学、管理学等多学科的综合研究方法进行探索。

---

[1] 童磊.村落空间肌理的参数化解析与重构及其规划应用研究[D].杭州:浙江大学,2016:23.
[2] 孔亚暐,张建华,闫瑞红,等.传统聚落空间形态构因的多法互证——对济南王府池子片区的图释分析[J].建筑学报,2016(5):86-91.

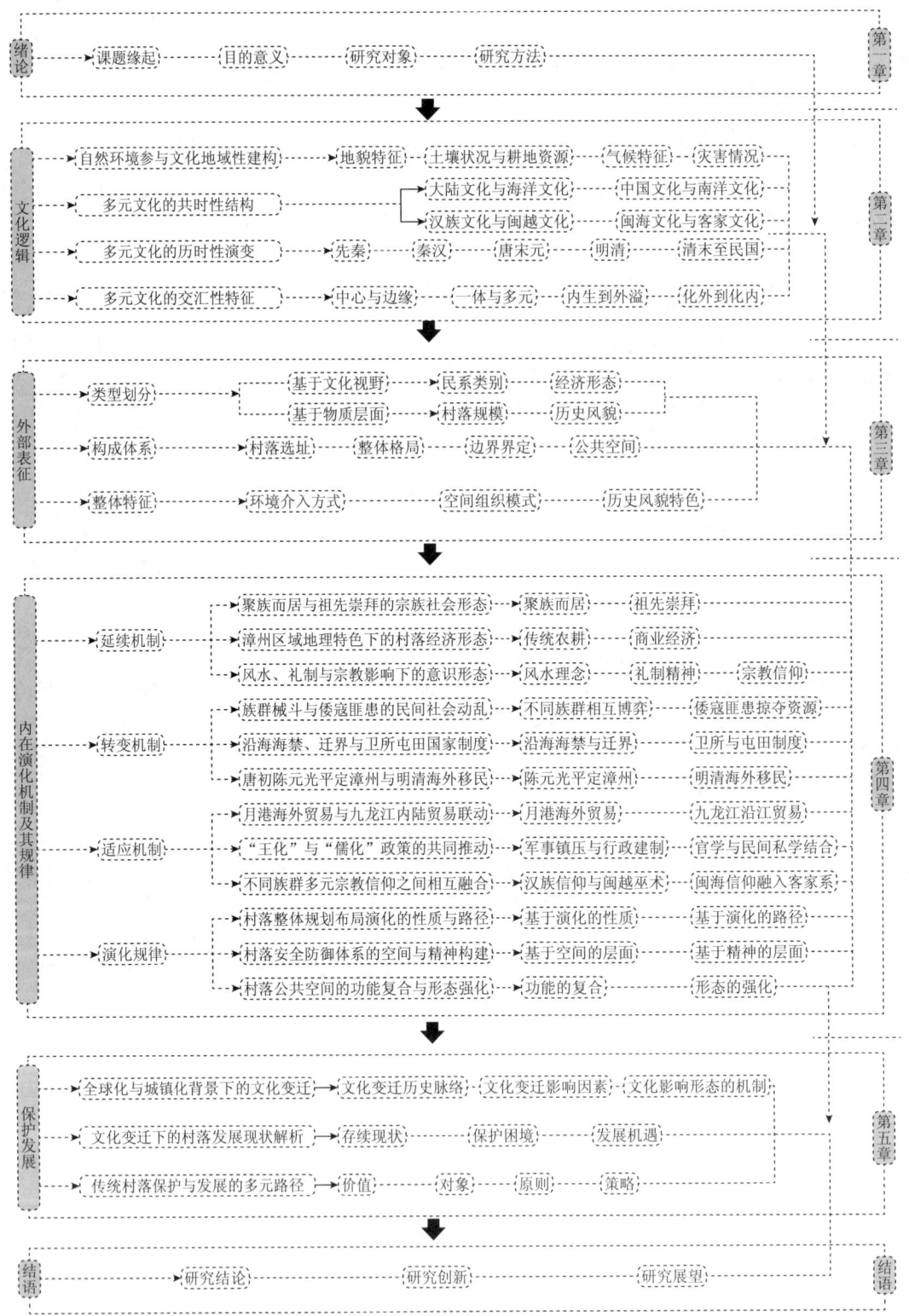

图 1-10 研究框架示意图
资料来源：作者自绘

1.5.3 研究框架

全书的研究框架分为六大部分。首先是绪论,从课题缘起、目的意义、研究对象的界定、研究方法四方面来回答了为什么研究、研究什么与如何研究的问题;第二部分是漳州传统村落多元文化的生成与交汇逻辑,从文化生成的自然性基础、多元文化的共时性结构、多元文化的历时性演变与多元文化的交汇性特征出发,阐释了漳州传统村落形态演变研究的文化视角以及基础;第三部分侧重于漳州传统村落形态的外部表征,以类型划分、构成体系与整体特征为脉络,从多元文化交汇的区域性宏观视角系统地解析了漳州传统村落形态的静态性实体特征;第四部分,从多元文化交汇的动态性视角出发,"由外到内"关注的是漳州传统村落形态演变背后的内在机理,从延续机制、转变机制和适应机制三方面论述其演化机制,从整体布局、安全防御体系、公共空间三方面总结其演化的规律;第五部分,聚焦当下全球化与城镇化的时代背景,在剖析了漳州传统村落文化变迁的历程、因素与机制后,解析漳州传统村落形态的现状、困境与机遇,并且进一步探索漳州传统村落形态保护与发展的多元途径;最后,总结全文的结论与创新点,并提出后续研究的展望。

第二章 村落形态演变生境：
多元文化的生成与交汇

传统村落文化的生成与发展,并不是在纯粹自我封闭式地演进,而是脱不开其所处的自然环境、社会文化历史等背景。因此在漳州传统村落形态演变研究过程中,首先应该追溯漳州地区特定的文化背景,并建立一个基于自然与文化、时间与空间、静态与动态、单一与复合的多维文化坐标系。

以文化认知的多维性视角,系统阐释漳州传统村落多元文化的生成与交汇逻辑,是文化学视野下传统村落形态演变研究的理论基础与重要依据。在一个更大的地理空间与时间视野下,我们会发现漳州传统村落文化并不是单一均质空间中的运动,而是多元复合体系的演化。首先,文化的产生与其所依赖的地域环境息息相关,从自然与文化的维度上看,漳州独特的自然环境参与了其地域性文化的建构。其次,从空间的共时性视角解析其构成要素,分析文化各要素之间的联系,以进行文化的静态结构研究。再次,当我们追溯文化之源,以时间视角去探索文化的历程,从动态的历时性研究中揭示它的历史脉络与传统。最后,基于自然、空间与时间维度的文化特征相互融合在一起,共同诠释了漳州传统村落多元文化的交汇性特征。

2.1 漳州自然环境参与文化生成地域性建构

如果把气候变迁视为"天",地理结构视为"地",那么正是这"天覆地载"的物质基础构建了人类历史所赖以展开的舞台,为人类的自我意识提供外部坐标系[1]。"任何历史记载都应当从这些自然基础以及它们在历史进程中由于人们的活动而发生的变更出发[2]。"文化应以自然条件为基础,任何文化现象均无法脱离自然而独立存在,作为文化主体的人需要借助自然界来进行物质生产[3]。自然界是影响社会与文化的一个必要的常态因素,自然条件优越之处一般生产发展较快[4],而生产发展的速度不同也必然影响其文化的发展,并形成不同的文化类型,如在农业社会中普遍信仰植物图腾,而以畜牧业或狩猎为主的地区则以动物图腾为崇拜对象。平原与河流为农作物的耕作提供了必要的条件,孕育了农耕文明;草原地带有利于畜牧业,是游牧文明的温床;滨海地区拥有便利的交通条件,有利于发展商业。

---

[1] 施展.枢纽:3000年的中国[M].桂林:广西师范大学出版社,2018:17.
[2] 中共中央马克思恩格斯列宁斯大林著作编译局.马克思恩格斯全集:第3卷[M].北京:人民出版社,1960:23-24.
[3] 赵常林,林娅.中外比较文化教学丛书——马克思主义文化学[M].北京:中国文化书院,1988:14-15.
[4] 因为劳动的不同的自然条件使同一劳动量在不同的国家可以满足不同的需要量,因而在其他条件相似的情况下,使得必要劳动的时间各不相同。详见:中共中央马克思恩格斯列宁斯大林著作编译局.马克思恩格斯全集:第23卷[M].北京:人民出版社,1972:562.

在中国大地上的文明发展历程中,体现了一系列复杂地理空间结构与气候变迁下所带来的综合影响。如中华古代文明的独立性与其所处的地貌结构有较大的联系,因为"东亚大陆"西高东低的倾斜式与位于西方的其他古文明中心正好相背,且距离遥远、交通不便。而历史上北方草原民族曾南侵中原地区,一方面可能是因为寒冷骤至下的资源匮乏,也可能是因为风调雨顺下的人口繁衍过剩。历史上长城的修建位置曾经在某些区域南北波动长达两三百千米,这是中原在或胜或败下做出的一系列应对措施。古代福建以其多条河流与两岸河谷平原为要道,由此逐渐孕育了基于交溪和闽江的闽东方言区与基于晋江、九龙江的闽南方言区。漳州地区西侧为山地丘陵,中部地区为平原地区,东部地区紧邻大海。这种独特差异性的地理环境,必然影响了传统村落的整体与民居建筑的地域特色,奠定了文化差异的自然性格局,是漳州传统村落文化生成与发展演变的重要物质基础:西部山地区域生存环境恶劣,民风彪悍;平原地区,适于农耕文明的发展;由东向西的九龙江和大海交汇处,便于交通运输从而形成商贸文化;沿海地区赋予当地居民向外拓展、敢于冒险的海洋文化精神。

总之,漳州地区独特的地形地貌、土壤和耕地资源、气候分区与历史灾害情况(图2-1),作为主要的地域自然环境要素,共同参与了漳州传统村落文化地域性的建构历程。

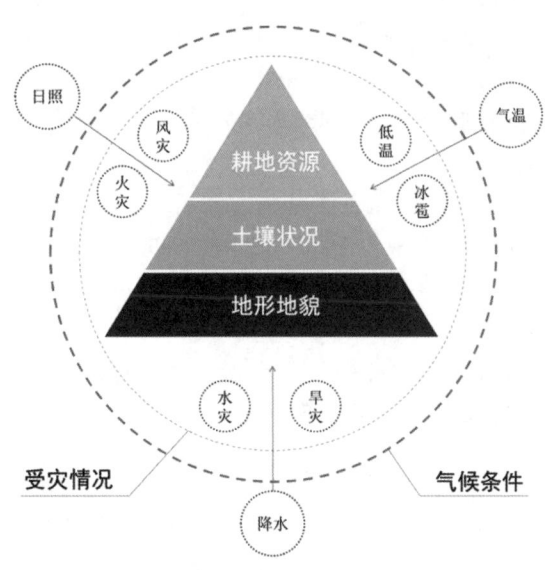

图 2-1 漳州传统村落文化的自然性基础示意图
图片来源:作者自绘

2.1.1 山海同构地形地貌塑造文化的封闭性与互动性

表 2-1 漳州地区的地貌特征

地貌	类型		具体描述
构造侵蚀地形	1	中山陡坡	● 海拔 1000～1500 米,坡度大于 30°,主要位于西、西北和部分西南部。
	2	中低山陡坡	● 海拔 700～1000 米,坡度大于 30°,切割深度大于 500 米。
	3	低山陡坡	● 海拔 400～700 米,切割深度 200－700 米,山坡度多为 30°左右,常见于河谷盆地或盆地四周,在沿海多单孤山。

续表

地貌	类型		具体描述
构造侵蚀地形	4	低山缓坡	●海拔400～700米,切割深度200～400米,山坡坡度10°～25°。
	5	丘陵缓坡	●海拔200～400米,多见于沿海、半岛和岛屿,由花岗岩组成。
侵蚀剥蚀地形	1	浑圆状低丘	●海拔高度在200米以下,坡缓,约15°,球状风化发育。
	2	波状台地	●见于海积平原之内侧,表现为高出平原的台状,但台面起伏不平,海拔高度一般为25～25米,最高不超过80米。
堆积地形	1	较大河流的两侧和谷地	●倾斜度小于5°,阶面较平坦。
	2	滨海岸地带及河口处沉积物	●表现为海积平原和海积阶地:海积平原海拔高度2～5米,海积阶地一至二级,海拔高度6～10米。

资料来源:作者根据相关资料整理[1]

地形与地貌[2]作为一种宏观的地理结构与空间边界,奠定了城乡发展的重要物质基础。漳州的地貌形成与燕山和喜山运动有关[3],在历次地质构造运动的作用下,漳州形成了复杂多样的地貌类型与组合。漳州辖区三面靠山、东面台湾海峡,陆地地势整体上是由西北往东南方向倾斜,地形地貌由高到低分别为中低山、丘陵台地和冲海积平原,并拥有福建省最大的平原——漳州平原[4],面积约720平方千米。漳州陆域山地的面积占30.5%,丘陵面积占42%,平原与缓坡约占27.5%。九龙江是福建省第二大、漳州辖区内最大的河流,长约1923千米,全流域面积达到14741平方千米,其中在漳州境内流域面积约7586平方千米。此外有漳江、鹿溪、东溪等主要河流。漳州海域面积达18600平方千米,拥有143个岛屿,海岸线约680千米(图2-2)。

中国的东南沿海地区,从浙江东南部开始至两广地区,被浙闽与两广丘陵切割为一连串彼此分隔的小平原。平原背靠着绵延不断的山脉,一条条的河流穿梭于山脉之间。这使得东南沿海地区不同区域之间以及与中原地区之间的陆上交通都比较困难,因此东南沿海因地理阻隔而各自发展成为相对独立的文化区。

---

[1] 尤玉柱.漳州史前文化[M].福州:福建人民出版社,1991:16-17.

[2] 地形指的是地表高低起伏状况、山坡陡缓程度、沟谷宽窄及形态特征等。地貌指的是地球表面各种形态的总称,由地球内外作用下形成的地表起伏形态,它在一定程度上反映了地形形成的原因、过程和时代。参见:兰艇雁.工程地质分析与实践[M].北京:中国水利水电出版社,2016:4.

[3] 白垩纪末的燕山水平挤压运动下的北北东—北东向褶皱及断裂带,奠定了漳州现代山脉与河流的基本走向;燕山晚期的大规模岩浆侵入与喷发,则基本形成了漳州的地貌轮廓;白垩纪后,大量花岗岩侵入体因长期剥蚀与暴露地表,地面向"准平原"发展;第三纪时期,喜山大规模断块抬升运动中,漳州北部与西北部的古老山原面升高,后来在长期流水的冲蚀下逐步形成起伏山峦、河谷纵横的地貌景观;东南沿海区域,在断块的抬升和下陷中形成曲折海岸、断陷式海湾、断块岛屿与半岛相间的地貌。较为活跃的新构造运动时期,主要表现为以上升为主的周期性上升与局部下降,西北部地区在河流周期性的强烈"下切"作用下,山势险峻陡峭、河谷两侧出现堆积阶地。在海浪长期侵蚀作用下,东南沿海地区逐渐形成梯级地形,表现为二、三级海蚀台地与河流下游的冲洪积阶地。详见:程炯.闽东南区域特色农业的生态学研究:以漳州为例[D].福州:福建师范大学,2001:19-20.

[4] 漳州市人民政府官方网站:http://www.zhangzhou.gov.cn/cms/html/zzsrmzf/2007-11-09/254698833.html.

第二章　村落形态演变生境:多元文化的生成与交汇

图 2-2　九龙江冲积平原

图片来源:夏伟.基于被动式设计策略的气候分区研究[D].北京:清华大学,2009:31.

　　漳州依山面海、九龙江贯穿东西的山海同构的地理结构,使漳州传统村落文化特征在不同区域里既保留了一定的相对独立性与封闭性,也具有了一定的互动性与交融性:西侧沿着海岸线高起的山脊,作为天然的地理屏障,将东侧的滨海平原与西侧的山地分隔出来,由此形成了相对独立的东侧平原区与西侧山地两个区域,彼此在相对封闭的自然环境下各自发展具有地域特征的大陆文化与海洋文化;然而,由西到东连绵蜿蜒的九龙江及其支流水系,作为交通与贸易的桥梁,自然地打破了地理的边界,形成了联系东与西、山与海的重要文化通道,从而赋予了漳州传统村落文化兼具封闭性与互动性的多元特征(图 2-3)。

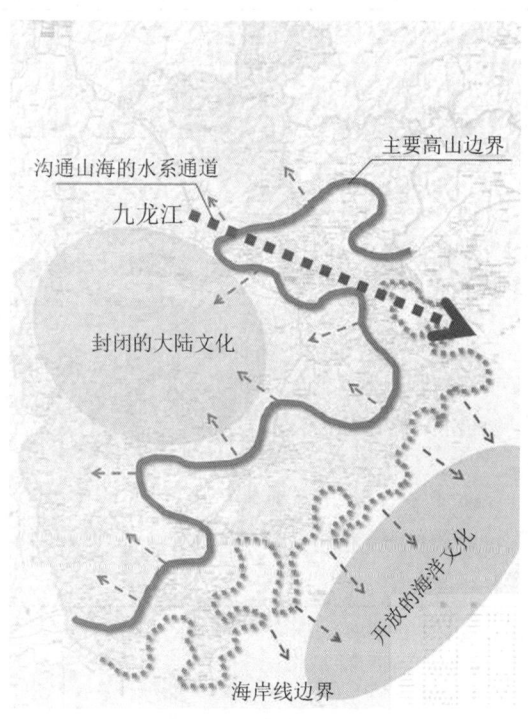

图 2-3　山海同构对文化的塑造示意图

图片来源:作者自绘

2.1.2 差异明显的土壤与耕地资源孕育不同经济形态

(1) 土壤类型

土壤作为传统村落形态的一项变量,对村落考古遗址形成具有一定的意义[1]。不同的土壤条件,提供了不同的生产条件,从微观的层面出发,土壤状况在一定程度上间接反映了基于土壤的生产作物类型及其经济形态。

漳州地区的土壤类型丰富多样,具体可分为 8 个土类、22 个亚类、67 个土属 70 个土种[2]。砖红壤性红壤是其中的独特地域性土壤,作为一种介于砖红壤和红壤之间的土壤类型,主要分布在海拔 300 至 400 米的丘陵地区,对发展亚热带经济作物具有优势;红壤在漳州地区分布最广,因其较高的自然肥力而适合果树的种植,如龙眼、荔枝、柑橘与香蕉,这也是漳州被称为"花果之城"的自然原因之一;黄壤主要分布于海拔 1200 米左右的中山地带,土壤有机质含量高,适宜发展经济林木;紫色土则大多分布于平和县海拔 240 米至 500 米之间的局部丘陵地带,土层浅薄且植被稀疏;大量的水稻土耕作土壤,以滨海平原与河谷盆地为主要分布区,是主要的耕作土壤;而浅海滩头土壤,主要分布于沿海岸线地带,以海泥土、海泥沙土和海沙土为代表[3]。

表 2-2 漳州地区的土壤概况

序号	类型	分布情况	具体描述
1	砖红壤性红壤	●广泛分布于海拔 300~400 米的丘陵台地,为漳州市地带性土壤,面积 4217 平方千米,占总土地面积的 33.5%。	●土壤风化淋溶作用强烈,表现脱硅富铝发育度较强,土壤呈酸性,是本市发展经济作物的宝贵资源。
2	红壤	●是漳州市分布最广的土类,面积 4529 平方千米,占总土地面积的 35.9%。	●脱硅富铝化过程比砖红壤较弱,土壤呈强酸性反应,湿度较大,土层较深厚,生物资源丰富,其积累随海拔高度的上升而增加。
3	黄壤	●面积 24 平方千米,约占土地面积的 0.19%,分布于海拔 1200 米以上的中山带。	●云雾多,气温低,湿度大,生物积累量多,分解率低。土壤有机质含量丰富,高的可达 20% 以上,pH 值一般为 4~4.8 左右,适宜发展经济林木。
4	紫色土	●面积 7.3 平方千米,占总土地面积的 0.06%,主要分布在平和县海拔 240~500 米的部分丘陵山地。	●土色呈紫色,土层浅薄,植被稀疏,有机质含量低,土壤 pH 值一般在 4.8 左右。

资料来源:根据相关资料整理[4]

---

[1] 郑斐.从民族考古学角度看土壤[J].农业考古,1994(1):41-47.
[2] 漳州市地方志编纂委员会.漳州市志:第 1~5 卷[M].北京:中国社会科学出版社,1999.
[3] 程炯.闽东南区域特色农业的生态学研究:以漳州为例[D].福州:福建师范大学,2001:20-21.
[4] 程炯.闽东南区域特色农业的生态学研究:以漳州为例[D].福州:福建师范大学,2001:20-21.

(2) 耕地资源

漳州地区多样化的田地类型与不同区域耕地面积的差异,在一定程度上影响了当地的经济形态。土地是中国传统经济形态的根基,村落只是农耕文明衍生下的一种生活场所[1]。历史上的农田水利情况,不仅是农业生产力发展状况的反映,也是社会组织形式的重要基础。作为土地资源的重要组成部分,耕地资源是融合了自然、经济、社会等因素的综合体[2]。耕地生态系统的运转以物质和能量循环为基础,生产出粮食、蔬菜、原材料等农产品,提供人类所需的生产资料与生活用品,因此耕地资源[3]的功能和稀缺性与其价值息息相关。

中国的土地资源中,人均耕地面积只有世界水平的四分之一,而福建等地人均耕地面积更小。漳州市山地多,耕地面积狭小,且土壤大多较贫瘠,宜农耕地质量不高,一等宜农的耕地面积,只占宜农耕地面积的19.02%,二、三等中低产宜农的耕地占了80.98%[4]。万历《漳州府志》对漳州的田地也做了描述和记载,将其分为洋田、山田、州田、津田、海田五种类型[5],每种类型的田地各具特色(表2-3)。

表2-3 万历《漳州府志》关于漳州农田的记载

序号	类型	级别	描述
1	洋田	上	●平旷沃衍,水泉满蒲,先得水者为上。
		次	●用人力致者。
2	山田	中	●依山靠崖,地多疮薄,有水田者,其等亦中。
		下	●无水田者为下。
		下上	●又坑垄之田,不忧旱而忧水,其等下上。
3	州田	上中	●填筑而成,地多肥美,然时有崩溃之患,得淡水者,其田上中。
		中中	●近海滩者中。
4	津田	中中	●筑堤障潮,内引淡水以资灌溉,然时有修筑之费,且天时久旱,内亦碱卤,其田中中。
5	海田	下	●滨海碱卤,内无泉水,外无淡潮,雨肠时若则所收亦多,旬月不雨则弥望皆赤,田为下。

资料来源:作者根据相关资料整理[6]

漳州的耕地总面积约为202500 hm²,是土地总面积的15.57%,主要分布于沿海的平原河谷地带;漳浦县耕地面积最多,占耕地总面积的20.27%,达到40600 hm²;龙海市耕地面积为28700 hm²,占比约14.34%;平和县的耕地面积第三大,为27100 hm²,占比约13.49%;

---

[1] 王浩锋,饶小军.承传存续:乡村聚落空间复兴机制刍议[J].建筑师,2016(5):72-79.
[2] 马文博.利益平衡视角下耕地保护经济补偿机制研究[M].北京:中国经济出版社,2016:122.
[3] 耕地源自自然土壤的发育,而并非所有土壤都可以成为耕地,因为形成耕地的土壤需要具备农作物可以生长的条件。根据耕地性质,可分为常用耕地和临时性耕地;根据当年适应情况,可分为当年实际使用和当年闲置耕地;根据耕地水利条件,可分为水田和旱地。参见:王贵水.你一定要懂的地理知识[M].北京:北京工业大学出版社,2015:191-192.
[4] 程炯,李新通,陈加兵.基于GIS的漳州市土地适宜性评价[J].福建师范大学学报(自然科学版),2001(2):98.
[5] 郑振满.明清福建沿海农田水利制度与乡族组织[J].中国社会经济史研究,1987(4):38-46.
[6] 郑振满.明清福建沿海农田水利制度与乡族组织[J].中国社会经济史研究,1987(4):38-46.

东山县耕地面积最少,占比约 1.55%(表 2-4)。

表 2-4 漳州地区耕地的统计概况

序号	地区	面积(hm²)	占比
1	漳浦县	40600	20.27%
2	龙海市	28700	14.34%
3	平和县	27100	13.49%
4	南靖县	25200	12.58%
5	诏安县	22800	11.38%
6	东山县	3139	1.55%
7	其余	54961	26.39%
	合计	202500	100%

资料来源:根据相关资料整理[1]

2.1.3 多元气候分区影响沿海与内陆的生产方式差异

"漳郡,连山亘其西北,大海浸其东南,故多暑少寒,有霜而无雪,树叶长青,凡花果之萌长华寔,皆先于北地[2]",适宜发展亚热带经济作物如花果、水产养殖。元末明初学者曾有诗言:"漳水南边郡,闽乡到此穷。地偏冬少雪,海近夜多风。……熏风荔子熟,细数老杨妃。可是闽南徼,阳多气候先。……[3]"漳州位于福建最南部,整体气候属于亚热带季风气候,在建筑气候区划上属于夏热冬暖地区,年平均气温为 21℃,年平均降雨量为 1500 毫米,气候温和,四季常青。年平均日照为 2000 小时,无霜期达 330 天以上,气候宜人。然而,由于漳州地区地形的复杂性,在地势高低起伏与东部海洋调节因素的深刻影响下,内生性地形成了西北部山区、九龙江中下游平原与南部沿海三个气候分区(表 2-5),与地貌的分区相一致,具体体现在气温、日照、霜冻、雾、风、降水等气候要素的差异上。良好的气候条件,让漳州沿海地区形成了"稻—稻—麦"的三熟制[4],漳州府附近山区一般是种双季稻。"早稻春种夏收,晚稻则早稻既获,再插至十月收者[5]。"多元的气候分区所带来的气温与降水等自然因素的差异,影响着生产效率的高低,从而在一定程度上也导致了沿海与内陆地区存在着不同的生产方式。

---

[1] 程炯.闽东南区域特色农业的生态学研究:以漳州为例[D].福州:福建师范大学,2001:22-23.
[2] 阮仪三.中国历史文化名城保护与规划[M].上海:同济大学出版社,1995:209.
[3] 苏文菁.闽商发展史.漳州卷[M].厦门:厦门大学出版社,2016:43-44.
[4] 徐晓望.明清东南海洋经济史研究[M].北京:中国文史出版社,2014:76.
[5] 袁业泗等.万历《漳州府志》卷二七,风土:下,物产,明万历四十一年刊本胶卷:1.转引自:徐晓望.明清东南海洋经济史研究[M].北京:中国文史出版社,2014:76.

表 2-5 漳州市典型气候分区

序号	分区	地区	气候特征
1	西北部山区	除局部河谷外多为海拔400米以上中低山区。	●因地势较高,夏无酷暑,距海洋较远,受海洋调节作用较弱,冬有轻度霜冻,年降水量1700毫米至1800毫米,日照时间最短,雨、雾、霜日最多,有四季区分。
2	九龙江中下游平原区	包括龙津溪、花山溪、龙山溪河谷平原,一般高程在150米以下。	●距离海洋较近,受海洋调节,夏季少有酷暑,冬季偶有霜冻,但不严重,年降水量在1500毫米至1600毫米之间。
3	南部沿海地区	包括东山、诏安、云霄、漳浦4县及平和县的南部3个乡镇。	●面海背山,受山脉分隔,形成一系列大小不同的河流入海流域小区,各小区东、北、西三面为山脉环抱,南面向台湾海峡敞开,海风可以长驱直入,是典型的海洋性气候区。

资料来源:作者根据相关资料整理[1]

2.1.4 自然灾害多样性引发人口迁徙与祈福文化现象

漳州地区历史上的自然灾害类型主要表现为旱灾、水灾、风灾、低温、冰雹和地震(表2-6)。自然灾害对传统村落的形态产生了一定的影响。"凡台作必大水,低田不收,行舡者尤苦之[2]。"由于濒临沿海,夏季常受南海一带的热带风暴的侵袭,强台风与暴雨是最主要的农业灾害。雨量的地区分布和年内分布不均,夏秋季受副热带高压影响,有时也会导致旱灾。"清康熙二十二年,五月至秋,地尽赤,饥饿遍野。""清乾隆十二年,八月旱至此年三月乃雨[3]。"北方南下冷空气所带来的气温骤降,会出现霜冻灾害,如"明成化二十一年,春夜霪雨,田庐禾稼多坏[4]"。

表 2-6 新中国成立前漳州地区历史灾害统计表

年代	灾害类别						
	旱灾	水灾	风灾	低温	冰雹	地震	火
宋	3	3	1			1	
元		2					
明	9	14	10	2	2	16	5
清	19	22	8	5	3	6	
民国	5	5	2				
合计	36	46	21	7	5	23	5

资料来源:作者整理。详见:林耀泉.漳州一千年来气象灾害规律探讨[J].中国农史,1987(3):8-14.

---

[1] 漳州市地方志编纂委员会.漳州市志:第1~5卷[M].北京:中国社会科学出版社,1999:190.
[2] 嘉庆《漳州府志》卷五《民风》,乾隆四十二年刻本,第22—23页.转引自:汪征鲁.福建史纲[M].福州:福建人民出版社,2003.
[3] 林耀泉.漳州一千年来气象灾害规律探讨[J].中国农史,1987(3):8-14.
[4] 乾隆《龙溪县志·祥异》.转引自:林耀泉.漳州一千年来气象灾害规律探讨[J].中国农史,1987(3):8-14.

自然灾害的结果将导致百姓生命财产的巨大损失,农作物的歉收将促使漳州地区原本人多地狭、粮食供应不足的矛盾雪上加霜,这也是导致一部分当地人远离家乡出外谋生的原因之一,它们共同构成了海外移民的影响因素;同时,民间百姓通过占卜与祠堂、宫庙的祭祀礼拜活动进行祈福的行为现象,也在一定程度上反映了农耕文明时代下对减少自然灾害与"风调雨顺"的希求(图2-4)。

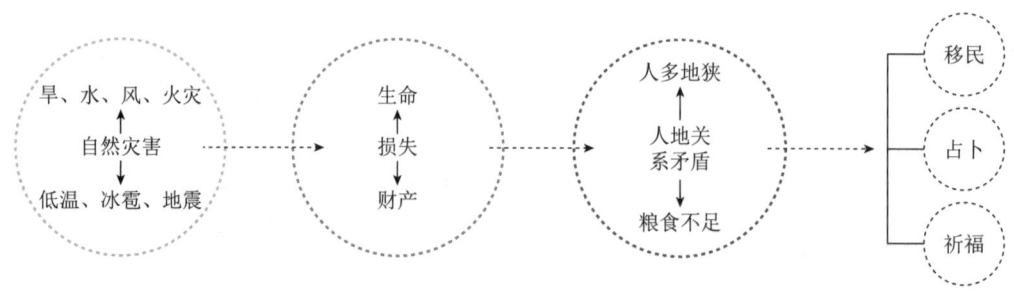

图 2-4　自然灾害影响下的移民与祈福文化现象示意图
图片来源:作者自绘

2.2　漳州传统村落多元文化的共时性结构

漳州传统村落的多元文化存在着层级性、延续性与复合性等特征,需要通过不同的时空视角进行分析以获得全方位的视野。

共时性(Synchronic)与历时性(Diachronic)的概念源自语言学。瑞士语言学家费尔迪南·德·索绪尔(F. de Saussure,1857—1913)最早提出了一种基于语言系统性研究的语言学分析方法[1]。有关语言学的静态方面为共时性的,而有关演化的动态方面则是历时性的,前者侧重于静止状态下语言系统各个要素之间的关系,后者关注的是时间推移过程中语言各个要素的演化[2]。共时性与历时性概念的提出,有力地验证了同一事物存在的纵横交错的两个方面,是研究方法上的创新,并且已经广泛地运用于文学、哲学、建筑学等其他学科领域的研究之中。

共时性与历时性研究是相辅相成的整体关系。文化在空间向度的横向展开下而被赋予地域性,在时间向度的纵向演进下具备时代性。作为文化的两种相互依存的共同体,只有全面理解了时代性与地域性,并进一步探究其互动关系,才能更好把握文化的纵深度和广阔度。

漳州传统村落多元文化的共时性结构(图2-5)是从横向的空间维度来建立静态坐标系

---

[1]　提出该概念的目的是针对19世纪以前的语言研究中存在的以古代语言为研究对象,而不注重研究现存的活的口语,大多是注疏式地解释古语词的音义,缺少对于语法的研究,特别不重视语言系统的描写的现状。
[2]　孔洁铭.旧建筑改造设计中的共时性与历时性研究[D].徐州:中国矿业大学,2016:18.

的,分别从地理、国籍、民族和民系四个层级方面进行展开[1][2]。值得一提的是,典型文化区只是较为明显地表现出传统村落的典型特征,并不说明在这个区域中没有其他文化类型传统村落的存在。文化边缘区,指的是在其他文化区的影响下,以文化核心区的文化为基础,产生了一定变异的文化区域。而文化过渡区,指的是在相邻诸多"势均力敌"文化区影响下,体现出一种融合共生的状况[3]。

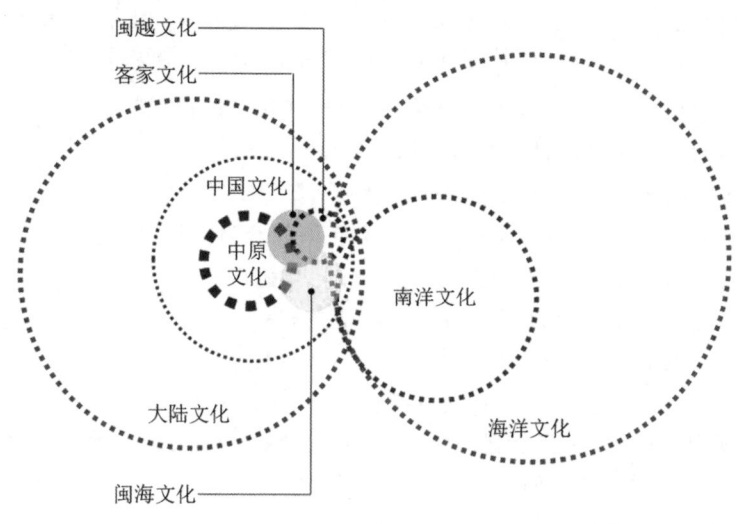

图 2-5　漳州传统村落多元文化的共时性结构示意图
图片来源:作者自绘

2.2.1　地理约束下的大陆文化与海洋文化

黑格尔曾在《历史哲学》一书中论述:"助成民族精神产生的那种自然的联系,就是地理的基础……这地方的类型和生长在这土地上的人民的类型和性格有着密切的关系[4]。"文化之产生和传播必然离不开所在环境,地理、气候和人文等环境因素,都将赋予文化独特的性质并衍生出不同的文化现象。文化的发展史本身也是人类不断征服自然和改造自然的历史。作为地域文化特征形成的物质基础,自然环境是地域文化形成的重要因素,正所谓"一方水土养一方人"[5]。自然环境下的地理、气候与资源特征,从居住方式、生产模式等方面影

---

[1] 海洋和大陆、中原汉族与闽越族、国内与国外、闽海系与客家系都有相对明确的空间场所。
[2] 应该指出的是,文章关于研究对象和研究技术上的几点不足,导致不足的因素主要表现在筛选研究对象和划分文化区域的标准带有人为主观性,且研究对象并不能涉及漳州市的全部传统村落,因此研究结果更偏向宏观层面,也就是研究所设定的"市一级精度"。
[3] 曾艳.广东传统聚落及其民居类型文化地理研究[D].广州:华南理工大学,2016:261.
[4] 黑格尔.历史哲学[M].王造时,译上海:上海书店出版社,2001:82.
[5] 单德启.冲突与转化:文化变迁,文化圈与徽州传统民居试析[J].建筑学报,1991(1):46-51.

响了所在区域的文化体系[1]。《临汀志》记载:"广谷大川异制,民生其间异俗,曹奢魏褊,楚急齐舒,从古而然[2]。"《古今图书集成》说:"得天地阳偏之气,不可以刑威慑,而可以义理动,是或一道也[3]。"两者均尝试以自然环境来诠释当地独特的社会心理气质,揭示了古人对自然环境与区域文化性格或族群性格密切关系的理解。

大陆文化和海洋文化之别,最早来自黑格尔关于"历史哲学"的"历史的地理基础"中的论述[4]:大陆文化天然是"保守的、封闭的、苟安的、忍耐的";而海洋文化则倾向于"冒险的、扩张的、开放的、竞争的"。有学者指出单纯的海洋文化并不能辩证地区分漳州文化的大陆性和海洋性关系,而用"海口"型文化更为合适[5]。考虑到"海口文化"在概念外延范围界定上与"大陆文化"存在不对等性,本书依然采用"海洋文化"进行论述。

(1)大陆地理特征:孕育大陆文化,发展农耕经济

在长达数千年的农业生产方式中,"恋土特质"和"取势纳气"潜移默化地成了中国传统居住文化的一种基本精神[6]。大陆文化的生成空间背景为陆地,陆地环境因受各种地形地貌(如山河峡谷)的阻隔而具有一定的空间狭隘性与封闭性。

漳州的地形地貌总体呈现为西北高而东南低的格局,由山地、丘陵逐渐地过渡到台地、平原和海湾。山区纵横起伏、丘陵密布,亚热带湿润气候下雨水充沛、光照强烈、生长期长,有利于农业生产。基于土地稳定性的农耕型社会中,陆地所居民族对土地的空间划定产生了封疆与世袭观念,从而赋予了大陆文化一种较为封闭、保守、求稳的鲜明特质[7]:如闽粤赣交接地区山川阻塞、交通不便、商业不发达,且需常常面临与不同种族或不同民系之间的矛盾,这种独特社会心理与经济形态孕育客家人的好勇敢争、劲健尚武、质直纯朴的性格;同时客家人主要居住地区的自然条件较为恶劣,加上以农耕为主的单一生产方式(图2-6、图2-7)难以获得多元化与高收入的经济来源,各方面发展的机会不多,这种自然与经济背景促使客家人形成了注重耕读传家以改变家族命运的传统,并且进一步强化了客家人的宗族意识。

---

[1] 最早提出"丝绸之路"概念的德国学者李希霍芬观察到,黄土的高孔隙性和强毛细管吸收力,使得土壤中的无机质能上升到顶层,对农作物具有"自行肥效"的能力,这使得华北地区的黄河流域成为中国古代最容易开发的农耕地区,平坦的地形形成了连绵成片的农作区域,滋养了数量庞大的人口与财富,由此孕育了中原文化。参见:施展.枢纽:3000年的中国[M].桂林:广西师范大学出版社,2018:1-13.

[2] 胡太初修;赵与沐纂;长汀县地方志编撰委员会整理.临汀志[M].福州:福建人民出版社,1990.

[3] 转引自:谢重光.海峡两岸文化发展丛书:闽台客家社会与文化[M].北京:人民出版社,2013:225.

[4] 黑格尔把体现出"思想本质上的差别"的"地理上的差别"划分为三种类型:一为干燥的高地、草原和平原;二为巨川大江灌溉的平原流域;三为与海相连的海岸地区。第一种类型以游牧民族为代表,第二种类型以农耕民族为代表,第三种类型以海洋民族为代表。

[5] 漳州滨海地区尤其是九龙江入海口处于山海之间的独特地理位置,如果将自然与经济地理学概念转化为一种文化地理学概念,漳州文化也是一种"海口型"的文化:作为大陆文化走向海洋文化的过渡,在长期的滨海生存环境中,是沟通大陆与海洋的媒介,在其历史发展中,曾经以贸易方式成为一个接受异域文化的"海口",孕育出一种新型的海洋文化因素,由此形成了大陆文化与海洋文化交融下的一种"海洋性格"。详见:福建省炎黄文化研究会,世界(澳门)闽南文化交流协会.闽南文化的当代性与世界性[M].福州:海峡文艺出版社,2015:137.

[6] 曾艳.广东传统聚落及其民居类型文化地理研究[D].广州:华南理工大学,2016.

[7] 黄晓利,赵洪波.中国传统文化概观[M].成都:西南交通大学出版社,2014:30.

图 2-6 古闽越族耕作图景
图片来源:林艺谋.华安东溪窑史话[M].福州:福建人民出版社,2016:13.

图 2-7 客家人的农耕用具
图片来源:黄汉民,陈立慕.福建土楼建筑[M].福州:福建科学技术出版社,2012:240.

(2)海洋区位优势:生成海洋文化,拓展海外交流

广阔无垠的大海所塑造的社会结构具有自由、平等、开放的气质。这是因为不同于陆地生活生产上对土地资源的严重依赖与社会组织的强大束缚,作为可以通达世界的一条自由通道与拓展空间,原则上大海在古代社会中无法被任何人所占领,勇敢者可以通过冒险获取财富,同时借助大海也容易摆脱集权政治力量的管控。因此,大海孕育着自由的精神,人们通过一种自生秩序的方式自我组织起来,逃避大陆式的集权秩序,去创造自己的命运[1]。

海洋文化,即人类在认识、征服与利用海洋过程中所创造的文化。中国海洋文化之主体最初来自东夷和东南百越人,秦汉以后逐渐南迁至百越族活动的南方区域,于是使当时闽越族境内的海洋文化逐渐成为中国海洋文化的主体[2]。基于有限的生存环境,海洋国家往往向外拓展,广阔无垠的大海提供了发展条件,因此造就了海洋民族性格中的扩张性和外向性。同时低廉的海运成本,作为一种最经济的运输方式,大大促进了海上贸易的繁荣,由此推动基于自由、平等、法制思想下的商业文明的萌芽,因此海洋文化总体上处于比较开放的状态。

---

[1] 施展.枢纽:3000 年的中国[M].桂林:广西师范大学出版社,2018:104.
[2] 林从华.闽台传统建筑文化历史渊源的研究[D].西安:西安建筑科技大学,2003:32.

在对外交通联系上,自古以来福建的陆上交通不便,所谓"闽道更比蜀道难",因为福建与中原内陆各个地区的交通联系被崇山峻岭所阻隔,相反比较发达的则是海上交通,因沿海城镇处于河海运的交汇点[1],独特的地理环境促进了福建与海外尤其是南洋地区的交流联系[2],于是海洋文化(图 2-8)成为闽南文化的典型特征。东南沿海地区的居民,主要由当地原有的百越土著部族与战乱所迫下逐渐南迁的中原人群融合而形成,而自史前时代起百越族的先民就已经在环中国海地区广泛航行[3]。

a.指南针文物　　　　　　　　　　　b.古船模型

图 2-8　漳州地区海洋文化历史示意图

图片来源:作者拍摄于漳州市博物馆

漳州坐拥了福建第二大河流九龙江与福建第一大平原,而且海岸线绵长达 631 千米,顺沿九龙江锦江段后下经海门、圭屿和厦门即可驰骋外海。漳州地区的对外交流历史悠久。根据历史记载,战国时期的越人已经以"循岸梯航[4]"的方式沿着海岸线到达东南亚开展海上贸易,楚国曾从百越那里得到了珠玑、犀象、犀角、象齿等海外物产[5]。到了汉代,闽越人仍然是以"习于水斗,便于用舟"著称,南至越南,北达江淮,奔驰海上,为日后闽南地区海外交通的拓展奠定了基础。

2.2.2　国籍背景下的中国文化与南洋文化

(1)中国文化

中国文化的发源(图 2-9),首先是基于对自然治理下的原始农业及其原始宗教精神,随着夏朝的建立出现了人类社会上的政治中心;接着商朝重视敬祖祭鬼神,西周在继承原有敬祖精神力量的基础上,逐渐巩固了宗法制与礼制下的政治伦理以便更好地治理国家,并在后世被儒家学者奉为"周礼"作为典范。战国时代,诸侯割据的政治格局,导致了文字、货币等差异下的各国文化彼此迥异。秦朝帝国统一的政治秩序,统一的文字、货币与"独尊儒术"的政策,促使了思想学术的统一,对中国文化带来深远的影响(图 2-10)。魏晋南北朝时期在政治动荡、战争的影响下,大一统的文化格局被破坏,呈现多元化的走向。北方匈奴、鲜卑等草

---

[1]　漳州城位于九龙江下游,泉州城位于晋江与洛阳江的入海口。
[2]　陈志宏.闽南侨乡近代地域性建筑研究[D].天津:天津大学,2005:14.
[3]　施展.枢纽:3000 年的中国[M].桂林:广西师范大学出版社,2018:103.
[4]　"循岸梯航":由于当时受航海与造船技术(如指南针)的限制,船只在海上的航线不能远离海岸。
[5]　详见《战国策》《竹书纪年》。转引自:郑镛.明清时期漳州的海商与海盗论略[J].海文史研究,2014(2):99-115.

原民族的大规模迁入与统治中原,游牧文化与汉族农耕文化的相互碰撞与融合,为其他文化传播与发展带来了空间。隋唐广阔领土疆域下的空间舞台,使中国文化再次进入气势恢宏的壮丽时代。

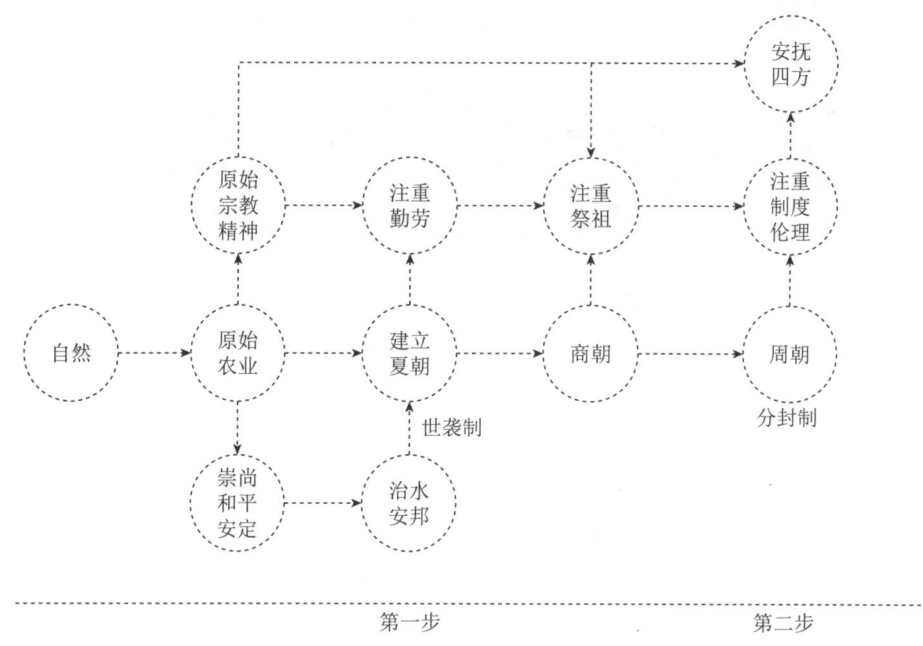

图 2-9 中国文化形成的两个步骤示意图
图片来源:作者改绘[1]

a. 叶氏后代礼拜祖先

[1] 李莎. 中国文化艺术对园林理法的影响研究[D]. 北京:北京林业大学,2010:38.

b. 宗祠里的祖训牌匾

图 2-10　珥后村祠堂的敬祖示意图

图片来源：珥后村村落档案资料

牟宗三先生将中国文化发展途径概括为"三统"，即道统、学统、政统[1][2]，认为中国传统文化的道统成就很高，而学统和政统非常薄弱。庞朴先生在对比了希腊、印度和中国三大古老文明之后指出中国传统文化的特点是人文主义，以伦理政治为中心，注重现世世俗生活，缺乏对自然与宗教体系的深刻探索，富有人文精神[3]。汤一介先生认为：人之所以与天、地并立为"三才"，是因为只有人可以"参天地、赞教化"，因此把人放在宇宙的重要核心地位是中国古代人本主义的特色。

广义上的中国文化[4]指的是历代中华民族所创造的能够代表民族智慧和精神、见证其文明发展脉络的典型性物质性遗存，同时体现了中华民族长期实践下所积累的精神财富。中国文化具有强大生命力、朴素思想基础、浓厚的人文精神、以伦理道德为基础的基本特点（表 2-7）。狭义的中国文化，特指闽海文化和客家文化中所蕴含的代表中国文化源流的中原文化。本书所论述的中国文化指的是狭义的。

表 2-7　中国文化的特征概述

序号	类型	具体描述
1	民族性	●能够反映民族精神、特性的思维方式、价值观、伦理情趣等思想文化本质，是民族风格与气派的体现。文化民族性可以反映特定民族文化类型的本质特征，具有超越时代与阶级的相对稳定性，在长期的积淀过程中不断传承与创新
2	多元性	●中国多样化的地理格局、儒释道的不同宗教、汉族主导下的多民族等背景，孕育了中国文化兼容并蓄的多元性

---

[1] 颜炳罡.牟宗三学术思想评传[M].北京：北京图书馆出版社,1998.

[2] 确立道德主体，发展为一种统绪，称为道统；在道统基础上，需要一种完整的认知形态，即为学统；在现实层面上，人们的思维上不能只停留在圣贤人格的直觉形态上，必须要转为国家形态，称为政统。详见：杨泽波.贡献与终结：牟宗三儒学思想研究：第 1 卷：坎陷论[M].上海：上海人民出版社,2014:322.

[3] 高埃仁.中国文化视角下的信用研究[D].厦门：厦门大学,2005:11.

[4] 从地域的视角分类，可以包含中原文化、齐鲁文化、三晋文化、吴越文化、巴渝文化、荆楚文化、燕赵文化、三秦文化、岭南文化；从民族的角度上看，中国文化则是基于汉民族文化为主体下各民族文化多元共存的一个文化体系。详见：黄高才.中国文化概论：第 2 版[M].北京：北京大学出版社,2016.

序号	类型	具体描述
3	伦理性	●中国儒家文化需要在一定的伦理关系中才能体现个人价值,如君臣、父子、夫妇、兄弟与朋友关系,构成了一套适应社会发展的伦理法则。
4	精神性	●根本精神贵和持中、天人合一。

资料来源:作者根据相关资料整理

(2)南洋文化

近代南洋是现代中国转型的重要资源,通过整合海洋资源从而间接地影响大陆区域的经济乃至政治[1]。中国与世界的交流历史悠久,古代早期即有国人移居海外,然而真正大规模迁徙至海外形成华侨群体的,是在所谓的"三千年未有之大变局"的鸦片战争之后[2],一方面是外部的战争输入与东南亚殖民地经济对大量廉价劳动力的需求,一方面则是因为中国内部经过长期的繁衍出现人口膨胀的压力。

除了独特的滨海优势之外,漳州地区虽降水丰富、河流水量充足,但是多数山区陡峭、土地不甚肥沃,茶叶、水果等经济作物的开发也导致闽南地区自古农耕经济不甚发达,却有较深厚的商业贸易传统[3];漳州地区原来地广人稀,唐代以后随着中原移民的迁入与本地人口的自然繁衍,逐渐变得地狭人稠,于是越来越多的人到海外生活。海外移民浪潮下的华侨携带中国文化前往国外发展,特别是东南亚地区,形成了特色鲜明的华侨文化。漳州作为中国历史上对外开放的前沿,明万历年间,马六甲已形成了名为"漳州门"的闽南人村落,并在当地的语言中留下了许多闽南的词汇[4]。

在华人走向东南亚乃至美洲的进程中,稳固的宗族关系在前期帮助了华人跨越地理区域并依赖彼此信任关系对冲掉异地拼搏的风险[5],同时也因为宗族的血缘、地缘联系而与家乡保持密切的联系。因此他们一方面在当地传播着中国本土文化和社会习俗,同时又吸取了当地的文化,自觉地进行中西交融,将异域文化元素引进国内,构建了中西合璧的文化景观,使南洋文化成为对中国本土文化的一次反哺(表2-8),可谓是漳州传统文化对异质文化的更为主动的吸纳与融合。

表2-8 华侨对侨乡的近代化影响

序号	类型	具体描述
1	文化窗口	●华侨较早引入外来文化,促使侨乡较早成为近代西风东渐的窗口。
2	资本导入	●华侨较早引入外来资本,促使侨乡的发展进程明显区别于一般地区。
3	社会结构	●华侨人口向外迁移,促使形成特有的侨乡社会结构。
4	城乡建设	●华侨的赡养家眷、捐献与投资,从物质空间层面上也改变了侨乡的历史风貌。

资料来源:根据相关资料整理[6]

---

[1] 广州黄花岗起义七十二烈士中,有二十九位烈士是直接从南洋赶回来参加革命的。而革命的资金大部来源于南洋地区。参见施展的《中国史纲》第三十四讲。
[2] 任健强.华侨作用下的江门侨乡建设研究[D].广州:华南理工大学,2011:24.
[3] 李岳川.近代闽南与潮汕侨乡建筑文化比较研究[D].广州:华南理工大学,2015:13.
[4] 中共漳州市委宣传部,漳州市文学艺术联合会.文化漳州:下.旅游文化[M].福州:海峡文艺出版社,2014:84.
[5] 与在家农耕维生相比,到海外工作的经济与人身风险要大得多,基于宗族的相互信赖与依赖较容易度过各种困境。
[6] 任健强.华侨作用下的江门侨乡建设研究[D].广州:华南理工大学,2011:1.

华侨群体对侨乡的现代化产生了深远的影响：从文化的角度上看，华侨引入南洋文化，使侨乡自然发展成为近代中国西风东渐的文化窗口；从经济的层面看，南洋的资本通过华侨进入侨乡，推动了侨乡的现代发展进程；社会结构上，华侨人口的迁徙与回流，形成了特有的侨乡人口与社会结构[1]；从城乡建设上看，华侨的赡养家眷、捐献与投资，从物质空间层面上也改变了侨乡的历史风貌。

2.2.3 民族差异下的汉族文化与闽越文化

（1）中原汉族文化

中原汉族文化本身具有民族和地域的双重概念和内涵。历史上的汉族含义有别于我国现代的汉族。早期的汉族，是综合了华夏、东夷、苗蛮、百越各部族后以中原地区华夏文化为主的一个民族[2]。秦代统一中国后，文字的统一促进不同地域之间的交流，成为维系各成员之间文化联系的重要纽带，奠定了共同的文化认同感基础。汉武帝"罢黜百家，独尊儒术"的政策使儒学处于统治地位，进一步使价值取向与伦理观念有了相同的判别标准[3]，并于魏晋南北朝时期在战争与迁徙的融合下成为统一的汉民族[4]。在古代，汉人的定义并不是基于血统的，而是用文化来定义的，具体来说就是以农耕生活作为载体的儒家文化[5]。也就是，只要从事以农耕为主的生产方式，并且遵循以儒家文化为秩序规范的生活方式，便可称为汉人。

中原[6]文化，主要指以中原地区为依托，生活在这个区域的人与自然、人与人之间各种关系融合下特定的物质与制度文化、思想意识及生活方式的总称[7]。中原地区作为以汉族为主体的中心，除了以河洛文化、天中文化、河内文化、黄淮文化与楚文化为代表的原生性本土文化形态之外，继承了诸如良渚文化、仰韶文化等远古文化，并且通过文化融合、传播与交流的方式与北方游牧民族、东南亚地区、远东地区等进行互动，从而推动了中原文化的发展。河洛文化[8]是当时的强势文化，并逐渐成为中原文化的旗帜

---

[1] 任健强.华侨作用下的江门侨乡建设研究[D].广州：华南理工大学，2011：1.

[2] 秦以前，相传中华大地上主要生存着华夏、东夷、苗蛮三大文化集团，经过连年不断的战争，最终华夏集团取得了胜利，上古三大文化集团基本融为一体，形成一个强大的部族，历史上称为夏族或华夏族。春秋战国时期，在东南地区还有一个古老的部族称为"越"或"于越"，以后，越族逐渐为夏族兼并而融入华夏族之中。

[3] 经过秦汉国家统一措施的实行，华夏族群内部文化特征的差异进一步缩小，一个在政治、经济与思想文化方面走向统一的华夏族群——汉民族已经形成。而与之伴随的，则是统一、稳定的华夏族群意识——汉民族意识的形成。详见：李龙海.汉民族形成之研究[M].北京：科学出版社，2010：274-276.

[4] 后来，魏晋南北朝时期，西北地带又出现乌桓、匈奴、鲜卑、羯、氐、羌等族，南方又有山越、蛮、俚、僚、彝等族，各民族之间经过不断的战争和迁徙、交往达到了大融合，成为统一的汉民族。详见：戴志坚.福建民居[M].北京：中国建筑工业出版社，2009：总序.

[5] 不同民族的历次大迁徙后，中原人或多或少会有北方民族的混血，更何况在西周时还视作蛮夷之人的楚人、越人等，进入帝国时代之后就作为汉人的一部分了，血统上根本无法追溯。详见：施展.枢纽：3000年的中国[M].桂林：广西师范大学出版社，2018：57.

[6] 河南地区古称"豫州"，因为豫州位于九州中心，亦名"中州"或"中原"；先秦古籍中，"中原"并不是一个地理意义的概念，到了东晋地区，逐渐以地理概念为大众广泛接受。

[7] 郑东军.中原文化与河南地域建筑研究[D].天津：天津大学，2008：19-20.

[8] 河洛文化以洛阳为中心，西至潼关、华阴，东至荥阳、开封，南至汝颍，北跨黄河至晋南、济源一带，是华夏民族的主流文化。详见：赵爱华，刘桂华.中原文化概论：汉英对照[M].北京：经济管理出版社，2015：111.

（图 2-11）。

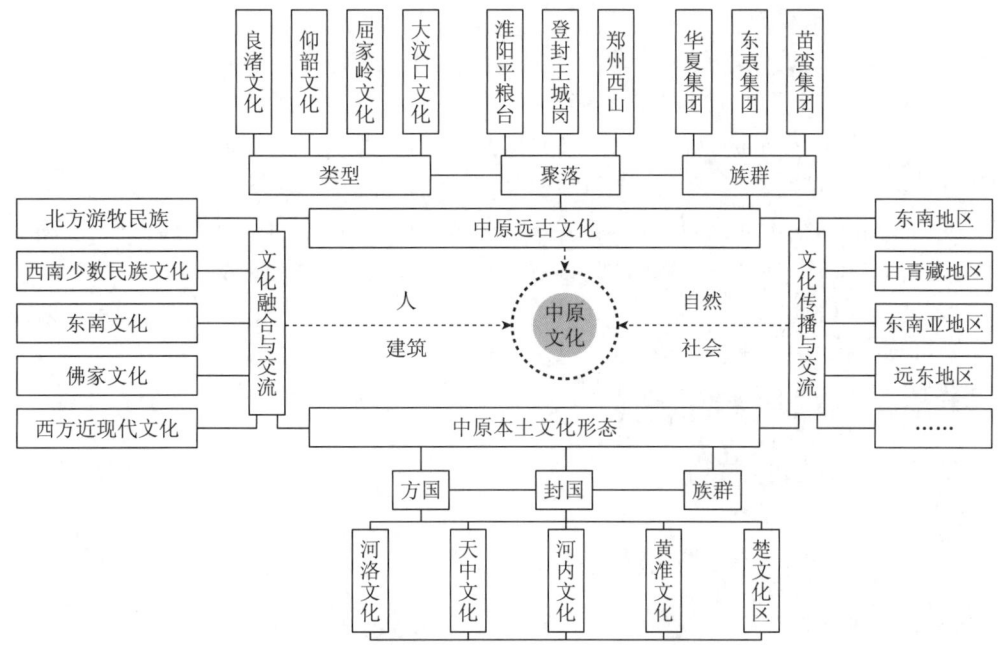

图 2-11 中原文化的源流、内涵、地位的分析框架图
图片来源：作者改绘[1]

在空间上，"中原"的地域界定上有广狭之别：广义上是指黄河中下游地区与淮河上游地区，包含山西、陕西、河南、山东、河北南部及北京市；狭义上则指今天的河南省。在时间上，"中原文化"特指宋代以前作为汉文化主流而存在的地域文化[2]。

因为漳州历史上早期的北方移民大多来自中原汉族居住地区，由于地理的阻隔，古代的中原汉族文化至今得到了较好的传承与发展。根据文化传播理论的论述，文化传播末端的地区所保留的核心文化历史年代更为古老[3]，将漳州传统文化的根源之一定义为中原汉族文化是有历史依据的。本书对中原汉族文化的定义，指的是狭义。

（2）闽越土著文化

闽越文化是福建上古时代先民所创造的地域文化，因当时居民为闽越人，故名闽越文化，并以闽越国文化作为其发展的高峰。《汉书·闽粤传》："东粤狭多阻，闽粤悍，数反覆。悍男也。[4]"吕思勉谓"自怀淮以北皆称夷，自江以南则称越"，在秦汉之前，百越文化在福建

---

[1] 郑东军. 中原文化与河南地域建筑研究[D]. 天津：天津大学，2008：19.
[2] 我们称之为"前中原文化"，而明清以降的中原文化已逐渐边缘化了，我们可称之为"后中原文化"，合称"古典中原文化"。参见：郑东军. 中原文化与河南地域建筑研究[D]. 天津：天津大学，2008：19-20.
[3] 曾艳. 广东传统聚落及其民居类型文化地理研究[D]. 广州：华南理工大学，2016：212.
[4] 这里的"粤"通"越"，即指越族。此等事例，在《汉书》中屡有出现，如《史记》写作"东越""南越""百越"，《汉书》则写成"闽粤""南粤""百粤"。

占据着重要地位[1]。百越族[2][3]是古代中国南方最大的族群,位于中国东南及南方[4],其中越族[5][6]为东南地区的一个古老部族,到了战国末年与秦汉时期,随着越人后裔的南迁与闽族逐渐融合形成闽越族。

历史上闽越地曾处中国东南一隅,因地形险阻,加上古代交通不便,在中原汉人大量南迁之前,闽越文化较少受中原主流文化影响,土著文化(图2-12与图2-13)相对独立自由发展,人文内涵自成体系,成为闽南文化演进的重要源头,具有显著的地域风格特征:因丘陵山区和溪谷江河滋生蛇类繁衍而拜蛇图腾以祈福;断发文身、习于水斗,"尚气而喜节,易斗而轻生[7]";与人相处,小不如意,使拔刀相斗,轻则伤,重则死;因福建拥有漫长海岸线,便于用舟、山处水行,如闽越人的后裔"白水郎"以船为家,沿海四处漂泊,渔猎业发达,"江南之俗,火耕水耨,食鱼与稻,以渔猎为业[8]","闽越地肥衍,有山泉禽鱼之乐[9]";信巫好鬼,多淫祀,拜神多是由巫师作中介,通过某种方式,沟通人与冥界、神界[10];好食腥味、种植水稻[11]。

图2-12　疍民水上传统武术——蛇刀斗
图片来源:福建省地方志编纂委员会.福建省历史地图集[M].福州:福建省地图出版社,2004.

图2-13　漳州水上居民习俗——祭王船
图片来源:陈诠.海峡两岸开漳圣王文化史料集:开漳篇[M].厦门:厦门大学出版社,2014:16.

[1] 戴志坚.福建民居[M].北京:中国建筑工业出版社,2009:56.
[2] 注释:越人在不同时期有不同所指,最早的越人是指使用一种石戉的人类群体的名称,后来不断加入了众多来源不同的氏族部落,形成了互不统属的各种部落集团。他们广泛分布于我国东南、西南一带,几乎在长江中下游以南直至珠江沿海流域和滇西、滇南一带,都有越人的群落。在长江中下游以至东南沿海和珠江流域,分布着称为"百越"的文化集团。
[3] 大概有于越、句吴、东瓯、闽越、南越、西瓯、骆越、山越、俚、僚、疍等少数民族。详见:吴永章.多元一体的客家文化:第2辑[M].广州:华南理工大学出版社,2012:87.
[4] 今天的浙江、江西、福建、广东、广西、安徽、湖南诸省区与越南地区。
[5] 先秦文献称"越"或"于越"。有研究认为它是与上古三大文化集团并列的四大部族之一。但在春秋以前,它与华夏族联系甚少。西周、春秋时期,越人建立了强大的"大越",成为春秋五霸之一。战国、秦汉时期,又形成了闽越、瓯越、东越、东瓯、南越、南海、南武、外越、西瓯等王、侯国和新的部落群体。楚国后灭亡了于越、越章、扬越,并有于越之地,秦汉又并南越、西瓯、东瓯、南海、南皖、东越、闽越、瓯越等。于是古越族中相当大一部分在当时都融入了华夏族之中。自秦汉统一百越地区后,越人大部分融入汉族,一部分避入江南山地而成为山越,到晋代,山越已大多融入汉族。部分则成为瑶、畲族。另一部分向南迁徙,形成傣、掸、京、那加等族,这散处西南山地者,有学者称百濮。
[6] 曾艳.广东传统聚落及其民居类型文化地理研究[D].广州:华南理工大学,2016:58-59.
[7] 黄仲昭.《八闽通志》卷四,第43页。转引自:徐晓望.闽国史略[M].北京:中国文史出版社,2014:154.
[8] 苏文菁总主编.闽商发展史 漳州卷[M].厦门:厦门大学出版社.2016:9
[9] 韩愈.韩昌黎文集校注:5卷[M].上海:古典文学出版社,1957:301.
[10] 徐晓望.闽国史略[M].北京:中国文史出版社,2014:154.
[11] 易石嘉.闽越文化[M].北京:华艺出版社,2011:导论.

闽越文化在历史的变迁中,经历中原汉族文化的深刻浸染后,虽然最终没有形成一种凝聚力极强、自成独立体系的正宗文化,却并没有完全被其他文化所同化而消失殆尽,而是凭借根深蒂固的文化生命力,与外来的文化深度融合在一起并改变对方的文化气质,成为漳州传统村落文化中无法替代与忽略的人文"底色":如南方浓重的装饰风格中蕴含了闽越巫术里"厌胜"的吉祥内涵,融合了闽越文化中神秘浪漫的成分。厌胜文化对建筑的形制产生影响的主要是如石敢当、八卦镜、石磨盘、门当、户对、石像以及各类脊饰等[1]。

2.2.4 民系分支下的闽海文化与客家文化

在中国传统村落谱系中,华南片区以其民系特征作为文化重要性之处。民系之间的分化现象鲜明,因此从民系入手来阐释华南地区不同区域的种种文化现象,往往是顺理成章的[2]。

"民系"一词源自客家学奠基者罗香林先生,其于1934年出版《客家研究导论》并率先使用这一学术用语[3],后来逐渐为中外民族学研究等学术界所沿用。作为"民族"的分支,"民系"指的是同属于一个民族内部但相对独立且具有稳定性的分支或单元,因其拥有了共同或相似的语言、文化和风俗而相互之间互为认同。以汉民族为例,在其漫长的发展历史过程中,基于自然环境、民族迁徙与社会历史等条件的变化,内部又自然而然地衍生出一系列的支脉。虽然这些民系统一在汉民族的共同体,但于语言、习俗、民风与其他文化表征上,又各具特色而可以分为一个个相对独立的单元。民系,是一种"亚民族"的社会群体,受到民族内部交往与发展不平衡的影响,每个民系都有属于自己的方言、相对稳定的生活地域和固定化的风俗习惯与生活方式[4]。民系与民族关系,是一种多元与一体的关系,即在一个大的共同文化背景下,存在着若干鲜明文化特色的问题[5]。"民系"与"民族"一样,是作为一个文化的概念,是社会科学与行为科学研究中民族与民系区分辨别的依据。著名国学大师陈寅恪曾就胡人与汉人之别中提倡"文化论"重于"血统论"[6]。漳州目前的民系为闽海系和客家系[7]。

(1)闽海系文化

在汉民族文化发展的历史过程中,基于地方方言的确立、社会战乱下的迁徙与自然环境的天然阻隔,闽海系祖先早期保留的中华文化系统,逐渐产生了一些差异和变化,形成了区别于

---

[1] 王东,唐孝祥.从化传统村落与民俗文化的共生性探析[J].中国名城,2016(8):65-70.
[2] 罗德胤.中国传统村落谱系建立刍议[J].世界建筑,2014(6):104-107,118.
[3] 罗香林.客家研究导论[M].上海:上海文艺出版社,1992:24.
[4] 潘安.客家系与客家聚居建筑[M].北京:中国建筑工业出版社,1998:2.
[5] 谢重光.海峡两岸文化发展丛书:闽台客家社会与文化[M].北京:人民出版社,2013:4.
[6] 陈寅恪在《唐代政治史述论稿》中有精到论述:"汉人与胡人之分别,在北朝时代,文化比血统尤为重要。凡汉化之人,即目为汉人;胡化之人,即目为胡人。其血统如何,在所不论……此为北朝汉人、胡人之分别,不论其血统,只视其教化为汉抑为胡而定之确证,诚可谓有教无类矣。又此典为治吾国中古史最要关键,若不明此,必致无谓之纠纷。"转引自:吴永章.多元一体的客家文化:第2辑[M].广州:华南理工大学出版社,2012:177.
[7] 值得一提的是,闽海系与客家系的族群在福建地区生存一段时间后,又迁徙至广东。其中闽海系从闽南经陆路和水路进入潮汕,形成当地所谓的"福佬系",客家系从闽西进入粤东。客家人比闽海系晚到福建,沿海地区已被早期到来的闽海系所占据,客家人主要在闽粤赣的交接区聚居,与山地的原有畲族与侗族等少数民族融合,到了南宋时期客家人才形成了相对稳定的族群体系。元明清时期,客家人逐渐在汀州、梅州、惠州和赣州四地形成中心,并陆续外迁至华南各省区和世界各地。

汉民族其他民系的相对独立的闽海系[1]。闽海系的定义,不同的学者对此有各自的描述(表2-9)。如戴志坚教授将闽海系细分为五个分区,分别是闽东、闽南潮汕、莆仙、闽北、闽中五区[2],但这种定义没有明显区分出五个分区中的语言差异性。漳州位于闽南的分区,从语言、风俗、建筑等方面最接近广东学者所谓的"福佬系"。据历史的记载,漳州闽海系的最早移民源自三国时期,六朝之后移民剧增,唐代陈元光入闽平定漳州后,58姓士兵入籍漳州,成为最大的移民群体。综合上述学者的分析,本书对闽海系的界定范围,广义上除了福建南部泉州、厦门、漳州(不包含客家民系地区)之外,还包括广东东部潮汕地区、西南部雷州半岛、海南省北部地区、台湾地区等以闽南语为地方主要语言[3]的地区;狭义上则指漳州行政范围内除了典型客家民系外以闽南语方言为主的地区。结合本论文的研究对象,本书对闽海系的界定为狭义。

表2-9 闽海系相近概念示意

学者	定义	地域范围
陆元鼎 戴志坚 余英	闽海系;对应语言为闽语的五大方言片,分为五大支系:闽南潮汕、莆仙、闽东、闽北和闽中。	●与今天福建省的行政区域基本相吻合,其中闽西、闽西南为客家系,福建最北的浦城县作为越海系的南部边界;闽海系的南部边界则超出了福建省界,一直延伸至广东省的潮汕地区;东部边界则跨越台湾海峡延伸到了台湾、澎湖列岛等岛屿。
曾艳	福佬系	●主要分布于华南广东东部潮汕地区、西部雷州半岛地区;福建南部泉州、漳州等地区;海南地区。这个族群在福建和台湾称为"闽南人",在广东、海南称为"福佬人",在香港被称为"鹤佬"。
徐天胎	闽海系与闽南系并列	●未见说明。

资料来源:作者根据相关资料整理[4][5][6]

闽海系主要分布于在漳州的中部、东部与南部。作为汉民族共同体内部所衍生的民系之一,闽海系的文化里包含了汉民族的文化底蕴,同时基于特定的自然环境、社会经济与历史背景因素,与汉族文化之间也存在一定差异性。早期的闽海系文化带有浓厚纯正的中原文化,在进入漳州之后,受到与当地土著的融合、生产方式的改变与南洋文化的多方面影响:闽越文化在巫术、祭祀、审美上的传统依然活跃在沿海地区闽海系村落的生活与居住环境上;同时,中外文化之间的交流也在海上交通联系基础上得到了发展,异域文化与当地文化交融在一起,中西合璧风格成为闽海系侨乡民居的特点,反映了海洋文化的深层影响[7]。

(2)客家系文化

作为一个族群,客家人是北方中原汉人南迁所形成的一个汉民族支系,以客家方言为主要语言,以闽粤赣交界地带为其发祥地与主要聚居地,一方面传承了中原汉族文化,同时在迁徙与定居后不断融合了当地地域本土文化,形成具有独特方言、民俗信仰、社会文化的稳

---

[1] 戴志坚.福建民居[M].北京:中国建筑工业出版社,2009:33-35.
[2] 虽然上述五个分区同属于闽海系,但是相互之间仍然存在一定的差异,比如语言。
[3] 潮汕地区方言"潮汕话"、雷州半岛的"雷州话"、海南北部地区的"海南话"、台湾地区的"台语",属于闽南语的分支。
[4] 戴志坚.福建民居[M].北京:中国建筑工业出版社,2009.
[5] 曾艳.广东传统聚落及其民居类型文化地理研究[D].广州:华南理工大学,2016.
[6] 徐天胎编著.福建民国史稿[M].福州:福建人民出版社.2009:97
[7] 戴志坚.福建民居[M].北京:中国建筑工业出版社,2009:43.

定民系[1]。客家民系在上述民系当中是最迟形成的,这是因为当客家先民开始大规模南迁时,吴、湘、粤、闽、赣诸民系割据的格局已经形成,客家先民只能在现有民系分布格局的夹缝中艰难生存。后来当其在赣闽粤边区与原住民交流融合形成为一个新民系后,因为时世变迁而不得不再次外迁。在这些漫无止境的迁徙中,他们一直被视为作客他乡的族群。当地土著居民[2]以"客""客人"或"客仔"来称呼这个迁徙外来的族群[3]。秦汉以来中国的北方汉族先民分批南迁,宋代户籍立册制度实施,先到为主者被称为主籍[4],后到为客,称为"客籍人"或"客家人"(表2-10)。据统计,全世界目前约有客家人6500万,国内以闽粤赣三省为主要聚集地,其中福建省内客家人约500万[5]。漳州境内客家人聚居区主要分布在平和、南靖、云霄、诏安等四个县的19个乡镇187个村,人数约45万[6]。

作为客家学的奠基者,罗香林先生于1933年出版了《客家研究导论》[7],奠定"客家文化"的概念基础。客家文化是客家人在特定历史、社会环境下所形成的物质与精神上的产物,是整个中华民族文化众多支流的一股支流[8];客家文化极具鲜明地域特色,客家人拥有对自身族群文化高度的自觉性与认同感,具有强大的凝聚力与向心性,并坚守与传承中华古老的文化。

表2-10 关于客家民系源流的记载概要

序号	时间	人物	观点
1	1933年	罗香林	●在《客家研究导论》一书中提出客家人为南迁中原士族的观点。
2	1994年	房学嘉	●在《客家源流探奥》一书中提出:客家是南迁汉族与当地古越人融合形成的,但其族群主体是原居住在这里的古越人而非外来的中原汉人。
3	1995年	谢重光	●谢重光先生出版了《客家源流新探》一书,提出客家的直接源头是唐宋时期南迁的北方汉人,南宋时期客家人方才形成了比较稳定的族群体系。
4	1997年	陈支平	●陈支平教授的《客家源流新论》一书中提出客家民系是在16和17世纪之交由南方的各民系相互融合而成的。
5	2003年	李辉	●李辉博士通过对福建长汀地区客家人的图谱的检测,证明客家人应该以北方南迁的汉族为主,在其中融合了当地的于越、畲族等少数民族后形成的族群单位。这一结果即否定了过去一些人对于客家"非汉种"的评价,也不同于罗香林先生关于客家完全是由南迁汉人构成的观点。
6	1924年	赖际熙	●香港组织崇正总会主席赖际熙在1924年写的《崇正同人系谱》中也提到客家人的"中原汉人起源说"。

资料来源:作者整理[9]

---

[1] 孙莹.梅州客家传统村落空间形态研究[D].广州:华南理工大学,2015:4.
[2] 这里的土著居民不是指最早的原住民,而是指相对于客家人而言较早定居于当地的居民。
[3] 谢重光.海峡两岸文化发展丛书:闽台客家社会与文化[M].北京:人民出版社,2013:5.
[4] 从入闽时间来看,相对于闽海系,"客家人"都是后来者,平原地区如韩江、九龙江及晋江等河口三角洲已被先来的闽海系捷足先登,客家人无法插足,不得不避住山区。参见:戴志坚.福建民居[M].北京:中国建筑工业出版社,2009:42.
[5] 叶鹏.赣州城市空间营造研究——客家文化为主的多文化互动博弈[D].武汉:武汉大学,2012:39.
[6] 刘焕云.台湾漳州客家人的宗族意识与组织[J].闽台文化交流,2012(4):50-56.
[7] 罗香林.客家研究导论[M].南天书局,1933.转引自:河合洋尚.客家文化重考——全球时代下空间和景观的社会生产[J].赣南师范学院学报,2010(2):3-9.
[8] 河合洋尚.客家文化重考——全球时代下空间和景观的社会生产[J].赣南师范学院学报,2010(2):3-9.
[9] 参见:叶鹏.赣州城市空间营造研究——客家文化为主的多文化互动博弈[D].武汉:武汉大学,2012:40-41.河合洋尚.客家文化重考——全球时代下空间和景观的社会生产[J].赣南师范学院学报,2010(2):3-9.

《管子·水地》一文就曾谈到,人的性格是无法脱离其生活的地域环境的,认为地区的"地"与"水"等最基本的自然环境因素都会潜移默化地塑造当地人的品性[1]。作为一种移民文化,在时空的穿越旅程中,面对不同自然与社会环境的影响,客家文化的特质并不是单一的,而是表现出一种多维性:因为客家人祖籍地是中原,表现出以聚族而居、祖先崇拜为特色的传统儒家文化;同时因为后来南迁的居住地为山区,山区里大多有闽越土著居住,在与其相互交流融合中也逐渐拥有了一种质朴粗犷、崇尚巫术、多神信仰的山区文化特质。

①客家文化的主源——儒家文化

客家人在不断迁徙的过程中逐渐壮大,并形成独特的群体文化特征。在恶劣的生存环境、艰辛的迁徙过程、村落管理秩序的维护、宋代理学家朱熹祭祖方案[2]等方面影响下,客家民系在传承儒家文化基本特质[3]的基础上逐渐强化祖先崇拜、聚族而居等独有的特性,包括迁徙与家族性、生存与聚居性、管理与宗族性[4]。客家童谣"生子不读书,不如养大猪"突显了儒家重视教育的精神,在办祠堂学校和助学、奖学等方面可以体现出来。山区的生活并不富裕,经济相对落后,客家人利用祠堂兴办学校,可以克服物质条件上的困难。客家人主要聚集区位于山区,山区的环境特征潜移默化地影响着其精神、气质和视野等方面。背井离乡的迁徙逃难、贫瘠的山区环境,使客家人拥有了吃苦耐劳、开拓进取与勤俭节约的精神[5]。除了自然资源的匮乏,族群之间斗争的社会环境也促使客家人精诚团结培养以适应各种恶劣环境的能力。

②客家文化的亚源之闽越文化

唐初陈元光平定漳州的蛮獠之乱后,一部分蛮獠被同化,一部分则进入深山而演化为畲族等少数民族。后来随着客家人南迁至闽粤赣交接的山区后,客家人逐渐与当地少数民族融合。客家人的生活环境并不是绝对封闭的,与其他族群错居杂处过程中彼此有斗争、交流与融合(比如通婚),因此客家文化中也保留了一定的闽越文化:如蛇崇拜,而中原地区对毒蛇猛兽有畏惧和憎恶之情,本没有崇拜蛇的习俗;石崇拜,南靖有小孩子拜石为父的习俗;树崇拜和鸟崇拜[6]。

南靖县塔下村与上洋村的一些民居并未建造大型的土楼,而是采用了土木或砖木式结构的吊脚楼形式。吊脚楼形式是传承于闽越文化的干栏式建筑,体现了南方多雨多虫自然条件下所形成的地域建筑文化特征(图2-14、图2-15)。

---

[1] 原文:"地者,万物之原本,诸生之根苑也,美恶、贤不肖、愚俊之所生也。""水者何也?万物之本原也,诸生之宗室也,美恶、贤不肖、愚俊之所产也。"详见:赵守正.管子通解:下[M].北京:北京经济学院出版社,1989:37-43.

[2] 宋代理学家朱熹提出宗子祭祖的方案,每个宗族内必须建立一个奉祀高、曾、祖、祢四世神主祠堂四龛,还对祭田做了相应的规定,这些理念对后世影响深远,民间祠堂与义田便大量涌现。客家人具有浓厚的祖先崇拜的风气,并对宗庙和祭祖制度做出相应的规定,把祭祖纳入宗族制度中。

[3] 儒家文化是客家文化的基本特质,对客家文化的影响主要表现在崇拜祖先、重视教育以及守旧与变革的双重性格上。

[4] 孙莹.梅州客家传统村落空间形态研究[D].广州:华南理工大学,2015:47-48.

[5] 林晓平著.先秦民俗典籍与客家民俗文化[M].北京:中国社会科学出版社.2016:91-96.

[6] 福建省炎黄文化研究会,福建省文化厅.闽越文化研究[M].福州:海峡文艺出版社,2002:412-423.

图 2-14　塔下村临溪土楼的"吊脚"式处理
图片来源：作者自摄

图 2-15　上洋村土楼民居的"吊脚"式处理
图片来源：上洋村村落档案

2.3　漳州传统村落多元文化的历时性演变

如前一节所述，作为时空的两个重要维度，文化的共时性与文化的历时性是相互依存的共同体。共时性赋予了文化诠释的广度，历时性则赋予了文化诠释的深度，两者共同建构了文化认知的时空坐标系。

除了空间的静态坐标系外，基于时间的动态坐标系也是必不可少的。中国的传统村落是中国古代特定的历史环境下的产物，从纵向来看，各个区域村落存在着一个基于时间维度下的演进过程。从历时性的角度去梳理各个重要历史阶段的特征，是全面系统了解漳州传统村落多元文化生成与演变的重要方式。

作为人类活动的产物，文化因人类所处地域差异而孕育了与之相应的不同文化地理景观，并在人口的迁徙下得以流动与传播。因此对漳州传统村落文化的研究，必然需要剖析漳州地区人群在地理空间上的活动，即人口迁移的过程（表 2-11）。移民衍生下的文化传播使不同地域文化产生交流和融合,由此形成新文化并推动文化发展。

表 2-11 漳州人口迁移变化历史进程的主要脉络示意

序号	朝代	人口构成	相关事件	备注
1	史前	原始人	●东山人化石、华安"仙字岩"。	●晚期智人。
2	周朝	闽族		●百越的一个支派。
3	战国	闽族和外来越族相互融合,故称"闽越"	●战国期间诸侯战争频繁,造成部落氏族大迁徙与融合,晚期于越人大批南迁,与当地闽族人结合。	●闽越统治者为"无诸"和"摇",相传为越王勾践的后裔。
4	秦代	汉越杂居	●秦始皇统一中国,设立"闽中郡",秦末,闽越族北上参加战争。	●越族的汉化和汉越的融合。
5	西汉	汉越杂居	●三越国的兴衰;公元前135年,汉武帝废除闽越王称号,把大量闽越人民迁徙到今天的浙江北部和安徽、江西等地,其他闽越人大多逃往山林,成为"山越",同时把中原罪犯迁徙过来;在原闽中郡地区设立冶县。	●原先都城变为废墟,社会发展中断。
6	三国		●长江流域战乱,避乱入闽汉人增多,孙吴五次派兵入闽,同时把大批罪犯送来服役。	●福建人口迅速膨胀。
7	两晋南北朝	三次大移民	1. 西晋末年永嘉时期(307—313),衣冠望族为主体; 2. 东晋元兴年间(402—404),以农民军为主体; 3. 侯景之乱时期,以穷苦农民为主体。	●"八王之乱"是福建历史上移民首次大规模进入福建地区;移民大多占据自然条件优越的九龙江流域与沿海地区。
8	隋朝		●土著称为"蛮獠",百越族与越五岭南下的蛮族的混合体。	
9	唐初		●北方汉人迁徙,山林里的原闽越土著后裔,岭南一带涌入的"蛮獠"民族,后爆发了"蛮獠"的啸乱"。全州1690户。	●汉族移民与土著居民与"蛮獠"有较多接触,产生许多矛盾。
10	唐朝		●陈元光军队入闽守戍开漳,就地垦殖,建立村落,生息繁衍,将士绝大部分定居于漳州。天宝十载,全州人口数量17940人。	●中原汉人移居福建的一个高潮,同化一部分土著,奠定了漳州社会的人口基础。
11	五代十国南唐		●中原战乱,北方汉人再次南迁,形成了汉人入闽的又一次高潮,以王潮、王审知兄弟率部入闽的数量最多,其中一部分流入漳州落籍,从西面陆路小规模移民。王审知"保境息民",社会安定,人口激增。	●建立独立割据的"闽国",招贤纳士,积极发展文化和经济,崇信佛教,收留僧人,推动福建佛教的发展;南迁汉人开始往偏僻山区拓展。
12	宋朝		●宋元丰年间(1078—1085),有35920主户,64549客居户,人口居全省第5位。	●宋代是北方汉人入迁闽西的最重要时期。
13	元朝		●元兵入漳进行"驱口",官僚地主横征暴敛,人口锐减至101306人。已有漳州人移居海外和台湾地区。	●比宋代减少约$\frac{1}{3}$。

续表

14	明代	●嘉靖三十一年(1552年),长期安定,田额的增加,税制的改革,人口增加至324334人。	●伴随着明代月港的兴起,漳州人向外移民形成高潮。
15	清代	●顺治十八年(1661年),清朝政府为了打击郑成功的势力,采取"迁界"措施,历时20年,漳州沿海龙溪、漳浦、海澄、诏安奉旨迁移内地。土地荒弃、人口流失。乾隆四十一年(1776),人口仅148311人。	●人口急剧增长,人地关系日益紧张,平原和沿海地区开发趋于饱和,逐渐向省内自然条件较差的未开发区转移,省外或海外发展。
16	民国	●民国三十二年(1943年),户数278200,人数1424005。	

资料来源:作者根据相关资料整理[1][2][3]

根据漳州地区人口迁移与传统村落文化的发展特征,大致可以归纳为先秦时期、秦汉时期、唐宋元时期、明清时期与清末至民国时期这五个较为典型的历史分区,在每个时期中,基于生产方式、生产技术、人口构成与聚居形态下,分别孕育出各自相应的村落形态(表2-12)。

表2-12　漳州传统村落的演变历程概况示意

时期	发展状态	生产方式	生产技术	人口构成	建筑特色	村落形态
先秦	百越聚居	渔猎与农业	石器、刀耕火种	闽越族	"干栏式"巢居	低密度,初步分区
秦汉	汉越杂居	闽越渔猎与农业;汉人农业	闽越保持原始生产方式;汉人开发平原,中原铁器牛耕	闽越族为主少量汉族移民	"干栏式"向地面建筑发展	无考
唐宋元	宗族村落萌芽	农业大发展	洼地围耕	大量北方汉族移民迁入,闽越族基本被汉化	汉族传统民居	位于沿海平原地区,较为规整
明清	宗族村落发展	商业性农业萌芽;海外贸易	沙堤围耕	客家民系迁入;海外移民	客家民居	客家村落因地制宜较为自由
清末至民国	宗族部落走向近代化	商业性农业发展;华侨侨汇资本	近代农业	海外移民潮流;归国华侨	华侨建筑的融入	村落建筑风格出现南洋风格

资料来源:作者整理,部分参考[4]

---

[1] 郑镛.论漳州人的人文性格[J].漳州师范学院学报(哲学社会科学版),2005(4):80-85.
[2] 林国平,邱季端.福建历史文化博览[M].福州:福建教育出版社,2017.
[3] 漳州市地方志编纂委员会.漳州市志:第1～5卷[M].北京:中国社会科学出版社,1999.
[4] 傅娟,冯志丰,蔡奕旸,等.广州地区传统村落历史演变研究[J].南方建筑,2014(4):64-69.

2.3.1 先秦时期：闽越土著文化的自然发展

传统村落作为一种聚居的形式，是人类历史发展到一定阶段才产生的。芒福德曾在《城市发展史——起源、演变和前景》一书中谈到远古的村庄，认为直到距今大约 15000 年的中石器时代[1]，人类的食物供应才开始较为充足与稳定，并以此为基础逐渐形成了具有"延续性的居住地点，而且学会了长期的管理方法"[2]。

漳州地区的闽越族是由早期原住民发展而来的。据考古研究发现，旧石器时代，漳州沿海低山丘陵地带就有人类的活动。漳州莲花池山发现了异于北方的细石器，以及约 4 到 8 万年前的旧石器工具（图2-16），而漳州甘棠山、东山海域等地区，也发现了 1 万年左右之前或稍晚些时候的人类化石。新石器时代，漳州的腊洲山、大帽山与华安地区，均发现了新石器中晚期珍贵的文化遗存[3]。从这些遗址的空间分布上来看，这一时期漳州地区已有百越族广泛分布，除了沿海的漳浦县、龙海市、东山县等地区外，也有靠山居内陆的平和县、南靖县等地区（表2-13）。史前的沿海居民基本上以海为生，选择避风的海湾地区，以依山面海的小岛或小山为聚居场所，以狩猎、捕鱼、捞贝与采集为生，具有较高的航海技术，如地处海岛的大帽山。

图 2-16　漳州出土的先秦时期石器陶器和玉器
图片来源：作者改绘[4]

表 2-13　漳州史前遗址目录表

年代	序号	名称	地点	遗物类型
旧石器	1	莲花池山	市区北郊	
	2	甘棠东山	市区北郊甘棠东山	人类胫骨花式

---

[1] 此时期考古学家才在从印度到波罗的海沿岸的广大范围内开始发现人类永久性聚落的证据：这些聚落以捕食蚌类、鱼类（大约还采食海藻）为基础，而且种植块茎作物，这无疑是为了补充其他不可靠食料来源的不足。随着中石器时代小村落的出现，开始有了最早的农业开垦地，也有了最早的家禽家畜，而且种植食用食物，如枣椰树、橄榄、无花果、苹果和葡萄等。转引自：吴艳.滇西北民族聚居地建筑地区性与民族性的关联研究[D].北京：清华大学，2012：254.
[2] 刘易斯·芒福德.城市发展史：起源、演变和前景[M].宋俊岭，倪文彦译.北京：中国建筑工业出版社，2005：7.
[3] 福建省炎黄文化研究会，世界（澳门）闽南文化交流协会.闽南文化的当代性与世界性[M].福州：海峡文艺出版社，2015：20.
[4] 陈诠.海峡两岸开漳圣王文化史料集：开漳篇[M].厦门：厦门大学出版社，2014：8.

续表

新石器	1	覆船山遗址	芗城区岭下村	陶片、石器、兽骨、贝壳
	2	香山	漳浦县竹仔村	陶片、石器
	3	万宝山	龙海许林头村	陶片、石器、贝壳
	4	大帽山	东山县陈城乡	石器、陶片
	5	腊洲山	诏安县腊洲村	石器、陶片
	6	枕头山	龙海市木棉村	石器、陶片
	7	乞丐岭	云霄县圆岭林场	石器、陶器
	8	坑北	东山县坑北村	石器、陶器
	9	浮山	南靖县溪边村	石器、陶器
	10	巡岩山	平和旧县村	石器、陶片
	11	九昆船山	平和县龙心村	石器、陶片
	12	瓦窑岗	平和县联三村	石器、陶片

资料来源:作者根据相关资料整理[1][2]

宋《漳州图经》记载传说"太武山,其上有太武夫人坛。前记谓闽中未有生人时,夫人拓土而居,因以名山[3]",当时处于"聚生群处,知母不知父"的母系社会,随后的具有海陆双重经历的"东山人"古人类化石发掘,可作为相关实物资料。

据考古学家研究,华安仙字潭的文字是古越人所作。福建汉时属闽越国,土著有闽族和越族。鉴于古越人信鬼、信巫,而古代史中卜、巫、医三者不分,巫乃古代的知识分子,具有一定的文化、通晓文字,由此认定"仙字"是古越巫人所作,正如甲骨文是殷商贞人所作一样,应是可以的[4]。

《史记》中的《李斯列传》记载着"北逐胡貉,南定百越[5][6]"。公元3000至7000年前左右,福建原始先民的生产活动以渔猎为主,养畜和种植水稻为辅。漳州地区背山面海,追溯至先秦时期,滨海地区早期居住着闽越先人,属于百越族的一支,他们山行水处、善于舟楫,很早便有走向海洋的壮举。据《越绝书》载:"越人谓船为'须虑',……习之于夷。夷,海也。"越人"水行而山处,以船为车,以楫为马,往若飘风,去则难从"[7]。除了滨海地区,因闽越地处亚热带湿润气候区,雨水充沛,光照强烈,生长期长,这种气候条件适合水稻的生长,山区的土著也已经很早开始发展农业,早在商周时代,闽越已栽培和种植水稻[8]。

---

[1] 尤玉柱.漳州史前文化[M].福州:福建人民出版社,1991.
[2] 漳州市文化局.漳州文化志[M].漳州市文化局,1999.
[3] 曾五岳著;漳州市文物管理委员会办公室编.漳州史海钩沉[M].福州:福建人民出版社,2006:4.
[4] 福建省考古博物馆学会编.福建华安仙字潭摩崖石刻研究[M].北京:中央民族学院出版社,1990:120-123.
[5] 司马迁.史记[M].南京:江苏美术出版社,2015:382.
[6] "百越"又作"百粤",有东越、闽越、瓯越、于越、西越、骆越、南越之分,大致包含今浙江南部,福建、广东、广西全部,安徽、江西、湖南、贵州的部分地区,以及越南的大部分地区。
[7] (东汉)袁康、吴绵辑:《越绝书》卷8。郑镛.明清时期漳州的海商与海盗论略[J].海文史研究,2014(2):99-115.
[8] 蒋炳钊,吴绵吉,辛土成.中国东南民族关系史[M].厦门:厦门大学出版社,2007:142.

《北史·蛮獠传》记载:"依树积木,人居其上,名曰干栏。"《新唐书·南平僚传》说:"南方土气多瘴疠,山有毒草及沙虱蝮蛇,人并楼居,登梯而上,号为干栏。"战国时期,诸侯的频繁战争造成部落氏族的大迁徙,后来北方越人大批进入福建,并在与当地土著居民的长期融合过程中逐渐形成了新的闽越族,喜欢濒临江海居住,同样住在"干栏式"房屋中[1]。这种建筑一般位于沿海地区的小台地上,茅屋为圆形或方形、木骨泥墙,架空的处理可以防御蛇虫的侵扰(图2-17)。

总体而言,由于山地地形的自然限制与对外交通联系的不便,先秦时期漳州闽越文化在这种封闭的地理阻隔下处于原始、自然的发展阶段[2],具有鲜明的地域性与民族性(图2-18)。

图2-17 延续至今的"干栏式"建筑
图片来源:傅娟,冯志丰,蔡奕旸,等.广州地区传统村落历史演变研究[J].南方建筑,2014(4):64-69.

图2-18 高山族服饰
图片来源:黄浦江.漳州非物质文化遗产名录[M].合肥:黄山书社,2008:139.

2.3.2 秦汉时期:中原汉族文化的初步介入

地处闽粤之间的漳州,虽然早期便出现了人类活动,但是开发较晚。"楚、越之地地广人稀,饭稻羹鱼,或火耕而水耨,果隋蠃蛤,不待贾而足,地势饶食,无饥馑之患,以故呰窳偷生,无积聚而多贫[3]。"在商周以前,福建地区由于地理分割与交通不便,不同族群交流少,闽越族偏安一隅、独立发展。后来北方华夏族的强大势力渐渐向南方进行渗透。公元前213年,秦始皇南取百越、广辟疆土统一中国,"徙民50万,戍五岭,与越杂处",漳州地区纳入闽中郡,为汉人管辖。后来汉武帝平定闽越叛乱后,北方封建中央政权的建立,在军事征服的同时,还通过增设郡县、强迁越民等措施,强化对古越后裔的控制,同时将中原的罪犯发配至此地,此举促进了闽越族与汉族的交流与融合,加快了古越民族汉化的步伐。从闽越王城遗址中的日用器具文物考古中,可以发现汉文化的影响。王城遗址内的陶器基本上都属于几何印纹陶文化,属于越、汉两个文化传统。虽然代表东南地区越文化传统的因素占主导地位,但是个别少量的器具可以反映汉文化因素的融入[4](图2-19)。三国时期,长江流域战乱下北方居民开始避乱南迁,孙吴五次派兵入闽,同时把大批罪犯送来服役。两晋南北朝时期,先后有三次的移民[5]。上述北方移

---

[1] 戴志坚.福建民居[M].北京:中国建筑工业出版社,2009:58.
[2] 傅娟,冯志丰,蔡奕旸,等.广州地区传统村落历史演变研究[J].南方建筑,2014(4):64-69.
[3] 司马迁《史记》记载。转引自:苏文菁.闽商发展史:漳州卷[M].厦门:厦门大学出版社,2016:10.
[4] 吴春明.中国东南土著民族历史与文化的考古学观察[M].厦门:厦门大学出版社,1999:205-207.
[5] 西晋时期,"八王之乱"与"永嘉之乱"后,历史上第一次大规模的移民进入福建,以衣冠望族为主,移民大多占据自然条件较为优越的沿海地区;东晋元兴年间(402—404),以农民军为主体;侯景之乱时期,则以穷苦的农民为主体。

民所带来的汉族人口、生产与生活方式,逐渐改变漳州地区原有以闽越族人口为主自然发展的封闭格局,由此渐渐出现汉越杂居[1]现象,中原汉族文化也由此被初步引入到漳州地区。

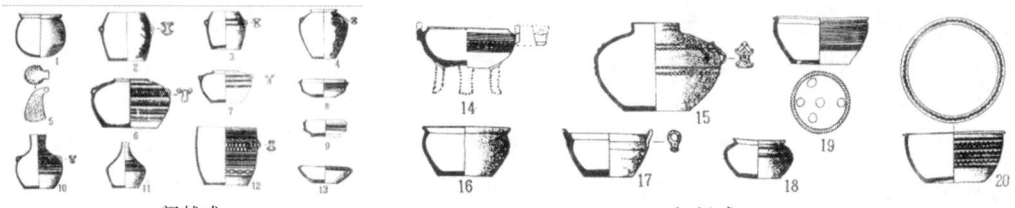

a.闽越式　　　　　　　　　　　b.汉式
图 2-19　武夷山闽越王城陶器文化因素组合示意图
来源:作者改绘[2]

2.3.3　唐宋元时期:中原汉族文化成为主流文化

在唐代之前,不仅闽西地区人口以土著民族为主,福建人口整体上仍然是土著种族的人数比汉族的多。隋代时期岭南一带的蛮族涌入福建,与闽越族逐渐融合,史称"蛮獠[3][4]",主要居住在山区。他们的社会组织处于原始民主制阶段;经济生活上妇女比男子作用大,尚未懂得建造房屋,生活原始简陋,保留着某些母系氏族社会茹毛饮血时代的遗风[5]。唐朝顾况诗歌中"猿吟郡斋中,龙静檀栾流。薜鹿莫徭洞,网鱼卢亭洲[6]"体现了当时的土著生活。

唐初随着汉族移民与土著居民、"蛮獠"之间接触越来越多,矛盾不断激化,遂发生蛮獠发起的"啸乱"。陈元光父子率军平定动乱后,所带来的中原将士人口绝大部分定居漳州,加上漳州地区待开发的大量土地,汉人聚集区日益增多。漳州在唐垂拱二年(686年)正式建制成为地方行政区划。作为第一任州刺史,陈元光领导军属与獠民"剪荆棘,开邨落,收散亡,营农积粟,兴贩陶冶[7]",由此为其开发带来了新的机遇。后来,唐末安史之乱与黄巢起义,再次导致北方大规模的民众迁徙进入福建,给漳州带来了大量的劳动人口、先进的生产技术与中原的文化习俗。王审知入闽后,有一部分军队流入漳州落籍,统治期间"选任良吏,省刑惜费,轻徭薄敛,与民休息,一境晏然[8]",漳州社会安定、人口不断增长。

北方南迁的大规模移民加速了土著闽越族的汉化进程,土著原有的居住地不断缩小。到了唐代,漳州境内大部分地区已被汉化,部分闽越族以少数民族的方式居住在较为偏远的山区,后来部分演变为黎、瑶、畲、苗等少数民族,仍然保留着自己的民族文化。唐朝安定的社会与经济活力的恢复,商业贸易日趋活跃,唐朝律令对官府设立的市做了相应的规定,如

---

[1] 傅娟,冯志丰,蔡奕旸,等.广州地区传统村落历史演变研究[J].南方建筑,2014(4):64-69.
[2] 吴春明.中国东南土著民族历史与文化的考古学观察[M].厦门:厦门大学出版社,1999:206.
[3] 文献中亦称他们为"峒獠""峒蛮""峒寇"。
[4] 《隋书·南蛮传》记载:"南蛮杂类,与华人错居,曰蜒,曰獽,曰俚,曰獠,曰㐌,俱无君长,随山洞而居,古先所谓百越是也。"
[5] 谢重光.海峡两岸文化发展丛书:闽台客家社会与文化[M].北京:人民出版社,2013:14-19.
[6] 晁成林.宋前文人入闽研究[M].南昌:江西人民出版社,2015:270.
[7] 何乔远编撰;厦门大学古籍整理研究所、历史系古籍整理研究室《闽书》校点组校点.闽书[M].福州:福建人民出版社,1994:1012.
[8] 薛居正.旧五代史:1~6册[M].北京:中华书局,1976:1792.

漳州的龙溪、漳浦等县设有市令[1] 1人、市佐1人、市史1人、市帅1人[2]。

到了宋代,在农业经济发展与人口繁衍的推动下,传统村落迅速发展。漳州的纺织业,以麻布、葛布为主,"稚子练葛布,樵人薜萝屋[3]"。漳州的农业耕作制度,水稻以一年两熟制为主,"嘉禾两度新[4]",提高了土地耕作的利用率;土地利用制度上,漳州也开始用沙田种植,"溪寺黄橙熟,沙田紫芋肥[5]"。宋代是北方汉人入迁闽西的最重要的时期。早先进入福建的北方移民(闽海系)大多已占据了自然条件比较优越的沿海地区,后来的移民(客家系)不得不选择山区作为定居点。唐宋以来,闽西汀州地区经过一段时间的开发,客家人的繁衍促使人口的增长,土地资源的紧张,客家人一方面向粤东地区迁徙,一方面向东部的漳州地区拓展,这个迁移历程可以从漳州地区客家的族谱中得以验证(表2-14)。漳州的早期开发,主要是沿海的龙溪、漳浦、长泰等县,内陆地区由于地理险阻开发进程缓慢。南宋中后期随着漳州沿海地区经济发展下的人口增长与汀州客家地区的开发,位于两者之间的山区地段才渐渐有较多的外地汉人迁入。便于管理的行政建制随之设立,如元代至治元年(1321年)设置南胜县(后于1356年改为南靖县),明朝政府分别于公元1518年和1530年增设了平和县和诏安县[6],由此形成内陆山区行政县的格局,反映了漳州社会经济发展与政府行政区划建制相辅相成的历程。

表2-14 客家族谱里的迁徙记载

序号	迁入地	家族	迁出地	族谱记载摘录
1	南靖县船场镇高树社	卢氏	汀州上杭县	●始祖出生于范阳之郡,迁于上杭之邑府约汀州……
2	南靖县永溪松坑	谢氏	上杭县古田	●我祖澄源公避乱而移上杭古田,延居数世……
3	南靖县船场镇	李氏	上杭县	●开基始祖火德公,世居宁化石壁村,避宋乱移居于上杭胜运里家焉……
4	平和芦溪镇	赖氏	汀州	●福建汀州路也……相率下漳择地开基,至平和地方……
5	南靖县梅林镇	魏氏	汀州宁化	●安阳始祖长贤公……系汀州宁化县石壁溪,因海寇纷乱,徙居梅林……
6	平和县秀峰乡	朱氏	汀州上杭县	●公系汀州府上杭县下金村……因世乱避兵流至漳州府……

资料来源:作者根据资料整理[7][8]

---

[1] "市令"的职责是掌管市场交易的秩序,禁止违法行为。
[2] 苏文菁.闽商发展史:漳州卷[M].厦门:厦门大学出版社,2016:10.
[3] 陈洪谟修;中国人民政治协商会议福建省漳州市委员编.正德大明漳州府志:下[M].厦门:厦门大学出版社,2012:1022.转引自:苏文菁.闽商发展史:漳州卷[M].厦门:厦门大学出版社,2016:6.
[4] 古今图书集成 方舆汇编方典 第1104~1115卷[M].中华书局影印:14。转引自:苏文菁.闽商发展史:漳州卷[M].厦门:厦门大学出版社,2016:7.
[5] 古今图书集成 方舆汇编方典 第1104~1115卷[M].中华书局影印:14。转引自:苏文菁.闽商发展史:漳州卷[M].厦门:厦门大学出版社,2016:7.
[6] 陈支平.史学水龙头集[M].福州:福建人民出版社,2016:419.
[7] 陈支平.史学水龙头集[M].福州:福建人民出版社,2016:420-421.
[8] 平和县福塘村朱氏族谱.来源:闽南师范大学图书馆藏资料.

总体而言,唐宋元时期是漳州传统村落发展的一个高潮,不断增长的居住人口促进了村落聚集点的增多,并使中原汉族文化逐渐成为当地的主流文化。伴随着北方中原移民陆续南迁至闽,漳州地区由封闭的地域性社会转型为移民社会,特别是唐初陈政、陈元光父子入漳,唐末五代王潮、王审知兄弟入泉,他们所携带的军队主要来自河南地区,中原文化也随之广为传播,其所保存的方言、习俗、宗族等文化要素,成为闽南与漳州社会文化主体和基础。南迁漳州的汉人,因其祖籍地、迁入时间、定居地区环境的差异,到了唐宋时期便逐渐分化、发展为闽海系和客家系两个民系。除了共同的文化特质,在很多方面都有较大差异,最终成为漳州文化区划的基础[1]。这些汉族聚集区域为宗族社会组织主导,宗族式村落由此初步发展,并延续至民国时期。闽越土著文化在被融合改造的同时作为文化的"底色"积淀下来,共同见证了中原移民文化在漳州地区的历史传承与渊源。

2.3.4 明清时期:宗族村落的大规模发展

明清时期,漳州的宗族村落得到了大规模的发展,一方面是因为社会环境、经济制度与农耕新技术等背景下人口数量的持续增长,另一方面则是因为这个时期传统村落的宗法制度发展到了一个新的历史高度。

(1)人口的增长

明代时期的"一条鞭法[2]"的税制改革与清兵入关后所带来的"和平红利[3]"减轻了广大普通百姓的税负压力,使其在经济上有更多的余力可以抚养下一代,随着人口的增加,漳州村民大规模开垦荒地、丘陵地区,同时开发沙田的技术与招民复业、奖励垦荒等措施,使漳州地区耕地面积大量增加。人口管理上,增加边区游民、山区棚民、少数民族等人口管理。农耕经济的发展推动了漳州宗族村落的大规模发展,人口的增长对大规模修建房舍的需求,使许多村落的规模不断拓展。

(2)宗法制度的发展

《白虎通》云:"族者,凑也,聚也,谓恩爱相依凑也;生相亲爱,死相哀痛,有会聚之道,故谓之族[4]。""宗者,尊也;为先祖主者,宗人之所尊也[5]。"追溯族权的开端,应源于原始社会的末期。西周可谓是家国同构的宗法制国家。一般认为,西周的"九刑[6]"实际上蕴含的是姬姓家族的意志。当古代中国从豪族社会走向平民社会后,历经多个朝代的族权在明清时期得到了蓬勃发展,表现为内容与形式的日趋成熟。在国家政权的特殊保护下,宗族制度迅速发展。与此同时,家法族规也在不断完善,涉及土地、户籍与赋税制度等,成为基层百姓行

---

[1] 移民除了北方移民外,也有一部分来自荆湘地区的武陵蛮、莫徭等畲族先民经由粤东迁到了闽西南。详见:谢重光著.海峡两岸文化发展丛书:闽台客家社会与文化[M].北京:人民出版社,2013:22.

[2] 张居正于明万历九年(1581年)将一条鞭法作为赋役制度,原来基于人口的税负存在种种不公,改为以土地为依据后,许多没有土地或者土地较少的百姓的负担会大大减轻。

[3] 明代的百姓需要应对国内统治与北方少数民族侵略的双重经济负担,清兵入关后,来自北方的军事压力不复存在,百姓只需要承担国内的统治经济成本,税负压力自然减轻了。

[4] 吕思勉.中国通史:上[M].北京:中国文史出版社,2015:97.

[5] 吕思勉.大中国史[M].南京:江苏人民出版社,2015:87.

[6] 西周制定的成文刑书,包括九种不同的刑罚。详见:李用兵.中国古代法制史话[M].北京:商务印书馆,1996:19.

为规范的约束力量,并深刻影响了传统村落的社会结构(图 2-20)。清代的基层社会权力呈现了以"保甲为经,宗族为纬"的网络格局:保甲组织大多借助于当地乡绅的影响力,乡绅直接是保甲首脑或在幕后操纵;同时,这些乡绅往往也是所在区域宗族势力的代表人物,与宗族势力紧密联系,并不是独立的。

在明清的宗族法条文中,族产的市场交易并不是自由的,而是"只可买进不可卖出"的强制单向流通方式,并且规定了相应的惩罚机制,比如说"不准侵典鬻""盗卖义田者自有司治罪,田仍归庄[1]",对典卖者施以重罚。于是,土地管理上趋于集中化,村落形态逐渐与宗族同构。土地、户籍、赋税的综合制度一方面满足了封建统治稳定的需要,另一方面在自给自足的小农经济形态下,农民则被牢牢地绑定在土地上而缺少流动性,社会呈现为封闭、僵化的状态。古代中国,中央专制政权的高度集权,结合以县级官府为核心、严密的乡里组织为基础的基层行政组织,构建了封闭式的稳定社会结构,传统社会得以延续,传统村落结构也呈现出相对稳定的形态特征[2]。

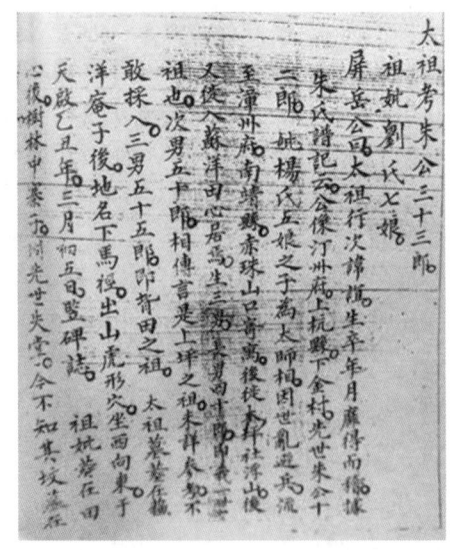

图 2-20 平和县秀峰乡福塘村朱氏族谱
资料来源:作者翻拍自闽南师范大学图书馆

封建社会后期,国家对宗族的限制逐渐放开,更多地依赖基层的宗族力量来实现对人口的控制[3]。宗族制度的逐渐庶民化,允许私人修建宗祠等政策的实施,传统村落由此兴建起大量的宗祠建筑,客观上推动了族权的快速发展,宗族势力所控制的土地随着族权力量的增长也日益增多,家法族规的逐步完善,宗族力量开始掌控村落的经济生活,村落形态也随之发生改变,形成相应的宗族村落,如漳州平和县芦溪镇芦丰村客家的大型围屋"丰作阙宁楼"(图 2-21)、广东梅州的围龙屋,以及北方地区大量出现的村堡,都是族权强盛时期具有代表性的建筑形式[4]。

2.3.5 清末至民国:中国文化外溢与南洋文化的引入

北方入闽的大规模移民到了南宋以后,就少见记载了。安史之乱与靖康之变下的两次规模较大的人口迁徙,使东南沿海人口逐渐稠密,到了十五六世纪,当地人口逐渐饱和,单纯依靠本地的农业生产经济已难以支撑大量的人口,于是便开始出现人口走向海外从事贸易乃至定居当地的现象。明清时期,福建省在朝廷眼里成了"自弃王化"之民的"巢穴",乾隆五

---

[1] 张娟娟.家法族规在明清法律体系中的作用——兼论明清时期家法族规与国家法的关系[D].重庆:西南政法大学,2004:17.
[2] 路易吉·戈佐拉.凤凰之家:中国建筑文化的城市与住宅[M].刘临安,译.北京:中国建筑工业出版社,2003:序.
[3] 周若祁,张光.韩城村寨与党家村民居[M].西安:陕西科学技术出版社.1999.
[4] 张楠,田晓佩,谭立峰.土地、户籍与赋税制度影响下的传统乡村聚落形态变迁[J].新建筑,2017(5):110-113.

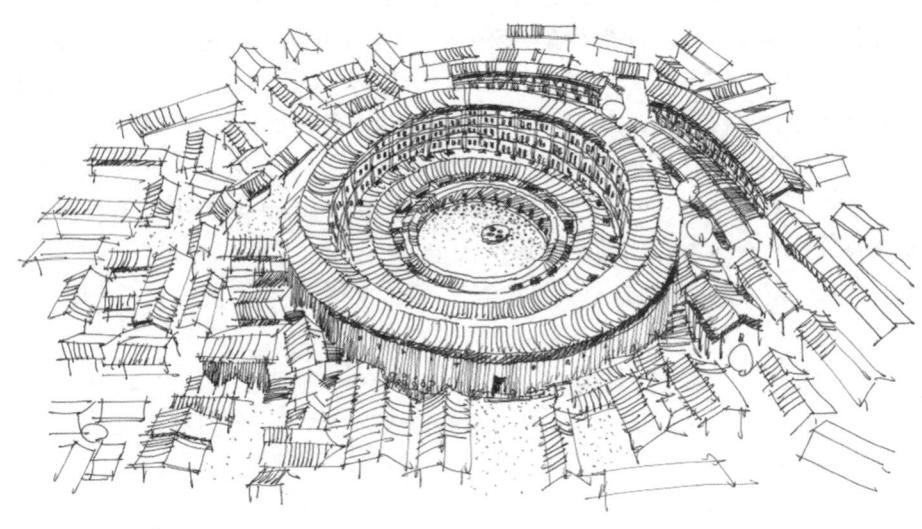

图 2-21　芦溪镇芦丰村"丰作阙宁楼"
图片来源：作者自绘

年（1740年）修订的《大清律例》[1]里甚至有针对福建海外移民的专项条款。伴随着这一移民现象和贸易过程，漳州传统村落开始出现商业性农业，如水果、花木、甘蔗等经济作物，沿海地区与周边环东亚海域逐渐发展成为一个广大的贸易世界，形成了大大区别于中原农耕地区的社会结构与精神结构[2]。

华侨大多迫于生计而侨居海外，从而将中国传统文化带到海外，对当地的文化、社会、经济产生了深远的影响，尤其是东南亚地区。但是，"男人出洋，妇女在家"的家庭结构在当时十分普遍，这种特殊的家庭关系、传统的宗族观念、华侨爱国的情怀，致使海外华侨与家乡依然保持密切的经济与文化联系：一方面是华侨商人积极参与家乡的公共事业（表2-15）；一方面是闽南华侨在海外致富后有回家乡"买田、起厝（屋）、讨亲、造坟"的风俗[3]。

表 2-15　漳州华侨商人在海外积极投入家乡各种公共事业的案例

序号	姓名	捐助贫困	施药
1	林和坂	●设立和茂公司，发放度岁金	●设立医药铺，聘请名医为乡人治病
2	杨在田	●在故乡和角美一带设立"恩推义局"；在县城设立"大原堂"；发放大米、银圆	●施棺、施药
3	郭春秧	●创办"嵩江孔圣大道会"，定期和临时资助方式	●大道医局，义务为乡亲治病

资料来源：作者根据相关资料整理[4]

明清时期，漳州地区借助月港蓬勃的海外贸易在经济上逐渐融入世界的海洋经济秩序，

---

[1] 田涛，郑秦点校.大清律例：卷20：兵律·关津.[M].北京：法律出版社，1999：341.
[2] 施展.枢纽：3000年的中国[M].桂林：广西师范大学出版社，2018：104.
[3] 陈志宏.闽南侨乡近代地域性建筑研究[D].天津：天津大学，2005：20.
[4] 苏文菁.闽商发展史：漳州卷[M].厦门：厦门大学出版社，2016：200.

到了清末,海外华侨群体逐渐发展起来,并通过经济、宗族、文化等方式影响国内的经济与空间格局,促使国内的传统村落走向近代化,表现为中西合璧的南洋风格建筑的出现。以龙海市海澄镇合浦村的苏宅为例(图 2-22),这是近代一座具有鲜明"中西合璧"特色的民居。清末,合浦村村民苏瑞满从印尼泗水侨居多年后回到家乡,不久便开始兴建自宅,中部采用典型的闽南民居,中轴线上依次为前厅、天井和主厅,两侧为对称式的南洋风格建筑,拱形的外廊、线脚丰富的柱式和西式的雕花,从民居宏观的整体规划布局到建筑单体的微观细节装饰上,都全面地融合了中西两种不同的建筑风格。

图 2-22　龙海市海澄镇合浦村苏宅
图片来源:作者自绘

2.4　漳州传统村落多元文化的交汇性特征

不同文明之间的相互接触,往往成了人类进步的里程碑[1]。蔡元培先生曾说:"一种民族,不能不吸收他族文化,犹之一人之身,不能不吸收外界之空气及饮食,否则不能长进也[2]。"文化的交汇对于一个国家、民族而言,具有重要的现实意义。文化交汇指的是具有不同特质的文化聚集或汇和在一起,体现了文化的多样性。只有通过交汇的过程,各类文化才有机会相互接触、交流,乃至于碰撞斗争,并进一步相互吸收、渗透,乃至于最后融为一体。因此,文化融合不仅仅是一个过程,而且往往是一个漫长的过程[3]。文化的交汇既有时间维度上的纵向承接关系,也有空间维度上的横向交接关系,两者缺一不可。漳州传统村落的多元文化,在独特的区位环境与地理条件、宏观的国家与区域历史变迁、特殊的社会经济背景等综合因素的影响下,不断在演变与交汇中(图 2-23),逐渐呈现出"中心与边缘""一体与多

---

[1] 伯特兰·罗素.中国问题[M].秦悦译.上海:学林出版社,1996:146.
[2] 何芳川.中外文化交流史:上[M].北京:国际文化出版公司,2016:9.
[3] 于运国.文化交汇对大学生思想政治教育的影响及对策研究[D].长春:东北师范大学,2014:18.

元""内生到外溢""化外到化内"的特征。

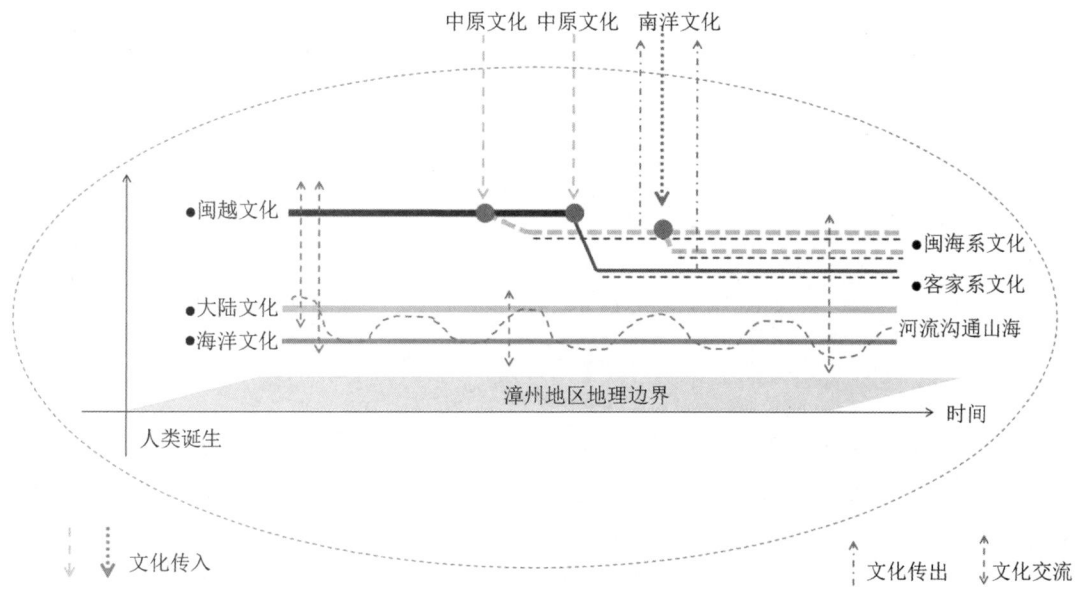

图 2-23 漳州传统村落多元文化的时空交汇示意简图
图片来源:作者自绘

2.4.1 中心与边缘:基于空间区位与信息密度的文化迁徙

在文化学理论中,文化具有中心和边缘之别,而文化边缘总是受到文化中心的控制和影响[1],具体可以表现在国家与区域两个层面上。文化中心,为一个文化区中独有文化特质最集中的部分,占据主导地位且具有辐射周边区域的功能;文化边缘,位于一个文化中心区的边缘区,它处于次要的、受影响的地位。除了区位上的空间差异,一般情况下,处于文化密集区的文化中心,因为政治、经济、制度等方面的信息流量大,形成一种动能,对周边文化信息量较弱的地区文化产生直接或间接的影响,从而带动了文化整体向前发展(图 2-24)。

(1)国家视野中的中心与边缘:汉族从中原到边陲

在国家层面的宏观视野中,中原汉族文化与闽越地域文化存在着一种"中心与边缘"的结构关系。黄河流域附近的中原地区是华夏文明的发源地,成为古代中国的文化中心;当时的南方大部分地区尚处于未开发的原始氏族时代。当北方汉族大量迁徙至福建时,中原汉族文化作为文化中心所具有的强烈义化辐射功能,推动其向福津地区进行广泛的传播,对闽海文化与客家文化的形成与发展发挥了巨大的作用,使儒家文化能够在当地广泛传播并且成为当地文化的主体和核心。

从历史上看,文化的边缘地区大多具有多元文化相互共存、融合的特点[2]。漳州文化的形成过程,实际上也是一个在"中心—边缘"结构中寻找位置的过程。一方面在政治与文化认同上强调"中原人"的本源,向往与追寻着中华的核心主流文化,表明源自中原血统的背

---

[1] 陈华文. 文化学概论[M]. 上海:上海文艺出版社,2001:211-216.
[2] 陈志宏. 闽南侨乡近代地域性建筑研究[D]. 天津:天津大学,2016:17.

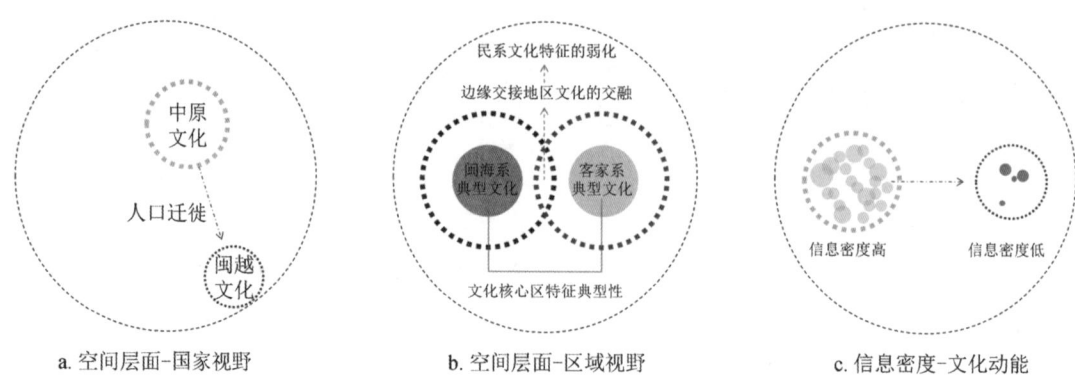

图 2-24　漳州传统村落多元文化的"中心与边缘"特征示意图
图片来源：作者自绘

景；同时在某种程度上顽固地保持变异的边陲文化形态，强调自己独特的文化表述，彰显地域文化与中原文化的差异性。因此漳州文化在体现了中原文化延伸性的同时也显示出边缘形态的变异性：伴随着中原南迁移民所携带的并成为主导漳州社会发展的儒家文化，其正统性的规约中具有崇儒与守成的深层基因，体现了中心主流文化的延续；另一方面，在吸收了原始先民的原生性的地域成分后，迥异于农耕文明基础上的中原文化，边缘化的异质性塑造了漳州文化性格自由、开放的变异特征，尤其是在持续不断的海外商业贸易发展下，海外异质性的文化因素不断介入、包容或融合于儒家文化之中，使延续于传统的中原文化呈现出某些边缘形态的鲜明特色。这种"中心与边缘"的二元结构文化结合体，有机地把许多相互矛盾与排斥的文化因素融合在一起，从而进一步推动了闽南地区文化与社会经济体的持续性发展，并让这个区域在坚守中华文化核心价值观的同时，能够有所发扬与创新。

（2）区域视野中的中心与边缘：不同民系的交接处

部分文化人类学家认为，突出表现族群认同的文化特质之处，并不在族群的中心区域，而是体现在族群的边缘。位于族群边缘地区的文化特质并不突出，而且其文化关系往往是丰富多样、纠缠不清的。因此研究文化边缘区与过渡区的传统村落及其民居文化的共通性、差异性和演变规律，是传统村落文化不可缺少的研究内容[1]。

闽海系与客家系族群交接的边缘地区，两个民系在长期相互交流渗透中，表现出文化融合的现象，如语言上闽南语和客家话通用、建筑风格上也有相互借鉴。以南靖县田螺坑为例，东南角为上坂寮，也姓黄；越过一座小山后是下坂寮，姓刘和李。田螺坑以客家话为主，也会讲闽南话；上坂寮以讲闽南话为主，客家话也通；下坂寮村闽南话和客家话杂用。这种语言的融合和变迁，是客家人与闽海人相互为邻后，受闽海系文化影响的结果，但其深层文化心理还是客家的[2]，可从祭祖等风俗鉴别出来。

民系交接处的这种文化融合也表现出一定的层次性与连续性，漳州地区越靠近闽西龙岩永定区域的客家人，客家文化的特征越明显，越靠近闽海系的客家人，客家文化的特征越弱。这个规律体现了文化边缘区与过渡区的产生原因，深刻反映了文化本身与文化之间动

---

[1] 曾艳. 广东传统聚落及其民居类型文化地理研究[D]. 广州：华南理工大学，2016：343.
[2] 谢重光. 海峡两岸文化发展丛书：闽台客家社会与文化[M]. 北京：人民出版社，2013：193.

态变化历程下的差异性。

2.4.2 一体与多元：基于空间层叠与时间承传的文化共生

一体与多元，是文化在空间层面的层叠与时间上的承传基础上所达到的共生。从构成要素上看，强调的是一种基于共生中的多元，并非分离中的多元。每一种文化并非在真空的疏离状态中存在，而是在如同互联网一样的互动中相互共生。从名词的内涵上看，"一体"侧重于政治性或地理空间上的统一，"多元"表达了族群与社会性的差异；"多元"并不能否定"一体"的政治逻辑，"一体"也不应无视"多元"的社会逻辑(图 2-25)[1]。

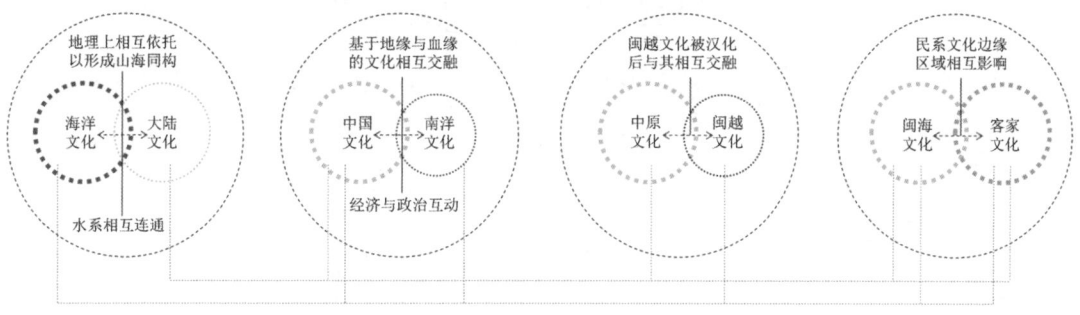

图 2-25 漳州传统村落多元文化的"一体与多元"特征示意图
图片来源：作者自绘

大陆文化与海洋文化通过九龙江等水系连接在一起，中国文化与南洋文化通过基于地缘和血缘的经济和政治产生联系，中原文化与闽越文化通过人口的迁徙与汉化政策融合在一起，闽海文化与客家文化在文化边缘地带相互影响，最终融合为一个层次丰富、环环相套的漳州传统村落文化。以海洋文化元素为例，中原文化在进入福建之后，受到了沿海自然环境与原有闽越土著文化的深刻影响，从而逐渐形成了具有鲜明海洋特色的地域性格。海洋生活赋予了漳州人在中原汉族文化之外一种全新的烙印：海洋的广阔无垠开阔了人的眼界；商业贸易的巨大利益培育了敢于冒险、积极开拓海外市场的勇气[2]；与不同外来文化的交流过程奠定了包容并蓄的文化精神。

2.4.3 内生到外溢：基于人口增长与商业贸易的文化溢出

"内生"一词常见于经济学理论，如内生增长理论是发源于 20 世纪 80 年代中期的西方宏观经济理论分支，指的是经济能够依靠资本积累、劳动供给、技术进步的内生化，而不依赖外力而实现经济的持续增长[3]。本书中的"内生"指的是：在一个封闭的区域内，地域文化通过该区域自身的自然资源、人口、经济、技术等因素自我发展的状态。"外溢"指的是：某一区域内由于人口的膨胀而带来一系列的基于资源、经济、技术等方面的发展困境，从而开始向

---

[1] 施展.枢纽:3000 年的中国[M].桂林:广西师范大学出版社,2018:107.
[2] 唐末以前，福建海船北上一般不越过长江口，这是因为古人航海，大多是沿岸行驶，然而长江以北的海岸大部是沙滩，福建的尖底船适于深海航行，但不利于浅海，一旦在沙滩下搁浅，很容易断为两截。实际上，航海的利益促使闽人勇敢地去探航，即使为此付出代价也在所不惜。这是沿海地区先民海洋文化开拓精神的体现。
[3] 贺金社主编;郭鸿雁,陈梦筱副主编.简明经济学:回归亚当·斯密的幸福和谐框架:第2版[M].上海:格致出版社,上海人民出版社,2016:238-240.

外部区域以移民或贸易的途径输出人口,并且通过这些迁徙的人口对外输出其居住地的传统文化,并对外部地区的原生性文化产生了较为深远的影响,同时伴随着这些迁徙人口生活与生产方式的传承,逐渐使外部地区的文化成为其原居住地传统文化的一种延续(图2-26)。

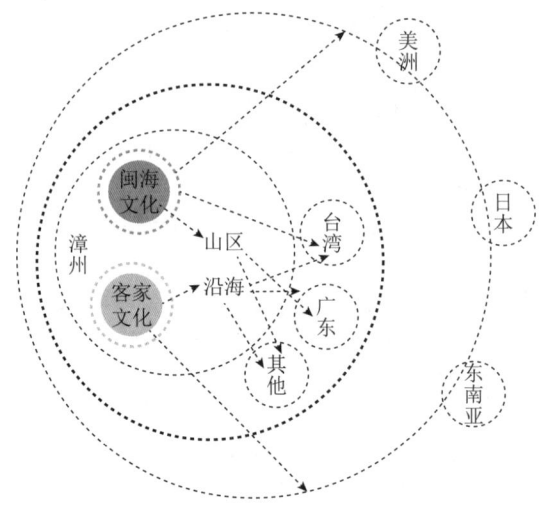

图2-26　漳州传统村落多元文化的"内生与外溢"特征示意图
图片来源:作者自绘

唐宋尤其是两宋以来,在一系列和平、制度与技术红利的推动下,中国人口过度繁衍,大量过剩人口促使劳动力过于廉价,从而导致以节省劳动力为导向的技术变迁无法实现,中国无法内生性地从农业经济升级为工业经济而吸纳更多的人口,进入到恶性的"内卷化"状态,因人口过剩导致流民四起、社会动乱[1]。在南方地区,由于远离北方的战乱,福建地区人口倍增,人地关系的矛盾逐渐被激化,加上海外商业贸易的发展,促使一部分人开始向海外发展,于是随着中国在明清时期通过沿海港口加入世界经济秩序,漳州文化也随之走向海外,如台湾、东南亚地区;同时,也有一部分人向广东、海南等地区拓展,在当地发展为与闽海系和客家系文化相关的文化区。

作为闽南文化重要组成部分的漳州文化,因地处边陲而向心性与离心性并存。作为中华文化向东南沿海延续和发展的一部分,具有典型的向心性,同时也因为独特的海洋区位特色,在与海洋互动的过程中也渐渐体现了一种离心性:文化中顽强的生命力与张扬的个性,使其文化向海外尤其是台湾与东南亚地区发展[2],并且得以在当地生根发芽、不断发展,使闽南文化超出了闽南的地理界限,成为一种更为广泛的世界存在[3],进一步增强了闽南地域文化的可持续性。

---

[1] 施展.枢纽:3000年的中国[M].桂林:广西师范大学出版社,2018:6.

[2] 十六世纪以后,定居闽南的中原移民开始出现大规模的二度迁徙,其首指台湾而后又远逸海外。据资料统计,现居于闽南地区的闽南人口约1500万,居于台湾的闽南籍人口约1700万,而散布于世界各地的闽南人近2000万。详见:福建省炎黄文化研究会,世界(澳门)闽南文化交流协会.闽南文化的当代性与世界性[M].福州:海峡文艺出版社,2015:22.

[3] 福建省炎黄文化研究会,世界(澳门)闽南文化交流协会.闽南文化的当代性与世界性[M].福州:海峡文艺出版社,2015:22.

2.4.4 化外到化内:基于行政管理与儒家教育的文化融合

"化"字在本文中的内涵是"王化"与"儒化"(图 2-27)。所谓"王化",含义是指天子的教化。正如《诗大序》中云:"《周南》《召南》,正始之道,王化之基[1]。"《后汉书·张酺传》中云:"吾为三公,既不能宣扬王化,令吏人从制,岂可不务节约乎[2]?""王化"是指纳入政府的统一管理,如原有居住的少数民族等原住民由"化外"之民变成编户齐民、纳税服役。当少数民族的叛乱被镇压后,朝廷通过设立县治、编订户口,将包括脱籍逃赋的汉民、无籍的畲瑶蛮族等乱民统一纳入国家户籍与税赋制度的管理之中,从而完成了从"化外"向"化内"的转变,体现了国家权力的统治。古代的郡县官府人员,经由中央朝廷的直接委任,代表了朝廷中央对地方社会的行政管理。除了保境安民、征收赋税的工作之外,官员还承担着宣扬朝廷圣典、教化百姓的责任。因此"王化"相关政策的推动有利于宣扬政教与顺化子民,是"儒化"政策的政治基础。

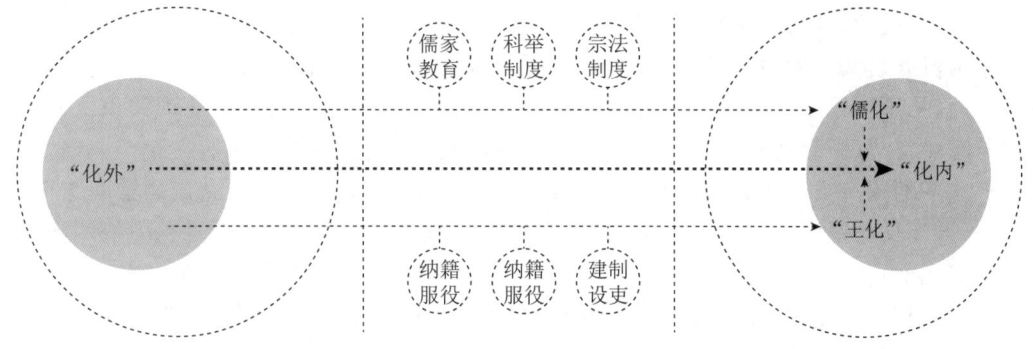

图 2-27 漳州传统村落多元文化的"化外到化内"特征示意图
图片来源:作者自绘

所谓"儒化",是指推行儒家的教育,令其接受儒家教化、遵行儒家礼俗,从而保持社会持续的安定。自汉武帝采纳推行董仲舒所提倡的"罢黜百家,独尊儒术"之后,儒家学说成为汉族的统一思想理论体系与行为规范,在长期的发展演变过程中,逐渐被冠上了"儒化"的印记。儒家思想在中国历史中具有文化统一的特殊功能,让皇家集权下的社会各阶层能有机结合起来,成为国家、士大夫、宗族长者与宗教领袖共同推行与贯彻的精神理念与行为准则[3]。

以客家人居住地为例,所处的山区处于闽粤赣交接处的边陲地带,山区的交通险阻、不便是先天的自然条件,加上原本主要居民为当地的土著与外地的流民,朝廷的统治成本与风险巨大,自然成为一处"化外"之地。北方客家人迁入后,虽然发展过程中长期与少数民族维持密切的互动,但在族群意识上仍然传承汉族文化之精粹,两种不同文化在互相拉锯的张力中逐渐融合共生。随着当地社会经济与交通的发展,结合国家统治下的行政建制,与官方和民间对儒家文化的共同推动,闽粤赣边区由"化外之地"转为"化内之地",逐渐形成了对客

---

[1] 周群.季子文化研究丛书:季札评传[M].南京:南京大学出版社,2015:67.
[2] 吕思勉.吕思勉文丛:秦汉史·文明卷[M].武汉:华中科技大学出版社,2016:57.
[3] 熊玠.大国复兴——中国道路为什么如此成功[M].李芳,译.武汉:湖北教育出版社,2016:17-18.

家文化的普遍认同[1]。

2.5 本章小结

漳州传统村落多元文化的生成与交汇逻辑研究,为本书的文化视角研究建立了一个基于自然与文化、时间与空间、静态与动态、单一与复合相结合的多维坐标系,解析了漳州传统村落多元文化生成的地域性、构成的多样性、发展的动态性与交汇的综合性,奠定了后续深入研究的基础。

一、从自然与文化的视角出发,通过对漳州自然环境的解析,可以发现漳州独特的自然条件参与构建了其文化生成的地域性,主要表现在以下四个方面:山海同构地形地貌塑造了其文化的封闭性与互动性,差异明显的土壤与耕地资源孕育了不同的经济形态,多元气候分区影响沿海与内陆的生产方式,自然灾害多样性引发人口迁徙与祈福文化现象。

二、从空间的共时性视角解析其构成要素,分析文化各要素之间的联系,以进行文化的静态结构研究。文化的生成与发展离不开物质空间的平台,结合文化地理学的视角,依托文化圈理论,从不同尺度的空间维度将漳州传统村落文化依次划分为基于地理约束下的大陆文化与海洋文化、国籍背景下的中国文化与南洋文化、民族差异下的汉族文化与闽越文化、民系分支下的闽海文化与客家文化,从而构建了漳州传统村落多元文化组成的空间结构。

三、追溯文化之源,以时间视角去探索文化的过程,从动态的历时性研究中揭示漳州传统村落多元文化的历史脉络。漳州传统村落多元文化的演变,按时间的顺序进行划分,首先是先秦时期闽越文化在封闭地理阻隔下的自然发展,接着是秦汉时期少量北方移民下中原汉族文化的初步介入,紧接着是唐宋元时期大量人口迁入下中原汉族文化成为主流文化,然后是明清时期人口增长与宗法制度下宗族村落的大规模发展,最后是清末至民国时期华侨活动下中国文化的外溢与南洋文化的引入。

四、上述基于自然、空间与时间维度的文化特征,并非平行与独立存在的,而是相互交织综合在一起,共同塑造了漳州传统村落多元文化的交汇性特征,表现为以下四个方面:基于空间区位与信息密度的"中心与边缘"、基于空间层叠与时间承传的"一体与多元"、基于人口增长与商业贸易的"内生到外溢"、基于行政管理与儒家教育的"化外到化内"。

---

[1] 邹春生.文化传播与族群整合——宋明时期赣闽粤边区的儒学实践与客家族群的形成[M].北京:中国社会科学出版社,2015:总序.

第三章 村落形态外部表征：
从类型、构成到特征

上一章内容系统地剖析了漳州传统村落多元文化的生成与交汇逻辑。然而，文化作为一种"形而上"的"道"，需要"形而下"的"器"作为其物质的载体。脱离了物质载体的介质，纯粹地谈论"形而上"的文化，是苍白无力的。传统村落形态作为一种物质性的外部实体存在，承载了丰富多样的传统村落文化，是本章内容研究的主体，也是下一章内在演化机制与规律研究的基础和依据。

以多元文化交汇的宏观视角，将漳州各类典型的传统村落纳入同一个研究框架。从漳州传统村落形态的类型、构成与特征三方面入手，首先根据漳州传统村落形态的差异，从文化与物质两个层面进行类型的划分；接着分析传统村落形态的构成体系，通过由大到小与由外到内的关系将其分为四级拓扑结构，涉及环境选址、村落布局、边界限定与公共空间节点；最后，分别从环境介入方式、空间组织模式与村落风貌特色三个方面总结漳州传统村落形态的整体性特征。以此为基础，建立区域性村落形态研究方法体系，全面解析多元文化交汇下漳州传统村落形态的区域性整体外部表征。

3.1 漳州传统村落形态的类型划分

类型，是一种分组与归类的方法体系。其操作方法是基于相关事物内在结构相似性与编组可能性的基础上，通过分类学的方法论、类型学对某个层次系统内的组成部分进行归类组合，从而区分出各自的特征或层次（图3-1）。作为一种认知方式，分类无法彼此割裂相互之间本源上的联系，这是类型学思想中不可缺少的一部分[1]。每个系统的协调性和持续性都依赖于广泛的相互作用、多种元素的聚集，以及适应性或学习[2]。漳州传统村落形态作为一个区域性系统，其内部的组成部分因为多种因素存在一定的差异性，需要通过不同的视角对其进行分析与认知。

3.1.1 基于文化视野下的民系类别与经济形态

传统村落的形态作为村落非物质文化的映射，与村落的人口组成和经济生活方式密切相关，因此可以从上述两方面切入进行类型的划分。

---

[1] 朱锫.类型学与阿尔多·罗西[J].建筑学报,1992(5):32-39.
[2] 约翰·H.霍兰.隐秩序:适应性造就复杂性[M].周晓牧,韩晖,译.上海:上海科技教育出版社.2000,56-89.

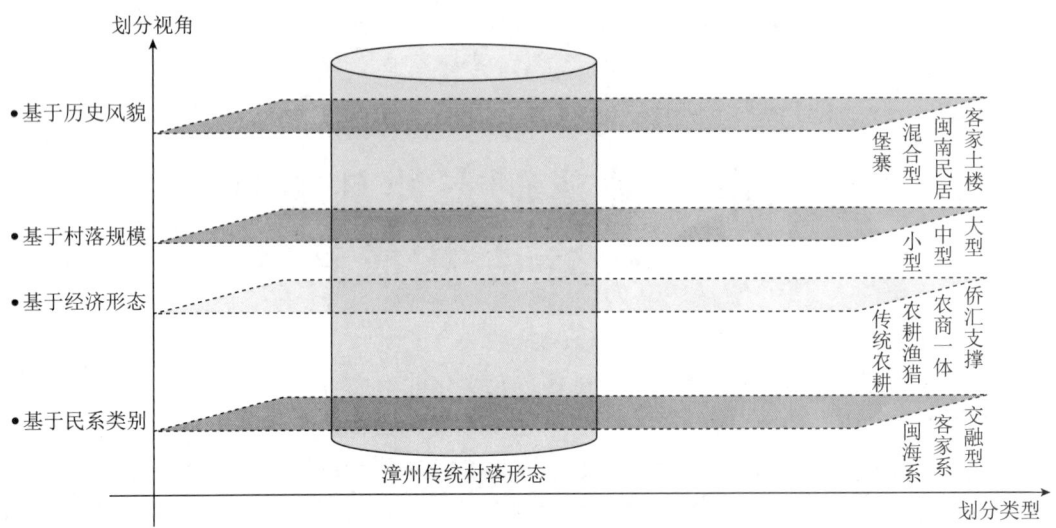

图 3-1　漳州传统村落形态的类型划分示意图
图片来源：作者自绘

3.1.1.1　基于民系类别

在汉族漫长而复杂的发展历史进程中，由于时代、政治、地域、环境等诸多交叉因素，形成了许多彼此不同的亚文化群体，即民系，其差异是文化而非血统[1]。因此，民系是一个具有文化与地理双重内涵的概念。当人们在一定的地理和气候环境下聚族而居后，经过一定时间后会基于自然与社会环境的适应而逐渐形成当地独特的思维方式、价值观念和审美意象，是民系的"集体无意识"，有学者将之称为"民系性格"[2]。这种"性格"反过来也影响着村落及其环境的空间发展，彼此相互影响。

从民系的角度上看，漳州传统村落形态可分为闽海系、客家系与闽客交融型三种类型。不同民系村落的形态由于其文化的差异，具有较大的差异性，因此民系可作为村落形态的一个划分方式。民系交接处的传统村落形态，由于文化之间的融合而体现了一定的边缘化与交叉性。

（1）闽海系

唐代之前的漳州地区地广人稀，大多处于未开发状态。闽海系是较早到达漳州的北方汉人，至今仍然较好地保存着中原汉族的传统文化，表现在浓厚的家族观念、祭祖习俗与兴盛的宗教信仰方面，在村落与民居建设上重视基于礼制精神的轴线对称布局。其村落大多占据了漳州地区地理条件较好的平原地区与沿海地区。位于平原地区的村落，受到地形的影响较小，传统宗族文化与礼制下的规划理念能够较好地实现，从而具有相对较高的规整性与秩序感（客家位于山地，受地形影响较大），一般经过较为系统的规划，以排列式的网格状为主，村落内部的建筑密度较高，民居单元形式较为统一，建筑装饰风格较为华丽，如龙海市埭尾村。靠近沿海地区的村落，受海洋文化与南洋文化的影响较大，如龙海市城内社中旅居海外归来的华侨自觉地将侨居地所见闻的建筑形式带回家乡，由此带来传统村落形态的近代化。

---

[1]　吴永章.多元一体的客家文化：第2辑[M].广州：华南理工大学出版社，2012：177.
[2]　骆婧.闽南打城戏文化生态研究[M].厦门：厦门大学出版社，2015：56.

(2) 客家系

漳州的客家民系主要是闽西一带的客家人逐渐往东迁徙过来所形成的。客家民系先民虽然也是来自北方的汉人,因为到达福建的时期比闽海系来得晚,只能往内陆自然条件较差的山区迁徙,因此客家村落大多位于山区内陆,受山地的地形影响较大,布局较为灵活自由,建筑装饰风格淳朴。这种风格一方面是因为山区的生存自然条件较为恶劣,自给自足的农耕经济需要建立在集约简朴的生活方式上,一方面是为了让建筑与环境更好地协调。

(3) 闽客交融型

漳州同一地区内也存在着不同民系之间混居的情况,如西部的南靖县、西南部的平和县与诏安县[1]。在两个民系文化的边缘区域,出现了两个民系之间相互交融的情况,表现为文化的相互融合与建筑形态上的结合。如田螺坑地处南靖县书洋镇,位于客家人与闽南人居住地的交汇区域。这个群体是从客家腹地外迁而分化出来的,成为客家群体东扩而向闽海区域渗透的一部分,因此村民都能说客家和闽南两种方言。

3.1.1.2 基于经济形态

作为描述现实经济行为的主要工具,经济形态揭示了经济运行的规律。经济行为是一种创造和分配财富资源的社会活动,旨在满足人类需求的多样化,并在有限性资源与无限性和多样性人类需求的矛盾下,通过新的经济形态来有效配置现有的经济资源[2]。不同村落在自然地理与资源的差异背景下,只有采用不同的经济形态,才能最大效率地配置有限的资源,从而满足村落生产与生活的需要(表3-1)。

表 3-1 基于经济形态的传统村落形态类型表

类型	样本数	村落案例	比例
传统农耕	21	●珪后村、山重村、石牛尾、梧龙村、山河村、和春村、福田村、河坑村、石桥村、下版寮、塔下村、上洋村、田螺坑、芦丰村、南欧村、庄上村、钟腾村、莱埔村、洪坑村、诒安堡、赵家城	各类型所占的比例 84% 传统农耕 4% 农耕渔猎 8% 农商一体 4% 侨汇支撑
农耕渔猎	1	●古港村	
农商一体	2	●福塘村、埭尾村	
侨汇支撑	1	●城内社	

资料来源:作者自绘

传统村落形态的发展演变受到多方面因素的影响,其中之一就是作为物质基础的经济因素。由于地理、交通等因素的影响,漳州传统村落的经济发展,总体上呈现一种发展不均衡的格局,东西之间的差异显著。西部的内陆山区村落主要是农耕经济;东部的沿海村落以农耕结合渔猎的生产方式为主;靠近便于交通运输的河流或海港的村落,可能发展出农商一体的经济形态;有海外华侨的村落,民居建设可能受到侨汇的影响,局部表现出中西合璧的风格。

---

[1] 在福建省,有宁化、清流、上杭、长汀、永定、连城、武平 7 个纯客家住县(区)。此外,还存在着客家人与汉族其他民系混居的非纯客住县。它们是:明溪、顺昌、建宁、泰宁、邵武、光泽、崇安、龙岩、南靖、平和、诏安共 11 个县(市)。详见:戴志坚.福建客家土楼形态探索[J].华中建筑,1996(4):98-103.

[2] 王大勇.我国经济形态规模与活性之间的关联性研究[D].长春:吉林大学,2006:3.

(1) 传统农耕型

《说文》言:"男,丈夫也,从田从力,言男用力于田也[1]。""里,居也,从田从土[2]。"《尚书·周书》云:"文王卑服,即康功田功[3]。"《诗经·周颂》载:"噫嘻成王,既昭假尔,率时农夫,播厥百谷[4]。"先秦时期民间流传的《击壤歌》有云:"日出而作,日入而息,凿井而饮,耕田而食[5]。"上述文献反映了几千年来中国古代社会传承下来的以小农经济为主体的经济体系。中国农业发源于中原地区,农耕经济涉及农业用具与耕作技术,以及建立在农业生产基础上的一系列国家制度、礼俗制度、文化教育等。比如农耕文化体系下,百姓以土地作为其生产生活的中心,倡导安居乐业与崇尚自然,因此孕育了许多融于自然山水之中的田园式村落,创造了具有浓厚地域性和乡土气息的传统村落文化。

文献记载"闽为南服,漳州又为闽之南郡,可谓远矣。其地介乎山海之间,商贾不通,市鲜货物,民惟务稼穑,以为生业。故天时不常,水利不修,则无以尽力乎田亩……[6]"明代漳州以农业为主,交通不便是主要的原因。漳州地区的山地、丘陵与部分河谷平原地带,作为生产方式的核心要素,土地深刻地影响了村落的经济形态,以农耕经济为主的生产方式塑造了村落的形态。农耕型的传统村落,依托以土地为中心的生产方式,在农耕文化的深远影响下,秉承古代科举制度下的"耕读传家"理念,封闭保守、安土重迁,由此形成了相对稳定的村落形态。如长泰县山重村,位于深山密林之处,距离长泰县城较远,村落四周分布着农田,村民以种植水稻和蔬菜为主,除了普通民居之外,还有代表宗族文化的祠堂、与农耕文明紧密联系的土地庙等宫庙。

(2) 农耕渔猎型

某些村落紧靠江海、依山傍水,特殊地理位置促使村落的经济来源拥有更多的选择,以形成农耕与渔猎结合的二元经济生活。农耕渔猎型的传统村落,一般靠近海洋或湖泊,可以方便出海捕鱼或发展海产养殖,但是一般距离海岸线有一定的安全退让距离。通过围垦水利工程筑堤围以防洪防潮,把一些滩涂地逐渐开垦为耕地,从而使临水一面的滩地可以作为缓冲地带,防止海水涨潮或台风天气时直接侵袭村落。村落民居多采用石材建筑,因为沿海地区常常遭受台风灾害。围海造田种植水稻,可结合农耕生产;兴建宫庙祭祀,祈祷出海安全。如东山县古港村,坐东朝西,西面和北面为海港,海岸与村落之间依次为海产养殖区和农田区,形成良好的缓冲空间;东靠环绕的山地作为良好的天然屏障;北侧山头建有海月岩寺,可眺望海洋,村民日常前往寺庙虔诚礼拜,祈祷亲人出海平安归来。

(3) 农商一体型

自然环境的严酷,移民的生存方式,孕育了闽南文化中务实的精神与崇尚商业的传统。民以海为田,赁海为市,即使在士大夫阶层,传统儒家文化中"鄙视商贾"的意识并不居于主

---

[1] 许慎. 说文解字全鉴: 第2版[M]. 李兆宏, 刘东方解译. 北京: 中国纺织出版社, 2014: 126.
[2] 祁冰编. 那些妙趣横生的神奇汉字[M]. 北京: 中国纺织出版社, 2016: 78.
[3] 李伟民. 法学辞源[M]. 北京: 中国工人出版社, 1994: 798.
[4] 李淑梅, 宋扬, 宋建军. 中西文化比较[M]. 苏州: 苏州大学出版社, 2016: 31.
[5] 王昶. 诗词曲名句赏析[M]. 北京: 商务印书馆, 2015: 21.
[6] 徐晓望. 明清东南海洋经济史研究[M]. 北京: 中国文史出版社, 2014: 78.

要地位,社会环境表现出对商业的宽容[1]。明代中叶之后,海禁松弛,漳州沿海的海运逐渐兴盛。"漳泉二府更属民多田少,其比户得以饶裕者,又全赖洋船贸易,以臻富厚也。其间各有熟下港道:在内地北向则浙江、江南、山东、天津以及奉天等省。南向则广东;其往贩外番则有暹罗、柔佛……[2]"明代漳州月港的兴起,带动了沿海地区的对外商业贸易,改变了传统以农耕为主的生产方式,一些村落改变了原先较为单一的水稻种植方式,转变为依靠水果、甘蔗、桑基鱼塘等经济作物为主,迅速融入区域贸易体系,尤其是月港所在的村落面貌迅速发生变化,临海港口处兴建起码头与饷馆(图3-2),村落内部则衍生出繁荣的商业街市(图3-3)。

图3-2 古月港饷馆码头遗址

图3-3 月港商市遗址——帆巷

图片来源:作者翻拍自龙海市政协编著《海澄月港》宣传册

龙海市埭尾村(图3-4),四面环水,长达3.2千米的内河水系既方便村落内部的交通联系,同时也借助环村水系的码头进出,紧密连接九龙江,以月港为中心,将村里的大米、草席等农副产品运输到外地开展贸易。对于内陆地区的传统村落而言,如果有较为便利的基于天然水系的交通系统,以便货物运输,也可渐渐发展出内置式的商业。如秀峰乡福塘村,地

---

[1] 陈志宏.闽南侨乡近代地域性建筑研究[D].天津:天津大学,2005:18.
[2] 徐晓望.明清东南海洋经济史研究[M].北京:中国文史出版社,2014:79.

处闽、粤、赣交界处,为古代商旅的一个驿站,沿着溪流逐渐形成了一条古驿道,并与村落内部形成的一条商业街紧密相连。

a. 埭尾村古码头遗址

b. 埭尾村鱼塘

图 3-4　埭尾村
图片来源:埭尾村申报资料

(4)侨汇支撑型

中外文化交流源远流长,如汉之匈奴西域、魏晋后之波斯大食者。近代中国国势衰微,中外交流表现为外来文化的单向传播,而近代华侨文化则体现了双向交流的特征:除了将家乡的建筑形式移植到侨居地形成"唐人街"的聚居区,同时也将侨居地的建筑类型带回侨乡并融入当地传统建筑[1]。

华侨汇款(简称"侨汇"),指的是海外华侨将其在侨居地从事职业所得汇往家乡的款项,主要用途(图 3-5)有以下几种:一种是赡养亲属或公益事业;一种是项目投资(工商业)。近代侨汇大部分进入乡村作为侨眷的生活费用[2],同时也用于购置土地与村落民居的建设,这与近代侨乡社会动荡、经济不发达有关[3]。

早期(1893—1919 年)的华侨侨汇以赡养家眷为主,空间上主要集中在传统村落地区,1920 年至新中国成立前,在赡养家眷的基础上融入了投资的作用[4]。赡养家眷可分为生活与养老送终两种,前者以日常生活开支为主,后者涉及建房、买田造坟。

随着华侨人口的增加与华侨经济的发展,分布于南洋各地与祖籍地的专门从事华侨信款的民信局陆续开张,大量的侨汇便源源不断地汇往侨乡,对闽南沿海侨乡村落的生产方式及其历史风貌产生了深远的影响。漳州旅菲华侨郭有品于清光绪六年(1880 年)在其家乡漳州府龙溪县(现为县级龙海市)流传社创办了"天一批郊",后改为"天一信局"(图 3-6),1892 年拓展为四个局,其中龙溪为总局,厦门、安海(晋江)和吕宋(菲律宾)为分局。该机构的设立构建了漳州与海内外联系的网络,为国内侨属和海外华侨提供书信投递与钱币汇兑等服务[5]。侨批是闽南地区海外华侨与国内家乡侨眷之间的书信。"批"是闽南语中对"信

---

[1] 陈志宏.闽南侨乡近代地域性建筑研究[D].天津:天津大学,2005:4-5.
[2] 从 1862—1949 年,海外华侨寄到国内的侨汇金额总数为 35.1 亿美元,而同期华侨用于国内投资企业的数额仅为 1.28 亿美元,华侨的企业生产投资只占侨汇总数的 3.65%。详见:林金枝主编;李国梁等著.华侨华人与中国革命和建设[M].福州:福建人民出版社,1993:240-241. 转引自:陈志宏.闽南侨乡近代地域性建筑研究[D].天津:天津大学,2005:21.
[3] 资料来源:http://mn.sina.com.cn/travel/photo/2013-05-09/095640699.html.
[4] 任健强.华侨作用下的江门侨乡建设研究[D].广州:华南理工大学,2011:61.
[5] "番仔"是闽南方言中对南洋土著或外国人的统称,如华侨所娶的土著妻子称为"番婆",带有一定的贬义色彩,表现出天朝对其他文化的优越感。

件"的音译。侨批作为文物,记载了华侨与家乡的交流历史。

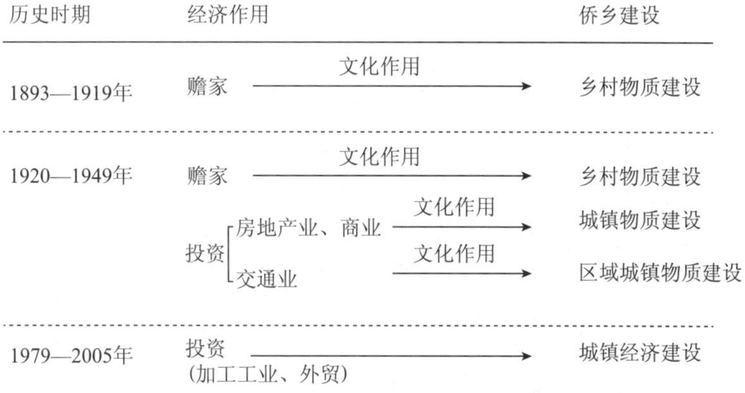

历史时期	经济作用		侨乡建设
1893—1919年	赡家	→文化作用→	乡村物质建设
1920—1949年	赡家	→文化作用→	乡村物质建设
	投资⎰房地产业、商业	→文化作用→	城镇物质建设
	⎱交通业	→文化作用→	区域城镇物质建设
1979—2005年	投资 (加工工业、外贸)		城镇经济建设

图 3-5 华侨对侨乡建设作用的时空规律

资料来源:任健强.华侨作用下的江门侨乡建设研究[D].广州:华南理工大学,2011:60.

图 3-6 天一总局旧址

图片来源:http://bhwyw.fjnet.cn/2015-7/28/content_16412629_all.htm

近代闽南侨乡逐渐形成了一种高度依赖海外侨汇的消费型社会,华侨一方面在海外拼搏积累财富,一方面也在侨乡以奢侈和洋化的方式进行炫耀。龙海市城内社有一中西合璧风格的二层洋楼"黄开盛楼",当地称为"番仔楼"[1]。清代,城内社有村民下南洋发展,将钱寄回家乡建造住宅。该民居采用了闽南地域常见的红砖作为建筑墙体材料,形式上则借鉴了西洋建筑风格中的连续券、圆弧拱、火焰形的门窗山花、方形柱式,两层的高度可以在二层外廊上俯瞰其他民居,整体上具有鲜明的南洋建筑特色,使其在村落中显得尤为突出(图 3-7)。

3.1.2 基于物质层面下的村落规模与历史风貌

漳州传统村落形态的类型划分,既可以从民系、经济形态的文化层面入手,也可以从村落规模与历史风貌的物质层面来切入。

3.1.2.1 基于村落规模

传统村落的规模是其形态的一个基本指标,可以较为直观地反映其村落的尺度特征。

---

[1] 苏文菁.闽商发展史:漳州卷[M].厦门:厦门大学出版社,2016:127.

图 3-7　龙海市城内社"黄开盛楼"
图片来源:作者自绘

村落规模的形成,与村落人口增长速度与所处的自然环境等要素有关。

传统村落在行政区划上存在着行政村与自然村的差别,而且村落外围的田地、山地等自然边界的界定较为模糊,难以有具体的数据作为定量研究的支撑,因此本书采用了具有明确空间坐标的村落实体建筑作为其规模范围界定的边界。根据传统村落的申报文本材料以及村落地图中的地理与建筑矢量数据,以村落建筑占地面积与村落外围建筑的相互距离为参考,作为村落规模研究的依据。本书采用100米与200米两个数据作为指标,可以将其分为三种类型:小型、中型、大型(表3-2)。

表 3-2　村落规模类型与统计表

类型	样本数	村落案例	比例
小型	4	●埭尾村、城内社、赵家城、田螺坑	各类型所占的比例 小型 16% 中型 20% 大型 64%
中型	5	●石牛尾、洪坑村、菜埔村、古港村、山河村	
大型	16	●山重村、上洋村、珪后村、梧龙村、和春村、福田村、福塘村、河坑村、石桥村、下版寮、庄上村、塔下村、南欧村、钟腾村、芦丰村、城内村	

资料来源:作者自绘

(1)小型

小型传统村落的民居范围分布半径小于100米,村落布局一般为集中式的面状。村落之所以规模较小,其形成过程是多方面的:既有村落所处自然地形对村落拓展的空间限制,也有村落基于安全防御目标下的自我边界限定。

以南靖县田螺坑为例,村落位于山地上的数块小型平台上,五座大型的土楼高低错落有机地分布在五个台地上。台地的北侧为陡峭的山坡,另外三面则险峻如悬崖,四面皆难以大规模地拓展。山腰上台地的面积限制,以及传统村落聚族而居的组织模式,塑造了田螺坑集约紧凑的布局。龙海市城内社早期建设时,为了防止倭寇土匪的侵犯,村落四周便建起环绕封闭式的城墙,形成一道安全的人工屏障,同时也在实体空间上严格地限制了村落的规模。

(2)中型

中型传统村落的民居范围分布半径介于100米至200米之间,村落的布局一般为面状。基地一般较为开阔,地形起伏不大,村落有相对自由的发展空间,可以形成较为规整的布局,以满足对礼制精神的诉求。如山河村,除了北侧的丘陵作为一天然屏障外,其他三面都是相对自由的平地,村落以最早的封闭式大厝为发源地,逐渐向四周拓展。洪坑村所处的地形为一缓坡,早期的村落布置在南侧,坐北朝南,后期因为人口发展的需要逐渐往北侧发展。

(3)大型

大型传统村落的民居范围分布半径大于200米,村落布局一般为组团式、自由式或带状。有些受自然地形的影响较大,虽然村落人口不多,因为地形限制,零散的布局方式拓展了村落的外围边界。长泰县山重村,为组团式的布局,当村落发源地随着人口不断增长后,有一部分村民搬迁至溪流的对岸另辟新地,但是双方仍然在社会组织上保持紧密的联系,逐渐从面状布局演化为组团式,从而扩大了村落的边界。华安县和春村位于山地,人口不多,建筑密度低,民居与民居之间的距离较大,方便村民就近农耕生产,松散的自由式布局也扩大了村落的规模。

3.1.2.2 基于历史风貌

"风貌"一词,《辞海》界定为"风采容貌,亦指事物的面貌格调[1]"。传统村落历史风貌,指的是村落在不同历史时期内所形成的能够体现地域特征的空间肌理、民居建筑的综合形象。根据村落建筑风格的主要特征,漳州传统村落的历史风貌大致可以分为闽南民居、客家土楼、堡寨、混合型四种类型。据统计,25个传统村落中,客家土楼风貌共有11个,约占44%,比例最大;其次是闽南民居,有8个,大约占32%;堡寨和混合式各有3个,各占12%(表3-3)。

表3-3 村落风貌类型与统计表

类型	样本数	村落案例	比例
闽南民居	8	●埭尾村、洪坑村、珪后村、山重村、城内社、石牛尾、梧龙村、古港村	
客家土楼	11	●河坑村、石桥村、下版寮、庄上村、塔下村、南欧村、钟腾村、福塘村、芦丰村、田螺坑、上洋村	
堡寨	3	●诒安堡、赵家城、菜埔村	
混合式	3	●和春村、福田村、山河村	

资料来源:作者自绘

(1)闽南民居

闽南地区传统建筑自成体系,长期以来形成了丰富的屋顶式样及与之相应的独特构造[2]。漳州地区的闽南民居单体以"爬狮"与"四点金"为当地典型民居的基本平面形制[3],

---

[1] 黄成林,刘云霞,王娟.旅游地景观变迁研究[M].芜湖:安徽师范大学出版社,2013:175.
[2] 曹春平.闽南传统建筑屋顶做法[J].建筑史,2006:90-104.
[3] 曹春平.闽南传统建筑[M].厦门:厦门大学出版社,2006:15.

有别于泉州"几间张几落大厝"与厦门"五间直虎头厝"的民居形制。在村落的整体布局上,由于大多位于平原地区,村落总体上呈现了轴线主次分明、布局严整有序的特征,如埭尾村和洪坑村。民居空间上主要以院落为中心进行组织,也具有轴线对称的特色。红瓦与燕尾脊(图3-8)是屋顶的主要特征。不同于泉州地区闽南民居墙体中红砖与石材共同组合的鲜明特色,漳州地区闽南民居围护结构材料上,呈现出更加多元的特色:既有花岗岩和红砖的组合处理,如珪后村的叶文龙故居(图3-9);也有石材作勒脚、白墙粉刷的朴素处理,如埭尾村;也有精美花岗岩石材作勒脚、青砖作主墙面、红砖作转角的设计,如洪坑村的多处民居。总体上,闽南民居建筑呈多元风格拼贴[1],装饰较为绚丽多彩,具有鲜明的地域特征。

图3-8 具有鲜明地域特征的闽南民居燕尾脊——以埭尾村为例
图片来源:作者自绘

图3-9 长泰县珪后村叶文龙故居主入口
图片来源:作者自绘

(2)客家土楼

客家土楼的居住者为客家人,民居形式以生土建筑为主,并且是以具有典型防御性的大型家族聚居式的圆形或方形土楼为代表。除此之外,也有大量的非典型性小型单元式土楼。

---

[1] 王绍森.当代闽南建筑的地域性表达研究[D].广州:华南理工大学,2010:56.

后者是人口大量繁衍下从大型土楼外迁所兴建的,与后来的家族结构走向小型化与安全防御性的弱化有关。灰色瓦屋面与简洁平直的屋顶形式,土黄色的生土墙围护结构,青砖墙、石墙或鹅卵石勒脚的外墙立面,整体风貌风格淡雅朴素[1],具有浓厚的自然气息(图3-10)。

图 3-10 南靖县上洋村和平古寨与周边土楼民居
图片来源:作者自绘

(3)堡寨

堡寨式村落的一个典型特征,是具有完整闭合的以军事防御为重要目标的边界,一般由独立的城门、城墙与护城河或连续的建筑所组成(图3-11)。这种环绕式的村落界面,赋予了村落独特的形态特征,以至于超越村落建筑单体的形制而独立列为一个类型。如诒安堡,城墙内部的村落布局、民居形态与其他闽南民居式的村落相似,只有外围环绕城墙和城门与众不同,与周边非堡寨式的村落风格形成鲜明对比。

图 3-11 诒安堡的城门与城墙
图片来源:作者自绘

---

[1] 土楼并非客家民系的专属,闽海系村落也有土楼。考虑在调研的漳州"中国传统村落"名录里,客家村落的特征较为典型,所以用客家土楼来作为代表。

(4)混合型

漳州的一些村落,存在闽南传统民居与客家土楼并存的现象,一方面是客家系在和闽海系的文化交流中相互融合吸收,一方面是客家村落的经济发展后,对闽海系民居中较为华丽精致的风格产生了需求,闽海系工匠通过工程施工工艺将闽南民居风格引入客家系村落。以华安县的和春村和福田村为例,作为客家传统村落,村中大部分民居建筑保持客家土楼的传统型制,后期到了清末民初,陆续出现了一些以闽南传统民居特色为主的建筑,比如和春村的一些祠堂与民居建筑的屋顶出现了闽南民居常见的燕尾脊形式(图3-12),福田村一些民居色彩从朴素走向艳丽。

a.客家土楼风格民居　　　　　　b.闽南古厝风格民居

图3-12　和春村两种风格民居的共存
图片来源:作者自绘

3.2　漳州传统村落形态的构成体系

传统村落的形态并不是松散、无规律的,而是由各个构成要素相互依托所共同建构的一个完整的系统。基于选址背景、村落格局、村落边界与公共空间的构成体系,将为传统村落形态提供一种新的理解图景,帮助我们确立了认知传统村落形态的坐标系(图3-13)。

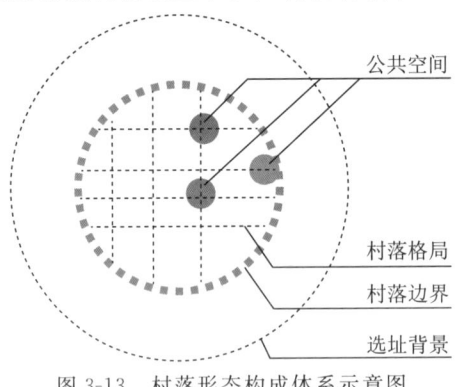

图3-13　村落形态构成体系示意图
图片来源:作者自绘

3.2.1　不同地貌环境下村落选址的多样性

人作为自然界的一部分,其生存和发展与所处的环境优劣息息相关。因此,外部地区因素(或称为地理环境因素)的选择,诸如经纬度、海拔高度、气候调节、地形地貌等,是人类生存首要应对的最基本需求。古语"孟母三迁"与"危邦不入"的智慧,都是人类注重人居环境、择地而居的体现。没有人可以超越环境的客观现实条件,为所欲为地做出任性的选择。芒福德谈道:历史上人类很早就学会利用自然环境来改善自己的生活[1],尤其是对于交通偏远、发展相对落后的地区,如一些少数民族群体,当地的外部环境对生产生活至关重要,而且是形成其建筑与村落的重要基础。

传统村落选址作为村落建设的首要条件,对村落形态的形成与发展具有重要的作用与意义。村落环境所涉及的地形地貌、水文情况、小气候、植被等因素,将对村落发展过程中的安全、经济、舒适产生重要的影响。根据漳州传统村落所处的环境背景情况,大致可以分为盆地、山地、丘陵、山谷、平原五种不同的类型,每个类型各具特色(表3-4、表3-5)。

表3-4 村落选址环境背景类型与统计表

类型	样本	村落案例	比例
盆地	6	●山重村、石桥村、和春村、芦丰村、上洋村、菜埔村	
山地	4	●城内社、石牛尾、田螺坑、福田村	
丘陵	5	●山河村、赵家城、庄上村、梧龙村、古港村	
山谷	6	●河坑村、塔下村、下版寮村、南欧村、钟腾村、福塘村	
平原	4	●埭尾村、诒安堡、珪后村、洪坑村	

资料来源:作者自绘

表3-5 自然环境类型

类型	案例	环境特征
盆地	古山重 福塘村	●四周高,中部低,空间形态似盆状地(形态有带状盆地或面状盆地);盆地的四周围合的空间,赋予其天然内聚性、隐蔽性的特征。
山地	田螺坑	●海拔高度大于500米,7千米半径内局部海拔变化≥300米。
丘陵	庄上村	●海拔高度小于500米,地形起伏度≤50米。
山谷	塔下 南欧	●两侧为高出的山体,中间低凹狭窄,一般有溪流。
平原	埭尾村	●海拔小于200米,地形起伏较小。

资料来源:作者整理

3.2.1.1 盆地

盆地地形,四周有高起的山地或高原、中部为低陷的平原或丘陵,总体呈盆地状,可分为大陆盆地和海洋盆地两种类型。盆地四周围合的空间,赋予其天然内聚性、隐蔽性的特征。村落一般布置在中间较为平缓的地形上,也有局部往高处发展的。盆地上由于周边降水的汇集,也常常有或大或小的水渠或溪流。如南靖县的上洋村和石桥村、长泰县山重村,村落选址位于盆地之中,四周为高起的山地,村落主体位于盆地中间的平地上,充分利用平地上的可耕地资源和建设用地,形成"山包村、村近田、田临水"的壶中天地景象。

3.2.1.2 山地

山地,具有一定海拔高度与坡度的地面。山地的概念有广义与狭义之别。广义的山地,包括高原、盆地和丘陵;狭义的山地则指山脉及其分支。本书所叙述的山地,是指海拔高度

---

[1] 刘易斯·芒福德.城市发展史:起源、演变和前景[M].宋俊岭,倪文彦译.北京:中国建筑工业出版社,2005:8.

超过500米,7千米内局部海拔变化超过300米[1]的地形。山地赋予村落天然的自然屏障,可以遮挡冬季寒冷的北风,在遇到战乱时村民也可逃亡山林躲藏;山上的风水林可以涵养水源,可让村落周边河流水源持续不断;林木树枝可成为村落日常生活的燃料补给或重要的经济来源;山地的竖向高差丰富了村落的空间层次;从风水学视角上看,山地也往往具有特定的人文内涵。对于山地而言,地势陡峭,缺少开阔的平地用于村落建筑的营建,因此为了节约用地,部分建筑顺应地形,沿山体等高线布置,可以退让出宝贵的耕地用于生产。

3.2.1.3 丘陵

丘陵,是一种较为低矮的山地,海拔不超过500米,地形起伏度小于50米。丘陵作为介于平原与山地之间的地形,一定的地形高差有利于村落的安全防御与排水的有效组织。平和县庄上村的庄上大楼,建筑四周包围着一个小土丘,利用土丘顶部的位置可以眺望远处便于观察外部环境。

3.2.1.4 山谷

山谷,两侧为高出的山体,中间低凹狭窄,一般有溪流流过。山谷两侧高起的山体具有明确的难以逾越的空间边界,虽然对村落的发展起到了明显的限定作用,但是同时也起到了很好的安全防御作用;山谷中心所形成的河流两侧与山底之间的间距往往很短,因此山谷的地形往往形成狭长的纵深空间,从而对传统村落的整体形态塑造起到了较强的影响,这种情形常见于位于山区的客家村落,如南靖县的塔下村与南欧村,正是在这种独特的地形下形成带状式的布局。

3.2.1.5 平原

平原地区地形起伏较小,从而赋予了村落建设与发展较大的自由度。在不受地形高差的影响下,村落可以更多地按照建设者的规划思路,形成相对规整有序的格局。如龙海市埭尾村,平整的地形赋予了村落形态棋盘式的严整布局,民居之间如行列式一样,遵循统一的方向与间距。芗城区洪坑村的村落布局整体上也较为规整有序,南北两侧的民居朝向基本保持一致,紧凑的布局下,街巷空间紧密相连,体现出一种规整的秩序感。

3.2.2 不同结构组织下村落格局的差异性

《辞海》:"秩,常也;秩序,常度也。"指人或事物所在的位置,含有整齐守规则之意。结构(Structure)是指组成一个整体的各个因素之间具有稳定的相互联系。从这个意义上讲,任何事物都有其独特的结构关系[2]。不同的具体科学研究中,所关注的对象不同,如人类学以人类社会结构为主要研究对象,人类学视角下的社会结构一般是指社会关系或某一群体的社会关系,强调的是社会文化现象内部或者它们之间的联系[3]。传统村落的格局从形态上看也具有一定的秩序,反映了其整体的结构组织特征。漳州传统村落形态的格局大致可以分为以下四种结构组织方式:自由式、带状、组团式和面状。其中"面状"类型最多,占40%;其次是"自由式",占24%;接着是"组团式"类型,占两成;最后是"带状"类型,占16%(表3-6、表3-7)。

---

[1] 范建容,张子瑜,李立华.四川省山地类型界定与山区类型划分[J].地理研究,2015(1):65-73.

[2] 比如微观世界中的原子结构、基本粒子结构,宏观世界的天体结构,人类社会中的经济结构、政治结构,思维中的逻辑结构,等等。

[3] 田银生,唐晔,李颖怡.传统村落的形式和意义——湖南汝城和广东肇庆地区的考察[M].广州:华南理工大学出版社,2011:50.

表 3-6　村落格局意象类型表

类型	样本数	村落案例	比例
自由式	6	●和春村、福田村、河坑村、石桥村、下版寮、珪后村	24%
带状	4	●塔下村、钟腾村、南欧村、石牛尾	16%
组团式	5	●山重村、芦丰村、上洋村、庄上村、福塘村	20%
面状	10	●洪坑村、埭尾、诒安堡、山河村、城内社、田螺坑、菜埔村、赵家城、梧龙村、古港村	40%

资料来源：作者自绘

表 3-7　村落格局意象类型示意图

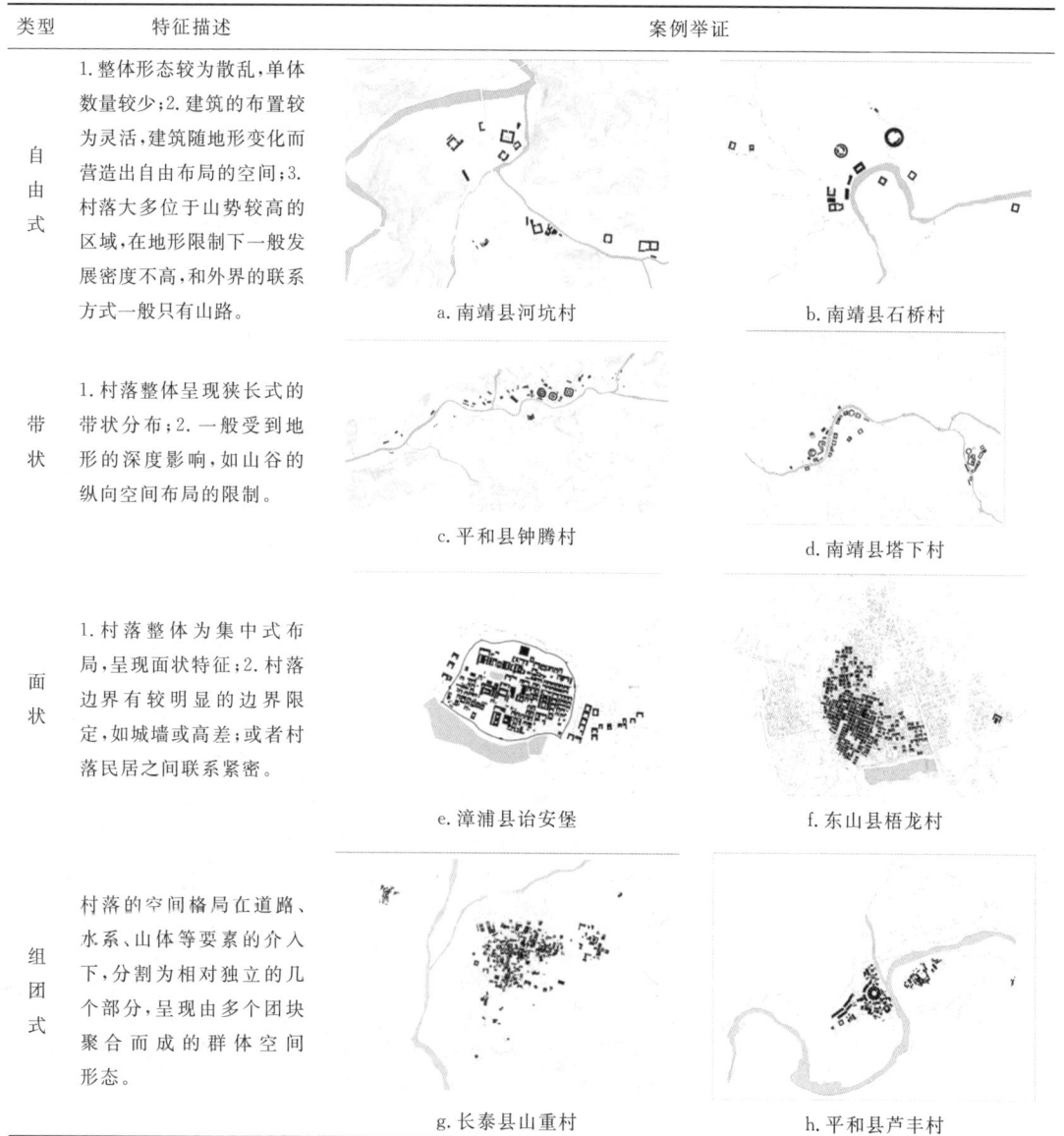

类型	特征描述	案例举证	
自由式	1.整体形态较为散乱,单体数量较少;2.建筑的布置较为灵活,建筑随地形变化而营造出自由布局的空间;3.村落大多位于山势较高的区域,在地形限制下一般发展密度不高,和外界的联系方式一般只有山路。	a.南靖县河坑村	b.南靖县石桥村
带状	1.村落整体呈现狭长式的带状分布;2.一般受到地形的深度影响,如山谷的纵向空间布局的限制。	c.平和县钟腾村	d.南靖县塔下村
面状	1.村落整体为集中式布局,呈现面状特征;2.村落边界有较明显的边界限定,如城墙或高差;或者村落民居之间联系紧密。	e.漳浦县诒安堡	f.东山县梧龙村
组团式	村落的空间格局在道路、水系、山体等要素的介入下,分割为相对独立的几个部分,呈现由多个团块聚合而成的群体空间形态。	g.长泰县山重村	h.平和县芦丰村

图片来源:作者自绘(备注:本书总图中如未标示指北针,均默认上北下南)

3.2.2.1 组团式

当村落的布局被分割为相对独立的几个部分,呈现出由多个团块聚合而成的群体空间形态[1],即称为组团式。这种布局的形成有多方面的原因。一种是在村落人口自然增长的推动下,不断向外进行空间拓展,并在特定的基地环境限制中所发展出来的形态,如村落道路、水系、山体等要素的分隔。长泰县山重村(表3-7的图g),大致可以分为"一大两小"三个组团,最大的组团是村落原始的发源地,随着村落的发展,个别村民移至村落外围居住并渐渐繁衍,受到河流水系与特殊地形的阻隔,形成数个小组团,组团之间通过道路、植被、祠堂等空间与精神要素有机连接起来,成为相对独立又密切联系的整体。一种是在同一个村内,不同姓氏宗族聚族而居,但每个宗族相互之间保持一定距离,形成同一个区域内不同的组团,如石桥村与福塘村。

3.2.2.2 带状

带状式的格局,一般是受到某座山谷与溪流的地形限制,村落形态呈带状生长状态,良好地回应了地形的特征。带状的水系有利于村落生产与生活的水源需要,成为村落发展演变的重要依据。带状格局村落的规模较大,民居朝向受地形影响较大,大多面向山谷或溪流,并不完全遵循坐南朝北的原则。以南靖县塔下村为例,一条蜿蜒曲折的小溪贯穿村落,两侧的山体相拥形成带状的山谷,村落的民居顺延小溪边的空地布局,逐渐演化为与带状山谷、溪流同构的形态(表3-7的图d)。

3.2.2.3 自由式

自由式布局中建筑的布局较为灵活,大多位于山势较高的区域,建筑随地形变化而营造出散落生长式的形态,单体数量较少,在地形限制下村落建筑密度不高,并无明显的村落中心标志。南靖县的河坑村与石桥村(表3-7的图a和图b)位于地形变化丰富的山区,民居以大型的圆形或方形土楼为主要单体,数量不多,根据地形零散地分布,布局自由灵活。华安县的和春村和福田村均位于海拔较高的山区,缺乏大面积的平地,村落民居散落于村落不同区域,除了个别祠堂和宫庙体量较大外,村落民居形态具有均质的特征。

3.2.2.4 面状

面状格局,指的是村落在构图上具有较明显的核心区域。区域内的民居分布较为密集,高密度的布局能够有效节约用地。中心一般是村落发源地与祖祠所在地,形成一种集中式的格局。这种格局的形成,一方面是沿袭了中原汉族聚族而居的传统组织方式,同一个宗族的人口在不断繁衍下自然形成,如梧龙村(表3-7的图f)村落形态的发展演变。一方面也存在安全防御的需要,在城墙的围合下形成封闭式的格局,如漳浦县诒安堡在创建村落时就充分考虑安全防御的需要,兴建了环绕全村的城墙,由此奠定了村落面状的格局基础(表3-7的图e)。

3.2.3 自然与人工边界的构成及相互关系

凯文·林奇对边界曾作这样的描述:"边界是两个部分的界线,是连续过程中的线性中

---

[1] 姚准.景观空间演变的文化解释[D].南京:东南大学,2006:51.

断[1]。"传统村落边界,是在一定的标准下对传统村落进行相关领域界定后所形成外围的一种限定。作为划分不同事物的一种标准,边界属于"界域"范畴,在空间、时间、哲学等不同研究领域中的具体含义不同[2]。本书所研究的是空间层面。传统村落边界有广义与狭义之别。从狭义层面上而言,指的是村落的实体物质边界,如地理学意义上的行政区划范围和建筑学意义上的村落建筑轮廓,其主要功能是界定了村落的发展空间;根据边界构成要素的不同,又可区分为自然边界与人工边界。从广义层面上而言,除了实体层面外,村落边界还应包含非物质层面,如基于村民社会交往范围和基于文化信息交流的社会文化边界。本书所讨论的传统村落边界特指狭义层面的物质实体。

村落边界,作为一种空间的界定,其意义在于可以一定程度上抵御外界各种环境变化对传统村落造成的不利影响,从而维护了传统村落整体系统的相对稳定性与安全性。对传统村落边界的关注,一方面是因为村落边界与村落的同源性强化了村落在信息、文化及形态等方面的稳定性;另一方面,村落边界作为村落与外界环境的实体分界,是保护村落不受外来因素破坏的区域[3]。

村落边界可以划分为自然边界与人工边界两个类型。自然边界侧重于较为宏观的视角,指的是村落原生环境中对村落发展起着限定的事物。人工边界,指的是在村落建设发展过程中人为营建的物质形态。

3.2.3.1 自然边界

(1)构成要素

漳州传统村落自然边界的类型以山(丘陵或山崖)、水(天然水系或湖泊)、海三种为主。其中山体的不同坡度区域提供了村落建筑一种弹性的边界,坡度较陡的区域不宜开发以保留原有的植被,可作为风水林保护;中等坡度区域可开发为梯田等粮食种植区;坡度较缓区域可适度开发为建设用地。天然的水系是村落中重要的自然与人文要素,除了提供必要的水源之外,其在风水学、防灾学的重要意义也成为村落布局规划的要点。对于滨海渔村而言,原生的海域虽然一定程度上限定了村落建筑的发展范围,却也同时成为村落向外拓展的广阔生产空间。

(2)形态特征

自然边界中的相关要素,往往不是独立存在的,而是相互组合形成不同的类型。有些类型还可以细分为数个亚级类型。不同的类型具有各自的特征,并对传统村落的布局产生相应的影响。通过对村落卫星图[4]与调研实景图、村落 cad 地形图的分析,漳州传统村落自然边界的类型大致可以分为以下五种类型:无边界、山型边界、水型边界、山水型边界、山海型边界。其中"山水型"的类型最多,占 44%;其次是"山型",约占 28%;接着是"无边界"的类型,占 16%,最后分别是"水型"和"山海型",各占 8% 与 4%(表 3-8、表 3-9)。

---

[1] 凯文·林奇.城市意象[M].方益萍,何晓军,译.北京:华夏出版社,2002.
[2] 童磊.村落空间肌理的参数化解析与重构及其规划应用研究[D].广州:华南理工大学,2016:66.
[3] 袁媛,肖大威,黄家平,等.传统村落边界空间保护初探[J].南方建筑,2014(6):48-51.
[4] 本文采用奥维地图软件搜索村落地图并截图分析。

表 3-8　自然边界类型统计表

类型		数量	村落案例	比例
无边界		4	●洪坑村、珪后村、诒安堡、梧龙村	
山型	单边型	3	●城内社、石牛尾、山河村	4% 16% 44% 28% 8% ■无边界 ■山型 ■水型 ■山水型 ■山海型
	带形	1	●和春村	
	环形	1	●田螺坑	
	环中环	1	●福田村	
水型	树形	1	●河坑村	
山水型	单边型	2	●埭尾村、赵家城	
	同构型	6	●塔下村、下版寮、南欧村、钟腾村、福塘村、芦丰村	
	交叉型	5	●山重村、菜埔村、石桥村、上洋村、庄上村	
山海型		1	●古港村	

资料来源：作者自绘

表 3-9　自然边界类型示意图表

类型	描述		典型案例	
	特征	示意图	自然边界轮廓	村落卫星图
无边界	●村落周边没有明显的限定性自然要素。		a.洪坑村	
山型 单边山	●山体位于村落的一侧，只限定这一方向的边界。		b.梧龙村	
山型 带形山	●山体位于村落的两侧，形成带型的空间，限定两个方向的边界。		c.和春村	
山型 环形山	●山体位于村落的四周，形成环形的空间，限定四周方向的边界。		d.田螺坑	
山型 环中环	●除了村落外围有环绕的山体外，村落中心也有高起的丘陵。		e.福田村	

续表

类型		描述		典型案例	
		特征	示意图	自然边界轮廓	村落卫星图
山水型	树枝形（山型）	●复杂的山体相互围合形成树枝状的形态。		f.河坑村  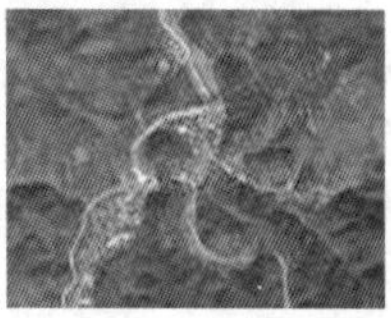	
	单边水（水型）	●村落的一侧有自然水系，限定了村落这一侧方向的空间拓展。		g.赵家城  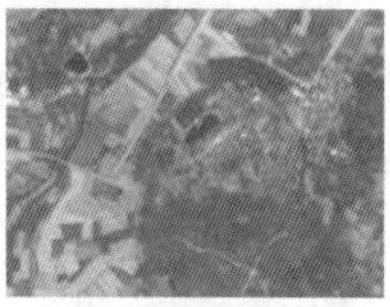	
	同构	●山体的走势与水系的流线相互平行。		h.塔下村  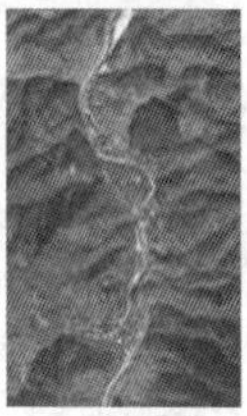	
	交叉	●自然水系的走向与山体的走势成交叉状。	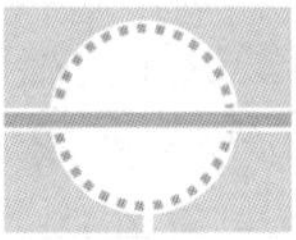	i.山重村  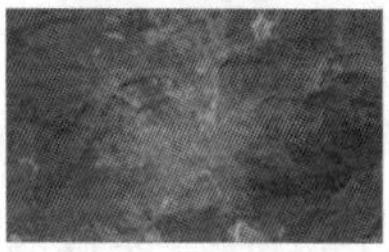	
山海型		●一边是海洋，一边是山体，两者紧密联系。		j.古港村  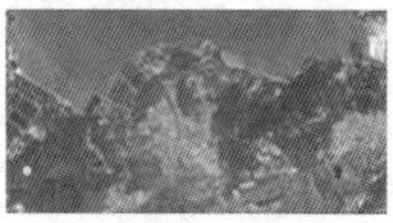	

图片来源：作者自绘，卫星图底图来自奥维底图软件截图（注：空白处表示省略）

① 无边界

无边界的类型，指的是传统村落所在自然环境中没有较大的地形高差变化和自然水系（不含人工开挖的水塘）等影响村落空间拓展的要素，从而使村落在规划布局中有较大的自主性。如芗城区洪坑村（表3-9的图a）、珪后村、梧龙村所在地形为平地，周边没有特殊的自然环境限定。

97

②山型边界

山型边界,是指山体的坡度较大,对村落的空间拓展产生了影响。根据山体的空间形式,还可以细分为单边型、带形、环形、环中环、树枝形五种类型。单边型如梧龙村(表3-9的图b),山体位于村落的北侧;带形则如和春村(表3-9的图c),山体位于村落的两侧,接近平行式的延伸,类似带状;环形如田螺坑,村落位于山腰上的数块台地,形成环绕围合的空间(表3-9的图d);环中环如福田村,除了村落外围有环绕的山体外,村落中心也有高起的丘陵(表3-9的图e);树形如河坑村,复杂的山体相互围合形成树枝状的形态(表3-9的图f)。

③水型边界

水型边界中,自然的水系成为影响村落空间拓展的限定因素,单边型指的是村落一侧有自然水系,如埭尾村的西侧与赵家城(表3-9的图g)的北侧各有一条水系。水系对村落空间形态的影响往往表现为多个层面:村落民居与水系紧密相连的,在日常生活中有较多的联系;民居与水系有一定距离的,除了在生产过程中有生产资料的功能外,也对村落的风水环境观的建构具有重要的意义。

④山水型边界

村落中既有自然水系也有山体,共同构成村落的自然边界。山水型边界可以分为两种类型,根据自然水系与山体的关系,可分为同构型和交叉型。当自然水系和山体的形态趋于一致时,称为同构型,如塔下村(表3-9的图h)、南欧村。交叉型则是自然水系与山体之间存在较大的角度,水系从山体中穿插而过,如山重村(表3-9的图i)与石桥村。

⑤山海型边界

山海型的边界,除了自然山体边界外,还有一重要的自然要素是海洋。如古港村的北面是海洋,南面是山体:山体是村落的刚性边界,传统文化中对于山体大多采用保护的方式,不会做较大的改动,一方面是因为古时候生产力较不发达开发难度大,一方面是因为山体往往具有风水学上的意义;海洋是村落的柔性边界,赋予海边村落特殊的开发空间,"沧海变桑田"便是海边渔村区别于山村的一种开发模式(表3-9的图j)。

3.2.3.2 人工边界

(1)构成要素

村落人工边界的构成要素主要有建筑及其构筑物、水池、城墙三种类型。它们有时候也会以相互组合的方式共同形成村落的边界。建筑中的民居是最常见也是最具动态性的边界,民居的外墙所形成的垂直界面,或是单栋民居,或联排成连续的墙体,或数栋民居成组,如山河村与埭尾村(表3-10的图a和图b)。宫庙或祠堂作为村落的重要建筑,除了在村落核心区外,也有在村落的边缘地带,成为村落重要的边界标志物,如和春村和梧龙村的宫庙(表3-10的图c和图d)。牌坊,亦名牌楼,是一种门洞式建筑,宋代之前具有分隔空间、开启闭合的实质性功能,后来逐渐演变为一种具有象征意义的标志,如菜埔村和镇海村(表3-10的图e和图f)。人工开挖出来的水池,除了具有风水意义或生产、生活的功能之外,也成为村落重要的边界,如洪坑村的"鸿湖"和埭尾村的内河水系(表3-10的图g和图h)。人工营建的城墙,在起到良好安全防御功能的同时,也限定了村落的外部边界,如诒安堡和城内社的城墙(表3-10的图i和图j)。

表 3-10　村落人工边界构成要素示意图

类型		特征描述	案例举证	
建筑	民居	民居的外墙所形成的垂直界面，或是单栋民居，或联排成连续的墙体，或数栋民居成组。	 a. 山河村	 b. 埭尾村
建筑	宫庙或祠堂	宫庙或祠堂作为村落的重要建筑，除了在村落核心区外，也有的在村落的边缘地带，成为村落重要的边界标志物。	 c. 和春村	 d. 梧龙村
建筑	牌坊	牌坊，亦名牌楼，是一种门洞式建筑。宋代之前具有分隔空间、开启闭合的实质性功能。	 e. 菜埔村	 f. 镇海村
	水池	人工开挖出来的水池，除了具有风水内涵或生产、生活的意义之外，也成为村落重要的边界。	 g. 洪坑村	 h. 埭尾村
	城墙	人工营建的城墙，在起到良好安全防御功能的同时，也限定了村落的外部边界。	 i. 诒安堡	 j. 城内社

资料来源：作者自摄

（2）形态特征

村落边界的形态特征主要体现在边界的完整性上，可分为不完整、局部完整和完整三种类型。其中"不完整"的类型最多，占 68%；其次是"局部完整"的类型，约占 24%；最后是"完整"的类型,占8%。边界的完整性是村落人工边界的围合状态,体现了村落边界的开放性(表3-11)。

表3-11 基于边界完整性的类型表

类型	样本数	村落案例	比例
不完整	17	●山重村、珪后村、石牛尾、梧龙村、山河村、和春村、田螺坑、河坑村、塔下村、石桥村、福田村、下版寮、南欧村、上洋村、钟腾村、福塘村、芦丰村	各类型所占的比例 不完整 68% 局部完整 24% 完整 8%
局部完整	6	●洪坑村、埭尾、城内社、古港村、菜埔村、庄上村	
完整	2	●赵家城、诒安堡	

资料来源:作者自绘

①边界不完整

不完整的边界,指的是传统村落外围的边界为不连续的构成特征,不同构成元素之间存在一定的间隙。除了堡寨式聚落由于整体安全防御性的特殊功能需求而具备连续的实体边界外,对于多数村落而言,外围的边界限定呈现一种非均质连续的状态,构成元素之间的位置相对松散,并未形成紧密与有序的联系。根据统计,边界不完整的村落数量最多,约占68%。这些村落外围的建筑随着人口的繁衍往外拓展,民居几乎都是独立式,相互之间存在一定的空间距离,如山重村、珪后村与和春村(表3-12的图a、b、c)。

表3-12 村落人工边界的边界完整性示例

类型	特征描述	案例举证		
不完整	村落外围边界为非均质连续的构成状态,不同构成元素之间的位置相对松散,存在一定间隙。	a.山重村	b.珪后村	c.和春村
局部完整	村落边界的局部是连续性的界面,比如人工开挖的水池,作为村落风水理念和生态环境的重要空间。	d.洪坑村	e.古港村	f.菜埔村
完整	村落的边界如果要成为完整的形态,则是由城墙或联排建筑围合形成环绕闭合的界面,一般为具有较强防御性的堡寨式村落。	g.赵家城	h.诒安堡	

资料来源:作者自绘

②边界局部完整

局部完整的边界,指的是村落边界的局部为连续性的界面,比如人工开挖形成的水池,可作为村落风水理念和生态环境的重要空间。如芗城区洪坑村,村落南面开挖的"鸿湖",作为村落重要的景观与生产空间,也具有集排水与消防于一体的功能,同时也限定了村落往南面拓展的空间(表3-12的图d)。

③边界完整

村落的边界如果要成为完整的形态,则是由城墙或联排建筑围合形成环绕闭合的界面,一般为具有较强防御性的堡寨式村落。如漳浦县诒安堡(表3-12的图h)的边界是由一圈结合城门、多处角楼共同构成的封闭环形城墙。赵家城村也由连续的城墙围合而成,安全防御性是村落建设首要考虑的因素,完整的村落边界是重要的防御手段(表3-12的图g)。

3.2.3.3 自然边界与人工边界的关系

自然边界作为村落原生性的环境要素,与村落人工边界之间存在着多种联系,大致可以分为以下三种类型:分离式、弱联系、强联系。其中,分离式的类型和强联系的类型各占32%,弱联系的类型占36%(表3-13)。

表3-13 自然边界与人工边界关系的类型统计表

类型		样本	村落案例	比例
分离式	无自然边界	3	●洪坑村、珪后村、梧龙村	
	强人工边界	5	●城内社、诒安堡、赵家城、古港村、庄上村	
弱联系	保持距离	6	●山重村、石牛尾、山河村、和春村、福田村、上洋村	
	局部同构	3	●河坑村、石桥村、芦丰村	
强联系	引入水源	2	●菜埔村、埭尾村	
	形体同构	6	●田螺坑、塔下村、南欧村、钟腾村、下版寮、福塘村	

资料来源:作者自绘

(1)分离式

自然边界与人工边界之间的关系较弱,主要体现为空间距离的大小与空间形态的耦合度,表现为两者相距的距离较大、边界形态之间的相似度较弱,具体可以分为无自然边界与强人工边界两种类型。

表 3-14　自然边界与人工边界关系的示例

类型		特征描述	案例举证
分离式	无自然边界	村落的外部没有自然的边界，一般为平原地区，村落的建设基本不受自然边界的客观影响。	a. 梧龙村 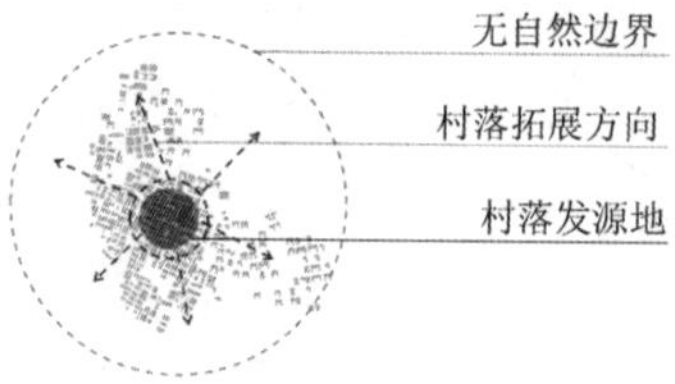
分离式	强人工边界	人工边界为环绕的封闭式城墙，与城墙外的自然环境形成相互独立的关系。	b. 赵家城 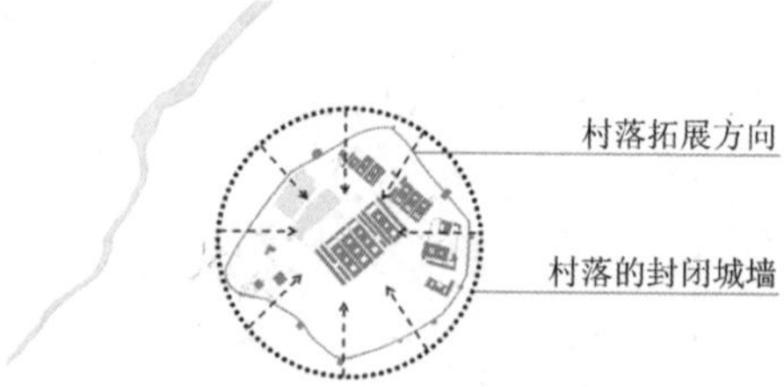
弱联系	保持距离	村落人工边界与自然边界之间保持一定的退让，退让区一般为耕地。	c. 山重村 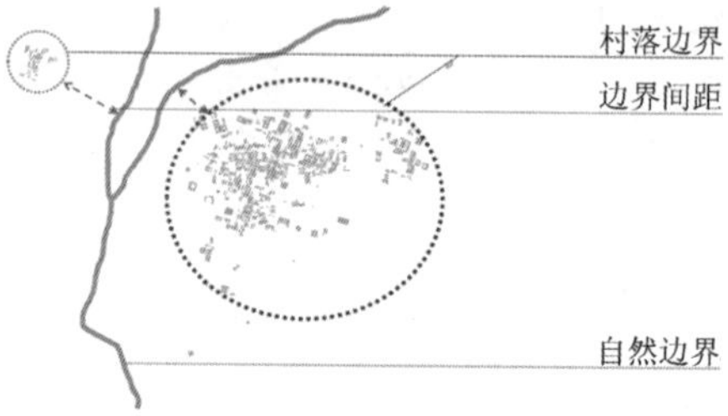
弱联系	局部同构	村落人工边界局部与自然边界紧密相邻，形成同构的关系。	d. 河坑村 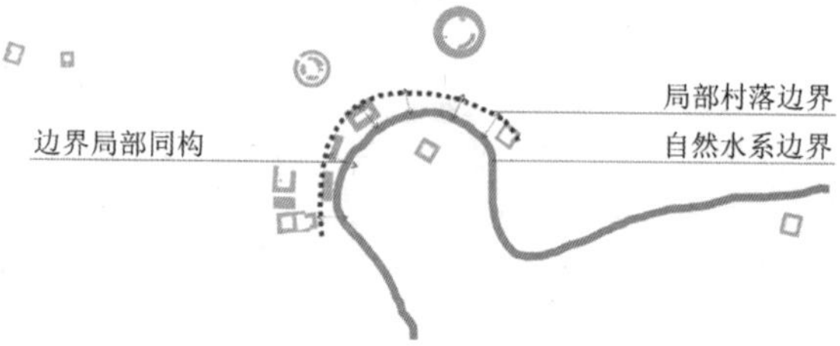
强联系	地势引导	将自然边界要素适度引入形成与人工边界息息相关的紧密联系。	e. 菜埔村
强联系	随形就势	村落人工边界的轮廓与自然边界的轮廓紧密相邻，形成相互同构的关系。	f. 塔下村 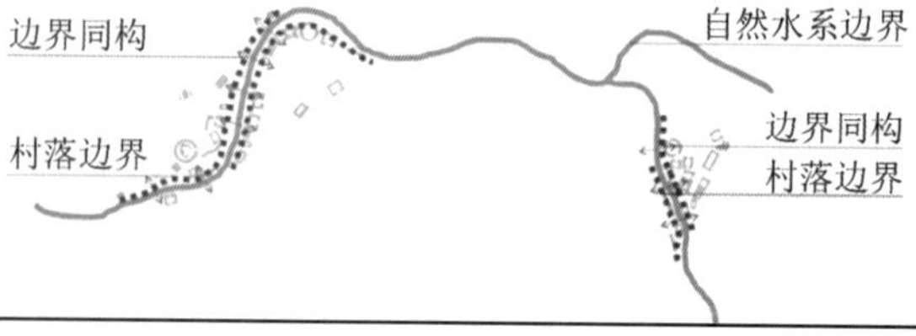

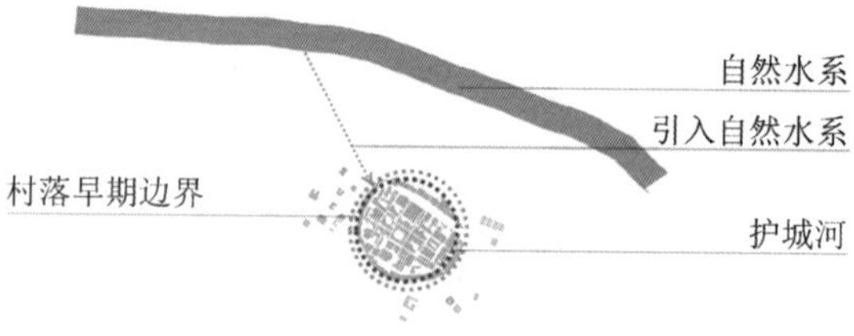

资料来源：作者自绘

①无自然边界

村落的外部没有特殊的自然边界限定,一般为平原地区,村落的建设基本不受自然边界的客观影响。如梧龙村,村址位于平原,早期的村落布局为中轴线对称,后期随着人口的增长向四周自由拓展(表3-14的图a)。

②强人工边界

强人工边界,指的是村落具有明确的、较强标志性且空间分隔性强的边界。比如堡寨式村落中环绕的封闭式城墙,在确保良好的安全防御性的同时,城墙内外的自然与社会环境形成相互独立的关系。以赵家城村为例,村落四周为封闭城墙,城墙内外的空间被明确地分割出来(表3-14的图b)。

(2)弱联系

弱联系,指的是自然边界与人工边界之间存在一定的联系,但是这种联系性并不强,具体可分为"保持距离"型与"局部同构"型两种类型。

①保持距离

村落人工边界与自然边界之间保持一定的退让,退让区一般为耕地。如山重村,两个组团之间有一条南北向的自然水系,村落两个组团的边界与水系之间存在一定的间距,成为水系与村落建筑之间的缓冲与拓展地带(表3-14的图c)。

②局部同构

村落人工边界局部与自然边界紧密相邻,受到自然边界的影响较大,从而形成局部同构的关系。如河坑村,蜿蜒流动的自然水系,在反U形的边界处与村落的边界紧密相邻(表3-14的图d)。

(3)强联系

强联系,指的是自然边界与人工边界之间存在紧密的联系,如空间的耦合或资源的有效利用。具体可分为"地势引导"和"随形就势"两种类型。

①地势引导

将自然边界要素适度引入村落,形成与人工边界息息相关的紧密联系。如云霄县菜埔村,村落北侧有一自然水系,考虑到村落的安全防御需求,将北侧溪流引入村落周边形成环绕的护城河,作为村落防御的第一道天然屏障(表3-14的图e)。

②随形就势

村落人工边界的轮廓与自然边界的轮廓紧密相邻,形成相互同构的关系。如南靖县塔下村,村落位于山谷中,有一条河流东西向贯穿村落,村落的民居大多紧邻着河流依次排列,村落边界与河流边界联系紧密(表3-14的图f)。

3.2.4 村落街巷与重要节点下的公共空间

根据传统村落公共空间的分类,可以进一步划分为以下三种类型:街巷空间、入口标志、核心空间。其中街巷空间一般表现为线性的空间,入口标志与核心空间则表现为点式的空间。

3.2.4.1 村落街巷空间

作为组织整个村落村民行为活动的主要动态网络,传统街巷的"物态"是承载和传承整个村落历史文脉之"文态"与"情态"的时空平台,同时也是研究传统村落与山地环境、建筑的方位选址与朝向以及各类空间节点等相互组织关系的关键要素[1]。

街巷是传统村落建筑群的骨架和支撑,起到交通往来、通风换气和村民交流的多种功能作用[2]。街巷是一种基于内部秩序下的外部空间,与其两边的民居关系紧密,通过巷道联系着各家各户,从而形成村落的空间网络系统,除了实现由动到静的过渡,还具有积极的空间意义。对于村落而言,街巷空间是村民日常生活交流的场所,同时也可能具有商业性或文化性的功能。受到地形地貌和村落布局的影响,漳州传统村落的街巷空间呈现出多样化的特征,主要体现在街巷形态结构关系与街巷空间结构模式。

(1)街巷形态结构关系

街巷形态的结构关系,指的是街巷所呈现的布局方式,可以分为无街巷、带状街巷、网状街巷三种主要类型。在漳州的"中国传统村落"中,以网状街巷的类型数量最多,占56%;其次是无街巷,数量占32%;最后是带状街巷,数量占12%(表3-15)。

表3-15 漳州传统村落街巷空间类型统计表

类型	样本数	村落案例	比例
无街巷	8	●珪后村、和春村、福田村、石牛尾、河坑村、石桥村、下版寮、田螺坑	32%
带状街巷	3	●塔下村、南欧村、钟腾村	12%
网状街巷	14	●洪坑村、埭尾村、山重村、城内社、诒安堡、赵家城、梧龙村、古港村、山河村、菜埔村、上洋村、庄上村、芦丰村、福塘村	56%

资料来源:作者自绘

①无街巷

无街巷,指的是村落中的民居分布自由松散,且相互之间的间距较大,每栋民居大多以相对独立的方式存在,难以形成相互之间的一种紧密的空间与社会关系。如和春村和福田村,两个村落都为自由式的布局,地处山地,人口稀少,缺少完整的大面积平地作为建筑群的整体规划,加上山地的交通多有不便,为了便于就近生产活动,需要因地制宜地兴建民居,加上农耕经济的相对封闭自主性,作为交通与交流的街巷空间在有限人口与地形的限制下无法发展起来。

②带状街巷

带状街巷,指的是街巷的形态具有明显的线性特征。这种类型街巷的形成条件一般受到较强的地理环境因素影响,比如溪流或山体的限制。以塔下村和钟腾村为例,均位于山谷之中,且有一条带状的河流穿过,考虑到地形的限制与临水生活的便利,民居顺沿着水系的两侧布置,以自然水系为轴线,渐渐演化为带状的街巷空间。

③网状街巷

网状街巷,指的是村落民居之间的联系较为紧密,并且在相互交叉联系过程中形成类似

---

[1] 陆琦,颜婷婷,方兴,等.武夷山城村传统聚落空间与建筑特征初探[J].中国名城,2016(5):74-80.
[2] 陆琦,颜婷婷,方兴,王南希.武夷山城村传统聚落空间与建筑特征初探[J].中国名城.2016,(5):74-80.

网状的空间结构。这种类型既有较为规整的正交式网格状,也有相对自由的斜交式网状。如埭尾村的民居不仅同一行的单体形制与规模接近,而且排列相当整齐,道路笔直,形成非常规整秩序的街巷空间(图 3-14);洪坑村的地形位于一块小缓坡上,具有略微高差的地形上,民居布局依据地形做了微调,并无刻意追求严格的秩序,整体上较为规整,街巷之间错落富有变化。

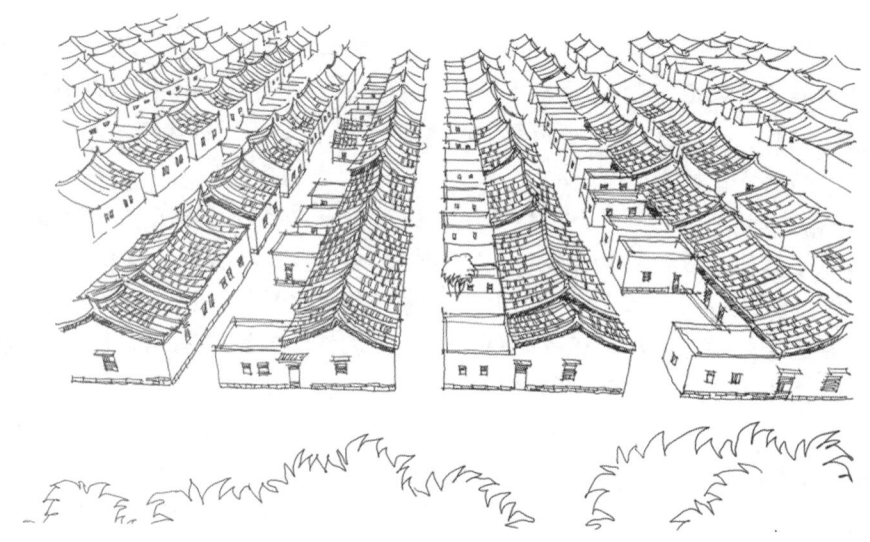

图 3-14　龙海市埭尾村的网状街巷
图片来源:作者自绘

(2)街巷空间结构模式

街巷空间结构模式,指的是街巷的空间构成要素及其组合方式。多种空间要素需要在一定的组合模式下才能形成特色的街巷空间,根据组合模式主要可分为以下四种类型:民居＋路＋水、民居＋路＋民居、民居＋路＋城墙、民居＋路＋水＋路＋民居。

①民居＋路＋水

这种类型的结构模式,需要依赖村落中的水系。当村落中有河流或水塘时,街巷的空间会因为水元素的介入而富有几分灵动性。如埭尾村的街巷,民居的一侧有溪流或水塘,陆上交通与水上交通都能同时并行或交叉使用,景观效果良好。下版寮村内有一条自然的溪流穿梭而过,村落民居紧邻河流或与河流保持一定的距离,沿着溪流的小径,伴随着民居退让河流的不同间距,以及道路错落变化的高差,可以获得抑扬顿挫、富有层次的行走体验,充分感受到山村独有的自然美。

②民居＋路＋民居

这是街巷中最常见的一种空间模式,由并列的民居与之间的道路共同组成,可细分为两个类型:一种是两栋民居开间方向所形成的街巷,如城内社前后两行民居依次排列,前面一栋的背面与后面一栋的正面形成相互联系又相互独立的街巷;一种是两个民居山墙面所形成的街巷,如梧龙村和埭尾村的山墙面之间的巷道,宽度为高度的 1/5 到 1/7 之间左右,形成"窄巷深弄"的空间效果,加上坡屋顶的变化,在山墙之间形成"一线天"的强烈虚实对比和光影效果。

③民居＋路＋城墙

这种是街巷中比较独特的模式，一般存在于堡寨式的村落之中。如诒安堡和菜埔村，作为堡寨式村落，其外围为环绕的封闭式城墙，城墙的内侧自然衍化形成一个独特的街巷空间，一侧为高大的城墙，一侧为民居，中间为道路。虽然这种街巷在一定程度上弱化了生活的气息，却赋予了空间一种独特的安全感。

④民居＋路＋水＋路＋民居

这种模式的街巷空间，需依托特殊的地理环境。如塔下村，位于山谷的地形，中间有溪流，溪流两侧各有民居相望，视野的横向距离因为双向道路的叠加而显得空间感最为开阔，同时因为与建筑的退让较大可形成更为宽广的视野，空间层次也是最为丰富多彩的。

3.2.4.2 村落入口标志

在传统村落的形态中，入口标志也是其中一项重要组成部分。除了具有交通导引的功能外，往往融入了其他多样性的功能，并且在传统语境下蕴含了丰富的文化内涵与历史价值。漳州传统村落的入口标志，大致可以分为古树、宫庙、水系与牌坊几个类型。这些村落入口标志，往往会结合独特的自然环境条件与村落的整体布局需要，从而有机地契入村落的整体环境中，成为不可或缺的一部分。

(1) 古树

对于传统村落而言，除了村落外部具有成片的林木外，村落中一般较少有成片连续的树木，一方面是因为建筑用地较为宝贵，一方面可能是因为安全防御上需要较为开阔的视野。因此，村落边缘处的大树，往往因为其独特性与体量成为村落的标志。

比如山河村东侧的大榕树，二三十米高的巨大体量对于普遍小体量的村落传统民居而言，已经成为村落重要的入口标志，并且还是山河村民日常生活交流与休憩的良好场所，同时也寓意了村落的生机与活力。

(2) 宫庙

村落里的宫庙，一般是道教与佛教的信仰场所，不仅为传统村落村民提供了一处重要的精神场所，在村落形态的格局上也具有重要的地位。宫庙除了位于村落中心之外，也有的位于村落的边缘或者距离村落有一定的距离，加上宫庙独特鲜明的建筑形制与装饰，与普通传统民居相比具有明显的差异性，与精神的地标内涵结合在一起，更是自然而然地成为传统村落的入口标志性建筑。如梧龙村的梧龙庙，位于村落主要交通流线的一侧，但是距离村落边缘约有 200 米；梧龙庙的规模较大，庙前有一大型的广场，除了中间的主体建筑之外，两侧还有附属用房，形成中轴线对称的布局，同时庙宇的屋脊墙面与雕刻等装饰十分华丽，给人留下了深刻的印象。

(3) 水系

村落的水系，包含原生的自然水系和后期人工开挖形成的池塘两种类型。这些水系除了具有风水学或防灾学上的价值意义外，由于水体作为形态中的软性介质，在以人工建筑环境等硬性介质为主的背景中能够较容易地被人所识别并转化为记忆。如洪坑村南面名为"鸿湖"的人工湖，100 多米的东西向狭长略微弯曲的丝带状湖面，形成了很强的空间景深感，与北侧连绵的"一字形"排列展开的民居建筑群形成了良好的呼应关系，进一步强化了"鸿湖"的入口标志性。

(4) 牌坊

牌坊,亦名牌楼,是一种门洞式建筑。宋代之前具有分隔空间、开启闭合的实质性功能,明清之后则演化为中国古代封建社会统治阶层对官吏政绩、战功、科第与民间忠孝节义进行表彰的独立建筑[1]。《辞海》中记载:牌坊,一般用石建成,旧时用于表扬忠孝节义或科第寿考等[2]。梁思成先生认为:"盖自汉代之阙,六朝之标,唐宋之乌头门极星门演变形成者也。"[3]

漳州牌坊以明清时期的为主,目的是褒功、赞贤、旌节表孝、载录寿星等,主要类型包含了节孝贞烈坊、功名科第坊、百岁坊、庙口坊、墓道坊,其中以节孝贞烈坊和功名科第坊数量为最多[4]。如云霄县菜埔村入口的"贞德垂芳"牌坊,位于菜埔堡北门拱极门外约1.3米的地方,明天启五年(1625年)朝廷为了旌表张士良的祖母朱氏20岁夫死后"奉姑抚子"的贞德而建,即是纪念表彰朱氏节孝而兴建的一座石制牌坊。

3.2.4.3 村落核心空间

村落核心空间,指的是在村落生活中具有祭祀、礼拜、聚会、交流等重要功能的场所,主要分为祠堂、宫庙、水池和古树四种类型。不同于村落中作为居住功能载体的一般民居建筑,这些公共建筑对村落的社会组织、文化传承等具有重要的意义,因此往往被布置在村落较为核心的地段,对村落的空间与精神建构都起到了至关重要的作用,是村落传统文化载体的重要组成部分。

(1) 祠堂

作为宗族或家族的一种精神与空间象征,祠堂是乡民进行祭祀、议事、教育教化等活动的中心场所,也是联系沟通氏族内部伦理关系的重要空间载体。通过集体的祭祀仪式,可以有效增强宗族成员之间彼此的认同感。与村落中不同类型公共建筑的位置不同,祠堂一般位于同姓家族民居群的中心,位于村落边缘和村落外部的较少。村落祠堂的分布位置、形态和数量等情况是衡量村落宗族文化发展程度的一个标准。作为长泰县山重村的祖祠,薛氏家庙位于村落的中心位置,紧邻村落的发源地,家庙前留有较为宽阔的广场空间,正对面是高起的戏台,两侧有民居建筑,形成轴线对称的布局,使家庙的空间获得了一种庄严的仪式感,成为村落中重要的活动场所。

(2) 宫庙

漳州传统村落的宫庙主要有以下几种类型:佛寺、道观、地方神与多教合一的庙宇。宫庙在村落中具有更强的公共性与凝聚力,超越了祠堂的精神边界,可联系村落之间多个宗族分支以及相邻村落之间不同姓氏。因此除了设立与村落内部的宫庙外,许多传统村落的宫庙设置在距离村落中心有一段距离、环境更加优越的位置。南靖县上洋村有一著名宫庙——北龙宫,位于村落北侧山腰的平台上,坐北朝南,与村落的主体遥遥相望,站在北龙宫的南广场,可以一览上洋村的整体风貌,仿佛是上洋村平安与繁荣的守护者。

---

[1] 贺慕屿. 漳州明清牌坊研究[D]. 福州:福建师范大学,2016:7.
[2] 辞海编辑委员会. 辞海:缩印本[M]. 上海:上海辞书出版社,1980:1476.
[3] 梁思成. 中国建筑史[M]. 天津:百花文艺出版社,2005:469.
[4] 贺慕屿. 漳州明清牌坊研究[D]. 福州:福建师范大学,2016:12.

(3)水池

村落中的水池,指的是由人工设计开挖形成的。不仅具有风水意义和景观价值,也是村民日常生活中重要的交流场所。如漳浦县赵家城里的荷花池,既满足集排水与消防的功能作用,精心设计的园林水景更是城堡内的良好景观和休憩场所。对于某些村落而言,水池在特殊节日里亦作为宗教的衍生场所。如龙海市林前村在每年的伽蓝药王节日上,结合闽越族的遗风将神明的雕像放入村落的水池中沐浴,赋予水池独特的宗教性内涵。

(4)古树

村落中那些具有数百年树龄的古树,见证了村落的发展历程。这些古树一般具有茂盛的树冠,可作为夏日遮阴纳凉的良好场所,其高大的体量成为村落重要的标志,也是村民平时交往的公共空间。如平和县庄上大楼内的土丘上有一棵大榕树,树旁有凉亭,是村民平时休憩交流的重要场所。在民间信仰上,有些古树已被村民列为树神加以祭祀和保护。

3.3 漳州传统村落形态的整体特征

3.3.1 顺应自然与因地制宜的环境介入方式

(1)巧借山水,方便生产,利于防御

在生产力较弱与经济不发达的传统社会里,能否充分利用自然环境因素对于村落的生存与发展至关重要。比如村落周边的山体是重要的安全防御屏障与生产生活中林木的来源,而水源是必要的生产灌溉资源。因此巧借山水、方便生产、利于防御的环境介入方式,对于村落的生存与发展具有重要的意义。云霄县菜埔村引入了村落北侧自然水系的天然水源,作为村落外围护城河的流动水源,既方便了村落周边耕地生产的用水,也强化了村落的防御功能。南靖县南欧村选址于连绵的深山里,距离主要的道路有较远的距离,具有良好的隐蔽性而不易被外界发现;四面环绕的山体具有良好的防御性;自然水系与风水林相得益彰,提供生产生活的必要自然资源;村落如果靠近林地,林区与耕地之间相互交错,除了丰富环境层次、维持动植物类型多样性之外,便于采集狩猎也赋予村落多元化的经济来源,从而可提高村落的抗风险能力,适宜村落长期的可持续性发展。芗城区洪坑村利用所在缓坡地形的自然高差所形成的坡度,增强村落的自然排水功能,同时在村落南北两侧各配备了一个人工水池,一方面可以防止暴雨产生的内涝,一方面可以收集雨水用于日常的生产灌溉与危机时的村落防火,同时水池也是村落主入口处难得的一处人文与自然景观,成为村落的入口标志与村民公共活动的场所。

(2)顺应地形,灵活布局,节约用地

对于漳州地区而言,"八山一水一分田"的耕地稀缺情况,促使许多村落尤其是山地村落必须要处理好民居建设用地与耕地之间的平衡关系,才能够良好地生存与发展。平原地区的村落一般布局规整紧凑、建筑密度高,建筑与耕地之间的界线较为明确。山区的村落一般布局灵活自由,民居大多靠近山体或丘陵的边界,建筑群顺延山体,以留出平地作为耕地。

以南靖县塔下村为例,总体布局并无拘泥于传统的中轴线规整布局,而是顺应山谷地形的自然边界,采用灵活自由的布局,以最大限度地利用河流与山脚之间的有限空间。石桥村的民居布局为分散式的自由布局,充分结合自然地形地貌,有利于最大限度地节约建筑用地,留出尽可能大的耕地。良田围绕于民居四周、山脚之下,形成山田环抱聚落之势,后来随着人口的增加,耕地逐渐向山坡发展形成梯田,因为坡地开发为耕地的人力成本与危险指数要远远小于作为民居建设用地[1]。

洪坑村所在地是一块中部地势较高、南北两侧较低的缓坡地。早期的布局是利用南面的最低点开挖一个人工湖——鸿湖,便于村落的排水与消防,同时沿着南面狭长的湖面一字排开,先后兴建了湖尾古厝、庵后古厝、砖仔埕祖厝、世泽堂祖祠、圆应宫,民居前的街道构成了当时的村落活动中心。后来随着族人戴富经商有成后,南面的湖边已经没有用地了,于是他便往村落的北面发展,陆续兴建了大房、二房、三房、四房等建筑,并没有拘泥于坐北朝南的传统,这些民居全部坐南朝北,有效地利用了宝贵的土地资源。下版寮村(图3-15),缺乏开阔平坦的建设用地,传统民居依山而建,分散式的布局与高低的轮廓线形成错落有致的景观。

图3-15 依山而建错落有致的下版寮传统民居
图片来源:作者自绘

3.3.2 聚族而居与内向防御的空间组织模式

村落是人类聚居生活的场所,是一种"社会空间(social space)",具有"集体认知(group-consciousness)"属性[2]。农业文明中的聚族而居、精耕细作孕育了自给自足和内敛式的生活方式、人文性格与乡村组织制度等,对于提倡和谐、环保与低碳理念的现代社会依然具有一定的参考价值。聚居意味着人们和既有环境之间建立起一种有意义的相互关系[3]。中国封建土地所有制源于商鞅推行的徕民垦荒政策,徕民垦荒伴随着整乡、整族的共同迁徙。中原民族的南下,举族同迁,加强了相互扶助、巩固了血缘关系,因此乡族关系是村

---

[1] 曾艳.广东传统聚落及其民居类型文化地理研究[D].广州:华南理工大学,2016:80.
[2] 王鑫.传统聚落空间组构分析:以山西上庄村为例[J].建筑学报,2013(A1):24-27.
[3] 吴艳.滇西北民族聚居地建筑地区性与民族性的关联研究[D].北京:清华大学,2012:24.

民的纽带[1]。

中国传统村落形态构成的基本特征是宗族关系。在传统村落之中,宗祠较好地体现了宗族关系,除了作为村落中的地理中心之外,在人们的精神理念之中也是中心。自从仰韶文化开始,中国村落布局就已经呈现出了以宗室为中心的"向心内聚"的特点。如西安半坡村落,为南北稍长、东西略窄的圆形,周边用壕沟与外围隔离,形成封闭安全的内向式布局,居住区位于村落中心,且中心处有一座规模较大的公共建筑,是氏族会议与宗教活动场所(图3-16)[2]。

从中国的宏观历史视野上看,古代宗族的组织历经了原始社会末期的父家长制家族(萌芽期)、汉代强宗大族和魏晋至唐代的世家大族后,到唐末至宋元时期逐渐走向以家庭为主体的近代封建家族制度,于是围合式的大型民居超越了小家庭的经济能力,传统村落的营建走向小规模合院式民居[3]。漳州的传统村落里,保留了早期大型的土楼、堡寨等民居,得益于漳州地区远离当年中原的战乱地区,因地理屏障与交通险阻所构建的文化边缘地带,从而保留了较为古老的文化。

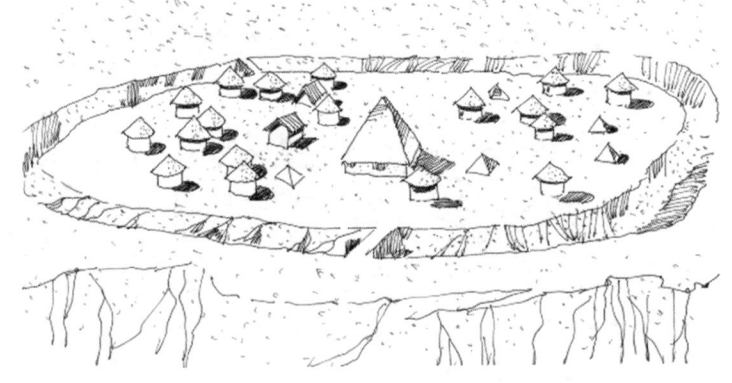

图3-16 西安半坡村落遗址复原图
图片来源:作者自绘

宗族指的是同一姓氏祖先传承繁衍下来,聚居于同一地域的血缘团体[4]。这种基于血缘的社会组织模式,以象征血缘关系的祠堂为中心,结合地缘环境,有效地形成聚族而居的空间布局,并在应对外部恶劣社会环境时采取了一种多层级的内向防御方式。对于山地村落而言,一般为客家系,由于山地地形地貌的限制,许多民居必须因地制宜布置,村落形成较为松散的结构,且考虑到集体防御性功能的安全需要,内向防御的模式主要体现在民居单体层面,比如较为大型的圆形、方形土楼,祠堂内置于土楼中央或一层与入口大门正对的单元。当村落的规模不断拓展之后,一般会在大型土楼外侧设立独立的层级更高的祠堂,如河坑村

---

[1] 傅衣凌.论乡族势力对于中国封建经济的干涉——中国封建社会长期迟滞的一个探索[J].厦门大学学报(哲学社会科学版),1961(3):83-97.
[2] 韩霞.中国古村落[M].北京:中国商业出版社,2015:3-4.
[3] 曾艳.广东传统聚落及其民居类型文化地理研究[D].广州:华南理工大学,2016:298-299.
[4] 袁年兴.族群的共生属性及其逻辑结构——一项超越二元对立的族群人类学研究[M].北京:社会科学文献出版社,2015:232.

的"世英堂"是村里的总祠,不同于每座大型土楼内的分祠。福塘村的福垵美组团(图 3-17)为曾姓族群的聚居地,早期在一座大型圆形土楼内聚居,后来随着家庭结构小型化、人口的增长与安全防御性的降低,出现一些小型的单元式方形土楼单体,但是依然围绕着原有的圆形土楼布置。

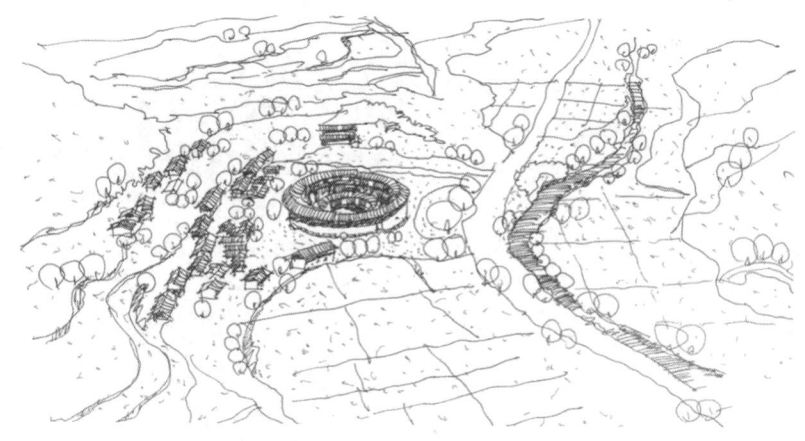

图 3-17　秀峰乡福塘村福垵美组团鸟瞰图
图片来源:作者自绘

3.3.3　形态多样与相互交融的历史风貌特色

中国古哲所言"君子和而不同[1]",指的是相异因素的统一,体现了开放性与包容性[2]。关于"和同"的论述,最早来自《国语·郑语》中史伯与郑桓公之间的一段谈话:"夫和实生物,同则不继。以他平他谓之和,故能丰长,而物归之。若以同裨同,尽乃弃矣……[3]"和,意谓"和合",因为只有"和合"才能生养万物,单一的状态下就不能生生不息,指的是不同事物或不同因素相互联系与结合,从而达到一种内在的平衡与统一。在现代哲学视角下,即"差异性的统一"。漳州传统村落因为文化的多元与交汇,在村落风貌上呈现出形态的多样性与交融性两种典型特征。

3.3.3.1　形态的多样性

(1)布局:规整与自由

位于平原地区的传统村落形态,受到地形地貌影响较小,在传统礼制精神的影响下,可以实现规整的布局方式。以龙海市埭尾村和城内社(表 3-16a 和 b)为例,其村落的布局规整,纵横交错,呈现出鲜明的秩序感。当村落位于山地或山谷地区,受到地形地貌自然边界的影响较大,不具备可以统一规划形成规整有序格局的条件,因此村落布局大多依据环境的具体条件,形成自由灵活的布局。如钟腾村(表 3-16c)村落布局,便是随着山谷与河流的自然走向,相应地在河流旁的空地上兴建民居。

---

[1] 谭邦和校订;王炜译注.《论语》通译[M].武汉:长江文艺出版社,2005:180.
[2] 张锦秋.和而不同的寻求[J].建筑学报,1997(2):31-38.
[3] 中国史学基本典籍丛刊:国语集解[M].北京:中华书局,2016:470.

表 3-16 规整与自由的村落布局示意图

描述	案例	
平原地区 村落位于平原地区，受到地形地貌的影响较小，可以规整有序的方式构成纵横交错的格局。	a. 埭尾村	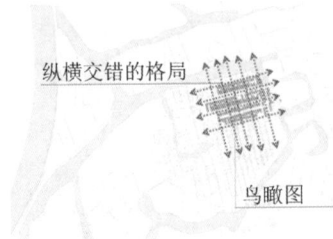 
	b. 城内社	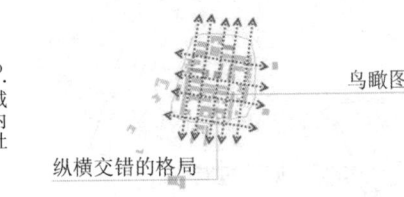 
山地或山谷 村落位于山地或山谷地区，受到地形地貌自然边界的影响较大，不具备可以统一规划形成规整有序格局的条件，因此村落布局大多依据环境的具体条件，形成自由灵活的布局。	c. 钟腾村	 

资料来源:作者自绘

(2) 边界:封闭与开放

这里的边界指的是人工边界,漳州传统村落的边界有封闭和开放的差异。前者通过四周环绕的人工城墙,形成一个内向封闭式的边界,与村落外部环境之间建立了明确与刚性的隔断,如赵家城。后者村落的布局较为松散,民居之间的距离较大,与自然环境融为一体,其边界保持对外部自然环境的开放性,如和春村。

(3) 风貌:朴素与华丽

漳州地区多元的地貌自然环境与多元的民系构成,促使不同的村落风貌呈现出朴素与华丽之别。如田螺坑、庄上村、下版寮村,较为平直的屋脊,灰色的黑瓦屋面、土黄色的生土墙体、就地取材的鹅卵石地面和石材墙裙、青砖墙面,共同塑造了朴素无华的山地村落风貌。珪后村、洪坑村、埭尾村,起翘优美的燕尾脊、红色瓦的屋面、红砖外墙与大埕铺地,赋予了村落风貌绚丽多彩的风格。

3.3.3.2 形态的交融性

(1)人工与自然的统一

作为传统村落形态必不可少的背景与依托,自然环境除协调了民居建筑之间的关系之外,进一步也丰富了村落的空间层次。传统村落人工建筑与自然环境的协调,可以从宏观的选址、中观的布局和微观的材料三个层面来展开。在村落选址上,庄上大楼(表3-17的图a)的位置充分结合自然土丘的地形地貌,围绕其形成封闭式的格局,让自然环境与人工建筑同构形成一个相互融合的整体。在村落布局上,位于山谷地形的塔下村(表3-17的图b),顺应山体和自然水系的格局,形成带状的同构布局。在材料选择上,山重村的历史风貌(表3-17的图c)与和春村(图3-18)一些土楼民居中关于界面的处理中,充分体现了当地独特的乡土材料——鹅卵石,道路与墙面均采用了同一类型的材料,赋予村落整体和谐统一的风貌特征。

表3-17 人工与自然统一的示意图

		案例举证
选址	a. 庄上村	庄上大楼的布局充分结合自然土丘的地形地貌,围绕其形成封闭式的格局,让自然环境与人工建筑同构形成一个相互融合的整体。 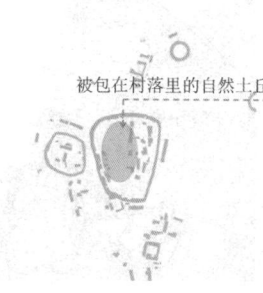 
布局	b. 塔下村	位于山谷地形的塔下村,顺应山体和自然水系的格局,形成带状的布局。 
材料	c. 山重村	山重村的历史风貌中关于界面的处理中,充分体现了当地独特的乡土材料——鹅卵石,道路与墙面采用了同一类型的材料,赋予村落整体和谐统一的风貌特征。  

资料来源:作者自绘

历史赋能下的空间进化——多元文化交汇与村落形态演变

图 3-18　以鹅卵石乡土材料为特色的和春村土楼民居
图片来源：作者自绘

(2) 不同风格民居交融

漳州地区许多传统村落中，因为多元文化的相互影响，会出现在同一个村落中不同风格民居共存的情况。以平和县芦丰村为例(表 3-18 的图 a)，地处漳州西部的芦溪镇，为客家民系主要聚居区。虽然村落风貌以一座客家大型的圆形土楼"丰作阙宁楼"为主，周边环绕数量众多的小型方楼，整体上具有鲜明的客家民居的特色，但是我们通过仔细调研，也可以发现其他文化特征的存在：比如个别民居外墙采用了闽海系常见的红砖材料；有些土楼外墙形式上借鉴了闽越族早期的吊脚楼处理。

洪坑村位于芗城区(表 3-18 的图 b)，为闽海系戴姓家族聚居地，其主要民居风格为闽南传统古厝，以燕尾脊屋顶、白石墙裙、红砖或青砖墙体为主要特征。值得一提的是，村中的"鸿湖乐居"石圆楼建筑因其圆形的体量，成为村里的特色建筑。该民居始建于唐朝，于明代初年(约 1369—1372 年)被改为民居，直至清康熙辛丑六十年(1721 年)重建。该楼坐北朝南，原为唐代屯兵戍楼(夯土筑成)，洪坑村先民戴从宣从墨溪迁到此地，改修为住宅；清初重建时改为石构。"鸿湖乐居"直径 35 米，楼高 10.50 米，墙厚 0.6 米，占地面积 963 平方米，类似环廊式圆形土楼。"鸿湖乐居"与南靖客家土楼形制相仿，只是建筑材料外墙为青石青砖，内侧外廊采用红砖砌筑。

龙海市城内社民居大多为典型的闽南传统古厝，屋顶多为红板瓦、双翘燕尾脊，条石勒脚与白色粉墙。"黄开盛"楼采用闽南常见的红砖为主要建筑材料，但其连续券、圆弧拱的造型手法、火焰形的门窗山花等处理体现了鲜明的南洋风格(表 3-18 的图 c)。

第三章 村落形态外部表征：从类型、构成到特征

表 3-18 村落层面上不同民居风格交融的示意图

序号		具体描述	案例示意图
1	a·芦丰村	芦丰村地处漳州西部的芦溪镇，为客家民系主要聚居区，村落风貌以客家大型圆形土楼"丰作阙宁楼"为主，联系周边的方楼；个别民居采用了闽海系常见的红砖材料；土楼形式上借鉴了闽越族早期的吊脚楼处理。	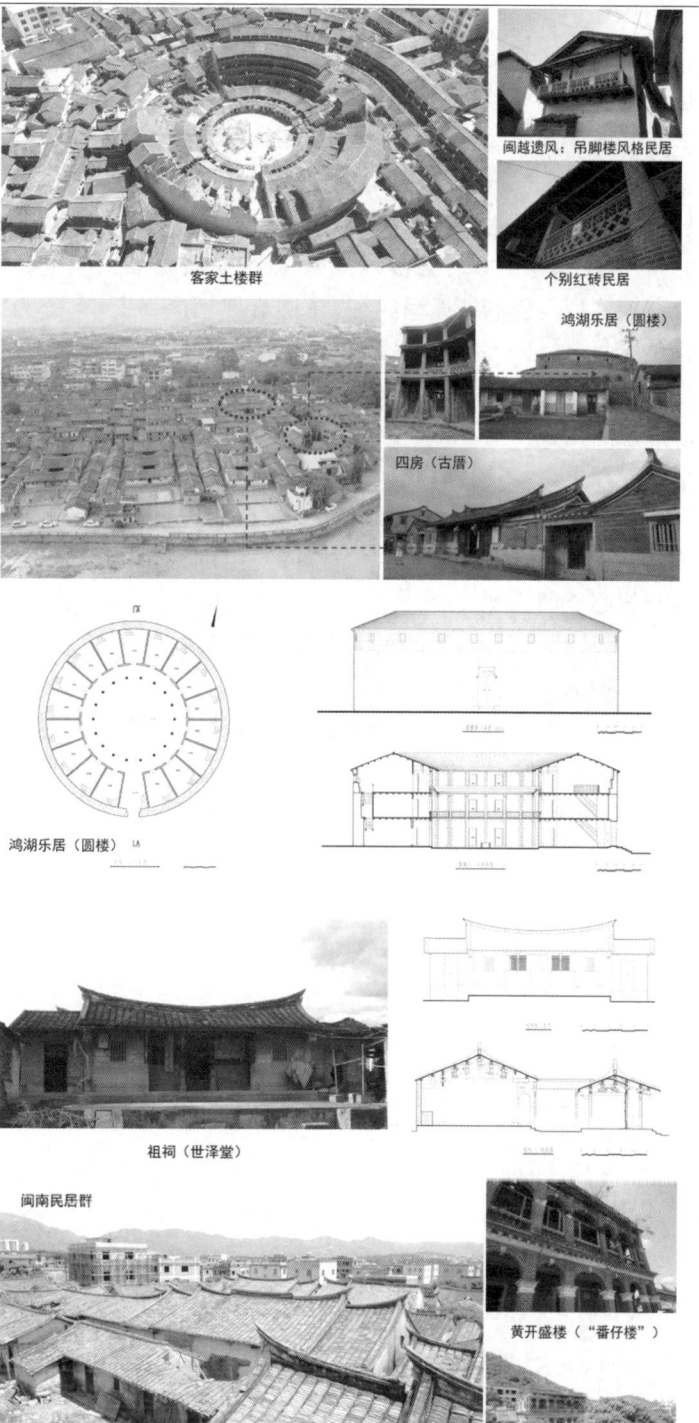
2	b·洪坑村	洪坑村位于芗城区，为闽海系戴姓家族聚居地。主要民居风格为闽南传统古厝，燕尾脊屋顶、白石墙裙、红砖或青砖墙体。"鸿湖乐居"石圆楼因其圆形的体量，成为村里的特色建筑。该民居始建于唐，于明代初（约 1369—1372 年）改为民居，直至清康熙辛丑六十年（1721 年）重建。该楼坐北朝南，原为唐代屯兵戍楼（夯土筑成），戴从宣从墨溪迁到此地，改修为住宅；清初重建时改为石构。"鸿湖乐居"直径 35 米，楼高 10.50 米，墙厚 0.6 米，占地面积 963 平方米，类似环廊式圆形土楼。"鸿湖乐居"与南靖客家土楼形制相仿，只是建筑材料外墙为青石青砖，内侧外廊采用红砖砌筑。	
3	c·城内社	城内社民居大多为典型的闽南传统古厝，屋顶多为红板瓦、双翘燕尾脊，条石勒脚与白色粉墙。"黄开盛"楼采用闽南常见的红砖为主要建筑材料，但其连续券、圆弧拱的造型手法、火焰形的门窗山花等处理体现了鲜明的南洋风格。	

资料来源：除了洪坑村平立剖图来自洪坑村村落档案外，均为作者自摄自绘

115

3.4 本章小结

本章以多元文化交汇的宏观视角，将漳州各类典型的传统村落纳入同一个研究框架。从漳州传统村落形态的类型、构成与特征入手，探索建立区域性村落形态的研究方法体系，全面解析了多元文化交汇下漳州传统村落形态的区域性整体外部表征。

一、分别从文化视野下的民系类别和经济形态与物质层面下的村落规模与历史风貌出发，建立漳州传统村落形态的类型框架。在民系类别层面上，漳州传统村落的形态可分为闽海系、客家系与闽客交融型三种类型；在经济形态层面上，可分为传统农耕型、农耕渔猎型、农商一体型与侨汇支撑型四种；在村落规模层面上，可分为大、中、小三种规模；在历史风貌特色层面上，可分为闽南民居、客家土楼、堡寨、混合型四种类型。

二、从环境选址、村落布局、边界限定与公共空间四个层级入手，系统阐述了漳州传统村落形态的构成体系。不同地貌环境下村落选址的多样性，可细分为盆地、山地、丘陵、山谷、平原五种类型；不同结构组织下村落格局的差异性，可分为组团式、带状、自由式、面状四种类型；自然与人工边界的构成，可分为自然边界与人工边界，两种边界相互关系存在着分离式、强联系与弱联系三种类型；村落街巷与重要节点下的公共空间，可分为街巷空间、入口标志与核心空间三种类型。

三、从环境介入，空间组织模式与历史风貌特色三方面入手，诠释了漳州传统村落形态的整体特征。其中，顺应自然与因地制宜的环境介入方式，一方面表现为巧借山水、方便生产、利于防御，一方面是顺应地形、灵活布局、节约用地；空间组织模式，表现为聚族而居与内向防御；历史风貌特色，一方面是形态的多样性，表现为规整与自由的布局、封闭与开放的边界、朴素与华丽的风格，另一方面是形态的交融性，表现为人工与自然的统一、不同风格民居的交融。

第四章 村落形态演变内在机理：演化机制及其规律

马林诺斯基先生曾言："我们所谓功能，就是一物质器具在一定社会制度中所有的作用，及一风俗和物质设备所有的相关，它使我们得到更明确而深刻的认识。观念、风俗、法律决定了物质设备，而物质设备却又是每一代新人物养成这种社会传统形式的主要仪器[1]。"凯文·林奇（Kevin Lynch）的村落研究中指出："聚落所呈现的实质形态是由一栋栋住屋所集结而成的一个集体形式。这个集体形式并非一蹴而就，而是逐步建构而成的[2]。"美国考古学家威力（G. R. Willey）认为"聚落形态的形式在很大程度上由普遍的文化需求所决定[3]"。因此，对于传统村落而言，基于自然地理、社会风俗、价值体系下的文化，与其村落形态息息相关、互为解释。

人之文明，无文象不生，无文脉不传；无文象无体，无文脉无魂[4]。传统村落作为一种文化遗产，包含了物质性的"文象"与非物质性的"文脉"两方面。前一章内容中通过"形而下谓之器"的研究视角，解析了漳州传统村落形态的外部表征，以文象的关注为主，体现为一个个具体的文化事象，属于文化的外在表征。而文象的研究，是作为文脉研究的基础。深入文象的表层，揭示文象的内在精神，探究"形而上"的"道"，才能使文脉得以更好地传承与弘扬，这是本章所研究的重点。

不同于上一章对漳州传统村落形态的静态性研究，本章将从多元文化交汇的动态性视角切入，以延续机制、转变机制和适应机制三个向度建立坐标系（图 4-1 与图 4-2），系统地剖析了漳州传统村落形态的演化[5]机制[6]，并进一步诠释漳州传统村落形态的演化规律，这是

---

[1] 黄平，等.当代西方社会学·人类学新词典[M].长春:吉林人民出版社,2003:109.
[2] 凯文·林奇（Kevin Lynch）提出聚落的研究内容应包括：活的有机体、群的活动、社会结构、资讯系统、生态系统、地点的意义、季节和时间的韵律等现象；同时也认为所谓聚落的形态就是这些事件和现象在空间中排列的结果。详见凯文·林奇.城市·建筑文化系列 城市形态[M].林庆怡，陈朝晖，邓华译.北京：华夏出版社,2003:73.
[3] 人类将他们自己在他们所居住的地面上加以处理的方式。它包括房屋、房屋的安排方式，并且包括与共同体生活有关的其他建筑物的性质与处理方式。这些聚落反映自然环境、建造者所表现的技术水平，以及该文化所拥有的各种社会互动和社会控制的制度。详见：张光直，胡鸿保，周燕.考古学中的聚落形态[J].华夏考,2002(1):61-84.
[4] 福建省炎黄文化研究会，世界（澳门）闽南文化交流协会.闽南文化的当代性与世界性[M].福州：海峡文艺出版社,2015:140.
[5] 之所以采用"演化"一词，而未用"衍化"，是因为"衍"多指外部形式的变化，"演"多指内在性质的变化。详见：李行健，余志鸿.义近字辨误100例[M].广州：广东人民出版社,2009:138.
[6] 所谓机制，指的是系统内部的一种特定的约束关系，通过对微观层次运动的控制、引导和激励，促使系统微观层次的相互作用转化为宏观的定向运动。详见：陈忠，盛毅华.现代系统科学学[M].上海：上海科学技术文献出版社,2005.

超越"器"的外部表征层面从内在深层次方面对传统村落形态演变的再认知过程。只有从地域主体出发来研究建筑历史,解析地域村落传统的形成逻辑,探索村落形态的生成与演变规律,才能真正发现村落内在生生不息的生命力所在。

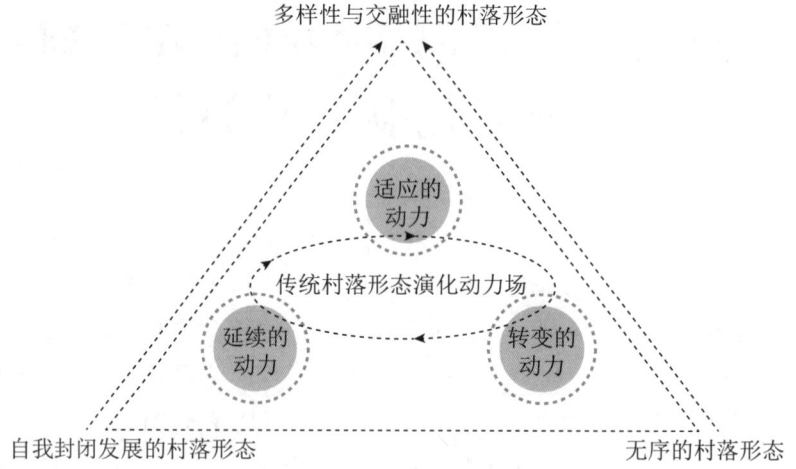

图 4-1　漳州传统村落形态演化的基本动力与作用机制示意图

图片来源:作者自绘

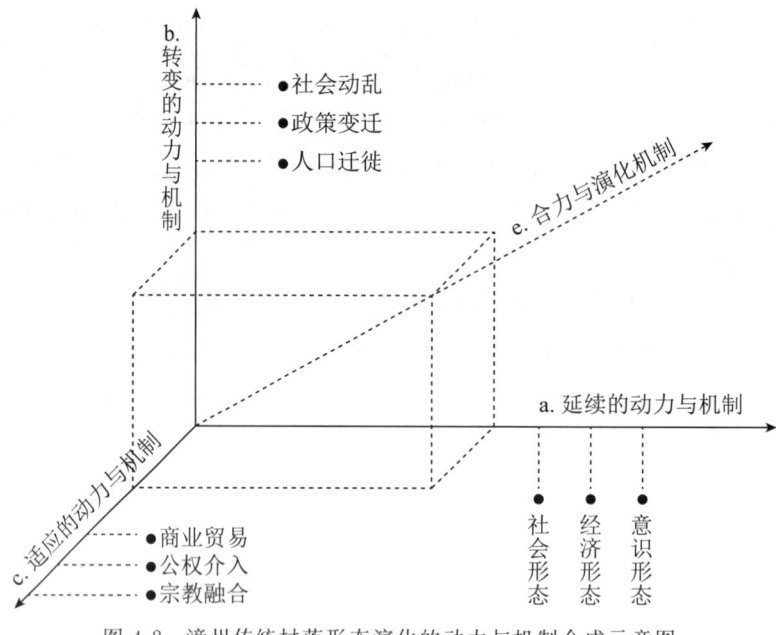

图 4-2　漳州传统村落形态演化的动力与机制合成示意图

图片来源:作者自绘[1]

---

[1]　在图示的立方体中,a 线表示延续的动力与机制,b 线表示转变的动力与机制,c 线表示适应的动力与机制,e 线表示合力与演化机制。

4.1 漳州传统村落形态的延续机制

一个地区的文化在其社会发展中发挥着重要的作用,不同类型的文明成果均以文化作为传递与延续的方式[1]。延续机制需要借助文化的传递功能,通过将人类的发明和创造、思想与精神、风俗和习惯等文化要素储存下来与世代传递,包含纵向时间的历史传承和空间维度下的横向拓展,从而促进社会的发展和进化。

漳州传统村落聚族而居与祖先崇拜的宗族社会形态、区域地理特色下的村落经济形态、风水礼制与宗教信仰影响下的意识形态,在历史的变迁中作为一种文化传统被传承下来,并与村落选址、规划布局、村落边界与公共空间的形态塑造过程产生了紧密联系,从而形成一种村落形态的延续机制,深刻地影响了漳州传统村落形态的形成与演变(图4-3与表4-1)。以宗族社会形态为例,聚族而居的社会组织模式在村落选址上首先考虑的不是个体层面,而是族群整体的生存和发展,因此土地、水源等自然条件显得至关重要;在规划布局上,宗法制度下的差序格局又潜移默化地影响了村落形态的整体生长模式;在村落边界层面上,人工边界随着族群的人口拓展而不断发生动态性的生长;在公共空间层面上,作为村落重要的公共建筑,祖先崇拜理念下的祠堂建筑深刻影响了传统村落的规划布局。

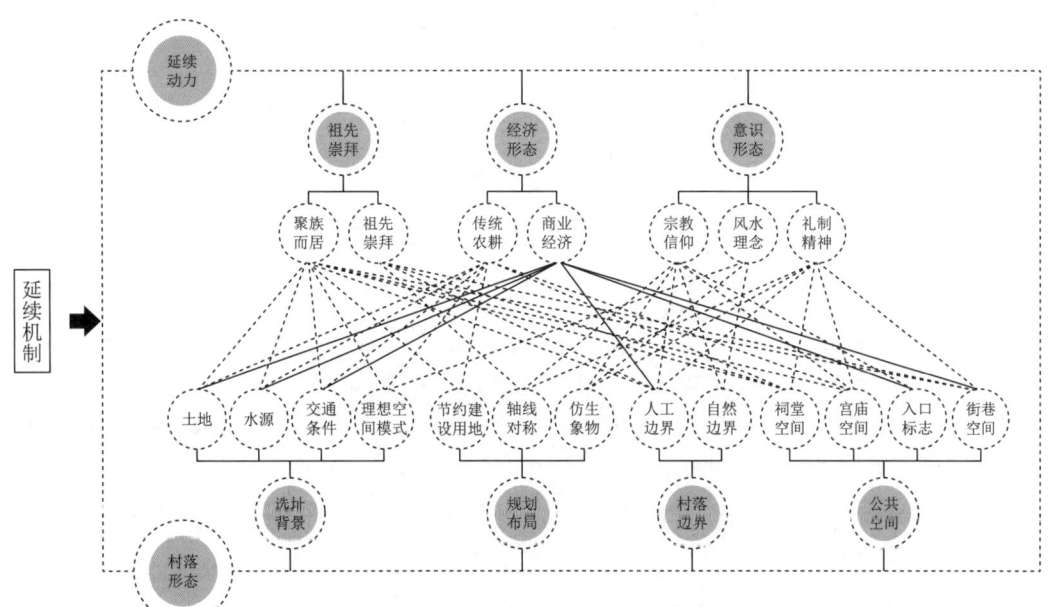

图4-3 漳州传统村落形态的延续机制示意图
图片来源:作者自绘

---

[1] 周正刚.文化哲学论[M].北京:研究出版社,2008:90.

表 4-1　漳州传统村落形态的延续动力因素及其影响结果

延续动力因素		延续动力因素对传统村落形态构成体系的影响结果示例			
		村落选址	规划布局	村落边界	公共空间
1 社会形态	聚族而居	●选址需满足村落近期与长期的生存发展需要，如土地、水源	●宗法制度下的差序格局与村落的空间格局紧密联系	●人工边界随着村落整体人口的拓展而变化，形成动态有机的过程	●祠堂或宫庙成为宗族势力、历史、荣耀与经济的象征，往往集全族之力建设，建筑的型制与装饰与众不同
	祖先崇拜		●村落祠堂作为重要的公共建筑，对村落布局影响较大，如作为村落中轴线的控制点	●某些村落的祠堂并非在村落的中心，而是布置在村落的外侧，从而影响了村落的人工边界	●祠堂及其周边广场是村落重要的公共空间，涉及节庆祭祖和平时休闲交流
2 经济形态	农耕经济	●村落所在的自然地理与资源条件是农耕生产方式的依据；同时农耕生产方式也影响了村址周边的自然环境	●漳州地区人多地狭的资源背景促使村落布局需要节约建设用地；农耕生产方式对土地的依赖也要求节约用地	●农耕生产方式中对自然山体、水系的依赖与利用，一定程度上保护了自然边界的原生性	●农耕经济中的生产过程在特殊的节令时需要特定的场所，比如祠堂或宫庙前宽阔的广场可作为晒谷的临时场所
	商业经济	●村落周边的河流、港口等资源是村落发展商业的依据	●商业街或港口码头是村落布局重要组成部分	●港口码头是村落特色的人工边界	●商业经济将赋予街巷空间更加多元的功能与丰富的装饰
3 意识形态	宗教信仰		●宫庙作为村落的重要公共建筑，其位置对村落的布局产生了一定的影响	●宫庙的位置影响了村落的边界，尤其是距离村落主体有一定距离的宫庙	●宫庙及其周边是村落重要的公共空间
	风水理念	●风水理念注重村落周边的自然地形条件，符合理想的空间模式	●村落的规划布局满足风水理念的理想空间模式，如仿生象物的空间意象	●在风水理念中，自然山林作为风水林，自然水系具有重要内涵，从而较好保护了自然边界	●祠堂作为宗族的象征，风水的优劣对于后世子孙的发展至关重要
	礼制精神		●居中为尊、中轴线对称是礼制精神的重要表现形式		●作为礼制精神的象征，祠堂与前广场大多营造出一种仪式感

资料来源：作者自绘

4.1.1　聚族而居与祖先崇拜的宗族社会形态

秩序的存续与活力，需要借助于理想、财富、武德这三种要素。理想使秩序得以自觉，财富使秩序得以自养，武德使秩序得以自立[1]。明清时期，漳州社会实行一种"保甲为经，宗法

---

[1] 施展.枢纽:3000年的中国[M].桂林:广西师范大学出版社,2018:11.

为纬"的制度原则,从而形成社会统治管理的网络。宗族作为在当时社会中几乎超越政府组织、对地方社会具有实际掌控权的一种特殊形态组织[1],其在体系、结构、制度等方面的规则对漳州地域的传统村落形态产生了深远的影响,主要可以表现为聚族而居和祖先崇拜两个方面。

4.1.1.1 聚族而居

聚族而居是我国传统社会中最为普遍的居住形式之一[2]。宗族,亦称家族,指的是同一个男性祖先的若干代子孙相聚在同一个区域,并按照某种延续下来约定俗成的行为规范,以婚姻为中心所构建的血缘性共同生活体,代表一种特殊的社会形式[3]。

德国社会学家韦伯(Max Web)指出:"如果人类的群体对他们共同的世系抱有一种主观的信念,或者是因为体质类型、文化的相似,或者是因为对移民的历史有共同的记忆,而这种信念对于非亲属社区关系的延续是至关重要的……[4]"东南沿海地区因为山脉阻隔导致交通不便,中央与地方政府对这些地区民间组织的管理成本很高,控制力因而大大减轻;沿海地区的这种割据式的地理空间,也使其在历史上较少受到大型战乱的波及,因此当地的宗族自治秩序并没有受到过严重的破坏,其对民间社会的整合力量要远强于中原地区[5]。

宗族包含实体与文化两个层面,前者体现在宗族的结构、权利和活动,后者为宗族的观念与意识。作为人类之间三种主要联结方式[6]之一,"宗者,族之始也[7]"。血缘[8]是最早与最自然的纽带,在中国传统社会中占有非常重要的地位,因为中国自古以来就是封建宗法社会,古代家庭与家族制度是宗法社会的基础[9]。宗族势力作为一种渗透于封建经济与政权的特殊社会力量,以祠庙公堂为据建立精神秩序,以公田、义田和社仓等作为经济物质基础,以

---

[1] 曾艳.广东传统聚落及其民居类型文化地理研究[D].广州:华南理工大学,2016:299.
[2] 如南阳湖阳(今河南南阳)人樊重,"三世共财,子孙朝夕礼敬,常若公家"(《后汉书·樊宏传》);北海(今山东昌乐)人孙宾硕,"阖门百口"(《三国志·魏志·阎温传》);北魏范阳涿(今河北涿州)人卢度世,"父母亡,然同居共财,自祖至孙,家内百口"(《魏书·卢玄传》);博陵安平(今河北安平)人李几,"七世共居同财,家有二十二房,一百九十八口,长幼济济,风礼著闻,至于作役,卑幼竞进"(《魏书·节义传》);等等。及至唐宋及明清,这样的例子更是不胜枚举。累世同居成为宗族制的一种典型体现形式。与此相应的是聚族而居,如北魏河东薛氏"世为强族,同姓有三千家"(《宋书·薛安都传》);聚居绛郡,赵郡李显甫,"集诸李数千家,于殷州西山李鱼川,方五六十里居之"(《北史·李灵传》);北齐时,"瀛冀诸刘,清河张宋,并州王氏,濮阳侯族,一宗将近万室,烟火连接,比屋而居"(《通典·食货典·田制》)。《礼记·大传》载:"君有合族之道。"对贫民百姓,又载:"同姓从宗,合族属。"即传统时期,同一宗姓的裔民,他们都保存有"合族"相居的这种习俗。正所谓"上凑高祖,下至玄孙,一家有吉"。详见:孙莹.梅州客家传统村落空间形态研究[D].广州:华南理工大学,2015:50.
[3] 吴永章.多元一体的客家文化:第2辑[M].广州:华南理工大学出版社,2012:13.
[4] 转引自:孙莹.梅州客家传统村落空间形态研究[D].广州:华南理工大学,2015:46.
[5] 施展.枢纽:3000年的中国[M].桂林:广西师范大学出版社,2018:105.
[6] 三种主要联结方式包含血缘、地缘、业缘。
[7] 张新武.古代文献正文词义训诂辑录[M].乌鲁木齐:新疆大学出版社,2012:113.
[8] 中国的血缘关系有血亲和姻亲之分,包括父族、母族和妻族。其中以父族为主,用姓氏作为标识来联合同父共祖的人群。
[9] 如汉代蔡邕"与叔父从弟同居,三世不分财"。中国古代家族聚居、同炊共财的风气一直保留到清代。父家长制是家族制度的雏形,封建家族则是它最完备的形态。对福建的社会形态形成和发展来说,最为重要的是宋以后的封建家族制度。关于中国家族制度的变迁,除了表4-3的说法之外,某些学者认为从原始社会末期产生,到20世纪中叶结束,共经历了四种先后承继、递相蝉联的不同形式,即原始社会末期的父家长制家族、殷商时代的宗法式家族、魏晋南北朝到唐代的世家大族式家族和宋代以后的封建家族。

族谱、族规与乡规民约(表4-2)等作为组织基础,全面干预乡村社会经济生活[1](图4-4)。

表4-2 漳州传统村落中的村规民约示例

序号	村落	年代	内容	劝善	法制	礼制	建设
1	洪坑村	康熙五十七年（1718年）	●公立禁约,各宜恪遵,如或故违,小则会行罚,大则呈官究治。所有约条开列于后：一、族人不许犯尊,欺弱,窃取物件。二、前埕不许驾棚,作厕,栽植果木。三、湖干不许开井,筑围,起盖小屋。四、湖内不许私渔、放鸭、混取泥土。			√	√
2	福塘村	明朝天启年间（1621—1627）	●禁约：规定村民不许赌博、盗窃、巧取豪夺。并刻在石碑上,名为"禁约碑记"。		√		
3	下版寮	清嘉庆十二年（1807年）	●禁滥伐碑于清嘉庆十二年（1807年）立,地处鲤鱼坝,碑宽约0.67米,高约0.97米,厚约0.24米,碑文内容为禁止乱伐松木的禁约。该碑刻反映了古代保护山林的环保意识,书法艺术较高,具有很高的历史艺术价值。				√

资料来源：作者整理

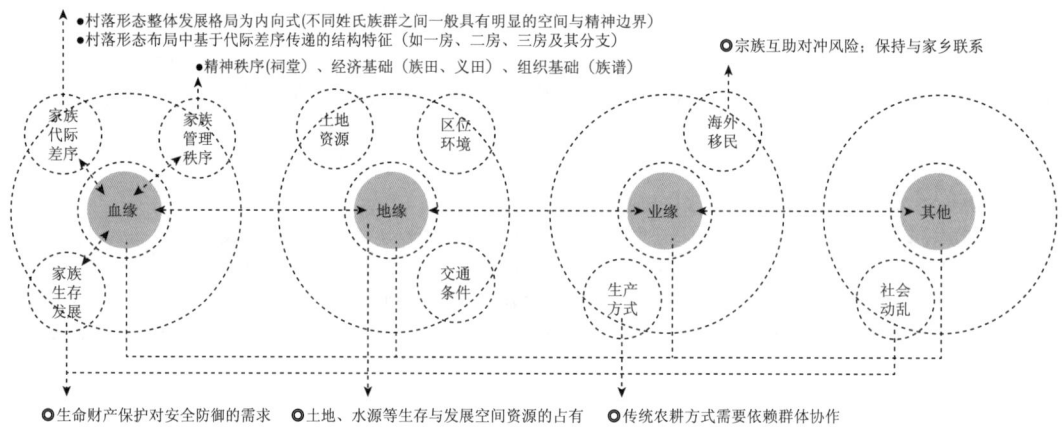

图4-4 漳州传统村落聚族而居的内涵与村落形态的关系示意图
图片来源：作者自绘

中国古人聚族而居的组织方式下,逐渐演化为家庭、家族、宗族与氏族的聚居格局,并在这种规律下不断繁衍。以宗族为本位的宗法制大致起源于殷代,与后来秦代兴起的郡县制下的君臣制度并行发展,成为古代中国发展的二元制度(表4-3)。著名社会学家费孝通先生认为："血缘是稳定的力量。在稳定的社会中,地缘不过是血缘的投影,不分离的。……血缘和地缘的合一是社会的原始状态[2]。"

---

[1] 傅衣凌.论乡族势力对于中国封建经济的干涉——中国封建社会长期迟滞的一个探索[J].厦门大学学报（哲学社会科学版）,1961(3):83-97.

[2] 费孝通.乡土中国[M].上海：上海人民出版社：世纪出版集团,2007:66-70.

表 4-3 中国家族制度的变迁概况

阶段	时间	具体描述
第一阶段	春秋战国之前	●世代享受俸禄的世卿制度,宗法组织与政权合为一体,家族的社会地位高低也由政权地位所决定。
第二阶段	秦汉至隋唐	●强调门第高下为主的门阀制度,宗族组织开始与政权组织脱离,由门第决定家族地位高低,因此一些强族大宗的修谱牒之风大行。
第三阶段	五代十国以后	●租佃契约制和科举制逐步兴起,不仅强调敬宗收族、注重血缘关系,同时提倡"睦族敬宗"、修谱联宗、建祠以祀,从而促使聚族而居的生活更为普遍,睦族气氛也更为浓厚。特别是宋代开始,文人地位提高,崇尚礼教文化之风更浓,聚族而居,数世同堂的现象非常普遍。

资料来源:作者整理,部分参考自:白佩芳.晋中传统村落信仰文化空间研究[D].西安:西安建筑科技大学,2014:151.

在更大的时空尺度视野下,聚族而居并非静态不变,而是一种动态的过程。中国历史上的战乱,促使难民背井离乡寻找安全宜居之地,这种迁徙活动强化了宗族意识、彰显宗族的团体防御功能,并赋予其特殊的文化心理性格:只有具备了强大内聚力的宗族制度,才能使族群团结起来,与外部世界进行有效抗争[1],尤其是在面临缺乏土地等自然资源、应对不同民族与民系斗争的安全危机情况下,基于宗族制度下的"共同体"可以充分整合一切力量以抵御外来的侵袭,并获得生存与发展的空间与资源[2]。以客家人为例,之所以客家人的宗族观念尤为强烈、重视家族凝聚力,这是由特定历史所决定的:第一,客家先民迁徙前在祖籍地就是一个完整的家族单元,在长期迁徙旅途中,家族也是作为最基层的迁徙单元,家族成员唯有互相依赖方能克服困难到达目的地;第二,当到达新的定居点之后,作为后到的新移民,必然面对当地土著和早期移民的排挤与侵扰,团结家族的力量以集体自卫是良策;第三,传统封闭自然经济下的生产方式,需要家族成员相互协作、披荆斩棘、共同开荒,以求生存与发展;第四,客家人的定居点地处偏远山区,远离中原战乱地区,社会较为安定,且闽粤赣聚居区紧密相连成为一片,利于保留同根、同源、同质的祖居地文化,而不至于被周边其他族群同化而丧失固有的文化[3]。

传统农耕经济的存续为传统家法族规的形成与发展奠定了必要的物质基础,农耕经济的稳定性有利于传统家庭的凝聚与繁衍,同时农耕经济的延续性也促进了传统家法族规的形成与发展[4]。自唐末五代到宋元时期,中国家族制度开始出现了分异,表现为传统的大家族意识形态逐渐走向个体小家庭模式的普遍化,由此相应地产生了合院式民居以及合院单元重复式的村落布局模式。然而,福建漳州位于中国的一隅,由于自然地理的交通隔断,使其成为文化传播的末梢,错过了当时分异期的侵染,恰好保留了较为原始的大家族居住和礼

---

[1] 易石嘉.闽越文化[M].北京:华艺出版社,2011:导论.
[2] 曾艳.广东传统聚落及其民居类型文化地理研究[D].广州:华南理工大学,2016:304.
[3] 吴永章.多元一体的客家文化:第2辑[M].广州:华南理工大学出版社,2012:1.
[4] 杨威,刘宇.明清家法族规中的优秀德育思想及其当代价值研究[M].北京:人民日报出版社,2016:2-3.

法形态[1]。

漳州传统村落宗族社会组织的特点,与传统村落形态的类型和形制之间具有紧密的联系。在调研过程中,存在一些较为独特的聚族而居现象,有些村落(行政村)不同姓氏家族的聚居地之间距离较近,各自于所在区域内按照原有的宗族结构组织方式繁衍,从而逐渐形成典型的组团式布局,如石桥村和福塘村。石桥村早期为自由式的布局,村落人口结构为多姓氏,张氏家族为主要姓氏。但是,早在张姓祖先来石桥定居之前,罗、林、严、薛四姓人家已经在附近定居。因为姓氏宗族不同,不同姓氏村民的民居相对独立,散居在周边的不同区域,且因为地广人稀,各家各户自耕自食,彼此之间过着自给自足、和睦相处的生活,并没有形成村落的格局。后来随着各个姓氏族群人口的不断自我繁衍,同时在自然地貌与"三团溪"的影响下,逐渐形成了"门口洋""溪背洋""长蓝""洪坑坝"和"望前"五个相对独立的区域[2]。秀峰乡福塘村的村落布局为典型的组团式,这也和村落的多姓氏人口结构有关系。福塘村有杨、朱、曾、林四个主要姓氏,各自位于村落的"坑头坪""福垵美""塘背科"与"南山"四个相对独立的区域。每个区域内由上述各个姓氏宗族在聚族而居的社会组织形态下独立繁衍而形成各个相对独立的组团。综上所述,聚族而居是基于血缘为基础、并在特定时空下的地缘和业缘与其他社会环境的影响与支撑下得以良好延续的社会形态,并通过家族代际差序和家族管理秩序等因素对传统村落的形态存续产生了深远的影响。

4.1.1.2 祖先崇拜

祠堂的数量与分布情况反映了村落社会组织的特征。作为村落社会形态的基础,社会组织在一定层面上决定了村落生活的方式。从社会关系上看,血缘对应了所谓的"身份社会(status society)",地缘对应着"契约社会(contractual society)",村落与家族的社会关联体现了"家国同构"的理念,村落是不断繁衍拓展的家族[3]。

基于血缘"内核"基础上的祖先崇拜,通过祭祖与族规等内在动态仪式的历史传承,并借助于族谱、祖墓与祠堂等外在的静态载体,一方面确定了村落的实体空间边界,另一方面则以此为基础,与村落实体边界之外的逐级降序的宗族分支村落发生联系,从而拓展了村落的精神空间边界,诠释着中国传统民间社会中"慎终追远"的孝道精神与丰富多彩的民俗习惯(图4-5、图4-6)。作为宗族制度核心的祖先崇拜历史悠久,周代实行大小宗法制度,"天子七庙,诸侯五庙,大夫三庙,士一庙,庶人祭于寝[4]"。宗族礼法早期主要盛行于统治阶级与士大夫,明清时期随着宗族制度走向平民化,民间宗族礼法获得了巨大发展,同时也表现出鲜明的南北差异。"聚居之风,古代北盛于南,近世南盛于北[5]。"漳州汉人祖居中原,基于传统伦理道德观念的需要,并在传统儒家思想的熏陶下,南徙后依然不忘其祖遗训,注重维护

---

[1] 曾艳.广东传统聚落及其民居类型文化地理研究[D].广州:华南理工大学,2016:351.
[2] 后来随着张姓家族的繁衍,起初并没有留在石桥村,而是不断分支外迁,开辟新的定居点,如三团溪上游的河坑、曲江、大坝和下游的大陆背、林扁,还有竹塔、高吸、奎坑、上汤、双峰等村。张氏这种外迁方式与当地基于人地关系平衡的考虑有关。部分文献来自石桥村村落档案资料。
[3] 王鑫.环境适应性视野下的晋中地区传统聚落形态模式研究[D].北京:清华大学,2014:175.
[4] 郑玄注:孔颖达等正义黄侃经文句读.《礼记正义》[M].上海:上海古籍出版社,1990:240.转引自:李岳川.近代闽南与潮汕侨乡建筑文化比较研究[D].广州:华南理工大学,2015:26.
[5] 吕思勉.中国制度史[M].上海:上海教育出版社,1985:395.

"三纲五常"的道德规范[1]。相较于北方地区,南方人口聚居的格局较少因战乱等因素而遭到破坏,加之离国家政权中心较远,地方宗族势力往往较为强大。恩格斯在《家庭、私有制与国家的起源》一书中曾提到"住得日益稠密的居民,对内和对外都不得不更精密地团结其爱。亲属部落的联盟,到处都成为必要的了……[2]",说明了祖先崇拜对于宗族关系的团结具有重要的意义。

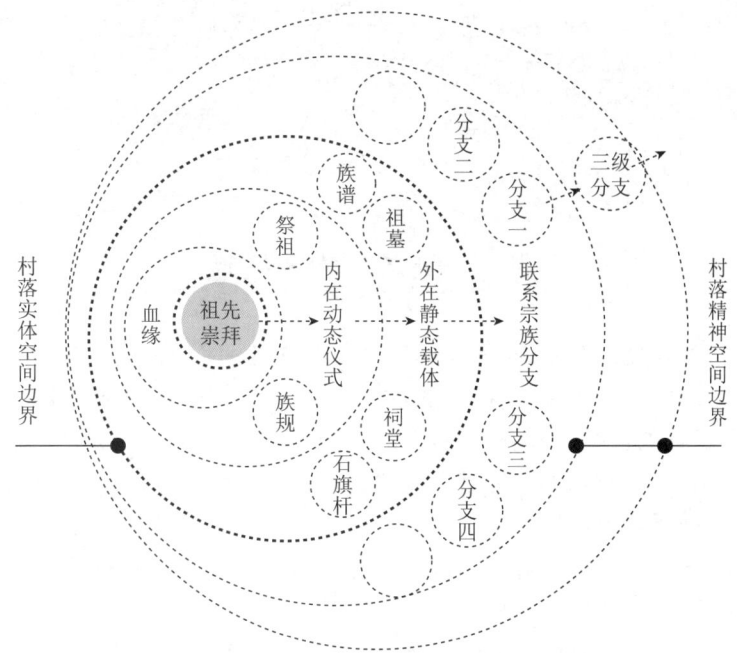

图 4-5　祖先崇拜的内涵与村落形态的关系示意图
图片来源:作者自绘

闽南和潮汕两地地处中国东南沿海区域,宗族文化尤为发达,并以祠堂、族田、族谱与族学等作为其重要组成部分。"百人之族,一命之官,即谋置祠宇、祭田,霜露岁时,非丰不洁不荐。下至市井小民,家设主龛,反厅事位置必先祖而后神[3]。"祠堂、族谱、族田三者是宋代以来封建宗族制度的主要特征[4],三者相辅相成。北宋著名理学家张载与程颐在其重建家族制度方案中,提倡建立祠堂以祭祀先祖。通过祠堂、族谱与族田的相互联系,共同推动了宗族制度的蓬勃发展:祠堂与族谱可以强化血缘关系,推行家规、族规;族田是宗族制度存在的重要物质基础。明清时期福建民间家族祭祀的方式逐渐走向多样化,祭祖方式可以分为四类:家祭、墓祭、祠祭、杂祭。祭祀祖先的传统习俗是家族文化的重要内容(图4-6)。通过上述四种不同层次与规模的祭祖方式,明清漳州民间社会形成了严密而又交错的仪式网络。通过家族的祭祖仪式,家族内部的凝聚力被强化了,当这些祭祖活动与家族的群宴团乐结合

---

[1] 吴永章编.多元一体的客家文化:第2辑[M].广州:华南理工大学出版社,2012:14.
[2] 恩格斯著;中共中央马克思恩格斯列宁斯大林著作编译局编.家庭、私有制和国家的起源[M].北京:人民出版社,1999:170.
[3] 陈寿祺,等.福建通志:五[M].北京:华文书局,1968:2.
[4] 戴志坚.福建民居[M].北京:中国建筑工业出版社,2009:50-51.

图 4-6 芗城区洪坑村深度宗祠
图片来源：作者自绘

在一起，更使族人们在血缘关系的精神纽带联结下，和气一团，情谊欢洽[1]。

仪式，是在一定的文化传统下，将一系列行为按一定的程序组织起来以表达某种象征意义。它是一种象征性的甚至带有表演性质的、由地域文化及传统习惯所支配的一整套行为方式[2]。仪式，是内部文化与精神力量外化的表达方式。祭祀的意义除了慎终追远之外，也增进族内联系、加强凝聚力与展示宗族力量。作为地域文化及传统习惯支配下的一整套行为方式，仪式推动各种团体的人群之间产生合作，从而化解村落内不同派别的矛盾，使主持仪式的村落声望提高，社会价值观得以重新强化[3]。

洪坑村农历正月在祖祠世泽堂举行卦灯会，由村落家长主持，"庵头家"[4]承办。洪坑村后裔子孙一方面以此沉思怀念宗功祖德、业勤发展村落的智慧足印，一方面为新年好兆头祈福，裔孙各自备礼供奉祖先求卦，不同的卦象代表不同的意义[5]。每年的正月新春元宵佳节，珪后村追远堂都会点灯祭祖。叶氏家庙点灯习俗意义在于"惟贤是登"，目的是让村里贤德之人能够登堂入室、展示勋绩，供后世子孙景仰，族人乡亲"见贤思齐"，把公认的先贤大德引为楷模、向其看齐，从而提升村落整体的道德与文化水平。城内社的黄氏家庙每年冬至定期都会在浦西黄氏家庙举行祭祖活动[6]，有利于增进黄氏族人之间的感情。诒安堡的黄

---

[1] 易石嘉.闽越文化[M].北京:华艺出版社,2011:导论,122.

[2] 孙莹,肖大威,王玉顺.客家古村落人文历史空间解构及保护研究:以梅县侨乡村为例[J].建筑学报,2014(A1):103-107.

[3] 王铭铭.想象的异邦:社会与文化人类学散论[M].上海:上海人民出版社,1998.

[4] "庵头家"指的是村落里每个社头（自然村）或房头（每个分祠的子孙）选出的参与仪式的轮值负责人，一般是任期一年，采用报名与抽签的选定方式，共同主持仪式，往往在仪式结束后宴请同族亲友。

[5] 这种求卦，亦称"筊卓立"。洪坑村筊卓立卦书39条，签文明卦顺境，求卦定例筊卓立三次。圣圣圣：即授予状元灯，卦书："所求之事皆康泰，无福无灾无芥带。前程贵人已相催，禄马途中多等待。"圣阳圣：即授予榜眼灯，卦书："冬来万物已凋零，且等来春便向荣。清幽冷淡生芳态，一段光辉一段明。"阴阳阴：即授予探花灯，卦书："移步出门见太滨，千山万水觅知音。回家相对饮春酒，日暮风轻送马程。"圣圣阴：即授予大山灯，卦书："前程已有贵人催，重重财源任作为。只管营求莫回首，不问长短是和非。"

[6] 参加祭祖仪式的，除了厦门、漳州、泉州、福州、龙岩、宁德以及广东潮汕等地的黄氏宗亲代表外，台湾的黄氏宗亲代表也专程从台中、金门等地赶来参与盛会。

氏大宗祠,每年的灯节中有一种叫"穿灯脚"的习俗,即在元宵夜里,村中新娶进门的新娘子和当年生男孩的小媳妇,必须穿红着绿,打扮一新,在婆婆或其他年岁大的老妇人陪同下,手拿吉祥物,口中说吉利语,从大宗祠堂的灯棚下走过,一展风采。之所以这样做,目的在于向祖宗也向乡亲介绍新媳妇。山河村农历八月举办火烛节,将沈氏先祖与众神恭请到全村各处巡游,热闹非凡。

除了祠堂的祭祖等动态的仪式之外,村落的祠堂前往往会树立石旗杆,作为表彰科举登科的同族村人,同时也是在"光宗耀祖"理念下对祖先表达敬意与感恩。南靖县塔下村的德远堂是张氏的祖祠(图4-7),堂前门口池塘边耸立着二十根石旗杆,犹如石林,顶端是笔的表示文科、刀状的表示武科。石旗杆不仅仅设置在祠堂之处,也有些村落设置在祖墓前,都是表达对祖先的一种情感与仪式,如上洋村(图4-8)。

图4-7 塔下村德远堂

图片来源:作者自摄

图4-8 上洋村庄亨阳墓

图片来源:村落档案

4.1.2 漳州区域地理特色下的村落经济形态

马克思曾指出:"人们自己创造自己的历史,但是他们并不是随心所欲地创造,并不是在他们自己选定的条件下创造,而是在直接碰到的、既定的、从过去承继下来的条件下创造[1]。"多元的地理结构形成了相应的自然生态条件差异,从而带来各区域在政治、经济、社

---

[1] 中共中央马克思恩格斯列宁斯大林著作编译局.马克思恩格斯全集:第11卷[M].北京:人民出版社,1995:131-132.

会、文化等方面的不同运行逻辑,并且这些逻辑彼此之间还会发生复杂的互动乃至互构的关系[1]。漳州地区独特的大陆与海洋二元地理结构,一方面使传统农耕经济在内陆山区得到了发展与延续,另一方面在沿海尤其是九龙江流域及其入海口区域孕育出了商业经济。

4.1.2.1 源于土地基础下的传统农耕

原始农耕始于黄河流域,炎帝神农氏在选择农耕时注重基础的条件:土地肥沃湿润、近水安全、渔猎采集条件好。《论衡》中记载:"神农氏揉木为耒,教民耕耨,民始食谷,谷始播种。耕土以为田,凿地以为井……[2]"(图4-9)

在一个地区的社会发展历史上,任何一种社会类型下的生产技术与生产工具,都离不开相应的自然地理条件,从而构成了中国传统农耕社会中特定的生产与生活方式——农耕经济[3]。传统村落文化的开拓初期是以农业经济为制约因素的[4],基于土地资源下的农业生产相对固化,将农耕民族与土地之间相互绑定,粮食作物的种植与开垦方式,决定了农耕经济的封闭性与不发达,并进一步强化了重视教育"耕读传家"的理念,于是在传统村落生成的时空里,经济方式与村落形态共同见证彼此的历程。

图4-9 神农教稼图
图片来源:程原生,米东明.探索发现炎帝陵[M].太原:三晋出版社,2016:183.

在古代内向封闭的区域,独特的自然与资源条件,必然产生真正具有地区性特征的生产方式。作为农耕社会中食物来源的主要方式,耕作与采集狩猎都离不开特定区域范围内的土地。因此土地资源是传统村落赖以生存与繁衍的必要生产资料,以此为基础,结合特定的生产技术、生产工具与劳动力,从而在古代社会里决定了传统农耕的经济模式。在这种经济形态的运行过程中,大量、固定与持续的劳动力衍生出对定居生活方式的要求,并进一步促进人口的繁衍与民居的兴建。土地资源是有限的较为稳定的边界,土地与人口的比例权重所带来的人地矛盾关系的变化,又进一步影响到农耕生产方式的持续发展,从而也影响了村落的生存与发展(图4-10)。因此对于传统村落而言,耕地的重要性往往大于居住用地,尤其是缺乏耕地资源的山区,许多民居并非布置在平坦的区域,而是结合山地布置,尽量留出较大的平地用于农业生产。在漳州山区村落的实地调研之中,可以发现土地资源对当地农耕经济的深刻影响:以客家为例,山地中可见蜿蜒曲折的水利工程,与山地坡度紧密结合的梯田,村民家中随处可见的牛耕犁锄等生产工具,鲜明展现了农业文明的传统。

---

[1] 施展.枢纽:3000年的中国[M].桂林:广西师范大学出版社,2018:1-54.
[2] 程原生,米东明.探索发现炎帝陵[M].太原:三晋出版社,2016:181-182.
[3] 杨威,刘宇.明清客家族规中的优秀德育思想及其当代价值研究[M].北京:人民日报出版社,2016:2.
[4] 曾艳.广东传统聚落及其民居类型文化地理研究[D].广州:华南理工大学,2016:263.

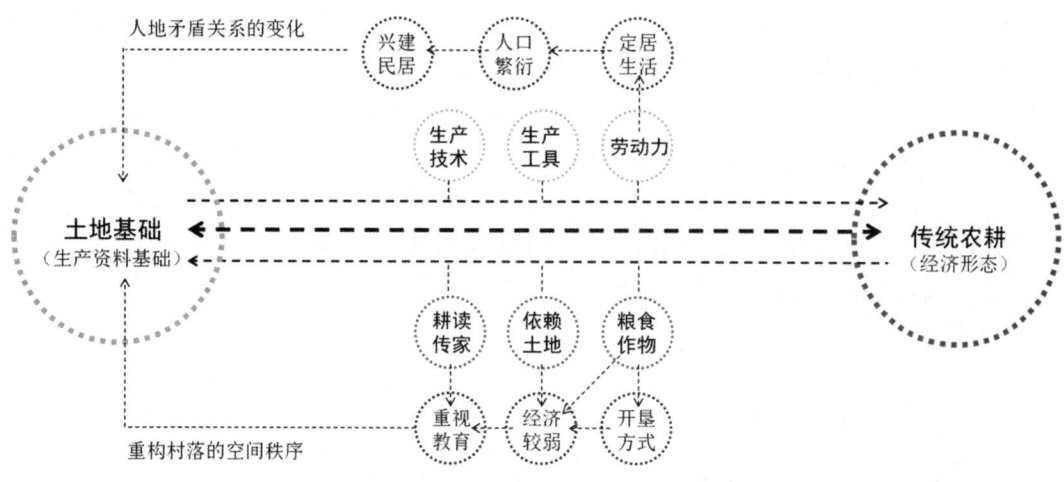

图 4-10　传统农耕的内涵与村落形态的关系示意图

图片来源：作者自绘

4.1.2.2　基于河流与海洋的商业经济

大量北方中原汉人的南迁为南方经济的发展注入了新的动力，古代中国的经济重心也随之逐渐南移。这种南北地位转换的原因，一方面是人口因素，另一方面则是因为相对于北方地区而言，南方的自然条件更有利于农业经济的发展，比如南方水系多而交通运输方便、蚕丝业盛产在南方、瓷器制作中心南移[1]。在河流与海洋的交通地理优势下，随着商业利益的驱动、外部市场的开拓、冒险精神的支撑，逐渐发展出商业贸易的经济形态。一方面生活与生产方式从定居走向流动，带动了文化的传播，另一方面商业产品与社会分工带来更加丰厚的收入，进一步促进商业设施与贸易通道的建设。漳州传统村落的经济开始渐渐摆脱对土地资源的高度依赖（图 4-11）。

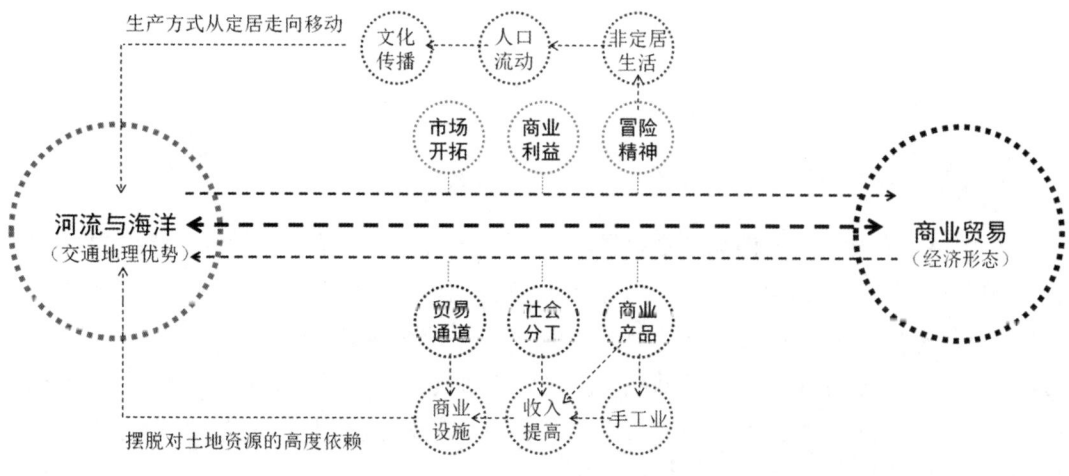

图 4-11　河流与海洋的商业经济内涵与村落形态的关系示意图

图片来源：作者自绘

---

[1] 陈正祥.中国文化地理[M].北京：生活·读书·新知三联书店，1983：6.

漳州东临大海,可以通过太平洋往东亚或南洋拓展,同时藉由九龙江及其支流便可辐射内陆地区,从而连通内陆与海洋,形成一条沟通东西、串联山海的贸易通道,为漳州地区的商业经济提供了良好的交通条件。在海外贸易发展的大背景下,某些特殊区域村落的商业经济得到了快速的发展,也促进了村落商业街市与对外港口码头的开发,从而改变了村落原有传统农耕经济影响下的形态特征。如龙海市埭尾村紧邻九龙江南溪,通过村落内河水系可以直接连通九龙江,并借助这条自然水系通道可以迅速到达九龙江出海口与当时著名的月港码头,开展相关的商业贸易(图4-12)。

图4-12 龙海市埭尾村通过内河水系连通九龙江开展贸易
图片来源:作者自绘

4.1.3 风水、礼制与宗教影响下的意识形态

基于风水、礼制与宗教的地域意识形态,与传统村落形态之间是一种互为存在的关系,它们共同构成了村民的日常生活情境。传统村落为上述意识形态提供了一个产生、发展、传播与流变的物质空间载体,是人化的物质存在,同时传统村落形态也因为这些意识形态活动的承传而得以良好地延续。以漳州客家传统村落为例,在传统风水的运用上,一方面体现在村落选址布局的宏观层面上;一方面在微观层面的营建过程中,当地工匠重视使用鲁班尺、丁兰尺[1]等工具,同时在营造过程中从择日、破土、上梁、封顶、入住等各个阶段都伴随

---

[1] 丁兰尺,主要用于建造坟墓或设置祖先牌位及神位时,用以测量,并定吉凶。长一尺二寸八分,一尺约合38.78 cm,分十格,上面刻有财、失、兴、死、官、义、苦、旺、害、丁十字,使用时以吉字为宜。转引自:王东,唐孝祥.从化传统村落与民俗文化的共生性探析[J].中国名城,2016(8):65-70.

有相应的民俗活动,以达到趋利避凶的心理需求。除此之外,在古百越族群的巫文化影响下,客家村落中神巫文化的宗教信仰盛行[1]。因此,村落形态的营造与其内在的基于风水、礼制与宗教影响的意识形态息息相关,彼此共存、互为场景,共同构成传统村落的整体文化景观。

4.1.3.1 风水理念:人地关系

自古以来,风水理念作为中华民族思想意识形态的组成部分,已经潜移默化地扎根于中国传统行为模式与生活观念之中。从民族文化学的视角上看,这并不是一种迷信的问题,而是成了我们中国文化中不可分割的一部分[2]。在漫长的历史发展进程中,中国各地传统村落已经发展了一套较为独特的布局方式,除了宗族、礼法等因素之外,"风水观"对传统村落形态产生了重要的影响。风水理念对于不同区域村落的意义,除了自然环境观之外,在特殊历史发展进程中,也渐渐融入了各地独特的丰富社会内涵(表4-4),不断拓展其精神意义。

表4-4 传统村落风水的社会内涵

序号	类型	具体描述
1	避凶趋吉的心理需要	● 漳州地区早期的人口多为各地战乱频发下背井离乡的流民,且存在土客械斗、盗寇猖獗等诸多恶劣的社会问题,极易造成族人恐慌、缺乏安全感,且强烈需要寻求庇护的心理状态。风水在对聚落及民居环境优化的同时,营造了一种"只要有好的风水,就能获得平安幸福"的观念氛围和心理暗示。
2	聚落荣誉的象征	● 宗族兴旺发达的三个指标主要体现在人丁兴旺、人才辈出和族产丰厚。风水中所讲"龙脉""山局""水财"正好与之相对应。若一个聚落具备了好的风水,则对宗族兴旺产生了暗示作用,再通过族老和乡绅们的装饰和美化,风水演化成为一种宗族荣誉的象征。
3	被当作竞争手段实现宗族利益的最大化	● 漳州内陆地区早期山多人少,存在许多"无主"之地,后来随着人口增长,山地逐渐成为稀缺资源。为了占领这些暂时未开发的土地,附近村民利用"祖坟风水"来占有山林,甚至有一些地方大族还利用"祖坟风水"强占有主之山。

资料来源:作者整理。参见:曾艳.广东传统聚落及其民居类型文化地理研究[D].广州:华南理工大学,2016:319.

风水亦名"堪舆""青乌""地理",据考古学研究发现,仰韶文化时期的村落选址上已有环境选址的倾向,先秦的文献[3]中也有"卜地""相宅"等主动选择环境的记载。较为系统的风水学起源于晋代,由祖师郭璞所创立,其核心思想的本质是追求人与自然的和平相处,比如注重住宅、坟墓与自然环境之间的协调性,强调自然山水的选择,以求趋吉避凶[4]。中国文化精神以人为本,以人体为宇宙之缩影,对自然环境进行解释[5]。在隋唐之前,风水术主要

---

[1] 村落中分布门神、灶神、天神、土地神等,如客家村落中或路口指定某棵树或某块石头为伯公(当地人称为伯公,即土地神);许多庙宇中,祭祀如龙母、财神、天后、北帝、游禾神等各类神仙,村民对这些神仙定期不定期地举行祭拜仪式,并伴随有舞狮、舞虾、舞鱼、舞蟹与客家山歌比赛。
[2] 汉宝德.建筑桃花源[M].北京:生活·读书·新知三联书店,2013:3.
[3] 《诗经》
[4] 曾艳.广东传统聚落及其民居类型文化地理研究[D].广州:华南理工大学,2016:315.
[5] 汉宝德.建筑桃花源[M].北京:生活·读书·新知三联书店,2013:45.

流行于黄河流域,唐末以降,中原战乱下大量中原汉人南迁,中原风水术亦随之逐渐南传,并在后来的发展过程中,逐渐形成了以察看山形水势为主的"形势派"[1]和以寻验"阴阳气理"为主的"理气派"[2]两大主要派别[3][4]。

风水对传统村落形态的主要影响体现在"形势法"[5],如相地、相宅、相人、相物,将与风水相关的自然要素划分为"龙、穴、砂、水"四大类,体现的是一种对环境的认知观念:其中"觅龙"中的"龙"指的是山,因为山势的高低、起伏与逶迤犹如"龙"的形态变化,山脉即"龙脉",被认为可"藏风聚气";"点穴"指的是选择地基范围;"察砂"表示确定周边环境;"观水"是选择水体环境,要求水资源充足方能满足村落大规模发展的需要,且应尽量避免直冲而下、湍急反跳的所谓"恶水",理想的水流必须缓慢、平稳、弯曲与环绕。根据上述这四大类要素的条件及其相互关系,最终确定聚落及民居的选址和朝向[6][7]:大致是村落背靠大山或丘陵,左右两侧各有小山,并靠近自然水系(也可挖人工水塘),民居朝向尽量坐北朝南,即"负阴抱阳"(图4-13)。

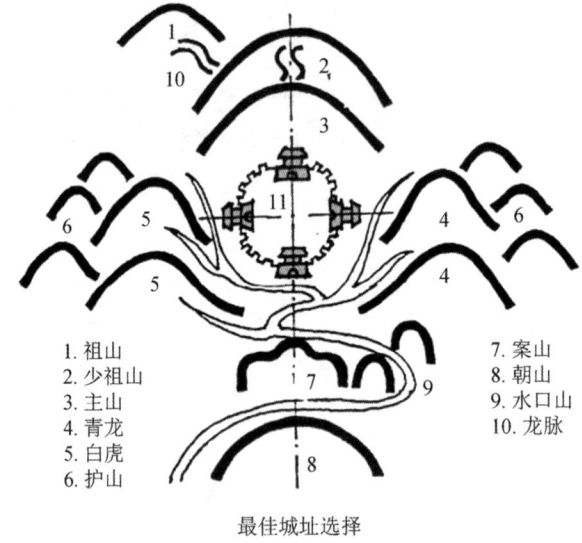

图4-13 中国古代最佳城址选择示意图

图片来源:王其亨.风水理论研究[M].天津:天津大学出版社,1992:26.

---

[1] 形派,讲究形势、形法、峦体,主要活动在江西,故称赣派。形派由江西人杨筠松、曾文遄、赖大有、谢子逸等人创立,注重龙、穴、砂、水和定向,俗称地理五诀。杨筠松是形派宗师,撰有《三龙经》,即《龙髓经》《疑龙经》和《辨龙经》,又有《撼龙经》,都是讲龙脉、述形势之书。形派认为崇冈复岭,则伤于急;宽平旷野,则病于散。观其变化,审其融洁。意则取其静,势则取其和。参见:戴志坚.福建民居[M].北京:中国建筑工业出版社,2009:69.

[2] 理派,讲究理气、方位、卦义、宗庙,主要在福建活动,故称闽派。理派由宋代王伋、陈抟等人创立,在福建、四川、浙江都有传播,主要经典有《青囊海角经》等。理派以八卦、十二支、天星、五行为四纲,讲方位,有许多"煞"忌,理论十分复杂。理派借鉴了形派的理论,在形派的基础上糅杂《周易》学说和占星学说,因此理派的理论很少有人能搞懂,流传范围有限。参见:戴志坚.福建民居[M].北京:中国建筑工业出版社,2009:69.

[3] 刘沛林.中国风水的起源与传播[J].寻根,1996(4):32-35.

[4] 虽然自唐宋以来,风水术大致可分为两派。两派不能截然分开,形派也讲方位,理派也讲形势,只是侧重点不同而已。两派之中,你中有我,我中有你。

[5] 清代赵翼《陔余丛考》曰:"其为说主于形势,原其所起即其所止,以定向位,专指龙、穴、砂、水之相配。"

[6] 曾艳.广东传统聚落及其民居类型文化地理研究[D].广州:华南理工大学,2016:315.

[7] 戴志坚.福建民居[M].北京:中国建筑工业出版社,2009.

第四章 村落形态演变内在机理：演化机制及其规律

在漳州传统村落形态中，风水的意识十分突出，人们大多认为天体运行（天）、宅地方位（地）与人事行为（人）之间是相互对应的整体，乃至于相信村落所在的环境优劣与村落的旦夕祸福、前途命运有关。因此，村落的先祖在建村立寨与营建房屋前沿袭着请风水师的习俗，遵循理想风水模式、寻龙探穴、查砂观水，以找寻最佳的人居环境。这些蕴含于村落选址和布局的风水理念，深刻影响着漳州传统村落形态。

龙海市城内社选址于山清水秀、环境宜人的场所，周边环境形势契合了中国传统风水观念在村落选址中所追求的"藏风聚气"的理想空间模式思想：村落坐北朝南，三面环山，背靠狮山，左引龟山，右傍内湖山，前有自西向东蜿蜒流淌的浦西溪及开阔的平原，远处有江垅山作为对景形成"枕山面屏"的风水效果。

龙海市埭尾村除了天后宫，明清民居群均为坐南朝北，与众不同。基于更宏观的开阔视野为重，埭尾先民遵循大区域环境的东、南、西三面的主要山脉为依据，而认为东北方向的入海口为更广阔的视野。因此，以大帽山及其向南部绵延的高大山脉为主要"龙脉"，又称为"玄武"；以大帽山西侧山脉和东侧的鹅浪山为左辅右弼，亦称左青龙山和右白虎山，使基址背后以群山环抱。对景的案山为"笔架山"，又称为"朱雀"。中间的平地为村落基址，称为"明堂"，而明堂之前有南溪形成的月牙湾和头前河，这就形成了一个由山水围合、藏风纳气的理想空间。

漳浦县诒安堡在村落选址上也满足了中国古代最佳城址的模式：玳瑁山脉位于诒安堡北面的祖山位置；正正北方的天马山，正好位于主山的位置；东边的忠信山与东林山，位于青龙山位；西面则是考亭山和考智山，位于白虎位；南有丹山作为村落的对景，丹山下有丹湖的水面相映成趣。而且，忠信山与东林山作为水口，被民间称之为"狮山"和"象山"，这也符合了风水学上的原理[1]。闽台一带，尤其是漳州市，流行着一种所谓"天宫锁"的民俗。"天宫锁"是一种薄银片，剪成锁形，镌刻着"长命百岁""天官赐福"或"状元拜相"，具有驱邪纳吉、永保平安的内涵，成为一个吉祥物[2]。诒安堡的村落总平面图呈现为中国古代"锁形"，体现了中国古代通过仿生象物的布局方式来表达一种祈福驱邪的文化意象。

南靖县石桥村位于内陆山区，北面有天然的屏障高峰——大窠紫，地势高爽，排水便利，既可抵御风寒又能吸收阳光，东西山峦两相对峙，成为土楼群美丽的衬景。南面的近景有"案"——溪背崎，远处有"朝"——蝙蝠山，均为村落绝妙的对景。西南与东南方向沿着溪流的视野较为开阔，是南面自然风的主要入口。整个村落依山傍水，位于地势低的背风处，冈峦环抱、中部平坦、涓涓细流蜿蜒而过，其围合的空间如同"聚宝盆"，在风水上契合了当地村民对美好生活愿景的向往。

虽然理想的风水观是美好的，但是现有的环境状况并非都尽如人意。因此除了上述被动式地寻求契合风水观的环境之外，还有的根据环境的缺陷来主动改造风水以弥补原有的不足。客家人常常利用风水林的种植和人工水塘来改造环境风水，水塘除了具备灌溉、养鱼的生产功能之外，兼具洗涤、游泳的生活功能，同时还有防火防灾作用，在风水上还具有蓄财的内涵，所谓"塘之蓄水，足以荫地脉，养真气"。

综上所述，风水理念从处理人地关系入手，涉及漳州传统村落的选址、布局等方面，通过物

---

[1] 毕晶晶.漳浦诒安堡聚落形态研究[D].泉州：华侨大学，2012：28.
[2] 沈泓.福神文化[M].北京：中国物资出版社，2012：145-146.

质空间与社会人文双重理想价值的建构,形成一套符合当地自然环境、生活模式与审美需求的风水范式,促进了村落整体环境的营建与村民的安居乐业,达到与环境和谐统一的目标。

4.1.3.2 礼制精神:儒家思想

作为古代中华文明的核心地区,中原地区孕育了东亚世界的轴心文明[1]并以儒学为主要脉络:以知"礼"自居而用以区分文明与野蛮。不同于其他宗教的相对独立性,在落实到人们的日常生活及相关制度时,儒家思想的载体并非个体心灵的皈依,而是体现了中国伦理制度下的一种人际关系结构,比如三纲五常、三从四德,在完全脱离了人际关系结构之后,孤身一人是无法实践的[2]。礼制,相当于现代社会中所谓的文化秩序、行为模式、社会规范、规章制度与政策法令。然而具有本质区别的是,礼制并非强制性的,而是内心"仁"的一种外化。"仁"其实是人心,二人组成人即"仁",反映的其实是一种社会关系,仁的外化就是"礼"。礼,是人在自身主体意识下,与自己意识之外的"文化存在物"之间的沟通,它发挥着一种规范和整合社会秩序的作用。古代社会中,百姓生活在君臣与宗族的二元化社会中,自然而然地认同这种具有鲜明秩序的社会关系,因此多数人都选择抑制自我的欲望而符合集体规范,即礼制的要求[3]。

对礼制精神的推崇和完善,奠定了儒家思想确立与完善的基石。以血缘关系为纽带,儒家的礼制强调孝悌作为礼乐的基础,除了肯定君臣之间的关系外,在传统村落及其民居文化中,礼制精神已深入民间,父子、兄弟、夫妇、男女、长幼等尊卑秩序被奉为圭臬。因此,礼制精神对中国古代城市、村落与古建筑产生了深远的影响[4]。对于传统村落而言,中心性、向心性一般代表重要的地位。礼制在传统村落形态上的回应可体现在其宗族祠堂上,如村落的祖祠一般都是营建在村落的中心或中轴线上。除此之外,作为是古代中国提倡封建德行的一种制度,旌表制度指的是中央朝廷或地方政府对代表人物及其行为的表彰,对象主要为忠勇、义夫、节妇、孝子、贤人、隐逸等,以期美化风俗、教化百姓,从而构建古代社会良好的道德秩序。这种形式历史悠久,先秦时期就已出现,到了秦汉时期便成为一种常举之制,唐宋之后进一步发展,至明清时期已经成熟,逐渐演变为礼制精神的代表方式之一。

清朝乾隆皇帝为了表彰宣扬出生于钟腾村后来作为武榜眼的黄国梁,在其死后特拨款修建了榜眼府(图4-14),以纪念其忠勇的品德,对联有曰:"江夏分支光甲第,铜隆衍派振家声。""一门诗礼流长泽,千载香烟锁白云。"榜眼府建筑与钟腾村其他布局灵活的土楼民居在形制与材料上都不同,坐南朝北,中轴线对称,主体为两进的院落式民居形式,两侧有护厝环绕,整体质朴而庄严。

明天启五年(1625年)政府为旌表张士良祖母朱氏20岁丧夫后奉姑抚子的贞德,在菜埔村北门口修建了纪念表彰朱氏节孝的一座石制牌坊。梧龙村的林氏家庙作为梧龙村的祖

---

[1] 轴心文明的世界想象不会局限于这样一个地理空间当中,而是一种普遍主义的想象。详见:施展.中国历史的多元复合结构[J].探索与争鸣,2017(3):59-68.
[2] 施展.枢纽:3000年的中国[M].桂林:广西师范大学出版社,2018:54.
[3] 曾艳.广东传统聚落及其民居类型文化地理研究[D].广州:华南理工大学,2016:304-305.
[4] 礼制精神,是古代城市布局、宫殿建筑和民居都存在的一个显著特点,即平面布局的中轴对称。如皇帝进行办公、议事、祭祀等重要活动的宫殿都占据皇城中心的位置。民居建筑的中轴线是等级最高的厅堂的位置,宅邸的前堂后寝、东西厢房等;建筑用色的等级规定,如唐代规定皇宫寺庙建筑用黄、红色,红、青、蓝等为王府官宦之色,民居只能用黑、黄、灰、白色等;古代的住宅叫宅第,名称就含有很强的礼制色彩,"宅亦曰第,言有甲乙之次第也,一曰出不由里,门面大道者,名曰第"。参见:曾艳.广东传统聚落及其民居类型文化地理研究[D].广州:华南理工大学,2016:304-305.

图 4-14 钟腾村榜眼府主入口
图片来源:作者自绘

祠,地位至关重要。村落的规划布局中以其为中心构成一个南北向的中轴线,同时两侧的民居与公共建筑均以此轴线对称布局,加上祠堂前面存在有仪式感的入口方整的广场与水池,具有浓厚的秩序感。诒安堡内的中轴线上,依次布置水池、南城门、黄氏大宗祠、诒燕堂、梳妆楼,形成一个具有仪式感的空间序列,结合两侧的民居,构建了轴线对称的较为规整的布局形态,表达了对村落儒家礼制秩序精神的尊重(图 4-15)。

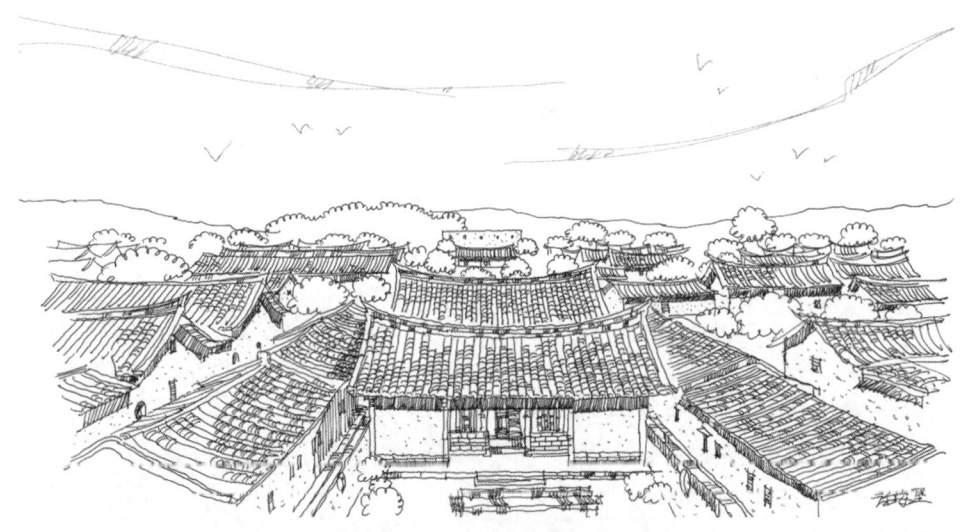

图 4-15 具有礼制精神的诒安堡中轴线民居建筑群
图片来源:作者自绘

4.1.3.3 宗教信仰:人神关系

作为一种具有强烈社会性的人类心理现象,信仰以信心为基础,体现对某一特定思想、事物与偶像的价值信念。民间信仰与民俗现象紧密联系,包含物质空间与精神范畴两方面。宗教信仰在传统村落的空间投射主要表现为村落里的宫庙建筑。宫庙建筑的精神空间边界超越了祠堂，使其成为村落乃至于村落之间的重要公共场所。

如果说民居代表着基本物质需求的生存需要，那么宗教建筑的出现则是在前者基础上对精神追求的物质载体。作为一个文化范畴，宗教的功能强化了一种整体性的价值和行为方式。宗教是文化的重要组成部分，深深地融入了人类的基本生活与情感需要，并且在一定程度上超越了这种需要之上实现了相对独立想象空间的建构。宗教不仅是文化的内容，更是文化的一种特殊形式，一种十分重要的基础形式[1]。如果说祠堂建构了村落里人与人之间的秩序的话，宫庙则表达了人与神之间的关系，是人们在村落环境中自我定位的具有创造性与想象力的方式，从而形成对地方与村落的感知：基于人与人、人与自然关系处理上的人神关系[2]。庙宇的修建必须建立在一定的空间，而庙宇的意义在于信众对其所赋予的"超自然"的神圣价值。作为一种公共符号，宫庙既作为物理层面的提示物，也是集体自我的物质表征，因此宫庙成了传统村落形态中的核心符号，并使村落形成一种整体性[3]。作为村落的重要文化景观之一，宫庙为村民生产生活建构了丰富的心理空间。随着四季时序的更迁，在特殊的时令节日里，祭神活动成为村落的年度盛事，通过祭祀宫庙中的各种神灵，祈求在现实生活中种种苦难的解脱，宫庙成为村民情感宣泄与祈福纳吉的场所，并进一步升华为价值体系，同时成为村落文化与精神的一个地标（图4-16）。

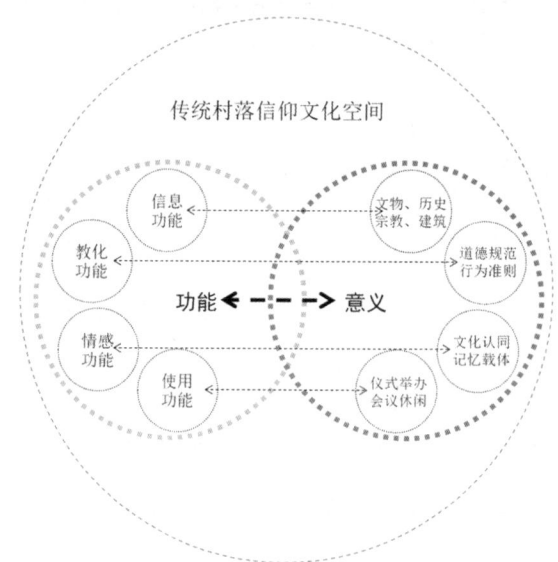

图 4-16　信仰文化空间的意义示意图
资料来源：作者改绘[4]

---

[1] 姚准.景观空间演变的文化解释[D].南京：东南大学，2006：23.

[2] 人间的善恶矛盾为人与人的关系，自然灾害的恐惧与风调雨顺的祈福对应的是人与自然的关系，这两种关系在庙宇中都可以转化为人与神（广义的"神"包含佛菩萨）之间的礼拜修福与蒙恩赐福的关系。比如对于人与人关系矛盾的调解，作为村民们普遍认可的神明，包括为当地人所接受的某些神物，这时候"神"作为正义、公平的象征性权威，便参与村落日常生活秩序的构建，促进了村庄内部以及村与村之间的和谐共处。

[3] 李婉婉.庙宇之德与神圣的约定——桂中马坪村落庙宇秩序空间的人类学研究[J].重庆文理学院学报（社会科学版），2014（3）：6-11.

[4] 局部参考自：白佩芳.晋中传统村落信仰文化空间研究[D].西安：西安建筑科技大学，2014：89.

洪坑村的圆应宫是村落最重要的宗教建筑,庙会于每年的正月十二举行,村民邀请道士、摆放供品、祭拜神灵,以祈求阖家平安、财丁两旺,同时举行"走尪"神灵巡游、演戏、宴客。"走尪"是盛大的祭神活动,神诞当日,族长在道士指引下拈香导行,神明用凉伞、舞狮、鼓乐、艺队等护送迎接。神像周游街巷,锣鼓喧天、鞭炮震耳,所谓"出巡安民""迎神降福",所到之处,村民在自家门口持香礼拜。游行到终点后,当年有生男丁的家庭需要给参加游行的人发放一个红包,表示彩头。每年农历正月十七日、十八日,珪后村(图4-17)叶姓族亲在普济岩举办庙会祭祀活动,同时举办独具特色的"下水操"民俗纪念活动,纪念宋代忠臣陆秀夫。山重村的昭宁宫俗称大宫,位于山重大社入口300米处,建于明嘉靖年间,坐西南朝东北,主供保生大帝。每年正月十五,村内抬神巡游与跨越村域到厦门海沧青礁祖庭进香。下版寮村秋收以后,村民们以宰鸡杀鸭、蒸糍粑做米粿的方式来酬谢神明,当地俗称为"作秋福"或"谢神明",同时在村民集资下戏班或木偶剧团被邀请过来表演戏剧给神看,以示答谢神恩。埭尾村每年的妈祖圣诞,埭尾村村民都会举行盛大的供奉、礼拜等仪式,同时有芗剧演出、宴客等活动。上洋村的北龙宫,每年的秋收以后,在农历十一月间择吉日"谢尪",各家各户及生意人家都要杀鸡鸭备办礼品"做秋福",同时村民自愿捐资请来戏班以答谢神明。

图 4-17　长泰县珪后村普济岩寺主入口

图片来源:作者自绘

综上所述,作为村落举行集体宗教活动的场所,宫庙被赋予了一种具有超越性的神圣意涵和具有仪式感的特殊表达方式,并因此赋予其鲜明的信仰符号标志与具有普遍象征意义的形态。在这些每年定期举行的周期性集体宗教仪式中,村民各自在集体活动中承担某种角色,有利于增强村民对彼此共有神圣空间的认同。

4.2 漳州传统村落形态的转变机制

在传统村落的发展过程中,内外环境并非恒常不变。变化乃永恒之道,中国传统经典《易经》记载关于宇宙的"变易"原则,说明宇宙万物均在因时因地发生变化。当村落外部出现不同的环境因素时,原有文化体系所习惯的参照系将不得不面临着各种冲击,并在这种"外力"影响下做出一定的转变以便更好地适应环境变化。当我们聚焦于漳州传统村落的地域历史时,会发现这种外部的变量主要表现为宗族械斗与倭寇匪患的社会动乱战争、沿海海禁迁界与卫所屯田国家政策的变迁、唐初陈元光平定漳州引入的中原汉族军民与明清海外的移民,在上述变量共同影响下(图4-18、表4-5),村落形态在原有轨道上发生偏移,孕育出丰富多彩的形式。

漳州传统村落形态的转变动力因素,是由各个子项所构成的动力体系,并且每个子项都分别对应于基于选址背景、规划布局、村落边界与公共空间的村落形态构成体系下的三级乃至更低一级的子项,从而形成"点对点"模式下的"联系线",并且进一步由这些"线"交织在一起共同形成相互独立、交叉的动力网络系统(图4-18)。

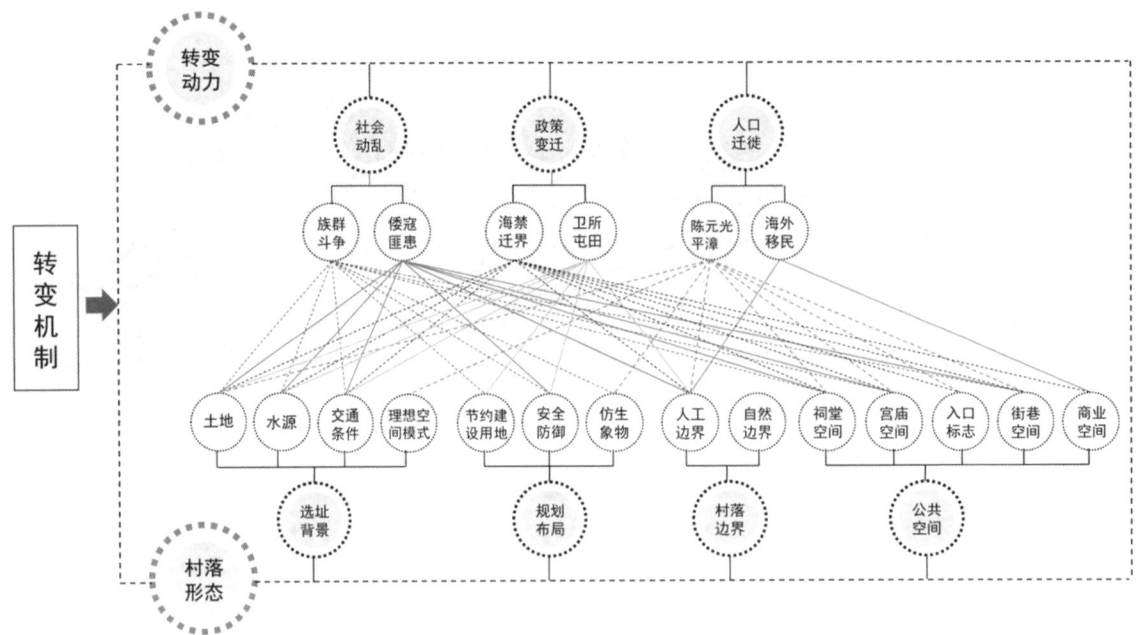

图4-18 漳州传统村落形态的转变机制示意图
图片来源:作者自绘

表 4-5 漳州传统村落形态的转变动力因素及其影响结果

转变动力因素		转变动力因素对传统村落形态构成体系的影响结果示例			
		村落选址	规划布局	村落边界	公共空间
1	资源博弈 族群之争	选址宜避开已开发的区域,尽量选择未开发区域,避免与原住民发生冲突	在族群斗争激烈的区域,村落规划布局需考虑安全防御	村落边界契合村落安全防御的需要,减少开窗,预留军事设施	宗祠、宫庙等公共空间,通过祭祀祖先、神明等仪式建立、维系与强化族群共同的血缘、文化、命运认同感,以便在面对外界危机时齐心协力、共同面对困难
	倭寇匪患	利用地形地貌的屏障作为天然的掩护,如围合山体;选址深山密林之处,外界不易发现	村落布局对外,通过迷宫式布局迷惑入侵者,同时通过民居之间的紧密联系形成协同作战	强化村落边界,以城墙体系为代表,高大的城墙、石材、跑马道、城门等协同防御	
2	政策变迁 海禁迁界	沿海村落被迫弃村迁徙到内地,由定居者转为流民,原有耕地因为禁止耕作变为荒地	许多沿海村落建筑被拆毁,原有的布局形式受到破坏	沿海村落的边界因为相关建筑拆毁而发生变化	公共建筑弃用或拆毁后,沿海村落公共空间不复存在
	卫所屯田	早期的村落选址以军事防御为主,村民人口结构以军籍为主,连同家眷	村落规划布局以军事防御为主,对其他防御性的村落产生了一定影响		
3	人口迁徙 陈元光平定漳州	入籍漳州的军民,逐渐开发漳州,改变原住民刀耕火种、穴居或巢居,选址受到中原汉族文化的影响	带来北方中原汉族的风水理念与儒家礼制文化,村落布局在结合地域环境的同时延续传统	汉族的建筑形式改变了闽越土著村落边界形式	中原汉族文化体系下的宫庙、祠堂等公共建筑重新塑造了公共空间
	海外移民			南洋风格的近代民居建筑,与传统民居混杂,边界风格走向多样化	村落南洋风格商业建筑的出现,是近代侨乡的一个新亮点

资料来源:作者整理

4.2.1 族群械斗与倭寇匪患的民间社会动乱

纵观世界的历史,我们会发现,文化交流大多数都是在各种文明发展不均衡的情况下进行的。暴力与战争,作为文化交流中的两种特殊形态,往往在这种特定不均衡时期容易发生。对野蛮的征服民族而言,战争本身是一种经常的交往形式,人口的增长需要更多的生产资料来维持,从而使这种模式渐渐常态化[1]。如骁勇善战的古代游牧民族,在周期性的人口爆炸与气候变化过程中,迫使其向农耕文明区域扩张,用战争的方式来掠夺他人的资源,在他们看来这比劳动获得更容易甚至更光荣[2]。自古以来,因为资源的分配、博弈而引发的"大至国家、中至民族、小至团体个人"的动乱与战争,可谓不胜枚举。在这种动乱与战争中,根据漳州的历史记载情况,可大致细分为两种类型:一种是漳州不同族群因为区域内部资源的竞争与博弈而引发的斗争,具有长期性和地域性;一种是漳州区域外的倭寇匪患通过烧杀掠夺的方式对现有的资源进行暴力侵犯,具有短期性与不确定性的特征。这两种类型的资源博弈历史背景,都深刻地影响了漳州传统村落的社会组织结构与历史进程,并在传统村落的选址、规划布局、村落边界、公共空间等层面的形态上留下了深深的烙印。如明清时期漳浦县的卫城与土堡的分布图上,可以鲜明地映射出那个时期所面临的内外挑战。这种防御性建筑之所以更早出现于沿海地区,与明朝中后期福建各地的频繁动乱、倭寇对东南沿海地区的骚扰有关。因此,土楼首先兴起于乱事最频繁最剧烈的闽南和闽中,其中漳州沿海地区倭患尤为惨烈,龙溪、漳浦、诏安、海澄等县的土楼也相应最多;后来,随着客家系与闽海系之间矛盾的加剧,这一区域仿照沿海地区的圆形土楼那样,在漳州的南靖、平和、诏安等山区县,以及汀州永定县东南部,建起了数量众多的防御性建筑[3]。

4.2.1.1　内部资源竞争:不同族群的相互博弈

明清以降,随着人口的不断繁衍,漳州地区逐渐变得地狭人稠,族群之间距离很近,耕地山林也相互毗邻,乃至桥梁道路相连,彼此之间难免产生摩擦,除了一些口角是非之外,大至争田争水,从而直接导致了大规模的流血冲突事件(表4-6)。这种冲突形式主要表现为民系之间的"土客械斗"与宗族械斗两种类型。

表4-6　漳州地区不同族群之间械斗的基本原因

序号	类型	具体描述
1	土田	●"民之食出于田土",山地与沿海地区,耕地甚少,地贵如金,村民视之如命,寸土必争。
2	水利	●与土地同样敏感,因为水利是耕地的大动脉,缺少水利设施,耕作困难。水利灌溉是农业生产的重要保障,水源供应的丰缺随季节而变化,灌溉系统流经的地势复杂多变,同一处水源需要提供多家农户或多个村落,为水权纠纷埋下了隐患。
3	码头港湾	●对于沿海地区而言,码头具有重要的商业利益,是商家必争之地。
4	风水	●漳州人深信风水,由此引发的纷争也多,涉及祠堂、民居、坟地。传统社会理念中,坟山风水好坏不仅关乎逝者之安宁,更影响了后代的兴衰,同时也是重要的财产,如山上的木料。
5	迎神赛会	●漳州民间习俗甚多,在举办过程中会因为场地或其他事件的矛盾引发冲突。

资料来源:作者根据相关资料整理[4]

[1] 何芳川.中外文化交流史:上[M].北京:国际文化出版公司,2016:17.
[2] 中共中央马克思恩格斯列宁斯大林著作编译局.马克思恩格斯全集[M].北京:人民出版社,1995:164.
[3] 谢重光.客家文化述论[M].北京:中国社会科学出版社,2008:202-204.
[4] 汪征鲁.福建史纲[M].福州:福建人民出版社,2003:358-359.

"土客械斗"泛指明朝中期到清朝末期在南方五民系内部发生的以争夺生存资源为目的的民间械斗,是不同民系之间为了争夺资源的一种极端行为的表现形式[1]。在漳州的民系中,闽海民系形成较早,在客家人迁入之前,闽海人早已在沿海最好的环境下生存定居,并建立了稳固的社会组织,成为闽南地区的强势群体。客家移民迁来之后,为了避免生存资源之间的竞争,避开闽海人主要聚居的区域,以较为偏僻的山区丘陵地带为聚居点,并在相对封闭的自然环境中逐渐形成纯客家区域[2]。到了明清时期,在北方汉人不断入闽和本地人口的自然繁衍下,福建人多地少的矛盾便愈发突出。这时期的移民出现了新的特点,从一千多年来的以人口输入为主转为以人口迁出为主,如向周边省份、台湾与海外地区迁徙;二是省域范围内的再次移民,客家从闽北闽西向沿海平原地区移民。随着这些区域的开发与人口急剧增长,人地关系的矛盾也促使沿海闽海系向省内自然条件较为恶劣的地区转移。因此,闽海系与客家系之间的生活与生产空间也日趋接近并发生交叉。对于当地的早期居民来说,原来的空间秩序与平衡必然被新的移民所打破。本来客家民系大多位于漳州西部山区,闽海系大多生活于东部沿海地区,随着人口的繁衍,客家往东向移民,闽海系往西向移民,原有的缓冲地带日渐被新的移民占据,两个民系之间的边界开始衔接乃至重叠在一起,于是彼此间争地、争水、争山林乃至争风水,矛盾、冲突与械斗日渐尖锐和频繁。

宗族械斗,是以血缘为纽带的不同族姓之间发生的暴力冲突。这种冲突的基本原因,在于生活必需的物质资源的相互争夺,因为每个族群需要依赖一定的自然资源才能确保其生存发展。一个彼此认同的社会群体基于共同保护或争夺某种利益,以及在面对外部威胁时,会团结起来对抗[3]。当某个族群人口大规模迁徙到新的地区,会导致迁入地各族群之间人口结构比例的剧变,也增加了当地各种自然资源的压力,由此引发族群的冲突(表4-7)。志称:"漳俗好斗健讼[4]。"主要有以下两个因素。首先是清代官府对地方控制力的削弱是宗族械斗频发的外部原因:明末清初,由于福建成为东南倭患、郑氏侵扰与耿精忠叛乱的主战场之一,长期的战乱既削弱福建地方政府的控制力,同时也促使福建民间社会逐渐形成尚武风气(表4-8、图4-19),尤其是闽南地区民风强悍,致使械斗频发、地方秩序混乱。其次是清代社会自治体制的削弱是宗族械斗的内因:清初人口数量剧增和家族的兴衰,更加剧了资源分配不公的矛盾,为争夺更好的生存和发展空间才是其内因或根本原因,如雍正三年(1725年)漳州碧溪、玉兰两村宗族械斗[5]。

---

[1] 潘安,郭惠华,魏建平,等.客家民居[M].广州:华南理工大学出版社,2013:29.
[2] 孙莹.梅州客家传统村落空间形态研究[D].广州:华南理工大学,2015:47.
[3] 周蓓.清代基层社会聚众案件研究[M].郑州:大象出版社,2013:53-59.
[4] (民国)欧阳英:《闽侯县志》卷七十八《儒行》,民国二十二年(1933)刊本。
[5] 黄艺娜.宗族势力的消长与清初地方秩序的重建——以福建漳州碧溪、玉兰宗族械斗为例[J].福建师范大学学报(哲学社会科学版),2016(5):107-114.

表 4-7 明清朝廷对漳州地区械斗的记载与评价

序号	时间	人物	相关言论
1	雍正十二年（1734年）	雍正	●朕闻闽省漳、泉地方,民俗强悍……动辄纠党械斗,酿成大案……时加训诫,更立劝惩之法,实力奉行,务俾俗易风移。
2	乾隆二年（1737年）	闽浙总督郝玉麟	●闽省风俗强悍。泉、漳等处,尤为好斗生事。请将为首起意、鸣锣聚众之人,从重发遣,以靖地方。其不行阻止之族长近邻,一并连坐 其有偶因细事,互相格斗者,亦照例将为首之人,杖一百,流三千里。至泉、漳等处,大姓聚族而居,多至数千余丁,非乡保所能稽察。是以族长之外,设立族正、房长,官给印照,责令约束族丁,嗣后请严申饬。
3	道光十六年（1836年）	鸿胪寺卿叶绍本	●闽广漳泉惠潮一带居民,每以田土微嫌,睚眦细故,持械争斗,辄酿巨案,虽严立科条,力求整顿,此风总未止息。
4	无考	无考	●漳州一带,强凌弱,众暴寡,福建下四府皆然。诏安小族附近大族,田园种植,须得大族人为看管,方保无虞。其利或十而取一,或十三而取一,名曰总包。否则强抢偷窃,敢怒不敢言。
5	无考	无考	●械斗之风,漳、泉尤甚,缘民俗犷悍,生齿日繁,仇怨甚深。且聚族而居,大者千余户,小者亦百数十户。大户凌小户,小户忿不能平,亦纠合亲党,抵敌大户。每遇雀角微嫌,动辄鸣锣号召,千百成群,列械互斗。

资料来源:作者根据相关资料整理[1][2][3]

表 4-8 漳州地区的民间武术类型及其源流

类型	源流
开元拳	●源自漳州开元寺寺僧;内家拳与外家拳刚柔并济
少林五祖拳	●源自乾隆年间永定人何阳入漳设馆"何阳堂";以刚猛著称
太祖拳	●清同治年间游青龙入漳设馆"登龙堂"
白鹤拳	●源自永春,光绪年间传入漳州
洪家拳	●相传源自南少林弟子洪熙官,其徒于光绪年间传入漳州
龙拳	●源于龙岩,民国传入漳州

资料来源:作者根据相关资料整理[4]

漳州地区由于宗族势力的强大,不同家族、村落之间的相互竞争与对抗,是一种普遍的民间社会现象。特别自明代中后期,民间纷纷建立起家族武装与团练乡兵,如龙海市角美镇沙坂村"耀德堂",源自龙海宋江九州八卦阵,八卦阵图有十大攻防手法,规模宏大,展示了漳州人的尚武传统(图4-19)。这种尚武的风气进一步促使矛盾升级为武装对抗,械斗事件频仍,成了漳州地区非常严重的社会问题,乃至于为了应对共同的危机,同姓通谱和异姓联姓的情况层出不穷,比如漳、泉一带,械斗各方,有的"以海为姓""以同为姓"者[5]。

---

[1] 张国雄,广东侨乡文化研究中心.中国侨乡研究:2014:第1辑[M].北京:中国华侨出版社,2014:128.
[2] 张国雄,广东侨乡文化研究中心.中国侨乡研究:2014:第1辑[M].北京:中国华侨出版社,2014:132.
[3] 史革新.晚清卷:中国社会通史[M].太原:山西教育出版社:521
[4] 萧庆伟,邓文金,施榆生.闽台文化的多元诠释:3[M].厦门:厦门大学出版社,2014:411-412.
[5] 周耀明.汉族风俗史.第4卷——明代·清代前期汉族风俗[M].上海:学林出版社,2004:217-218.

图 4-19 龙海宋江九州八卦阵
图片来源：黄浦江.漳州非物质文化遗产名录[M].合肥：黄山书社，2008:57.

从更大的时空视角来看，基于防御性的需求，土楼、堡寨在漳州的每个时期都曾出现过，即使是社会安定时期，在闽粤赣交界地区依然存在，尤其山区丘陵地区。这种情况的出现，除了外部的因素之外，另一方面是村落内部宗族势力的"异化"：地方的强宗大族建立了"乡兵""土兵"等村落武装力量，两者相互影响，宗族的势力得到进一步的增强；当作为组织秩序的宗族势力和武装力量与作为空间载体的土堡建筑之间进一步充分结合时，某些宗族的势力甚至超出了官方的控制，对于漳州地区这种官府统治力较薄弱[1]、"山高皇帝远"的边缘地区，宗族村落演化为"强欺弱，众暴寡"与宗族械斗的工具。

另一方面，宗族社会组织与地主经济相互结合，土地被分为宗族财产与地方公产两大类：前者主要用于护墓祭祖，达到敬宗收族的目的；后者主要来源于乡族地主的捐献。在这种制度下，族内乡绅富豪纷纷以捐置地方公产方式组织社会资源，广泛介入地方事务。集政权、族权等权力于一身之后，乡绅阶层势力日益加强，导致官府职能相应减弱，从而引发难以控制的宗族械斗不断发生[2]。

在历史上，不论是国家政权交替下的社会动荡时期，还是客家与闽海系之间发生的"土客械斗"，或是不同氏族之间的宗族械斗，在动乱的社会环境下，百姓为了自身的生命与财产安全，不得不在安全防御上做充分的考虑。以客家村落为例，只有兴建强大防御性能的大型土楼，才能确保整个家族的生存。在客家学界研究中，大多认为客家围屋这种鲜明防御性特征，与当时的动乱社会息息相关。比如，福建圆形土楼的出现，是基于具有军事防御性质的土城、土堡的形制下而建造出来的。但兴建土楼要有足够的人力、物力和财力，因而有待宗族的发展壮大。闽客交界区域的客家宗族基本上是在明末以来，特别是清中叶以来发展壮大起来的，在这样的背景下，闽客交界区域的土楼最先出现在明末，自清中叶起像雨后春笋般滋生发展起来[3]。当外界的社会趋于稳定之后，由于没有外来的侵扰，许多客家村落的防御性极强的大型集合式土楼建筑，逐渐转化为小体量单元式民居。

---

[1] 明后期福建的社会治安，主要依赖于保甲组织与乡族武装。福建各县原有弓兵、机兵等地方武装，至明末已名存实亡。因此，各地政府难以承担地方防务，只能要求民间武装自卫。详见：郑振满.明后期福建地方行政的演变——兼论明中叶的财政改革[J].中国史研究,1998(1):147-157.

[2] 袁年兴.族群的共生属性及其逻辑结构 一项超越二元对立的族群人类学研究[M].北京：社会科学文献出版社，2015:232.

[3] 谢重光.海峡两岸文化发展丛书：闽台客家社会与文化[M].北京：人民出版社，2013:194.

4.2.1.2 外来资源掠夺:倭寇匪患的单向侵略

明嘉靖年间,中国东南沿海一带倭寇匪患严重,沿海百姓不得不纷纷筑堡自卫,以宗族为基本单位,或依附于强宗大族修建土楼、寨堡,结成半军事性质的社会性组织,以抵倭患。这是当时漳州沿海土楼与堡寨迅速发展的一个重要时期及其因素。

明代闽南沿海地区倭寇[1][2]匪患频仍,百姓苦不堪言(表4-9)。"倭之来在海,或仗我中国人为舶主,彼登陆又仗我中国人为地主。盖倭以剽劫我中国人为利;而我中国人则往往以得主倭为利,浙直皆然,闽为甚,闽之泉漳尤甚[3]。""今之海寇,动计数万,皆托言倭奴,而其实出于日本者不下数千……大略福之漳郡,居其大半[4]。"洪武二十年(1387年),江夏侯周德兴受命管理福建军务,"经略海上防倭戍守",通过实地考察,在漳州沿海由北而南依次修建了4座临海城堡以守护海防前线,分别为镇海、六鳌、铜山、悬钟,其中镇海为卫[5],其他三城分别设立千户所[6](表4-10)。漳州兵力占福建省的三分之一左右,因为"福建为东南要地,水陆官兵倍于他省。以漳州为沿海要地,倍与他州[7]"。

表4-9 漳州地区历史倭患记载表

序号	时间	事件
1	1540年	●闽贼李光头、歙贼许栋引倭聚(浙江)双屿港为巢,分掠福建、浙江。
2	1547年	●唯利是图的海贼引来倭寇巨舶数十艘,驻泊漳、泉海区,袭掠过往航船,"倭患萌矣"。
3	1548年	●原盘踞浙江双屿的倭寇溃逃到浯屿(今龙海市境),为害过往航船,明官兵"大败贼于浯屿",使之"遁之"。
4	1556年	●漳州各县开始饱受倭患之苦。十月,"有倭由漳浦登岸,所过焚掠无计,漳自此岁岁苦倭",年底一股散倭袭诏安攻月港。
5	1557年	●六月,倭焚月港,掳杀千余家。十二月,倭再泊浯屿,"劫掠诏安"。

---

[1] 早在元朝末期的顺帝至元二年(1336年),日本国内分裂成南朝和北朝,内战频繁发生。从战场上溃退的将弁、武士,浪迹南北的商贾、浪人在封建诸侯和大寺院主的资助和组织下,相继聚集到日本西南部的一些岛屿上,驾船行窃,航海劫掠,还多次到中国沿海作案。明初即被中国人称为"倭寇"。详见《明史》卷二〇五,第2380-2381页;Kuno, Japanese Expansion 卷1,第67页。转引自:郑镛.明代漳州倭患与民众抗倭[J].闽台文化交流,2006(3):29-33.

[2] 明代嘉靖至万历年间在我国东南沿海劫掠的倭寇有两类:一类是日本的真倭,由与国王、名主有密切联系的商人、浪人、武士等构成。另一类是假倭,事实上是汉奸,是由海商转化为海盗,再与日本人勾结成为汉奸。所以可以说,嘉靖至万历时期的倭寇是海盗商人、武士、浪人组成的武装侵略集团。转引自:郑镛.明代漳州倭患与民众抗倭[J].闽台文化交流,2006(3):29-33.

[3] 章潢《图书编·海防》卷五七。转引自:郑镛.明代漳州倭患与民众抗倭[J].闽台文化交流,2006(3):29-33.

[4] 《筹海图编·福建事宜》卷四。转引自:郑镛.明代漳州倭患与民众抗倭[J].闽台文化交流,2006(3):29-33.

[5] 卫是明代军事建制,其长官称指挥使,配兵员5600名。卫下设千户所,兵员1120名,长官称千户;百户所,兵员112名,长官称百户。

[6] 光绪版《漳州府志》卷二十二(兵纪一)对此有明确记载。转引自:许初鸣.漳州的四座海防古城[J].闽台文化交流,2006(3):153-155.

[7] 嘉庆《漳州府志》卷二十四《兵纪》,第28-29页。转引自:许初鸣.漳州的四座海防古城[J].闽台文化交流,2006(3):153-155.

续表

序号	时间	事件
6	1558年	●"三月,倭寇自潮州突至诏安。劫三都径尾,五月,劫五都东坑口土楼,遂寇漳浦盘陀长桥。"同月,另一股倭寇至月港"焚九都,室庐殆尽"。
7	1559年	●正月,据浯屿的倭寇由斗美渡浮宫,直捣月港,"夺船,散劫八、九都,珠浦及官屿等处";二月,屯广东南澳的倭寇突袭诏安西谭,烧毁房屋157间,掳男妇90口,杀死43人,接着,倭寇发展到三千多人,至长泰枋洋劫掠;八月,经龙溪天宝南靖,所经乡镇"焚劫杀掠不计",并进入平和县;十一月,又劫掠漳浦。
8	1560年	●正月倭寇洗劫漳浦佛潭等处;五月突入长泰林墩等地焚劫;同月,"贼首萧雪峰、张琏等引倭千余,自大浦及三饶岭来攻(平和)县城,继而陷云霄、龙岩、南靖、诏安等处。"俱被饶倭杀掠,草寇窃发,郡无宁土。"四、五月倭寇又在月港"散劫",袭镇海、屿仔尾等地。
9	1561年	●二月倭寇入漳浦屿头,同时在诏安四都等处劫掠,百姓"死者相属于道";三月至五月,倭寇在诏安东关外分伙焚劫,并在长泰劫掠,"焚杀不计",十月攻诏安后溪寨。
10	1562年	●二月,张琏率倭寇入掠漳浦县郊;十月倭寇数千围攻诏安,汉奸海盗吴平引倭寇攻陷明军悬钟千户所,守所明军及附近百姓"死者相籍"。

资料来源:作者根据相关资料整理[1]

表4-10 漳州地区的海陆防历史遗存名录

地点	历史遗迹
芗城区	●府城旧址
龙文区	●万松关、五营寨
龙海市	●镇海卫城、圭屿铳城、钱屿铳城、木屿铳城、大泥铳城、溪尾铳城、石坑铳城、石码镇城、浯屿城、石美城、浒茂东门城堡;宴海楼、镇远楼,海防炮台和教场10多处
漳浦县	●六鳌所城、赤湖城、旧镇城、霞陵城、马口城(汛)、长桥城(汛)、青山司城、后葛司城、盘陀司城、古雷司城、将军领城、赵家堡、杜浔堡、北旗寨、港头寨
云霄县	●西林堡、莆尾土堡、前涂土堡、云霄镇城
东山县	●铜山所城、铜山水寨、八尺门城堡、赤石山城址、金石司城
诏安县	●漳潮司城、梅岭寨、洪淡司城、悬钟所城
平和县	●旧县城、龟头城(遵筹寨)
南靖县	●旧县城、新县城(靖城)、涌口关、林田堡、朝天岭隘、韩婆径隘、元湖寨、大平岭堡
长泰县	●旧县城、林墩寨

资料来源:作者根据相关资料整理[2]

除了倭寇之外,土匪乱兵的侵扰也是百姓之患。据《南靖县志》记载,清末太平天国期间农民战争爆发,农民军曾在南靖烧杀抢夺,石桥村一带山高谷深,成为农民军转战之地。太

---

[1] 郑镛.明代漳州倭患与民众抗倭[J].闽台文化交流,2006(3):29-33.
[2] 漳州市地方志编纂委员会.漳州市志:第1～5卷[M].北京:中国社会科学出版社,1999.

平军经过石桥村,村中无人抵抗,携带人口逃进山里躲避,太平军在村庄中又烧又抢,长篮一片损失最大,万石楼被火烧毁,长篮楼只剩一半,洪坑坝上的建筑也受到不同程度损坏[1]。

明朝初年,漳州各地的土堡、土楼并不多,然而到了嘉靖时期则广为修筑、蔚为大观。抗倭斗争促进了漳州土楼的修建,以至于从沿海直到山区,这一时期的各类具有强烈防御性质的土楼约有300座[2]。华安县高车乡济安楼至今保存了一份明末崇祯十七年(1644年)乡民旨在共同防御倭寇的会盟书[3],有力地证明了漳州地区土楼的诞生与发展,与当时独特的历史社会环境有关。

云霄县火田镇菜埔村位于漳江上游之滨,为著名的抗倭城堡(图4-20)。历史记载,明天启五年(1625年),时任宁波太守、后迁任河南按察司副使兼大梁兵备道、云霄菜埔人张士良兴建了该城堡。城堡平面呈椭圆形,周长约600米,占地13000平方米。城墙三合土夯筑,高5—10米,最高为3层,外墙基厚0.7米,内墙厚0.4米,墙顶城垛列布。内辟走马通道,广布枪眼和瞭望窗。南、西、北3面,有数处单向曲凸建筑,设置堡门,内院以河卵石铺就。堡外引水环绕以形成护城河。环堡设有东、西、南、北四门,北门为主出入口,筑有角楼兼备马面、谯楼的功用,各堡门均设有土地庙或城隍庙,并存部分城垛,其中东门设瓮城,南门高5.36米,宽1.78米,厚0.53米,北门篆额"拱门门",门前立一"贞德垂芳"石坊。堡内楼宅相望,街巷纵横错落,有明清时建的木石结构。从城堡的整体形制上看,带有明显的军事防御功能,据村落历史记载,该堡在数百年的历史沧桑中,已曾数次成功防御了来自倭寇、太平军、民国粤军与流寇的侵扰[4]。

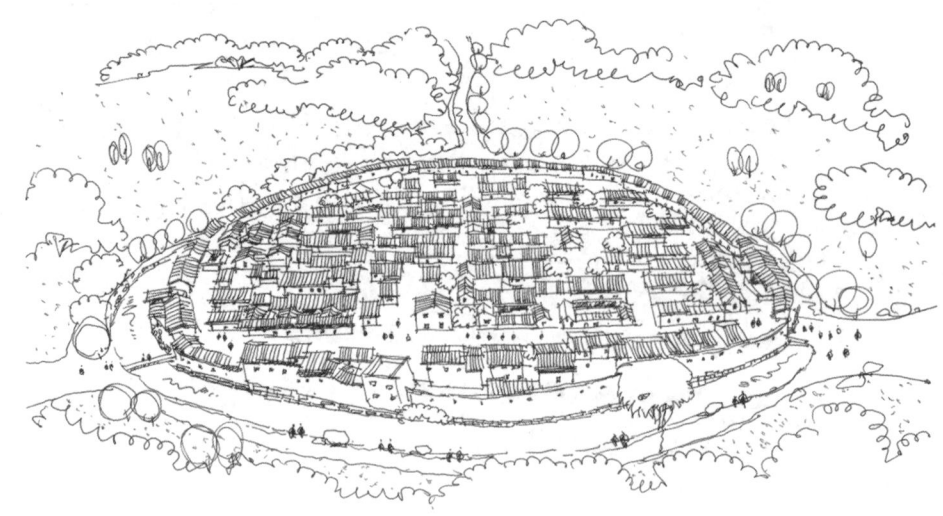

图4-20 云霄县菜埔堡复原鸟瞰图
图片来源:作者自绘

---

[1] 部分资料参考自石桥村村落档案。
[2] 郑镛.明代漳州倭患与民众抗倭[J].闽台文化交流.2006(3):29-33.
[3] 会盟书的主要内容为:参与会盟的人员名字、会盟的目的所在、会盟的组织架构、违反会盟约定的惩罚机制、会盟立约的时间等。
[4] 部分资料参考自菜埔村村落档案。

4.2.2　沿海海禁、迁界与卫所屯田国家制度

不同于来自人们个体性的、微观层面的社会互动过程，集权秩序下的国家政策来源于朝廷自上而下对帝国进行的总体控制[1]。作为文化组成的一部分，政治制度是地域文化形成的重要影响因素。一个地区的政权组成形式、职能执行和实施内容，都属不同层次的政治行为，将深刻影响该地区文化的形成与演变。

大宋以来，中国从豪族社会走向了平民社会，对于治理的需求远高于前者与封建社会。在平民社会中，过去社会中曾依赖于君子道德人格作为治理秩序的逻辑，逐渐被改为冰冷的政策法令，因为皇权统治的有效治理需要建立在这种理性的官僚体系。中华文明从此由"伦理世界"走向"伦理—官僚世界"。在平民社会中，除非个体的道德主体性可以获得一种抽象法权的制度性保障，否则官僚帝国强大的制度性专权，将消弭一切特殊性[2]。

4.2.2.1　沿海海禁与迁界

明末清初，明清易代之际，新旧两朝军事势力在漳州地区展开了争夺主权的"拉锯战"。尤其是沿海地区，由于长时间战乱，民不聊生，传统村落受到严重破坏。郑成功以东南沿海地区开展反清斗争，沿海地区的百姓则以海上活动的方式帮助反清势力，促使清政府开始进行反制。为了围剿郑氏集团，清朝统治者推行了所谓的"海禁""迁界"政策（表4-11），企图以这种方式切断大陆沿海居民对郑成功军队的补给。清顺治十八年（1661年）三月，郑成功进军台湾五个月后，清政府下令采取"迁界"的措施，命令江南地区的浙江、福建、广东沿海地区"尽令迁移内地[3]"，主要是为了孤立郑成功的军队，通过切断其粮物供给的渠道来削弱其抵抗力量。然而，被迁移到异地的居民"转徙流离，死亡相藉"，界外的城郭大多被毁坏，传统民居也大多被烧毁，清朝官府还特别告示百姓"越界者斩"。

表 4-11　清政府沿海海禁与迁界政令

序号	时间	事件
1	顺治十二年（1655年）六月	●清廷颁布"禁海令"，严令禁止内陆民众出海捕捞、海上贸易，沿海省份"无许片帆入海，违者立置重典"。
2	顺治十八年（1661年）	●下令"迁界"，使江、浙、闽、粤、鲁等东南、南部沿海居民内迁15至25千米。
3	康熙元年（1662年）	●重申"海禁"，勒令沿海所有村落及居民内迁25千米，严禁百姓在界外居住，房屋拆毁，田地禁耕。不迁者或越界出海捕捞者杀无赦。一时间"兵丁遍村搜捕，虏幼男女无算"。
4	康熙三年（1664年）	●清廷再次强迫沿海居民内迁15千米。
5	康熙十年（1671年）	●重申海禁，不准闽粤二省船只过洋。

资料来源：作者整理

清代连续的"海禁""迁界"政策，重创了闽南地区人口的聚居格局，使漳州沿海地区百姓

---

[1]　施展.枢纽：3000年的中国[M].桂林：广西师范大学出版社，2018：116.
[2]　施展.枢纽：3000年的中国[M].桂林：广西师范大学出版社，2018：25.
[3]　实录馆编修.清实录四：圣祖仁皇帝实录（一）.卷四[M].北京：中华书局，1985.

无家可归、无地可种、无法出海,失去了生存的基础。传统的沿海生产、贸易活动受到严重破坏(表4-12)。历史文献记载《东石汾阳郭氏族谱》载"顺治庚子十七年,兵燹,迁都,门庭鞠为茂草,堂阶尽属秽芜,父子兄弟流离失所,族谱一尽失落"[1]。同安《集美陈氏族谱》载"清朝康熙二年,被大兵进剿,阖族裔孙数千口,失散越国者,不知去向"[2]。福建各地的墟市在一定程度上体现了当时各地商品经济的发展水平,从明代中叶福建各地墟市情况表(图4-21)中可以发现,山区的数量总体数量与平均数量竟然均多于沿海地区。一般来说,福建沿海地区是交通最为方便之所,然而在明代实行海禁后,海上运输的衰落和陆路运输的繁荣,促使了山区经济的发展。这也从侧面反映了当时的"海禁"与"迁界"政策对沿海地区的深远影响。

表4-12 漳州地区"迁界"范围及其影响示例

类型	具体描述
涉及地区	●沿海龙溪、漳浦、海澄、诏安四个地区:龙溪县从江东至莲花、乌叼、姚屿、石美以东;漳浦自梁山以南、旧镇以东及镇海、陆鳌;海澄一至六都;诏安自五都铜山至悬钟,皆为"弃土"。
土地影响	●据文献记载,当时龙溪县所荒弃的田地高达3.82万多亩;海澄县荒弃田地约8.402万亩;漳浦全县共荒弃田地计12万亩;诏安县则全县共荒弃田地3.84万亩。
人口逃亡	●龙溪县康熙十六年(1677年)查逃亡男丁1万多人;海澄县康熙元年(1662年)编审逃亡人口男丁5948人,女8660人,共计14608人,实存16015;漳浦全县逃亡男丁12346人。

资料来源:作者根据相关资料整理[3]

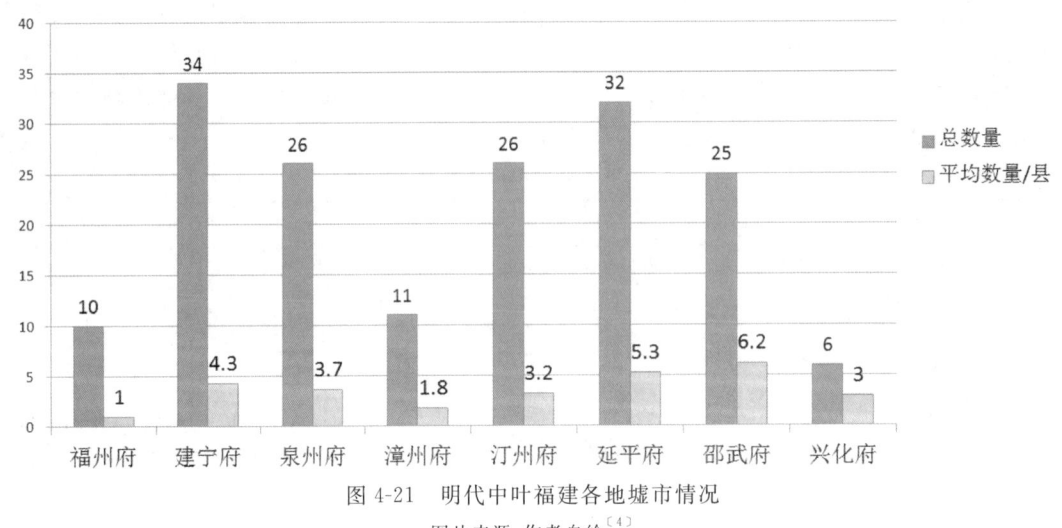

图4-21 明代中叶福建各地墟市情况

图片来源:作者自绘[4]

4.2.2.2 卫所与屯田制度

明清时期,中国东南沿海地区的商品经济与对外贸易蓬勃发展。到了明朝中叶,倭寇接连不断袭扰东南地区。为了巩固其统治基础与保护沿海百姓的生命财产,朱元璋实行多种

---

[1] 庄为矶,王连茂.闽台关系族谱资料编[M].福州:福建人民出版社,2001:428.
[2] 李岳川.近代闽南与潮汕侨乡建筑文化比较研究[D].广州:华南理工大学,2015:27.
[3] 李岳川.近代闽南与潮汕侨乡建筑文化比较研究[D].广州:华南理工大学,2015:27.
[4] 相关数据参见:蔡丽娟.论清顺治"迁界"后漳州的教育[J].福建广播电视大学学报,2013(1):53-56.

措施,强化沿海防务,于是筑城置卫、所、巡检司,以防倭于陆,而于外洋设立水寨,以防倭于海。"国初海防,仅备海盗而已。自道光中海禁大开,形势一变,海防益重[1]。""综闽省海防,所注重者,随时异宜。当康熙间,以郑氏由台、澎据海坛、金、厦,故海防独重泉、漳[2]。"除了倭寇之患外,伴随着"海禁"的推行,卫所制作为一种军制被朝廷加以推行,当时的江夏侯周德兴就曾被明太祖朱元璋派往福建督察海禁防卫情况[3]。当时的福建沿海共设置卫所二十五座、巡司四十五个、水寨五处,用以防范百姓出洋通番[4]。地处福建东南沿海的漳州,与台湾隔海相望,海疆辽阔,海岸线长达 715 千米,占全省的 1/3,并拥有 135 个星罗棋布的岛屿。正是基于当时独特的历史环境背景,漳州地区自明朝开始便逐渐构建起了"卫、所、司、水寨"共同防护、互相应援、坚不可摧的完整海防体系(表 4-13),建有卫城 2 座,所城 4 座,巡检司达 15 处,内陆关隘山寨 10 多处[5]。正如嘉靖年间都御史王询所说:"漳、泉为一路,领以参将驻诏安,自南日山至浯屿、铜山、元(玄)钟、走马溪、安防馆,水陆兵皆听节制[6]。"作为"海上长城"防御体系的一部分,漳州所处的特殊海洋地理位置具有战略地位,通过与内地民间土堡结合,形成"山海共防"的防御框架,共同维护着领土完整和守护家园的平安。明初的卫所制导致了大量军籍移民的产生,一个卫所大约 5600 人,下辖一定数量的千户所和百户所,军队来源于本地与外地,士兵可携家眷就地生活。

表 4-13　漳州地区的海防体系构成

类型	地点
卫	●镇海卫、漳州卫
守御千户所	●六鳌、铜山、玄钟、南诏
巡检司	●濠门、岛尾、古雷、后葛、井尾、洪淡、金石、东沉赤山等 15 个巡检司
水寨	●铜山水寨

资料来源:作者根据相关资料整理[7]

明太祖创建卫所制时,和卫所制紧密结合的是屯田制[8][9]。为了解决边防军民的粮食供给问题,屯田制是良好的选择,除了实施军队屯田之外,也招募大众进行集中式的屯田耕

---

[1] 赵尔巽,等.二十五史(全本):清史稿:1[M].乌鲁木齐:新疆青少儿出版社,1999:910.
[2] 天津古籍出版社编辑部.二十四史:第 13 卷:附《清史稿》清史稿:上:简体横排[M].天津:天津古籍出版社,2000:750.
[3] 邱季端.福建古代历史文化博览[M].福州:福建教育出版社,2007:106.
[4] 黄仲昭修纂;福建省地方志编纂委员会旧志整理组,福建省图书馆特藏部整理.八闽通志[M].福州:福建人民出版社,1990:253-280.
[5] 张长水.明清之际漳州海防遗存及其保护状况蠡测[J].漳州职业技术学院学报,2011(2):71-77.
[6] 陈寿祺.重纂福建通志:历代守御(卷 86)[M].道光九年修,同治七年正谊书院刊本.转引自:张长水.明清之际漳州海防遗存及其保护状况蠡测[J].漳州职业技术学院学报,2011(2):71-77.
[7] 张长水.明清之际漳州海防遗存及其保护状况蠡测[J].漳州职业技术学院学报,2011(2):71-77.
[8] 南开大学历史研究所明清史研究室.明清史论文集:第 2 辑[M].天津:天津古籍出版社,1991:112.
[9] 屯田制历史悠久,并非起源于明朝,最晚到了西汉文帝时期已经有徙民于边陲地区从事农垦的状况存在。屯田劳动的承担者,也从徙民、庶民发展到了士兵。详见:高敏.中国经济通史——魏晋南北朝:上[M].北京:经济日报出版社,2007:156.

作,以应对百姓因战争流离失所而造成的田地荒芜。屯田耕作的田地主要有三种类型:一是驻军附近的荒地;二是因战乱无人耕作而荒芜的地;三是因罪被朝廷没收的田地[1]。漳州海防卫的士兵,三分守城,七分屯垦,在清代约有各县屯田共计5万多亩[2]。以福建漳州屯田为例:"成宗元贞三年(1297年),命于南诏(今漳州诏安县)黎、畲各立屯田,谪发见戍军人,每屯置一千五百名,及将所招陈吊眼等余党入屯,与军人相参耕种。为户汀州屯一千五百二十五名,漳州屯一千五百一十三名。……漳州屯二百五十顷[3]。"云霄县菜埔村早期也是屯田制所形成的村落。在唐朝以前,这里为荒蛮之地,土著部落畲族散居在现在的大径畲、老鸦畲、畲狗山一带,过着刀耕火种的生活。唐垂拱二年(686年),陈元光建州治于西林,畲民均归化后,于是又遣府兵于火田溪与大溪(漳江上游西段河流)交汇的溪埔地,筑堤围堰,开垦屯田,种植蔬菜,故得名菜埔,从此便有府兵及其后裔在菜埔的黑门、竹根谭附近居住[4]。

明朝所实行的军屯制,作为一种全国性的"官方行为",促使了大量军事移民及其屯堡的产生,并于明清交替时期,这些曾经军事功能鲜明的屯堡逐渐转为普通的村寨,于是伴随着"军"转为"民"的改革,"军防"也转为"民防"。然而,这些村落的防御性非但没有被削弱,反而在晚清时期得到了强化,并进一步发展成为保留至今的一些"城堡式民居"。这些鲜明防御性聚落的形成,离不开明清不同时期防御性制度的深刻影响[5],并且这种防御性的策略与设计手法对后来周边其他一些传统村落的建设产生了一定的影响[6]。

4.2.3 唐初陈元光平定漳州与明清海外移民

中国的整体与区域历史决定了漳州文化是一种移民文化。作为文化的物质载体,人口承载了文化的发生和发展,因此其在不同地域之间的流动自然成为文化传播的主要形式之一。移民的发源地、素质高低、迁移时间、迁徙路线和分布等变量,将会影响到一个区域的文化特征。移民运动下的人口迁徙,为漳州地区主流文化的传播与多元文化的形成提供了一个历史契机。

4.2.3.1 唐初陈元光平定漳州

唐初陈政、陈元光父子率兵入闽平定"蛮獠啸乱",除了政治军事上的意义之外,北方中原汉族人口的大量迁入也深刻地改变了漳州文化的气质。在平定战乱过程中,众多中原军民随之进入漳州,并在战后就地定居繁衍。根据统计显示,先后有两批府兵共计约七千余人[7],还有部分随军家属,这些人均是来自北方的汉民。

---

[1] 覃丽丹,覃彩銮.广西边疆开发史[M].北京:社会科学文献出版社,2014:179.
[2] 漳州市地方志编纂委员会编.漳州市志:第1~5卷[M].北京:中国社会科学出版社,1999:564.
[3] 谢重光.海峡两岸文化发展丛书:闽台客家社会与文化[M].北京:人民出版社,2013:86.
[4] 部分资料参见菜埔村村落申报档案.
[5] 单军,罗建平.防御性建筑的地域性应答:以安顺屯堡为例[J].建筑学报,2011(11):16-20.
[6] 比如漳浦诒安堡是清初所建的具有典型防御性的民间军事城堡.
[7] 士兵与随军眷属的姓氏大致如下:陈、许、卢、戴、李、欧、马、张、沈、黄、林、郑、魏、朱、刘、徐、廖、汤、涂、吴、周、柳、陆、苏、欧阳、司马、杨、詹、曾、萧、胡、赵、蔡、叶、颜、柯、潘、钱、余、姚、韩、王、方、孙、何、庄、唐、邹、邱、冯、江、石、郭、曹、高、钟、汪、洪、章、宋、翟、罗、施、蒋、丁、卜、尤、尹、韦、甘、宁、弘、名、阴、麦、邵、金、种、耿、谢、上官、司空、令狐.参见:易石嘉.闽越文化[M].北京:华艺出版社,2011.

唐初时期的漳州不仅生产落后、尚未开化,而且经历多年的战乱更是百业凋零、民不聊生。当时漳州全境仅有5846户,17940人[1]。平定战乱后,陈元光定居漳州,开始了一系列的发展策略(表4-14)。陈元光认为:生产落后、民性凶悍、缺乏管理、失之教育,乃动乱之根源。因此陈元光治漳的第一步是发展生产:在火田村火田溪中游,修建了120米长的古水坝作为水利工程,可引水渠全长约4000米,当地百姓称其为"军陂",可作为传播中原生产技术的印证;在漳州建立第一个村落——火田村,带领将士与流民开垦土地、依户分田、种植庄稼,中原先进的农耕技术得以传播,从而让当地百姓脱离了刀耕火种的落后状态,同时士兵们"平居则狩猎,有役则战守",这种"寓兵于农"的政策,有效地推动了当地的开发。虽然闽南寇乱"元恶既除",但是"余凶复起",陈元光认为造成蛮民骚乱的根本在于"职方久废,学校不兴",以至于民众长期"不沐王教""民风丑陋";"兵革徒威于外,礼让乃格其新",欲使社会长治久安,只能"明王慎德,以徕四夷",施行"文治""德治"以教化治民[2][3]。于是,兴建了松洲书院,文教渐兴,并且逐渐带动了漳州地区民风的转变。

表4-14 陈元光开发漳州的事迹

类型	主要措施	具体事项
水利工程	修建古水坝	●坝长120米,引水渠全长4000米。
发展农耕	寓兵于农	●火田村是陈元光在漳州建立的第一个村落,开垦土地,依户分田,将中原先进的农耕技术传播至闽南,促进当地百姓农耕技术发展。
发展商业	"通商惠农"政策	●开漳军民中大多为能工巧匠,纺织、烧陶、冶铁等技术传播,填补漳州手工业的空白,使漳州迅速成为南方商业重镇。
教化治民	建立松洲书院	●首开先河,创办学校,推动科举制,漳州从此重学风气盛行,开启了文风鼎盛的时代。
民族交融	"唐化"政策	●安抚归顺"蛮族",编入户籍,实行区划自治;鼓励汉蛮通婚。

资料来源:作者整理。参见:本刊.陈元光他创造了一个漳州[J].福建人,2016(7):74-77.

在民族交融方面,陈元光采用"唐化"政策,"开山取道,遣士人诱而化之",促使"民獠杂处",对归化的蛮民给予"编录隶籍",施行区划自治;鼓励部下与蛮民通婚,"化蛮獠之俗为冠带之伦",从而实现了当地的民族统一。

综上所述,陈元光家族先后从河南固始及周边地区所引进的80余姓近万名部众,以漳州为主要定居点,在长达百余年的治理和开发后,中原文化在漳州地区得以广泛传播,并逐渐成为漳州地区的主流传统文化,具体体现在制度、生产、教育、语言、文学、民间信仰、风俗等几个方面(表4-15)。在中原文化的整体影响下,汉族的风水理念与儒家礼制文化,逐渐改变闽越土著原始简陋的居住方式,汉族的建筑形式改变了闽越土著村落的历史风貌,并且通过汉族文化体系下的宫庙、祠堂等公共建筑重新塑造了村落的公共空间。

---

[1] 陈易洲.开漳圣王文化[M].福州:海风出版社,2005:12.
[2] 陈易洲.开漳圣王文化[M].福州:海风出版社,2005:13.
[3] 本刊.陈元光他创造了一个漳州[J].福建人,2016(7):74-77.

表 4-15　中原文化对漳州文化的主要影响

	序号	类型	具体描述
制度	1	政治制度	●秉承儒家"忠君""爱国""惠民",建制漳州,形成完整的行政管理系统。
	2	军事制度	●依循国家的军队建制,施行"军屯"制度,戍守作战与生产建设相结合。
	3	经济制度	●引入中原地区当时的农村经济制度,施行"均田制",将山区的大片荒地,分地到户,实现"耕者有其田";推行"租庸调法",激发劳动生产积极性。
生产	1	农业生产	●改变"刀耕火种"为先进的中原农耕技术;精耕细作、兴修水利工程。
	2	垦殖技术	●开发滩涂,围海造田。
	3	其他	●造船、晒盐、织布、建筑等技术。
教育	1	乡校教育	●引入中原教育,"兴庠序",设置专司教育的职官——文学。
语言	1	闽南话	●闽南语成为本土通行的语言。
文艺	1	文集诗歌	●《龙湖集》。
	2	舞蹈	●"大鼓凉伞"舞。
	3	戏剧	●竹马戏、"大车鼓"、布袋戏等。
信仰	1	民间信仰	●观音、玉尊宫、"烈圣尊王"、周亚夫、广惠圣王、三元庙。
风俗	1	饮食	●粥、功夫茶等。
	2	衣着	●汉服唐装。
	3	其他	●婚嫁、乔迁、生育、治丧等。

资料来源:作者整理。参见:陈易洲.开漳圣王文化[M].福州:海风出版社,2005.

4.2.3.2　明清海外移民与华侨

人地关系的地域系统,是在诸多构成要素下的一种复杂性耗散结构系统。在这个系统中"人"与"地"之间通过能量流动与物质循环的方式在不断进行交互作用,从而形成了具有特定结构和功能的动态体系。相互作用下的"人"与"地",作为一定时空条件下的生态环境结构要素,是维持整个生物圈系统正常与稳定的重要条件[1]。

实际上,人与自然的相互关系并非独立自成体系的,而是受制于并表征着人与人之间的关系。因为人对自然的开发和所谓的管理,反映的正是社会经济领域中人对人的统治关系在自然领域中的体现。人与人的关系,有时间序列下的代际关系,有空间序列下的区际关系,在两者作用下,形成了不同地域的经济结构和社会结构[2]。

在福建,明中叶以前的客家人与闽海系之间有一片狭长的山区和谷地相隔,前者以武夷山以东、玳瑁山以西的山区与丘陵地带为主要聚集区,后者主要分布在博平岭以东直至大海的丘陵和平原地带。明中叶后,在经济社会长期发展推动下,两个民系的人口逐渐膨胀,耕地资源则逐渐满足不了需求,只能向外寻求发展,大量新移民由此产生。其中客家移民西向回迁到了赣南,东向与闽海系移民的西向相同,均是进入玳瑁山与博平岭之间及其迤南的大山长谷。向南的闽海系移民,开发了邻接广东的南部地区,陆续设立了海澄、云霄、诏安等

---

[1] 任启平.人地关系地域系统要素及结构研究[M].北京:中国财政经济出版社,2007:101-102.
[2] 任启平.人地关系地域系统要素及结构研究[M].北京:中国财政经济出版社,2007:99-100.

县,向东是向大海、向海外发展[1]。

伴随着经济发展下人口数量的增长,与北方中原汉族的南迁,人地关系的矛盾加剧,传统的农业收入已经难以维系家庭开支。于是,近代漳州地区人口开始逐渐往外流动,追逐比农副业生产收入高的侨汇,而移民海外是缓解矛盾的快捷方式,其中台湾地区与东南亚国家是当时主要的移民目的地。

闽南人因经商出国的历史可以追溯至唐代。到了明清,虽然有海禁的严格闭关政策,但仍有大量的闽南人以各种途径出洋谋生或侨居海外。人数最多的时期是鸦片战争之后,华侨作为廉价劳工(契约劳工)大量地被诱拐到西方国家的殖民地,而以南洋各殖民地的华工最多、最为集中,此为近代华侨出国的第一次高峰期[2](表4-16)。

表4-16 华侨形成的历史背景

序号	类型	具体描述
1	耕地与粮食供应的不足	●漳州地区地狭人稠,山地多,平原少,可用人均耕地资源较少。
2	社会动荡	●明末清初一系列反清复明起义;"土客械斗"频繁;鸦片战争后社会矛盾。
3	天灾影响	●重大自然灾害,如水灾、旱灾、风灾、地震等。
4	殖民地对廉价劳动力的需求	●19世纪,西方殖民者在东南亚、美洲等地的殖民开发,需要大量廉价劳动力进行矿产开采与港口、码头、道路、铁路的建设,"华工"成为其中之一。
5	海禁政策的放松	●雍正元年(1723年)在广东、福建等地局部开放海禁,进行海外贸易。

资料来源:作者整理,部分资料参考相关资料[3]。

自海澄县商人颜思齐第一次在台湾开始大规模移民开垦起,陆续有一批批的漳州沿海村民到台湾发展。明末之后,也有大量客家人迁往台湾发展。而郑成功收复台湾时所率领的军队中,有相当数量的客家人来自诏安县与平和县,他们在台湾落地生根,繁衍至今已有近两百万人。

移民或旅居海外的华侨,基于血缘与地缘等纽带,不断参与了侨乡的建设。台湾著名的商业家族"板桥林家"林本源家族,于道光元年(1821年)在九龙江下游的角美镇杨厝村过井社建成"林氏义庄"(图4-22),是当时著名的民间慈善机构,在长达116年的岁月里,赈济乡民[4]。另一方面,在空间层面上骑楼这个南方侨乡地区特有的建筑类型,体现了南洋华侨对侨乡经济与文化的深刻影响。近代骑楼源自十九世纪初新加坡、马来西亚等东南亚英属殖民地,通过海外华侨的力量平行移入中国[5]。漳州古城与许多县城、古镇的骑楼建筑(图4-23中a),可以说是那个时代外来文化的空间映射。同时,在漳州的传统村落中,尤其是沿海地区,华侨或归侨将南洋文化引入到家乡之中,在一定程度上改变了传统村落原有的形态(图4-23中b和c),见证了中国的近代化历程。

---

[1] 谢重光.海峡两岸文化发展丛书:闽台客家社会与文化[M].北京:人民出版社,2013:193.
[2] 陈志宏.闽南侨乡近代地域性建筑研究[D].天津:天津大学,2005:19.
[3] 任健强.华侨作用下的江门侨乡建设研究[D].广州:华南理工大学,2011:24-28.
[4] 陈子铭.历史转折时期的漳州月港[M].福州:海峡文艺出版社,2015:221-222.
[5] 林冲.骑楼形街屋的发展与形态研究[D].广州:华南理工大学,2000:摘要.

图 4-22　龙海市角美镇杨厝村过井社"林氏义庄"

图片来源：来自网络[1]

a. 漳州古城骑楼街景

b. 龙海流传社"天一信局"　　　　　　c. 城内社"黄开盛"楼

图 4-23　南洋华侨文化对漳州城乡风貌的影响示意图

图片来源：图 c 为作者自摄，其余来自网络

4.3　漳州传统村落形态的适应机制

纵观人类发展历史，贸易和战争共同构成了文化与物资传播的方式[2]。在不同族群杂居区演化的过程中，对于有限资源的相互竞争是普遍存在的现象。除此之外，基于一种"互利性"的"刺激"，不同群体之间再次被激发了驱动力与整合力，最初纯粹基于血缘亲属关系的单一封闭族群概念最终被基于更广阔地域性的超亲属族群概念所取代[3]。于是，对于彼此对抗的各种群体，为了充分调动起支持力量，胜者在建立起秩序之后必须进一步通过一种普遍的理想或利益来对冲掉各种特殊性，以实现超越个别群体的普遍认同，从而达成与对手之间的相互和解与融合，并能长期维持新秩序的稳定发展。在这个特定的时空进程中，不同

---

[1]　http://baijiahao.baidu.com/s?id=1582705419126608537&wfr=spider&for=pc.
[2]　施展.枢纽：3000 年的中国[M].桂林：广西师范大学出版社，2018：13.
[3]　袁年兴.族群的共生属性及其逻辑结构：一项超越二元对立的族群人类学研究[M].北京：社会科学文献出版社，2015：232.

族群之间的共同优化,不同于单个族群自我封闭式的自然发展,这种优化路径必须是建立在各族群之间的相互激励、共同前进的基础上的。在这个优化过程中,由于不同文化之间的交流与适应,不仅新的共生形态可能产生,而且可能进一步形成新的物质结构,并走向更高层次的有序化和一体化,这种不断演变是族群文化主体共生运动的可行趋势[1]。漳州传统村落形态正是在商业贸易交流、"王化"与"儒化"政策的推动、多元宗教信仰融合三种适应动力因素下,与村落形态构成体系结合,形成村落形态的适应机制(图 4-24、表 4-17)。

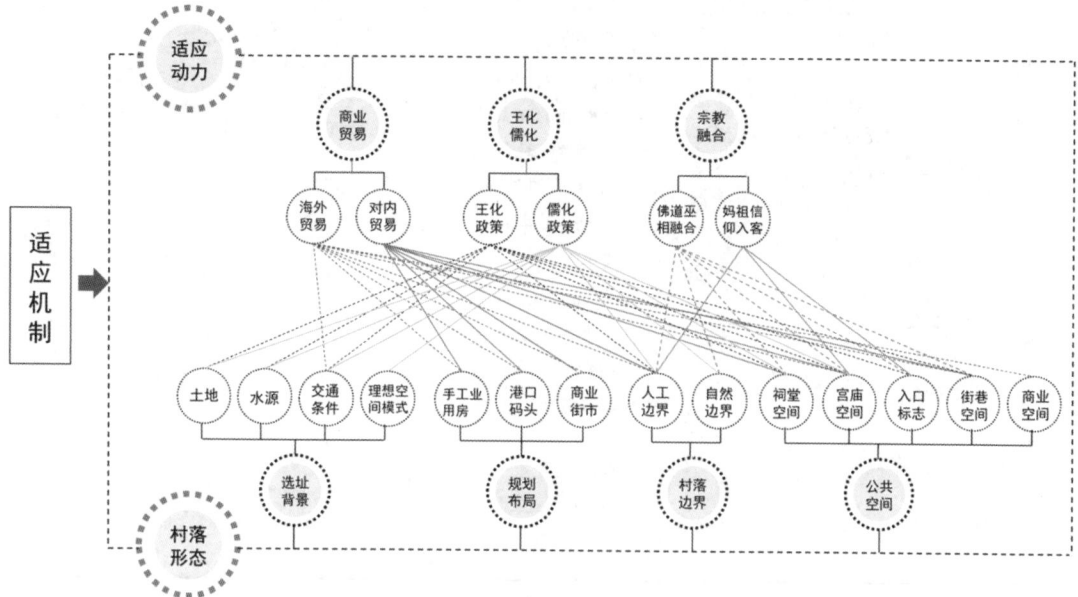

图 4-24 漳州传统村落形态的适应机制示意图
图片来源:作者自绘

表 4-17 漳州传统村落形态的适应动力因素及其影响结果

适应动力因素		适应动力因素对传统村落形态构成体系的影响结果示例			
		村落选址	规划布局	村落边界	公共空间
1 商业贸易	海外贸易	贸易经济活动注重对交通条件的考虑	出现了手工业的生产用房;码头港口的兴建;内部商业街市的形成	手工业生产用房与港口码头的出现,改变了村落的边界	村民祈求保佑出海从商平安的宫庙出现并香火兴盛
	对内贸易		在商业产品、社会分工、手工业等推动下,村落布局出现了新的功能用房或商业设施	促进内陆地区与沿海地区的经济贸易,带动了彼此的经济发展,村落规模扩大	内陆山区村落经济的发展,促使公共建筑的装饰走向华丽与精致

---

[1] 袁年兴.族群的共生属性及其逻辑结构:一项超越二元对立的族群人类学研究[M].北京:社会科学文献出版社,2015:233.

续表

适应动力因素		适应动力因素对传统村落形态构成体系的影响结果示例			
		村落选址	规划布局	村落边界	公共空间
2	王化与儒化	王化政策：行政建制后，为北方汉人的定居与当地土著的汉化奠定基础，由此开启村落开发建设的序幕	"国权不下县"的基于"乡绅治理"的乡村自治模式，促使村落的规划布局深受宗族制度与思想的影响	儒家文化中"天人合一"的哲学理念影响着对传统村落周边自然环境的处理方式	私塾、祠堂与宫庙建筑是对儒家文化与科举制度的空间呼应
		儒化政策：受到中国传统教育的读书人在村落选址过程中更加善于结合风水理论等传统环境观（如诒安堡八景）	村落中读书人的思想理念对村落的布局有独到的理解；对儒家文化与科举的追求，促进私塾、祠堂与宫庙的建设		
3	宗教融合	中原佛道与闽越巫术的融合	古代闽越人信巫好鬼、多神崇拜，重淫祀，村落宫庙的数量虽然繁多但和谐共处		村落公共空间被赋予了新的精神内涵，如水池的宗教意义
		妈祖信仰融入客家	天后宫融入客家的整体布局，甚至位于村落的核心位置	某些天后宫位于村落外围或主入口之处，影响了村落的边界形态	天后宫周边成为重要的公共空间

资料来源：作者整理

漳州地区地理上的山海二元结构特征，以及因山川丘陵所导致的文化割据现象，在明清海外贸易与九龙江内陆贸易的商业带动下，逐渐被整合在一起，同时也促进了各区域文化的互动与融合。随着唐初土著与汉族之间"蛮獠啸乱"战争被平定之后，中原统治政权在漳州地区逐步深化，并把这一地区变为"化内之地"；与此同时，这一过程也是以儒家文化为内核的中原汉族文化在漳州地区广泛传播的时期，并成为这一地区多元族群文化认同的"儒化"过程。在这个过程中，为了强化该区域的实际控制，朝廷在军事征剿之后逐渐推行了增加县治与推行保甲等手段；同时，儒家文化的复兴也实现了从"重治"到"重教"观念上的转变，日渐为朝廷所重视并大力推行儒学教化以消除永患。上述在军事、政治与文化等方面的举措，一方面使朝廷在赣闽粤边区建立和巩固了政权统治，一方面大大促进了汉族文化尤其是儒家思想的广泛传播，同时逐渐完成了对其他不同族群文化的整合，从而最终在漳州地区形成了以汉族文化为主体、融合多元族群文化的多元一体的文化格局。除此之外，多元宗教信仰的相互交汇也是推动文化融合适应的重要方式。作为闽越土著的民间信仰，并没有完全被中原汉族文化所同化，而是巧妙结合在一起；同时闽海系与客家系的宗教信仰也在一定程度上相互融合，共同谱写出漳州传统村落文化的多彩篇章。

4.3.1 月港海外贸易与九龙江内陆贸易联动

明清时期，宗族对土地的控制也间接影响了传统村落的商业发展，于是，漳州地区出现了与宗族势力相结合的商人,其凭借雄厚财力收买土地,并通过宗族组织下的各种组织机构,在地方上形成一股特殊的经济与政治势力。他们农商兼营,甚至操控着市场、交通、水利,进一步推动当地商业的发展。山区以自然农耕经济为主,商业经济较弱,一些精于商业的汉族人进入当地成为其中一部分。不同地区与族群的农产品各具特色,伴随着商品的流通,文化也不断产生交流。传统农业社会中,"乡"与"土"相互约束绑定,居民大多以农耕为主,土地既是基本生存条件的物质来源,亦是生活空间的范围边界,大多数居民一生在一个村落世代生活,而商业活动成为跨区域物质与信息交流的途径之一。在漳州的历史发展中,这种基于商业的文化推动力主要表现在两个方面,一方面是以漳州月港为代表的海外贸易,一方面是以九龙江为代表的对内贸易,两者相辅相成、缺一不可,共同形成了明清时期漳州的贸易网络。

4.3.1.1 海外贸易:以漳州月港贸易为代表

福建东临大海,海岸线占全国五分之一,深水良港星罗棋布,具有特殊的先天区位优势。"闽广人稠地狭,田园不足于耕,望海谋生,十居五六……是以沿海居民,造作小巧技艺,以及女红针凿,皆于洋船行销[1]。""愚闻漳泉人运货至省城,海行者每百斤脚价银不过三分,陆行者价增二十倍[2]。"因此,人多地少的生存压力,促使闽南人充分利用其面临大海的自然优势,向外发展谋生,如渔业、盐业、养殖业,海上贸易也因此蓬勃发展起来。

漳州三面皆山、一面是海,海路是唯一有效的对外通道。虽然漳州的港口开发较福州、泉州为迟,但是随着漳州地区的经济发展,漳州在五代成了一个新开辟的港口。太平兴国七年(982年),宋太宗曾诏"……闻在京及诸州府人民或少药物食用,今以下项香药止禁榷广南、漳泉等州舶船上,不得侵越州府界,紊乱条法。如违,依条断遣……"[3],佐证了漳州在北宋初就成为一个重要的对外贸易港,宋官府因此于漳州置"黄淡头巡检",以此维护航道安全,并于每年夏天下海"招舶"。漳州海商人的海上贸易活动十分活跃,"平时海舟欲有所乡,必先计货,选择水手,修葺器具,经时阅月,略无不备,然后敢动"。

到了明清时期,漳州的海商把握难得商业机遇,"分贩东西洋""通番"获利,执东西方贸易之牛耳,成为当时中国私人海上贸易的先驱者、主力军与领头羊[4]。明代后期,月港部分开放海禁,私人海外贸易的发展,作为一种中介,促使明代中国逐渐融入世界海洋贸易体系当中。月港,位于漳州古城东南五十里,"外通海潮,内接山涧,其形如月,故名[5]"。月港地处偏僻,"官司隔远,威命不到"。"泉漳二郡商民贩东西两洋,代农贾之利,比比然也[6]。"私人海外贸易促进了福建沿海地区外向型经济的发展,经济作物被大面积种植,如沿海地区不

---

[1] 徐晓望.明清东南海洋经济史研究[M].北京:中国文史出版社,2014:78.
[2] 徐晓望.明清东南海洋经济史研究[M].北京:中国文史出版社,2014:78.
[3] 徐松:《宋会要辑稿》,"职官四十四之二"。郑镛.明清时期漳州的海商与海盗论略[J].海文史研究,2014(2):99-115.
[4] 郑镛.明清时期漳州的海商与海盗论略[J].海文史研究,2014(2):99-115.
[5] 陈锳等主修;邓来祚等纂修.(乾隆)海澄县志24卷:卷首1卷[M].1762.转引自:唐文基.福建古代经济史[M].福州:福建教育出版社,1995:618.
[6] 沈鈇:《上南抚台暨巡海公祖请建澎湖城堡置将屯兵永为重镇书》,见顾炎武:《天下郡国利病书》卷九十六《福建六·兵事》。转引自:傅衣凌著.明清社会经济史论文集[M].北京:商务印书馆,2010:277.

少地方改稻田为蔗田,"其地为稻利薄,蔗利厚,往往有改稻田种蔗者[1]"。于是,传统农业生产上,农业人口开始脱离土地参与私人海外贸易。明代后期,原产于东亚、东南亚的高产农产品,如马铃薯、花生和番薯通过贸易的方式在福建沿海各地区推广,逐渐改变了以水稻种植为主的农业生产结构,同时一定程度上改善了人多地少、粮食短缺的现状,并且加速了沿海地区农业商品化的发展,形成了漳州地区私人海外贸易与农业商品化相辅相成的发展态势。

明末清初的月港,可谓是当时中国海内外贸易的重要枢纽,海上贸易网的形成,进一步促使漳州经济作物的种植与手工业市场的开拓,对漳州的社会、经济与文化产生了深远的影响。明代福建是国内主要的产糖区,"糖产诸郡,泉漳为盛。有红白及冰糖商贩四方货卖[2]"。以具有悠久炼糖历史的云霄县为例,据历史文献记载,明朝中叶时期的云霄百姓已经熟练掌握炼糖技术[3]。菜埔曾是云霄县糖蔗之乡,民国时期,蔗糖是云霄的主要出口物资,大部分蔗糖由菜埔制作提供,还有专门经营蔗糖生意的商人,民间称为"糖牙"。车寮,又称糖寮、制糖坊、榨糖坊(图4-25),菜埔村共出现了九座车寮,榨糖历史均在三百年以上。在物流渠道上,也有专业性运输蔗糖的货轮,因销往北面的福州、温州、宁波、上海、天津等地,亦称为"北轮",如"和山号""德裕号""成利号"[4]。传统村落中手工业经济的发展,在一定程度上改变了传统村落原有基于单一农耕经济下的形态,融入了新的产业及其生产用房,丰富了传统村落的形态构成与历史内涵。

图4-25 菜埔村车寮传统制糖工艺
图片来源:菜埔村村落档案

图4-26 明代驰名海外的漳州瓷器
图片来源:作者摄于漳州市博物馆

4.3.1.2 对内贸易:九龙江的沿江贸易通道

商业贸易的有效推动需要依赖于较为完善的交通网络系统,漳州拥有了陆路、海路与河港三位一体的交通网络(表4-18)。清代,漳州是联系闽西北与广东的重要枢纽,同时依托台湾海峡,成为沿海南北航线上繁忙的交通要道。除了月港作为对外的贸易港口之外,以九龙江为代表的内陆贸易通道也是不可或缺的。这种内外的相互联动机制,有效地将漳州的海外贸易经济体系延伸至内陆地区,在一定程度上也改变了内陆一些传统村落的经济模式与物质形态。

---

[1] 陈懋仁撰.泉南杂志:2卷[M].济南:齐鲁书社,1996:842.
[2] 王应山.闽大记,卷十一,食货志[M].福建社会科学院藏抄本,第5页。转引自:徐晓望.明清东南海洋经济史研究[M].北京:中国文史出版社,2014:78.
[3] 《云霄厅志》记载:捣营蔗浆炼成,有乌糖、砂糖、白糖、冰糖诸种。参见村落档案。
[4] 部分文献参考自菜埔村村落档案。

表 4-18 清代漳州的交通网络示意

	序号	名称	具体描述
陆路交通	1	江东驿	●漳州府,宋代称"通源驿",是闽南一处重要的交通咽喉。
	2	丹霞驿	●从江东驿西行四十里至该驿,宋代始建,位于龙溪县。
	3	甘棠驿	●龙溪县南四十里,元代始建。
	4	临漳驿	●距离甘露驿五十里,位于漳浦县城。
	5	云霄驿	●自临漳驿行七十里至该驿,唐代始建。
	6	南诏驿	●位于诏安县,自云霄驿前行八十里至该驿。
海路交通	1	月港	●九龙江入海处,明隆庆元年(1567年)月港解除部分海禁,在万历年间(1573—1620)走向全盛,1684年后逐渐被厦门港取代。
	2	石码港	●明弘治元年(1488年)设锦江埠,因在江岸垒石而名石码。
	3	铜山港	●《福建通志》载:"福建沿海最长之一湾。"
	4	梅岭港	●地处闽粤交接之处,是清代闽南私人贸易重要据点。
河港	1	浦头港	●漳州府城出海中转港,是九龙江流域商铺集散的重要码头,连通西溪上游的龙岩、平和、南靖等县,还有华安、长泰。
	2	云霄港	●集中在城关漳江右岸及下游高塘等地。
其他		天一总局	●漳州旅菲华侨郭有品于清光绪六年(1880年)在其家乡漳州府龙溪县流传社(现为县级龙海市)创办了"天一批郊",后改为"天一信局",1892年拓展为四个局,其中龙溪为总局,厦门、安海(晋江)和吕宋(菲律宾)为分局。该机构的设立构建了漳州与海内外联系的网络,为国内侨属和海外华侨提供书信投递与钱币汇兑等服务。

资料来源:作者根据相关资料整理[1]

成化年间(1465—1487),明代名相徐溥指出:"其(漳州)地介乎山海之间,商贾不通,市鲜物货,民惟务稼穑,以为生业,故天时不常、水利不修则无以尽力乎田亩[2]。"文献表明了当时的漳州境内少有商品流通,因为漳州境内墟市只有11个,而且集中于龙溪县(8个),另外漳浦县、长泰县与漳平县三个县各有1个,南靖县和龙岩县则未见有文献记载,可见除了位于沿海地区的龙溪有一定的商业发展外,当年其他内陆的地区仍然以农业生产为主。

据历史文献记载,九龙江曾是漳州境内重要的食盐通道。明万历《漳州府志》的记载指出:"惟是漳所属县若龙岩、漳平、宁洋,皆山邑穷僻,民间不能致食盐。而浯、民鬻盐者,用海舟载至海澄歇泊埠头,转剥小舟,溯西、北二溪,出华封往龙岩诸邑散卖。又自宁洋而上达马家山,越永安,蔓延、建、邵所属行盐地[3]。"因此,九龙江流域作为食盐流通的贸易通道,对于促进沿海与山区之间的商业贸易与文化交流,尤其是对于山区经济发展具有重要意义。

---

[1] 苏文菁.闽商发展史:漳州卷[M].厦门:厦门大学出版社,2016:126-127.
[2] 徐溥:《谦斋文录》卷二《漳州府知府姜侯惠政记》。转引自:徐晓望.论明末清初漳州区域市场的发展[J].中国社会经济史研究,2002(4).
[3] 叶锦花.盐政制度变革与明中后期商业的发展——以漳州、泉州地区为例[J].清华大学学报(哲学社会科学版),2014(6):65-78,178-179.

明代漳州窑的兴起与月港港口贸易的崛起息息相关,同时漳州窑业的兴盛也进一步推动了月港的发展。据考古发现,目前漳州地区已陆续发现青花窑的遗址近百处,除了沿海地区的漳浦县、诏安县之外,内陆的平和县、华安县、南靖县均有发现[1]。从南靖县窑遗址分布图及其遗址现状图中可以发现,漳州的瓷器(图 4-26)作为海外贸易的一种重要商品,藉由月港与九龙江的贸易网络,深刻地影响了内陆山区一些传统村落的生产方式与村落形态。

4.3.2 "王化"与"儒化"政策的共同推动

不同族群之间的相互融合,一方面虽然存在有族群接触过程中自然发生与演进的情况,但是国家权力与儒家教育(图 4-27 与图 4-28)的双重介入,却是促使其加速融合不可或缺的力量。战争进一步促进了闽粤赣边区的人口迁移与族群融合,促进了溪峒蛮族与汉人族群的融合,还加快了畲蛮土著族群与汉人族群之间的融合;在平定动乱之后,及时推行的儒家教育政策则进一步让闽越土著接受汉族文化,从而缓解了不同族群之间的矛盾、弱化相互之间的文化差异性,并逐步走向和平与融合。

图 4-27 松洲书院
图片来源[2]

图 4-28 松洲书院石柱
图片:作者改绘[3]

4.3.2.1 "王化"政策:军事镇压与行政建制

战争本身还是一种通常的交往形式[4],客观上促使文化得以交流传播。早期漳州地区尤其是赣闽粤边区,巫风盛行、蛮俗浓厚,中原汉族文化之所以可以广泛传播并成为文化的核心,除了当时汉族在人口数量与文化水平占优势外,"国家"的行政干预是背后的重要推手。因为价值观的不同和文化惰性的基础,当地土著未必愿意接受新的文化,而且漳州地区山区地形复杂、相互独立分散的特征也相当程度上阻碍了族群之间的交流,除非有刚性的强大推动力才能促使文化的广泛传播。因此,国家权力对地方秩序的构建和地方性知识的产生有着巨大的影响,这种秩序的重构主要依赖于军事与行政两种方式。

---

[1] 吴其生.明清时期漳州窑[M].福州:福建人民出版社,2015:59.
[2] 本刊.陈元光他们创造了一个漳州[J].福建人,2016(7):74-77.
[3] 陈诠.海峡两岸开漳圣王文化史料集:开漳篇[M].厦门:厦门大学出版社,2014:135.
[4] 中共中央马克思恩格斯列宁斯大林著作编译局.马克思恩格斯全集[M].北京:人民出版社,2009:577.

政策法律制度在某个地区的有效实施,需要建立在行政建制的基础上。因为一个区域的建制区划将直接影响到其文化的传播方式、路径与边界,同时也是文化发展的重要助推力。秦汉时期,中央初设闽中郡,汉文化开始融入闽越地区,并逐渐改变了长期以来闽越族不同部落之间各自为政的局面。从唐代开始,漳州正式行政建置,汉文化随之大量进入,行政覆盖与管理的区域不断扩大。作为一个独立而完整的行政单元,在各种组织制度、教育政策与经济文化的推动下,漳州传统村落文化的内外交流从此进一步得到发展,逐渐形成了具有地方特色的文化体系。

4.3.2.2 "儒化"政策:官学与民间私学发展

文化,既可以借助武力方式强行传播,也可以通过彰显其文化的吸引力从而让人自愿皈依。除了上述的军事与行政措施外,基于兴学、推行保甲乡约、旌奖义举措施下的儒家传统教育,也是辅助"王化"与推行"儒化"的重要推动力。

唐代是福建士文化发展的开创时代,基于巩固对南方长期统治的考虑,除了陈元光随迁的汉族军民之外,一些官员被朝廷派遣至闽地,加上这些官员的佐僚和一些流寓的中原人士,从而构成了一个中原汉族文化的知识群体,他们自然而然地通过兴办学校等方式传播儒学,从而深刻影响了漳州地区的人文价值观。

福建的书院制始建于唐,延续至清末。民办书院在元代前作为主要力量,元代之后官府逐渐加强对书院的控制。明中叶之后,纳入官学系统,逐步取代已趋于衰亡的儒学,民办书院则始终绵延不绝。官学与私学两种方式相互补充,从而形成更具活力的教育组织体系。历史记载,朱熹在漳州时曾大力推动教育传播儒学以培养人才。他不仅"每旬之二日必领官属下州学,视诸生,讲小学,为正其义;六日下县学,亦如之[1]",而且加强儒学讲官的选择与聘用,"择士有行义、知廉耻者,列学职,为诸生倡[2]",比如进士黄樵仲、陈淳等八人被延请为学官以作诸生表率,从而极大地促进了漳州儒学的整体发展。

明代,也是漳州教育文化发展的一个重要时期,表现为理学昌盛、名家辈出。宋代时期,科举制度迅速发展,随着各级州县官府对教育的投入,参加科举人数持续增加,中进士与诸科人数也不断增长[3](图4-29)。漳州在陈元光父子开发之前,被称为"蛮荒之地""化外之区",但经过两宋的发展,人文蔚然可观。到明清之际,漳州便享有"海滨邹鲁"之美称。据史学家统计,漳州地区(排除龙岩)进士人数的情况是:唐代2人、宋朝268人、元朝1人、明代306人、清朝113人。其中宋代是福建科举之鼎盛时期,总数约占全国的四分之一,漳州地区也名列前茅[4][5]。

---

[1] 林福琛,林晨.朱熹南行传奇[M].长春:吉林人民出版社,2013:161.
[2] 郑晨寅.黄道周论稿[M].郑州:河南人民出版社,2014:156.
[3] 刘云.宋代漳州进士及诸科登第人次考[J].闽台文化交流,2012(4):77-86.
[4] 孙清玲,庄铃华.唐宋以来漳州科第盛衰及其原因探究[J].福建论坛(人文社会科学版),2012(9):108-112.
[5] 虽然明代采取了更为规范严密的科举考试制度以减少宋代科甲的近亲繁殖现象,但漳州士子仍凭真才实学在科场上取得辉煌的成绩,并形成在空间与时间上的集结现象。如长泰人戴昈,成化年间(1465—1487)举于乡,任乐清县令,其"子时宗、孙渊、曾孙廷槐、廷采、廷朴、元孙耀、焙、燥、烨、爉,云孙埔、族孙坤相继登经、进士第,簪缨之盛,无与比"。万历年间(1573—1620)是漳州科举的鼎盛时期,当时科甲涌现,人才辈出。转引自:孙清玲,庄铃华.唐宋以来漳州科第盛衰及其原因探究[J].福建论坛(人文社会科学版),2012(9):108-112.

历史赋能下的空间进化——多元文化交汇与村落形态演变

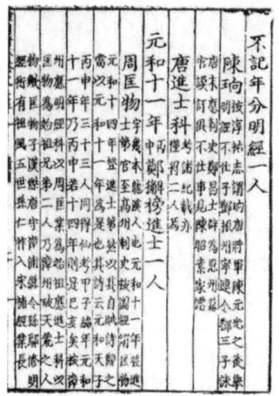

图4-29 明正德科考名录
图片来源[1]

随着中原汉族人口的流入及其对儒家文化传承的重视,同时在官学的推动下,当时漳州地区传统村落的民间私学亦取得了较大的发展。如庄上村的"毓秀斋"与"葆真斋"为叶氏家族的私塾学馆(表4-19中a),供子孙读书。聚华楼(表4-19中b)的私塾,位于建筑的后侧地势较高之处;护厝建筑据说可以让学生寄宿,同时让外地的私塾教师居住。洪坑村的三房私塾是专门的教学用房;世泽堂(表4-19中c)既是村落祖祠,平时也兼做私塾;同时设立"书田禄谷"奖励中科第之人,考中秀才者,丈母娘给女婿簪缨花、戴高帽。下版寮村的私塾"问渠斋"(表4-19中d),以中轴线从西北向东南依次由山门、前厅、天井、后楼组成;山门设七步石台阶,外檐遗留石门墩一对,浮雕有麒麟、鹤、鹿等图案。

表4-19 漳州传统村落中民间私学的案例

村落名称		私学建筑	实景照片
a	庄上村	●"毓秀斋"(右图)与"葆真斋"均为叶氏家族的私塾学馆,供庄上村的子孙读书。	

---

[1] 明正德《大明漳州府志》科考名录。陈诠.海峡两岸开漳圣王文化史料集:开漳篇[M].厦门:厦门大学出版社,2014:137.

续表

村落名称		私学建筑	实景照片
b	福塘村	●聚华楼的私塾,位于建筑的后侧地势较高之处。护厝建筑据说可以让学生寄宿,同时也可以让外地的私塾教师居住。	
c	洪坑村	●三房私塾是专门的教学用房;世泽堂是村落祖祠(右图),平时兼做私塾;设立"书田禄谷"奖励中科第之人,考中秀才者,丈母娘给女婿簪缨花、戴高帽。	 
d	下版寮村	●问渠斋,以中轴线从西北向东南依次由山门、前厅、天井、后楼组成。山门设七步石台阶,外檐遗留石门墩一对,浮雕有麒麟、鹤、鹿等图案。	

资料来源:除庄上村图片为其村落宣传册外,其余均为作者自摄

传统村落中私学的发展对村落形态产生了深远的影响。村落的"儒化"教育建筑作为空间载体培养了人才,而这些人才反过来又通过种种方式重新建构了传统村落的人文与物质形态。比如石牛尾村是秀才返乡兴建的,在村落选址、规划与民居建设中有深厚的传统文化内涵。诒安堡,则是时任太常寺卿的黄性震于康熙二十六年(1687 年),因见族人"堂庶未具,楹角凋零",基于尊宗睦族的目的,倾其所有营建诒安堡,作为同族人聚居之地。《诒安八景诗》诠释着村落的兴建具有浓厚的传统文化内涵,如诗所言:"三龙入湖中为贵,楼船出峡早迎晖。东方挺秀塔同日,紫薇拱照启蒙归[1]。"福塘村的规划布局中对中国太极文化的宏观、中观与微观的不同层面的诠释,反映了儒家思想的深入民心。"寿山耸秀"楼建于清朝乾隆末年,现保留清代风格。相传为内阁中书郎朱薰芳府第,是福塘村具有浓厚文化氛围的特色建筑[2]。这种古代官员"落叶归根"的传统,将其一生在外面的见闻经历,通过建筑等形式传递着来自村落外部世界的不同文化(图 4-30),促进文化的交流,并且通过自身的成长经历

---

[1] 石奕龙.福建土围楼:泥土版筑的城堡[M].北京:中国旅游出版社,2015:133-134.
[2] 该楼座东北向西南,石、砖、木结构,悬山顶燕尾脊,由前厅、天井、轩亭、过水廊道、主堂及护厝组成,前有鹅卵石砌成照壁。前厅面阔五间,进深二柱,大门上方阴刻"寿山耸秀"。轩亭面阔一间,进深三柱,前厅、轩亭梁架皆为抬梁式,雕刻精美。整个建筑占地面积 471.74 平方米。

形成一种模范,激励后世学子奋发向上考取功名,形成一种良性循环的文化可持续性发展模式。

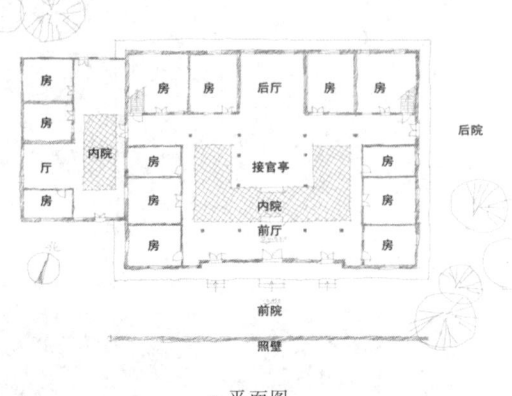 

a. 平面图　　　　　　　　　　　　　　　　b. 鸟瞰图

图 4-30　福塘村"寿山耸秀"民居

图片来源:图 a 为作者自绘;图 b 由周小伟书记提供

4.3.3　不同族群多元宗教信仰之间相互融合

4.3.3.1　汉族信仰与闽越巫术

"宗教"一词,其实在中西方理论研究中的语境是具有细微差别的。在西方文化理论中,"宗教"和"巫术"之间具有明确的区分,如弗雷泽(J. G. Frazer)的《金枝——巫术与宗教研究》[1]、马林诺斯基(B. K. Malinowski)的《文化论》[2]等,都讨论了两者的区别,其重点在于:"宗教创造一套价值,直接地达到目的;巫术是一套动作,具有实用价值,是达到目的的工具[3]。"中国文化理论中,"巫"的范围较广,如李泽厚的"巫史传统""巫君合一"等,既包含了"宗教",又包含了"巫术"。本书的理解是:宗教作为文化的范畴,除了"价值性"层面之外,在生存环境恶劣的古代南方地区,还有较强的"工具性"层面以解决百姓的各种困难,"巫术"是其中必不可少的重要组成部分。巫的传统犹在,仪式的准确性是沟通天人的基础。"巫文化"是闽越文化体系中的一个重要组成部分,是闽越族所特有的文化。闽越人笃信鬼神,越王勾践采纳"尊天事鬼,以求其福",通过巫者与鬼沟通,用鸡骨来占卜,预示吉凶[4]。宋代蔡襄指出"闽俗左医右巫,疾家依巫索祟,而过医门十才二三,故医之传益处少[5]"。巫术应用最广之处是村民的身体健康方面,在早期先民中,有关疾病之事都是靠巫术,当巫术与对大自然的朴素信仰结合在一起,便建构了村民的精神世界,成为村落各种娱神娱己仪式的本源[6]。

---

[1]　弗雷泽.金枝——巫术与宗教研究[M].徐育新等译.北京:中国民间文艺出版社,1987.
[2]　马林诺斯基.文化论[M].费孝通译.北京:华夏出版社,2002.
[3]　孔德立.子思与早期儒学[M].北京:中国社会出版社,2012:227.
[4]　粘良图.晋江史话[M].厦门:厦门大学出版社,2005:8.
[5]　粘良图.晋江史话[M].厦门:厦门大学出版社,2005:8.
[6]　何马玉涓.文化变迁中的仪式艺术——以傈僳族刀杆节为例[D].昆明:云南大学,2015:75.

以闽海系为例,其宗教信仰源自于中原汉族的佛教与道教信仰。南迁而来的北方移民与当地闽越族在融合过程中,"巫文化"的基因便渗入到汉族文化之中,体现为"多神崇拜"的思想,信仰"万物有灵"存在某种神秘力量,表现在传统村落布局上则是多种类型宗教宫庙的共存。漳州地区流行多神的信仰,传统村落里各种各样的宫庙兴盛,而且闽海系宗教信仰与巫术文化的融合,也赋予了传统村落原有宗教空间新的功能与场所内涵。

平和县三平寺,以汉传佛教代表的杨义中禅师为主供对象,在其迁入漳州之后,具有征服"众祟"等巫术,而且在寺庙中供奉着象征闽越土著文化的"蛇"神等当地神灵,并且三平祖师具有法力,可神通度化众生,反映了中原汉族文化与闽越文化的融合[1]。"哪吒鼓乐"为民间信仰遗存的古老吟唱表演(图4-31),流行于芗城区、龙海、南靖一带,是古闽越族原生态巫术与山西闾山道教音乐相互融合的民间信仰音乐文化产物。龙海市林前村的伽蓝药王庆典形式独特,据传当年"开漳圣王"陈元光,在平定漳州"蛮獠啸乱"之后,为了安抚当地的土著乡民,将汉族佛道教中的"抬神像巡游"活动与当地土著居民的泼水节合二为一,逐渐形成今天庄严中带有狂野仪式的模样,如把神像抬进水池中,循环反复三次(图4-32)。

图 4-31　漳州市文衡殿"哪吒鼓乐"民俗信仰

图片来源:黄浦江.漳州非物质文化遗产名录[M].合肥:黄山书社,2008:12-13.

图 4-32　龙海市林前村"伽蓝药王巡社"民俗信仰

图片来源:黄浦江.漳州非物质文化遗产名录[M].合肥:黄山书社,2008:134-135.

---

[1] 易石嘉著.闽越文化[M].北京:华艺出版社.2011:57-58

4.3.3.2 闽海信仰融入客家系

妈祖信仰,作为中国东南沿海与台湾地区闽海系民间传统信仰的典型代表,起源于五代宋初莆田湄洲岛,本来只是水上居民的民间信仰,带有很浓的巫术色彩。据有的学者研究,当时湄洲岛的水上居民属于疍民,妈祖原型为人,是疍民创造出来的神明[1],尤其是沿海一带的妈祖信仰相当兴盛,对闽海的文化产生深远的影响[2]。当妈祖信仰传到客家山区之后,便开始适应客家山区的生活环境和生活方式,并根据当地村落的自然环境与村民的实际愿望而进行改造,妈祖不再是传统的海神、水神,而成了客家山乡的守护神[3]。南欧村位于南靖县的偏远山地,为典型客家民系村落,村口供奉有天后宫(图 4-33),始建于清道光年间,为一两层的宫庙建筑,主供妈祖。下版寮村也是位于南靖县的客家传统村落,其天后宫(图 4-34)始建于明代,清代中期重建[4]。妈祖庙在客家山区传统村落的兴建,在一定程度上把闽海系文化传入到客家系,促进了两种不同民系文化之间的交流:妈祖庙在沿海地区闽海系村落中的华丽装饰风格,由此传入山区的客家系传统村落中,在一定程度上作为点缀改变了客家传统村落中原有的整体质朴风貌。

图 4-33　南欧村天后宫
图片来源:作者自摄

图 4-34　下版寮村天后宫

4.4　漳州传统村落形态的演化规律

如上所述,在多元文化交汇的背景下,漳州传统村落形态演变过程中存在着内在的延续、转变与适应三种演化机制,呈现出多向度、交互式与综合性的发展特征。除此之外,我们将进一步来追问:漳州传统村落形态的演化规律是什么?接下来,主要从村落整体规划布局演化的性质与路径、村落安全防御体系的空间与精神构建、村落公共空间的功能复合与形态强化三方面展开叙述。

---

[1] 刘芝凤.闽台农林渔业传统生产习俗文化遗产资源调查[M].厦门:厦门大学出版社,2014:212.
[2] 高介华.建筑与文化论集:第5卷·第6卷[M].武汉:湖北科学技术出版社.2002:280.
[3] 谢重光.闽台客家社会与文化[M].福州:福建人民出版社,2003:269.
[4] 天后宫具有以下建筑特征。面阔四柱三间,进深四柱三间,抬梁式木构架;重檐歇山顶,脊饰二龙戏珠,堂中四木柱,顶部正中施八角藻井;栋梁间施斗拱,木构件透空雕饰;墙眉为琉璃菱花方窗,门用四楞木楔,花鸟彩画,两边花卉、人物故事居中,具有清代风格。

4.4.1 村落整体规划布局演化的性质与路径

4.4.1.1 基于演化的性质

根据漳州传统村落整体规划布局形态的变化性质,大致可以分为主动式、被动式和综合式三种类型(表4-20),分别占52%、32%和16%的比例。主动式指的是传统村落的形态的形成具有较强的主观能动性的作用;被动式指的是更多地尊重自然环境的条件因地制宜;综合式指的是主动式的规划与被动式的顺应地形相结合。

表4-20 村落演化性质类型统计表

类型		样本	村落案例	比例
主动式	边界自我限定	1	●赵家城	
	单向拓展	2	●梧龙村、埭尾村	
	四周拓展	4	●珪后村、石牛尾、上洋村、山重村	
	限定与突破	6	●山河村、庄上村、菜埔村、诒安堡、城内社、古港村	
被动式	地形引导	4	●塔下村、南欧村、下版寮、钟腾村	
	随形就势	4	●和春村、福田村、河坑村、石桥村	
综合式	地形限定	1	●田螺坑	
		3	●福塘村、洪坑村、芦丰村	

资料来源:作者整理

(1)主动控制下的村落形态

主动式还可以细分为四种类型:边界自我限定、单向拓展、四周拓展、限定与突破。主动式的演化过程中受到了许多文化背景因素的影响,如聚族而居的社会组织模式、礼制精神秩序的遵守、安全防御性的考量与人口增长的压力(图4-35)。

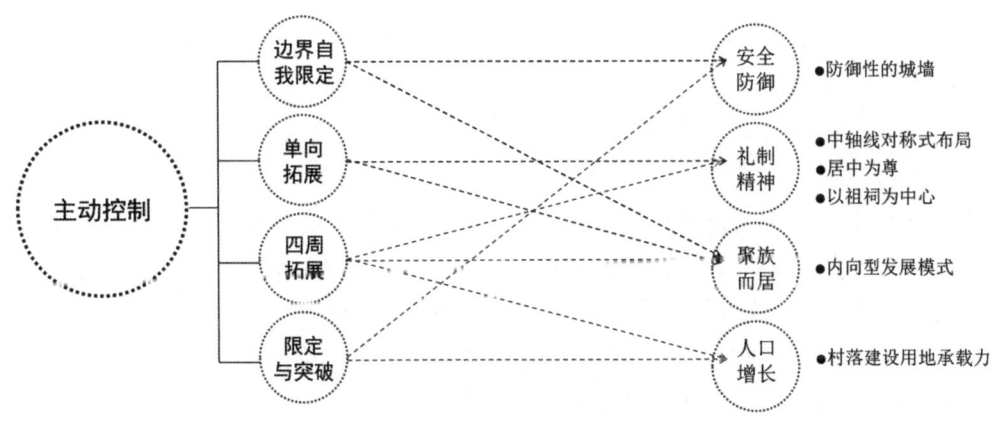

图4-35 主动控制下的演化性质示意图
图片来源:作者自绘

①边界自我限定

边界自我限定,指的是村落通过环绕的封闭式围墙,将村落的边界事先限定于一定的范围内,村落的建设一般是有规划有组织的。在漳州地区,边界自我限定一般为堡寨式的村落,如漳浦县赵家城,主要为了安全的防御需要,村落在四周筑起环绕的封闭式城墙,因为是聚族而居,采用封闭式的村落边界是可行的,加上村民均为同祖同宗,可以齐心协力共同抵御外部的侵袭。

②单向拓展

单向拓展,指的是村落形态中具有原有中心主体建筑与中轴线的秩序,后期建设的民居尊重原有的秩序往两侧分布。东山县梧龙村坐落于平原地区,早期的村落布局以祠堂为中心,两侧民居位于两侧,形成中轴线对称的布局,随后的村落建设依然遵循原有轴线。这种单向拓展的演化模式,是基于聚族而居的社会组织结构上,对村落中心——祖祠所表达的一种礼制精神下的秩序。

③四周拓展

四周拓展,指的是村落尊重最早兴建的祖宅,向四周方向延伸,甚至形成组团式的布局。如山重村,以林氏家庙为村落的发源地与几何中心,后期的民居不断向四周发展,形成一个中心发散式的形态布局。

④限定与突破

限定与突破,指的是村落原来是边界自我限定式,后期随着人口的增长,民居逐渐转移到村落城墙外部发展。比如山河村早期的震山古寨,庄上村的庄上大楼、菜埔村的菜埔堡,最初都是堡寨式的村落,但是在人口的增长压力下,后来新建的民居超出原有城墙外,实现旧有边界的突破。

(2)被动演化下的村落形态

被动式可以分为以下三种类型:地形引导、随形就势和地形限定。三种类型均是在聚族而居的内向型发展模式的背景下,基于"天人合一"哲学下尊重自然的理念,结合漳州地狭人稠的资源背景与农耕经济的产业背景下对土地资源的依赖,需要尽可能地节约建设用地以留出可耕作土地,并在不同的独特地貌下(如山谷地形),依据人地平衡的关系所做出的不同选择方式(图4-36)。

①地形引导

地形引导,指的是因为地形地貌的独特形式,对传统村落的形态起到了引导性的作用。以山谷地形为代表,如塔下村、南欧村、下版寮村、钟腾村,均在山谷地形的推动下逐渐形成带状的布局。山谷的独特地形中,适宜建设的有限用地大多位于狭长的河流周边,山谷与河流在相互同构下形成带状的不规则的曲线,为了有效地利用建设用地,并且尽可能地让同村村民能够聚居在一起,民居的开发建设往往顺延着河流山谷的走向,形成与自然地形同构的独特形态。

②随形就势

随形就势,指的是地形地貌虽然对村落布局产生了一定的影响,但村落布局依然具有一

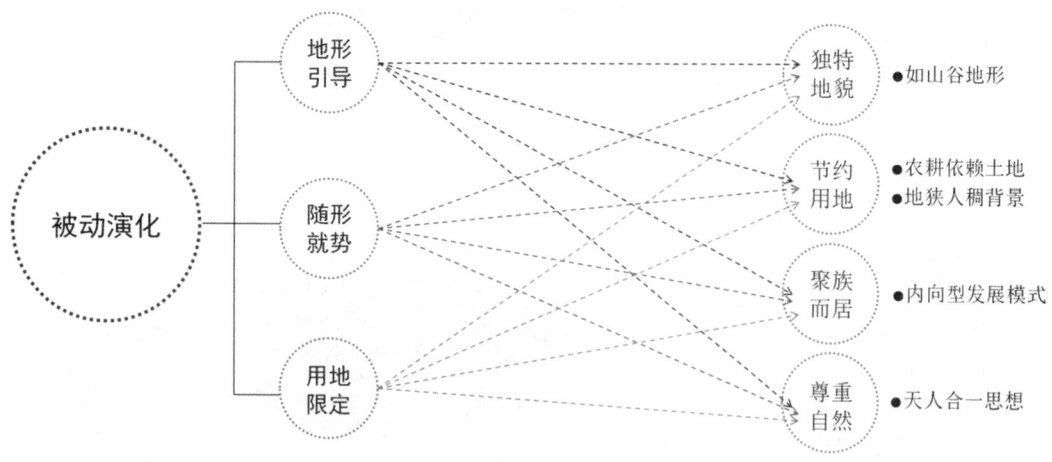

图 4-36 被动演化的性质示意图
图片来源:作者自绘

定的自由度,一般体现为自由式的布局。比如和春村、福田村、河坑村和石桥村,根据村落所在地形的特色,巧妙避免地形高差所带来的大面积集中式村落建设的困难,同时积极留出宝贵的耕地资源,所以采用了较为灵活的布局。

③用地限定

用地限定,指的是村落的可建设用地受制于某一特定的区域与有限的面积。如南靖县田螺坑村,坐落于山腰上数块高低错落的狭小台地,陆续兴建了五座错落有致巧妙组合的大型土楼群,虽然村落本身并无人工建设的城墙,但是基于有限的用地边界,村落的拓展受到较强的空间限定。

(3)综合推进下的村落形态

综合式,指的是传统村落形态在生成与演变的过程中,一方面是基于某种明确的理念或意象所展开的主观性的规划,一方面是根据实际的自然地形地貌特征而被动式地顺应自然。以秀峰乡福塘村为例,村落村址周边拥有独特的山体、水系、田地等自然性要素,并在村落基址上形成了一定的空间结构关系。但是福塘村并不是简单地顺应自然地形,而是充分结合蜿蜒曲折的自然水系,并依据对"太极图"风水格局的意象,将原有的自然水系做了些人工的改造处理,使其趋向于"S"形的流线,并且在"太极图"的阴阳极之处匠心独运地兴建了两座巨大的单元式圆形土楼——南阳楼和聚奎楼,以形成更加鲜明与完整的太极图案,其他区域的民居则因地制宜地随自然地势而变化。

4.4.1.2 基于演化的路径

演化的路径,指的是村落的整体规划布局特征随着时间维度的演进所产生的变化情况,在一定程度上可以反映村落形态的演化规律。根据漳州传统村落整体规划布局形态变化的路径方式,大致可以分为两个大类和八个小类(表 4-21)。

表 4-21　基于演化路径的村落统计表

类型		样本数	村落案例	比例
不变型	面状	7	●埭尾村、城内社、诒安堡、赵家城、梧龙村、山河村、菜埔村	
	自由式	6	●珪后村、和春村、福田村、河坑村、石桥村、下版寮村	
变化型	带状→面状	1	●洪坑村	
	自由式→面状→组团	2	●山重村、上洋村	
	自由式→面状	2	●古港村、田螺坑	
	自由式→带状	4	●石牛尾、塔下村、南欧村、钟腾村	
	自由式→组团	1	●福塘村	
	面状→组团	2	●庄上村、芦丰村	

资料来源：作者整理

（1）不变型

不变型，并不是指村落的格局是完全静态不变的，而是指村落在动态的演变历史过程中，虽然村落的规模大小、边界的范围有所变化，但是从村落整体规划格局的特征性来看，依然保持着原有的格局特征。根据调研分析，不变型的村落主要有保持面状与保持自由式两种类型。

①保持面状

诏安县山河村（表 4-22 中 a）的早期形态为堡寨式，具有强烈的防御性特征，随着人口的增长，原有村寨已无法满足居住要求，于是民居便渐渐往外拓展，由于是聚族而居的社会组织模式，新建的民居依然紧邻着原有的古寨，虽然村落规模扩大了，但是依然呈现面状的布局特征。龙海市城内社（表 4-22 中 b）和漳浦县诒安堡（表 4-22 中 c）原来也是堡寨式的布局，后期随着人口增长，民居不断外移，但是依然距离原有古寨较近，且数量有限不足以形成组团，也是呈现面状的布局特征。梧龙村早期也是面状的布局，在聚族而居的社会组织模式影响下，后面新建的民居均围绕着原有村落周边布置，虽然村落规模扩大了两三倍，但依然呈现为面状的布局方式（表 4-22 中 d）。

②保持自由式

南靖县河坑村（表 4-22 中 e）位于山区，早期的村落人口不多，为了节约用地，村落的民居呈现自由式的布局，随着人口的增长，新建的民居形式依然采用集合式的多层土楼，一方面可以有效地节约建设用地，同时满足防御性的安全需要，总体依然呈现为自由式的布局。华安县福田村（表 4-22 中 f）所在区域为山地，缺少大面积的平地可供集中建设民居群，因此原有的土楼民居大多采用分散式布局，减少对土地开发的强度，同时可以方便就近耕作，后期的民居建设依然保持这种开发模式，加上建筑密度不高，总体布局上依然是自由式的布局特征。

表 4-22　不变型的演化示意表

	阶段一	阶段二	阶段三

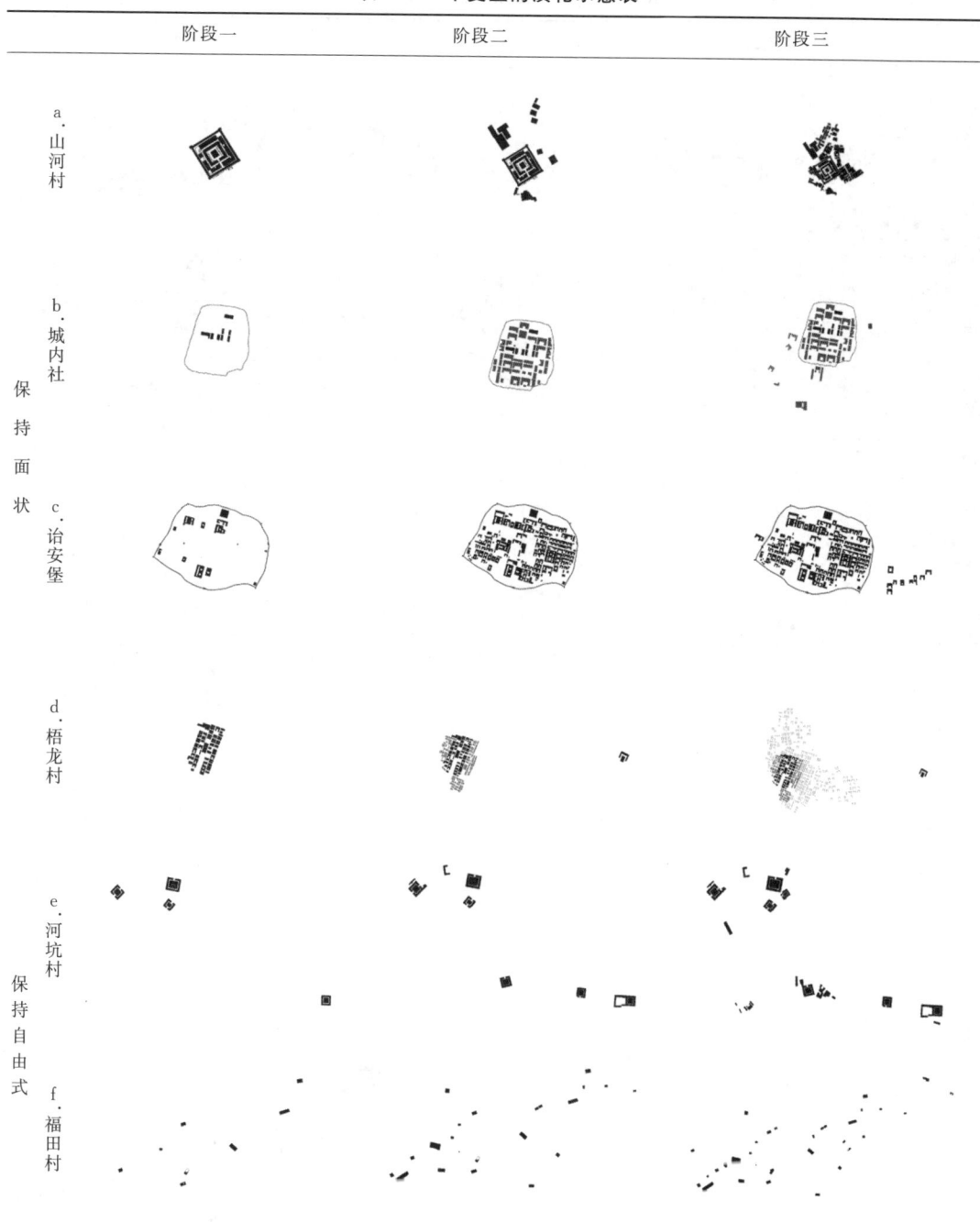

图片来源:作者自绘

（2）变化型

变化型,指的是村落的整体规划布局不是静态不变的,而是指在动态变化过程中改变了原有的格局特征,大致可以分为"带状→面状""自由式→面状→组团""自由式→面状""自由式→带状""自由式→组团"与"面状→组团"六种主要的类型（表 4-23）。

历史赋能下的空间进化——多元文化交汇与村落形态演变

表 4-23　变化型的演化路径示意表

	阶段一	阶段二	阶段三
带状→面状 a.洪坑村			
自由式→面状→组团 b.芦丰村			
自由式→面状 c.田螺坑			
自由式→带状 d.塔下村			
自由式→组团 e.福塘村			
面状→组团 f.庄上村			

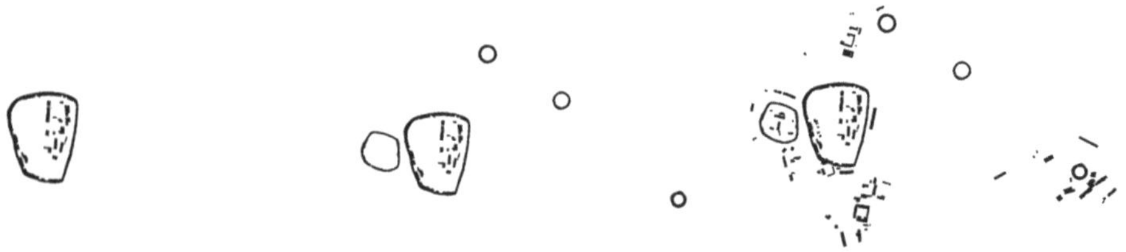

图片来源：作者自绘

①带状→面状

洪坑村早期的民居建筑坐落于一片小缓坡的南侧,朝向为坐北朝南,并且沿着南面的线形水池布局,形成一个带状的布局,后期随着族人在经商方面取得发展便开始兴建新宅,但是新址并未另外找地方,而是充分结合原有的地形,在缓坡的北侧陆续兴建一批古厝,从而渐渐演化为面状的布局形式(表4-23中a)。

②自由式→面状→组团

芦丰村早期的村落仅为数栋民居零散地分布在不同的区域,呈现自由式的布局。后来其中一个区域随着人口发展逐渐拓展形成面状的格局,再后来另外一个区域也逐渐同步发展,从而形成两个组团式的村落格局(表4-23中b)。

③自由式→面状

田螺坑村早期的民居数量较少,为一种自由式的布局,随着人口的增长与民居建筑的新建,陆续形成由一个方楼与四个圆楼紧密联系的形似"四菜一汤"式的建筑群体,于是从自由式逐渐演化为面状的布局(表4-23中c)。

④自由式→带状

塔下村原有的民居数量很少,为集中式的土楼建筑,零散地分布于山地的不同区域,为自由式的布局,随着村落民居建筑的增多,顺延着水系的边界线不断拓展,逐渐形成与水系同构的带状式布局(表4-23中d)。

⑤自由式→组团

因早期民居数量少且分散在不同的区域,福塘村村落布局呈现为自由式的布局,随着各个区域的民居不断自我拓展形成一定的数量,同时因为各个区域村民的姓氏也有所不同,同宗同祖的身份认同与聚族而居的社会组织模式,将各个区域限定为在各自的范围内独立发展,因此村落整体上逐渐形成组团式的布局(表4-23-e)。

⑥面状→组团

庄上村早期因为堡寨式的布局而呈现为面状,因为村落紧邻当地镇区中心,经济与人口同步迅速发展,逐渐在其周边陆续兴建了多个区域的民居群,从而形成了组团式的布局(表4-23中f)。

4.4.2 村落安全防御体系的空间与精神构建

安全防御,对于曾经因北方战乱而南迁逃难到漳州地区的汉族先祖而言,是深刻烙印在历史记忆里一段不堪回首的片段与现实世界中真实的生存需求。虽然漳州地区因为高山峻岭地形地貌的天然阻隔,在中国历史上未受到大型战乱的波及,但是不同族群之间的小型冲突与倭寇匪患的袭扰,依然是该区域传统村落居住者所需要经常面对的"常态化"生存压力。因此,安全防御性是村落在兴建之初与后续发展过程中需要考虑的至关重要因素。

在安全防御理念上,漳州传统村落实行的是一种内向性的防御理念,即以防守为主要目标,而不是真正建立一个军事化的组织与工程。因为在古代社会中,任何具有一定军事攻击性的组织必将受到官府的管控与镇压。在防御策略上,漳州传统村落充分结合了空间与精神两个维度下的多种策略,从而建构了独具地域特色的防御体系。

4.4.2.1 空间层面

(1) 选址

作为村落建设的首要任务,村落的选址对于村落的整体防御而言具有至关重要的作用。因为在古代生产力较弱、经济较不发达的情况下,能够借助"地利"的自然条件进行被动式防御,是降低防御建设成本、增强防御效果的有效手段。漳州山地南北纵横、水系东西连贯的整体地貌特征,促使漳州山区的传统村落能够有机会充分结合山水的自然地理优势,作为村落防御的方式。

以南靖县南欧村为例(图 4-37),村址主入口距离主要的交通干道——县道约 1.5 千米,通过一条狭长与曲折的乡间小径对外联系,位置非常隐蔽不容易被外界发现;并且村落主体的四周为几乎封闭环绕的山体所围绕,仅留出北面一处狭窄的对外出入口,在军事上可谓是"易守难攻",具有很强的内向防御性。平和县庄上村的庄上大楼,则是将一自然丘陵包围于村落之中,除了风水学上的意义外,利用丘陵山体的自然高差在高处的平台上可以 360 度视角眺望远近,充分了解村寨外围的安全情况,并且可以省略村寨四周兴建瞭望式角楼的经济投资。云霄县菜埔村位于漳江旁,与漳江保持一定的距离,一方面可以有效避免山洪的危险,一方面可以利用漳江的自然水源导入村落城墙外围的环绕式护城河,与城墙共同构建坚固的多级防御体系。福塘村依山傍水,南北的村落皆背靠山体,且以对面山体为屏形成对景,东西长南北短,东西两侧也都有山体,村落由四面自然山体围绕,且三个出入口均位于两座山之间形成的小开口处,由此形成对外相对隐蔽、利于内向性防御的村落格局。

图 4-37 南欧村手绘鸟瞰图

图片来源:作者自绘

(2) 布局

村落在防御体系的建立上,当处理好村址的第一步工作后,紧接着便是村落规划布局的考虑。漳州传统村落布局中一般是在所处地形的基础上,通过街巷的组织和道路的规划来形成扑朔迷离、难以准确辨认的空间感受,让外来入侵者迷失方向、陷入被动的局面,是一种以内向防御性为主的模式。

山重村的古村落里共有数十条长短不一的古巷,其中以清代的古巷道保存较为完整。鹅卵石小道错综复杂、四通八达。古巷道除了在布局结构上,以又窄又深、纵横交错、相互穿插的"叶脉"状为特征外,巷道左右两侧房子的外墙与巷路都用了不规则的鹅卵石叠砌,进一步营造了"迷宫"式的空间体验。

洪坑村的村落布局也接近一种迷宫式的格局:因为村落里所建的闽南古民居在格局和风格上非常相似,沿着南面的"鸿湖"一字排开,且古厝与古厝、古厝与护厝、护厝与护厝之间的门户相连,村内的大小道路纵横交错,让入侵者一时难以分辨方向,而且村落南北面均有带状人工水池可防火攻。

赵家堡的街巷除了结合自然地形设计外,为了防御外敌的入侵,往往通过棋盘式的街巷宽窄变化、设置台阶坡道、丁字形路口交接、街口设置城门等方式造成丰富多样的景观与扑朔迷离的氛围。堡的内部街巷从整体上看,采用了"纵横交错"的棋盘式格局,而且这些街巷的主干道并不是完全笔直延伸的,而是顺着地势的走向蜿蜒转折,有些是弯曲转折了一定的角度,有些街道甚至会出现 90°的拐弯,形成拐角式"丁字形"路口,具有突出的军事防御功能。

(3)边界

不同于前文村落选址中的诸如山体、水系等自然边界,这里的边界指的是人工边界。村落边界,作为一种空间的界定,其意义在于可以一定程度上抵御外界各种环境变化对传统村落造成的不利影响,从而维护了传统村落整体系统的相对稳定性与安全性。漳州传统村落边界作为典型防御性特征的设施,主要可以分为"城墙型""城墙+护城河型""联排建筑型"三种类型。

诒安堡的城墙周长约 1200 米,宽约 2.6 米(含跑马道),高约 6.7 米,其中跑马道宽约 2.1 米,石材砌筑、墙身外侧女儿墙高约 2 米,宽约 0.5 米,共设 356 个垛口。东西南北四个城门,东北、西北、东南、西南四个方位设四个角楼,城门和角楼两边设踏步,可以出入,是以城墙城门为代表的防御性边界。

菜埔堡平面近似椭圆形,城周长 600 米,堡墙用三合土夯筑,三合土由石灰、黏土、细砂组成,经分层夯实,墙体坚实,耐水性强。堡外墙厚达 0.6 米,高逾 4 米,最高处达 10 米,设城垛,防卫者可在制高点远眺、站立向外射击。墙身广布枪眼和瞭望窗,枪眼角度各有不同,可以根据敌情进行射击、增强防御性。环堡设东、南、西、北 4 门,各门边角突出处筑有内层的角楼,兼备马面、谯楼的功用,防卫者可以借此远眺来观察周围情况,并从侧面攻击来袭敌人。流寇一般从东面漳江水路和西面陆路来袭,为了加强对菜埔堡的防守,东西门附设瓮城,即在城门外修建护门小城,瓮城两侧与城墙紧密联系在一起,并设有箭楼、门闸与雉堞[1]

---

[1] 雉堞,为古代城墙的一部分,一雉即为高度一丈,长度为三丈,古代城墙上的矮墙,即为高一丈长三丈,故称"雉堞"。详见:李剑平.中国古建筑名词图解辞典[M].太原:山西科学技术出版社,2011:258.

等防御设施。瓮城城门与所保护的城门不在同一直线上,以防攻城槌等武器的进攻[1]。除了城墙之外,还多了一道环绕城墙的护城河,并于四个堡门处建造吊桥。

山河村的震山古寨外圈高两层,约 6 米,建筑联排,底层不开窗,二层开小窗,由此形成外圈环绕封闭、连续厚实的外墙,这种将防御性与居住功能性紧密结合的处理方式,既有效节约了土地与造价,同时具备了良好的安全防御能力。

值得一提的是,村落的防御边界处理上除了村落整体性的线性边界外,如堡寨式的布局,对于非堡寨式的村落,单体层面上也往往在其边界外墙上做相似的特殊防御性处理,构成村落中的点式防御设施。以洪坑村"鸿湖乐居"楼为例,始建于唐代,重建于清代,是一座内通廊式的圆形楼,外墙用青砖与石材,封闭厚实,仅顶部第三层开有小窗,二三层石墙部分留有枪眼,内大外小,便于在内部有更大的对外射击角度,同时可以减少受到外部攻击的面积(图 4-38)。

a. 全景

b. 外墙枪眼　　　　　　　　　c. 内墙枪眼

图 4-38　洪坑村"鸿湖乐居"楼防御示意图
图片来源:a 为自摄,b 与 c 均为洪坑村档案资料

4.4.2.2　精神层面

纵观古今中外的政治、经济、军事与人文等历史记载,我们可以发现成事者皆离不开中

---

[1] 部分资料参考自菜埔村村落档案。

国古人所谓的"天时地利人和"或"因缘和合"下各种相关影响因素的"无缝链接"。因此,上述空间层面的防御策略只是防御体系中的一个物质组成部分,是必要非充分条件,基于防御主体对象——"人"视角下的精神层面防御也是必不可少。在精神防御中,传统村落里的"祠堂"与"宫庙"共同建构了村落社会形态的内核,前者代表了宗族社会的精神力量,后者是向自然物质环境表达崇敬的场所[1]。

(1)祠堂

作为村落中宗族组织与观念结构中的核心,祠堂对于凝聚与强化同族族民的向心力具有决定性的作用,尤其是在面对外部动乱侵袭的关键时期。这种凝聚力的整合可以通过祠堂的分级体系形成一种紧密而又有秩序的精神网络。

漳州平原地区的村落,一般为闽海系,平坦的地形赋予了村落较为宽松的规划空间,通过以最早的祖祠为中心,紧密联系周边几个支祠为副中心,从而较为紧密地联系了整个村落,从空间和精神上形成一个内向的网络,在面对外部危机时能够迅速组织起来共同解决。梧龙村的村落布局中,可以发现由林氏家庙作为村落的中心,同时联系宅美祖祠、西山祖祠、林氏宗祠、晋五祖祠四个分祠(表4-24中a)。山河村最早的祠堂为震山祖祠,以其为中心依次兴建了文山祖祠、省山祖祠、友敬祠、叶太恭人祠、大夫第、沈氏祖祠、沈氏家庙(表4-24中b)。

表4-24 基于精神防御的村落祠堂布局示意图

	具体描述	分析图
a 梧龙村	●梧龙村的总祠为林氏家庙,位于村落中心,以其为中轴线,村落向两侧发展,随着人口的增长,陆续兴建了晋五祖祠、西山祖祠、林氏宗祠、宅美祖祠等支祠。	
b 山河村	●山河村最早的祠堂为震山祖祠,以其为中心依次兴建了文山祖祠、省山祖祠、友敬祠、叶太恭人祠、大夫第、沈氏祖祠、沈氏家庙。	

资料来源:作者自绘

---

[1] 王鑫.环境适应性视野下的晋中地区传统聚落形态模式研究[D].北京:清华大学,2014:174-175.

(2) 宫庙

宫庙作为宗教信仰的场所，与祠堂所建构的具有明确边界性的精神空间（一般是以族群认同为依据）有所不同。因为宫庙具有更为广阔的精神辐射力，一般是超越了宗族性的内部认同。比如有些村落（行政村为主）是多姓氏族群杂居的，单纯的祠堂已经无法将各个族群紧密联系起来，而且对于同姓氏族群来说，不同分祠之间也可能由于某种原因产生一定的矛盾，因此仅靠祠堂作为精神号召的力量是远远不够的。况且宫庙所供奉的神灵具有超越自然的力量，可作为村民在社会安定时期祈福纳吉的场所，同时也是社会动乱时期的精神慰藉。

以诒安堡为例，堡内供奉着诸多神明：其中广平王庙主供的是广平王公、王妈；关帝庙供奉的是关圣帝君；广安宫供奉的是三官大帝；广济宫供奉的是三平祖师；还有一些土地庙。

菜埔堡各门后面均设有土地庙，可以祈求地方守护神土地公保护村民不受流寇侵袭，百姓安定平和；北门为主出入口，门楣镌刻篆书"拱极门"，"拱极"的本意内涵是：众星以北极星为中心，环而拱之。在闽南，"拜斗"在当地民俗文化中占有重要的意义，"拜斗"本是道教独有之科仪，是世人对星宿崇拜而生的敬仰，与凡人的生死祸福有关：北斗星君掌管消灾解厄，南斗星君掌管延寿施福，因此"拜斗"实际上是一种为人消灾解厄、祈福延寿之科仪，亦称之为"朝真礼斗"[1]。"拱极门"取"拜斗"文化，以国喻意则为："以德治国，便会得到臣民之拥戴，四方之归附"；具体到一城之门，以"拱极"命名，有"以天下众城为星，拱卫国都"之意。菜埔堡以"拱极门"命名主门北门，希望北斗星君保佑消除倭寇对菜埔的侵扰，保佑世事安稳。在北门附近还修建了城隍庙，城隍神历来被视为中国城池的守护神，而菜埔村在当时只是一个村落，但可以破格建造城隍庙以祈求菜埔堡的平安，可见当时的倭寇横行肆虐与社会动荡不安，也见证了菜埔堡在抗倭历史上的重要地位[2]。

梧龙村的宫庙遍布于村落内外，除了距离村落主体约200米处有大型的梧龙庙，村内由南至北依次有"南方保障"、"保被东方"、"保被北城"、西城隍宫庙、妈上庵、大妈夫人庙、竹林寺多座宫庙。

4.4.3 村落公共空间的功能复合与形态强化

关于漳州传统村落形态的演化规律，除了较大尺度下的村落整体布局与安全防御体系构建之外，在公共空间的微观层面上也发生着变化，主要体现在功能的复合化与形态的强化两个方面。

4.4.3.1 公共空间功能复合化

(1) 私人与公共

传统村落的公共空间类型可以分为属于家族和村落两种类型，体现了村落空间建构的地理秩序、历史秩序和家族、信仰秩序[3]。传统村落的空间要素是多元的，既有私宅民居，也

---

[1] 任宗权.道教手印研究[M].北京：宗教文化出版社，2013：213.
[2] 部分资料参考自菜埔村村落档案.
[3] 刘晓春.仪式与象征的秩序：一个客家村落的历史、权利与记忆[M].北京：商务印书馆，2003：60.

有许多诸如祠堂、宫庙的公共建筑。以传统村落的街巷空间为例,有的街巷的两侧为民居所构成,因此街巷空间既是村民家门口的私人空间,也是与全村共享的公共空间。以埭尾村为例(表4-25中a),街巷与民居的入口紧密联系,平时交接处作为民居居民门口休憩纳凉或晾晒衣物、摆放杂物的私人生活空间,也作为村落平时主要的公共交通与仪式空间。在梧龙村(表4-25中b),林氏家庙前的广场是由祠堂与两侧的民居所共同围合形成的,民居的出入口直接连接广场两侧的道路,体现了私人与公共空间的紧密联系。

表4-25 私人与公共空间复合的示意图

村落	具体描述	实例图片
a. 埭尾村	●街巷与民居的入口紧密联系,平时交接处作为民居居民门口休憩纳凉或晾晒衣物、摆放杂物的私人生活空间,也作为村落平时主要的公共交通与仪式空间。	  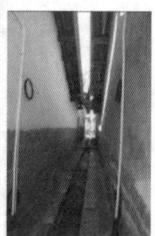
b. 梧龙村	●林氏家庙前的广场是由祠堂与两侧的民居所共同围合形成的,民居的出入口直接连接广场两侧的道路,体现了私人与公共空间的紧密联系。	 

资料来源:作者自摄

(2)生产与生活

作为聚族而居的社会组织方式,村落中的"家族"是由"家"与"族"合一的"血缘－经济"的共同体[1]。在传统的农耕社会中,农业生产是村民主要的经济来源,与其生活息息相关。在用地紧张的资源背景下,有效地利用空间是一种节约资源的体现。对于村落里的许多公共空间而言,往往在特殊的节庆日子里,才会有较为大型的公共活动举办,公共空间平常大多属于闲置状态,而村落的农忙时节具有很强的时效性与季节性。如洪坑村收割稻子后的晾晒过程需要大面积的平地,圆应宫前的大坪则成为村民的一种选择(图4-39中a)。在客家村落中(图4-39中b),许多土楼既是日常生活的场所,也是农忙时节生产的空间,两者巧妙结合在一起,实现空间效率的优化。

---

[1] 曹锦清,张乐天,陈中亚.当代浙北乡村的社会文化变迁[M].上海:上海人民出版社,2014:415.

a. 洪坑村圆应宫作为晒场　　　　　　b. 二宜楼晾晒木薯粉的内院景观

图 4-39　生产与生活相结合的公共空间实例

图片来源：a 来自村落档案；b 来自：黄汉民，陈立慕. 福建土楼建筑[M]. 福州：福建科学技术出版社，2012.

（3）人人与人神

传统村落的节庆活动是村落表达人与人、人与神、人与祖先等关系的行为。村落里的公共建筑，比如宫庙或祠堂，供奉的是佛菩萨、神灵或祖先，除了体现了人神的秩序，平常也是重要的村落公共活动中心（图 4-40），为人与人之间的交流提供了良好的场所。中国祭拜神灵的习俗，并非完全是脱离世俗生活的特别之处，而是与现实生活紧密结合的世间居住的中心[1]。随着儒学逐渐替代宗教之后，在观念、情感和仪式中，这种神人同在的倾向被进一步向前推动。于是，宫殿宗庙等宗教建筑不是孤立的、象征超越人间的出世的，而是入世的、与世间的生活环境联系在一起，成了中国建筑的代表[2]。作为一种具有节奏感的文化形态，节庆活动能够有效地将某一特定空间中的人群紧密联系在一起。参与节庆中的人怀着强烈的情感参与其中，并获得了某种超越平日生活的特殊体验。庙会所展现的，是各种身份、地位、层次百姓的共同参与和执行，体现了不同人的分工与合作，从而使参与庙会的人获得了一种共同感和社区感（图 4-41）。

图 4-40　芦丰村祠堂兼作老人活动中心　　　图 4-41　漳州"舆神渡河"民俗

图片来源：作者自摄　　　　　　　　　　　图片来源：陈诠. 海峡两岸开漳圣王文化史料集：开漳篇[M]. 厦门：厦门大学出版社，2014.

---

[1] 李泽华. 墨痕淡定·展履声声——云南大学校报好文集粹[M]. 昆明：云南大学出版社，2005：161.

[2] 李泽厚. 美的历程[M]. 北京：生活·读书·新知三联书店，2014：65.

4.4.3.2 公共空间形态的强化

(1)区位优势

作为村落重要的公共空间节点,祠堂与宫庙在村落中的位置往往具有一定的区位优势,比如位于村落的中心或中轴线上,或者位于村落外部一定距离的地方而成为村落入口的重要标志。作为张氏的祖祠,德远堂有近400年的历史,在塔下村中具有重要的地位,总平面布局上位于山谷北侧山腰上,背靠拥有茂盛风水林的山体,前方有一开阔平台,可眺望村落远近的民居群,民居群与德远堂之间形成"众星拱月"的对话关系。庄上村的永思堂作为村落祖祠,位于主入口不远处,前有广场与水池,后面有山丘作为靠山,形成由水池、主入口、入口广场、祠堂、后山为一体的中轴线空间序列。

(2)技术优势

工艺,指的是人类运用各种物料与技艺,充分展现所用材质之美与精湛技艺的历程与成品;形式,是指不同部位或组件的整体安排或组成方式。工艺形式,是指充分展现材质之美与精湛技艺的表现手法与外显样式。传统村落里的祠堂与宫庙,在营建技术与装饰设计上,也较普通的民居更为先进与华丽,常常是当地建筑艺术的典型代表。这是因为这类公共建筑集中体现了村落里的公共性与社会性,具有广泛的精神认同感,能够更好地调动众多的人力资源与经济资源,同时建筑的精致程度也是彰显村落经济实力的重要手段,在村民的心中自然是极受重视的对象。因此,工匠、用材与施工等各个环节也都十分讲究。除此之外,这些地方性的宫庙、宗祠在构造做法和装饰上,也带有鲜明的地方特色,能够比较典型地体现某一时代、某一地域的建筑特点与个性。在塔下村,作为张氏的祖祠,德远堂[1](表4-26中a)的装饰风格与周边朴实无华的民居土楼相比较而言,显得更华丽而精致,除了彩色瓷片镶嵌的"双龙戏珠"之外,屋脊上还采用了各色瓷片粘贴的浮雕。上洋村的祠堂——聚精堂(表4-26中b)与芦丰村的祠堂——朝光宗祠(表4-26中c),木雕、石雕与屋脊装饰都非常精美。

表4-26 漳州传统村落公共空间形态基于技术的强化示意图

具体描述	示意图
a.塔下村·德远堂 ●作为张氏祖祠,德远堂的装饰风格与周边朴实无华的民居土楼相比较而言,显得华丽而精致,尤其是屋脊的装饰、墙面的壁画和砖雕。	 

---

[1] 有三国志、八仙、封神榜中等历史人物,有龙、虎、狮、麒麟、凤凰、雉鸡等珍禽名兽,有牡丹、山茶、兰花、菊花等名花异草,百兽争鸣,百花争艳,构图精巧,惟妙惟肖。

续表

b. 上洋村 聚精堂	●祠堂的木门扇及其彩绘、梁架彩绘木雕、屋脊装饰都非常精美。		
c. 芦丰村 朝光宗祠	●作为村落祠堂,朝光宗祠的石雕精美,仿照木构的斗拱与石柱、石墙;屋脊装饰也非常精美,有别于其他的民居土楼。		

资料来源:作者自摄

4.5 本章小结

在第三章解析漳州传统村落形态外部表征的基础上,本章由外到内,从多元文化交汇的动态性视角切入,试图剖析漳州传统村落形态的演化机制与规律,从而建构一个完整、系统的认知框架。首先是从漳州传统村落形态的延续机制、转变机制与适应机制入手,三者通过与传统村落形态中的选址、布局、边界与公共空间产生交互式的联系,从而演绎了漳州传统村落形态演变的内在机理,接着从村落整体布局、安全防御体系与公共空间三个维度叙述漳州传统村落形态的演化规律。

一、漳州传统村落形态的延续机制。宗族社会形态,主要表现在两个方面,一方面是聚族而居的宗族社会组织方式,一方面是祖先崇拜的宗法制度规范;漳州地理特色下的村落经济形态,既有基于土地资源基础的传统农耕,还有基于河流与海洋的商业经济;在村落意识形态上,主要表现在基于人地关系的风水理念、体现儒家思想传统的礼制精神与基于人神关系的宗教信仰三个方面。

二、漳州传统村落形态的转变机制。民间社会动乱,一方面是区域内部不同族群之间基于资源博弈的宗族械斗,另一方面与外来倭寇匪患的单向侵略有关;在国家宏观政策上,一方面是沿海海禁与迁界对沿海地区空间、经济与社会等层面的系统性破坏,另一方面是卫所屯田制度对村落开发模式的影响;唐初陈元光平定漳州,为漳州地区的开发带来了人口、技术与文化,改变了蛮荒之地的生产与生活方式,而明清时期的海外移民与华侨现象,一方面让中国文化走向海外,另一方面则引进了南洋文化,并促使漳州传统村落形态走向近代化。

三、漳州传统村落形态的适应机制。以漳州月港为代表的海外贸易体系,与以九龙江为代表的内部贸易通道之间的商业联动,是跨区域物质与文化信息交流的重要方式,推动了海内外、沿海与内陆不同区域文化之间的交融;国家层面上通过军事镇压与行政建制的"王化"政策,与促进官学与民间私学的"儒化"政策,这种国家权力的介入是促使文化加速融合不可或缺的力量;不同族群多元宗教信仰之间相互融合,主要体现在汉族信仰与闽越巫术的融合以及闽海信仰融入客家系,由此带来了村落布局上不同宗教类型的多样性共存,并赋予了村落原有宗教空间新的功能与场所内涵。

四、漳州传统村落形态的演化规律。村落整体布局演化的性质,可以分为主动控制、被动演化与综合推进三种类型,体现了传统村落形态演变过程中主动式的规划与被动式的顺应地形之间的博弈关系;村落整体布局演化的路径,可分为不变型和变化型两个主要类型及八个亚级类型,体现了村落形态的规划布局在时间维度上的变化情况,反映了村落形态演变过程中在人口增长、安全防御等因素影响下的路线选择;村落安全防御体系的构建,一方面体现在空间层面上,通过村落选址、布局与边界三个物质实体方面强化安全防御性,另一方面是基于精神层面,通过祠堂与宫庙的精神地标加强村民的凝聚力;村落公共空间的功能复合,表现在私人与公共、生产与生活、人人与人神三个层面的融合;村落公共空间的形态强化,主要体现在公共建筑在区位与技术两个层面的优势。

第五章　村落形态的当代困境与机遇：保护与发展

中国传统村落是中华民族文化的根基，也是世界遗产的瑰宝，作为华夏民族的精神家园，更是当代中国人穿越历史展望未来的时空桥梁。前三章的时空范畴是定位于新中国成立前的古代和近代漳州，从多元文化的生成与交汇逻辑、村落的形态外部表征与内在演化机制及其规律三方面入手，系统诠释了传统语境下漳州传统村落形态的演变。然而，文化是基于历史的积淀而形成的，且总是随着历史的发展而不断演化，不会停止于历史的某个点上。文化的历史性与文化的当代性是辩证的统一。关注当下的基础需要借鉴历史，研究历史的目的是为了当下，只有活态的文化才能与时俱进、与社会共构。因此，除了追溯历史的逻辑之外，我们也需要面对当下的现实需求。

当今，在全球化、城镇化的大背景下，生产方式与生产关系的剧变致使传统村落原有相互依赖的血缘、地缘关系不复存在，新的社会组织制度的确立也严重削弱了村落原有的宗族组织结构和社会关系，传统村落面临着文化丧失、人口流失、经济低迷等衰败现象。村落的地域性特征忍受着普遍性"类型"文明的强暴[1]。漳州传统村落文化是北方中原文化在融合漳州地区闽越文化后，在独特地理环境下逐渐演化积淀形成的多元文化形态。面对这一系列遗产保护的危机（图5-1中a和b），如何结合当代的发展机遇（图5-1中c和d），让传统村落在新的文化变迁历史背景下重新获得新的动力，从而达到传统村落文化的良好存续，这是本章所要探索的目标。

a. 困境一：历史建筑的衰败损坏

b. 困境二：现代民居对历史风貌的破坏

c. 机遇一：美丽乡村建设——富阳文村

d. 机遇二：民宿开发——浙江桐庐

图 5-1　传统村落的现代困境与机遇共存示例
图片来源：作者自绘

---

[1] 王路.村落的未来景象——传统村落的经验与当代聚落规划[J].建筑学报，2000(11)：16-22.

5.1 全球化与城镇化背景下漳州传统村落文化变迁

在历史坐标系的视角下,新中国成立后漳州传统村落开始迈入现代史阶段,并开启了新的历史篇章。那么我们不禁要问:在这个新的时期中,漳州传统村落的文化经历了什么样的历史变迁过程?其中的影响因素与内在机制又是如何?

5.1.1 从解构到转型到重构的历史脉络

5.1.1.1 解构:新中国成立后至改革开放之前

1949年10月新中国成立后,新中国成立初年至1956年开展了基于生产资料公有制的社会主义改造[1],随后在1957年至1976年的相关政策失误与自然灾害[2]的影响下,传统村落的经济受到重创,直到1976年之后,生产的逐步恢复才为1978年的改革开放奠定了初步的基础[3]。

在建国初期的土地改革制度下,基于传统村落原有土地制度[4]下的资源结构与分配方式被彻底改变与重新分配。原有土地结构与房产产权基础上的社会组织与秩序也随之迅速"分崩离析":首先,被充公的原有族田田租原来是作为祭祖、助学、赈灾等公共事务的资金来源,如今传统村落中的宗族已经丧失了公共组织与管理的经济基础;其次,从空间层面来说,许多宗族祠堂乃至于宫庙也被没收[5],让原有的祖先祭祀与宗教信仰等文化失去了空间层面的载体;接着,平均分配的生产制度,削弱了广大村民的生产积极性,传统农耕的技术与精神也随之倒退;并且随着传统村落中以宫庙、祠堂为代表的核心公共建筑"失能"之后,村落的公共活动被整合到镇级的集市,进一步弱化原有村落的公共性。因此,作为传统村落物质层面的土地、产权与空间基础,与作为村落精神层面的宗教信仰与宗族组织,均在这个时期的一系列国家层面的政策变化中受到重创,传统村落文化呈现一种"解构"式的状态。

5.1.1.2 转型:改革开放至九十年代初

1978年在改革开放政策的推动下,传统村落的发展迎来了新的发展契机。家庭联产承包责任制的推行,在经济层面上改变了原有人民公社落后的经营体制,大大激发村民的生产积极性,促进农村生产力的恢复,并从漳州地区农村农户投资额的年度统计图中可以体现出来(图5-2)。同时,在管理体制上,乡村政治组织机构也着手开始改革,实行政社的分离,到

---

[1] 1950年6月,中共中央人民政府公布了《中华人民共和国土地改革法》。同年8月,漳州率先在龙溪、海澄县进行土地改革试点,1951年12月,土地改革运动全面完成,共征收土地92.9万亩。详见:漳州市地方志编纂委员会.漳州市志:第1~5卷[M].北京:中国社会科学出版社,1999:566.

[2] 1959年,漳州遭遇"八二三"强台风灾害,1960年,遭受"六九"洪涝灾害,受灾面积130.5万亩。详见:漳州市地方志编纂委员会.漳州市志:第1~5卷[M].北京:中国社会科学出版社,1999:570.

[3] 卓晓岚.潮汕地区乡村聚落形态现代演变研究[D].广州:华南理工大学,2015:36.

[4] 新中国成立前,在民国初年的历史变迁下,漳州地区的官田、屯田已不存在,只有公田和私田两种,均属于民田范畴。公田产权属于全宗族或各房头的兄弟叔伯所共有,但大公田、书田大部分掌握在地主手中。详见:漳州市地方志编纂委员会.漳州市志:第1~5卷[M].北京:中国社会科学出版社,1999:564.

[5] 祠堂以及庙宇大部分没收,或分给贫雇农,或作为公社社址、生产队队址、农会会址、乡政府办公址等政治组织驻地,或改为仓库、小学等公用建筑。

了1984年,漳州全区原有108个政社合一的人民公社,全部改为乡(镇)一级政府,作为国家地方行政管理权力的终端,同时1621个生产大队转为村民委员会[1],这种国家政权的抽离结合村委组织的独立,为日后乡村的自主性建设奠定了良好的组织制度基础。在村经济合作社[2]的带动下,传统村落的经济形态逐渐摆脱了过去纯粹依赖土地与农业的单一传统生产方式,逐渐转化为基于农、林、牧、渔基础上的多种经营方式,为日后乡镇企业的工业化发展基础埋下了伏笔。与此同时,乡村宅基地的分配制度,结合上述联产承包责任制经济制度的实行,传统的大家庭逐渐分裂为小家庭,改变了数代同堂的传统观念,使得这个阶段的新建民居数量有显著的增长(图5-2与图5-3)。

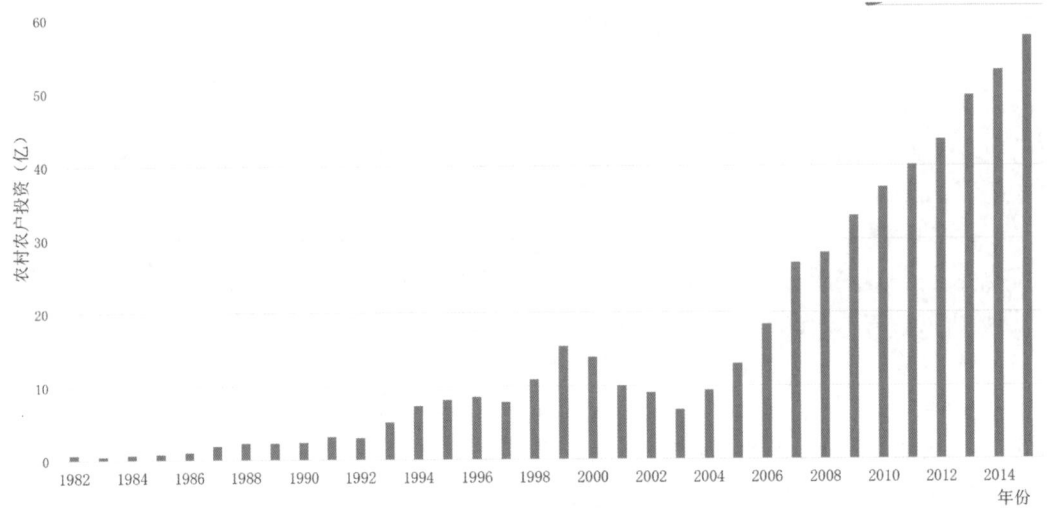

图5-2 改革开放后漳州地区农村农户投资额的年度统计图
图片来源:作者自绘[3]

5.1.1.3 重构:九十年代的中后期至今

1992年之后改革开放的新一轮热潮[4],为东南沿海的许多地区带来了发展的契机。中国一方面对外通过加入世贸组织积极融入世界产业格局的转移与经济秩序,一方面对内通过城镇化(图5-3)的进程加速中国的现代化。于是,全国的热点产业区以及厦漳泉闽南金三角区域的工业化所带来的巨大劳动力需求,以及城乡发展差异的极速加剧,导致了传统村落富余的劳动力流出现象明显,带来了传统村落在常住人口数量、村落形态维护与社会组织结构的巨大不利影响,并引起国家有关部门与学者的关注。进入21世纪以来,尤其是第二个十年之后,来自国家振兴乡村的宏观战略、对传统村落保护的上位规划、乡村旅游市场的蓬勃发展,以及现代科技、媒体、物流等技术的传播,传统村落的文化在内容、形式乃至于深层次的内涵等多个层面上需要重新定义与诠释,比如乡村新兴产业的发展,公共建筑的改造与

---

[1] 漳州市地方志编纂委员会.漳州市志:第1~5卷[M].北京:中国社会科学出版社,1999:573.
[2] 1984年,全市1644个行政村中,有1539个村经济合作社。详见:漳州市地方志编纂委员会.漳州市志:第1~5卷[M].北京:中国社会科学出版社,1999:573.
[3] 相关数据由漳州市城市规划设计研究院提供。
[4] 1992年邓小平南方谈话,将中国经济重新推上了快车道。详见:魏地春,王均伟.中国改革大纪录:第3卷[M].北京:红旗出版社,1997:2421.

更新,村落中心的转移,等等。这些新的经济、政治、科技等因素,作为新的变量参与了传统村落文化系统的重新建构,无论是自变量还是因变量,都期待着它们在这个新时代的相互对抗与融合中,最终呈现出一种"与古为新"、生生不息的文化景象。

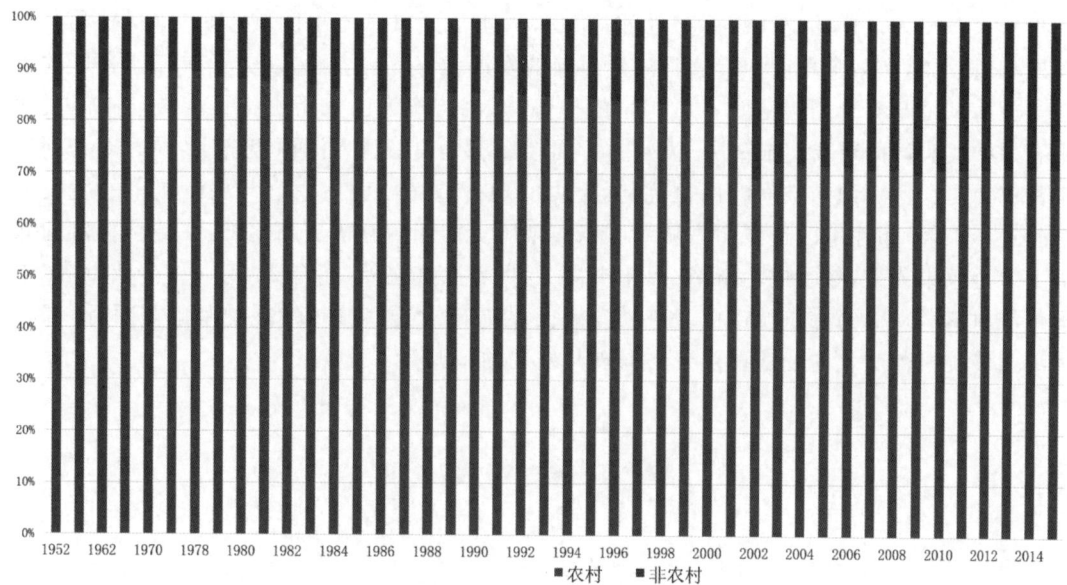

图5-3 新中国成立后漳州农村非农村户籍所占比例的演变历程示意图
图片来源:作者自绘[1]

5.1.2 从全球到地方的多维性驱动因素

5.1.2.1 世界的全球化:同化与反同化的共同发展

如今,全球化的概念与内涵,已经超越了最初的经济学层面。伴随全球工业体系与现代通讯和信息、交通等技术的迅猛发展,全球化渗透到全球各个地方,在文化、教育、思想以及城乡建设等方面构建了一种全球化的范式,在带来先进科技、促进经济发展的同时,对地域文化的存续也产生了巨大的冲击。与此同时,基于地理、民族、宗教等差异性下的各种地域文化,作为特定时空与环境的存在,也发挥着一种反同化的作用。于是,全球化的同化与地域文化的异化,相互影响共同发展,构成了全球尺度下的辩证统一、相互依存的有机整体。

5.1.2.2 中国的城镇化:传统文脉的撕裂与再修复

中国的"城镇化"进程,标志着中华传统农耕文明的一次急剧的转型。曾经在这个过程中,随着产业从农业到工业的转移,人口从乡村到城市的迁徙,城乡原本一体化的文明组织分裂为二元对立的格局[2],乡村的各种资源被吸取到城市当中,传统文化所依赖的空间、人口、资源等结构被深深撕裂。然而,随着党的十八大所提出的新型城镇化战略,以生态文化理念作为中心,表现为城乡统筹、城乡一体、产城互动、节约集约、生态宜居、和谐发展,以人为核心,促进各级城市、城镇、农村社区之间相互协调发展,这种生态性与整体性发展的战略

---

[1] 相关数据由漳州市城市规划设计研究院提供。
[2] 周榕.乡建"三"题[J].世界建筑,2015(2):22-23,132.

将有利于通过城乡双向互动的过程对处于衰败趋势的传统村落文脉进行再修复。

5.1.2.3 漳州现实需求：海西区域中心与旅游城市

漳州南面靠近经济发达的珠江三角洲，北侧靠近工业与经济更加发达的厦门与泉州。从近年来漳州人口迁移统计数据上看(图5-4)，漳州是人口净流出的城市，工业基础和经济发展相对较弱，从某个角度上看这是漳州目前的发展劣势，但是从另一方面看漳州良好的生态与旅游基础却有着周边地区不可比拟的优势。因此，作为国家历史文化名城与闽南文化生态保护实验区的重要组成部分，漳州一方面在经济上积极融入海西经济区，同时充分利用丰富的历史遗产资源与空间的区位优势，努力实现打造海西区域中心与旅游城市的发展愿景。近年来，漳州除了改造漳州古城片区以实现历史街区的有机更新之外，在传统村落的保护上也是硕果累累，除了成功申请"福建土楼"的世界遗产之外，还有25座[1]村落获批为"中国传统村落"，从而为旅游城市的发展奠定良好的基础。这些城乡发展的基础与目标，都将为漳州传统村落文化的变迁奠定未来保护与发展的基调。

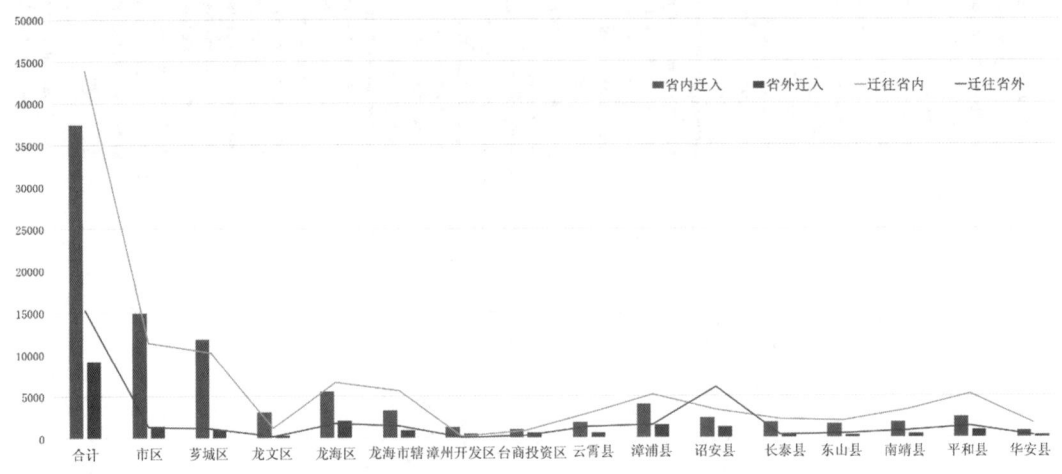

图5-4 漳州市各地区2016年人口迁移情况统计图
图片来源：作者自绘[2]

5.1.3 从传统到现代不同机制相互博弈

5.1.3.1 传统机制的衰败与消亡

如第四章所述，漳州传统村落文化影响形态的传统机制，除了基于农耕文明下的宗族社会形态、村落经济形态与意识形态之外，还有当时社会动乱战争、典型时期海禁与移民政策等多样性的影响因素，它们作为一个整体的文化系统，与传统村落的形态之间相互依存。然而，随着新中国成立后各种土地制度、经济政策、人口迁徙等因素的影响，上述文化影响村落形态的传统机制已经衰败乃至消亡[3]。

---

[1] 数字统计截止到2018年。
[2] 相关数据由漳州市城市规划设计研究院提供。
[3] 在城镇化进程的推动下，传统村落的大批劳动力往城镇发展，带来村落人口的空心化，加上土地制度的改革与农村产业的衰败，传统的儒家伦理关系、宗教信仰等基础被严重削弱。

5.1.3.2 现代机制的冲击或置换

新中国成立后,陆续建立起来的传统村落文化现代机制,对传统机制而言是一种冲击或置换。比如,在村落社会管理上,传统宗族社会中祖先崇拜与旌表牌坊的隐性教育、族长的权威、村规民约的教化是村落日常运行中有效的重要管理手段,如今已转为村委会的纯粹"人治"与"法治"方式,却难以对民风彪悍社会风气下那些村民的违法行为实行有效的控制[1]。而且如今村落里大多民心涣散,相互之间的矛盾也常有发生。在教育方式上,传统的私塾教育,已经被国家的义务教育所取代,基于私塾教育的建筑与人力资源也随之逐渐退出历史舞台。

5.1.3.3 新旧机制的融合与平衡

漳州传统村落形态演变的旧文化机制并未全部消失,依然发挥着一定的影响力,比如村落里现存的祠堂、宫庙等公共建筑依然是村民日常生活中的重要公共活动场所,村落里的大部分村民依然是建立在血缘基础上的聚族而居的社会组织群体。然而,基于国家与地方政府宏观尺度层面的新机制,对于传统村落的保护与发展而言,仍然存在着一些"水土不服"之处,比如在对村民的一些具体事项管理上,如果单纯依靠由上至下的行政权力的管控与强制,或许还不如"拎着两瓶酒和当事者喝上两杯"管用[2]。因此,如何让传统的旧机制结合当下的新机制,既能发挥原有机制的社会整合功能,又能契合当下提倡民主与自由的时代精神,这是一项值得探索的课题。

5.2 文化变迁下漳州传统村落形态的发展现状解析

在当代世界全球化的浪潮与中国城镇化进程的共同推进下,工业化体系对空间、劳动力、原材料等方面的掠夺迅速向广大乡村蔓延,传统村落原有的生产与生活方式正经历着一种从空间到精神的撕裂过程:传统村落的形态发生剧烈的变化,文化形态的系统不断被解构,伴随而来的是传统村落物质文化与非物质文化的双重消亡。

5.2.1 传统村落形态存续现状

漳州传统村落形态的存续现状,可以从村落整体格局的演化路径、历史风貌的保护状况与村落空间边界三个方面来进行深入的解析。

5.2.1.1 村落整体格局

从漳州传统村落形态整体格局的演化路径来看,可以分为两个大类和九个小类。根据对漳州25座"中国传统村落"的分析,保持不变型的有17座,其中组团5座,占25%,面状7座,占28%,带状3座,占12%,自由式的2座,占8%;变化型的有8座,"面状→组团→面状""带状→面状""自由式→带状"各1座,各占4%,"面状→组团"有2座,占8%,"自由式→组团"有3座,占12%(表5-1)。

---

[1] 以村落的违建行为为例,屡禁不止的原因除了村民实际的需要之外,一个重要的原因是当地村委干部的管理方式,仅仅是代表一种现代的法律权利,加上自古闽南地区民风彪悍,这种方式效果往往一般。

[2] 传统村落的许多村民法制观念淡薄,加上民风彪悍,大都不愿意屈服于政府的强制措施,反而是因为这些村民性格质朴、重感情,采用吃饭、聊天与喝酒的方式更容易和他们沟通。

表 5-1 基于村落整体格局演化路径的村落类型统计表

	类型	样本数	比例	村落案例
不变型	组团	5	20%	●山重村、芦丰村、上洋村、庄上村、福塘村
	面状	7	28%	●埭尾村、城内社、诒安堡、古港村、洪坑村、田螺坑、菜埔村
	带状	3	12%	●塔下村、钟腾村、南欧村
	自由式	2	8%	●和春村、福田村
变化型	面状→组团→面状	1	4%	●山河村
	带状→面状	1	4%	●石牛尾
	面状→组团	2	8%	●梧龙村、赵家城
	自由式→带状	1	4%	●下版寮
	自由式→组团	3	12%	●河坑村、石桥村、珪后村

资料来源:作者自绘

(1)不变型

传统村落的演化路径依然保持着原有的格局特征,虽然在体量上、居住密度和村落的边界轮廓线上会有变化。保持这种格局不变的原因大致有几种原因:比如传统村落原有的组团式格局,或因地理空间的边界划分(如河流、高差),或基于社会组织的分布(如宗族的分支、同一村落里有不同姓氏的族群),后期人口的繁衍与新建民居依然依托原有的空间与社会秩序。

埭尾村(表 5-2 中 a)坐落于平原地区,规整紧凑的布局为面状的秩序,新中国成立后乃至于改革开放后新建的民居依旧延续了传统的布局方式,村落边界扩大了数倍,布局方式依旧不变。城内社(表 5-2 中 b)原为堡寨式的村落,封闭环绕式的城墙限定了村落边界,构成面状的布局,后来有村民在城堡外侧陆续兴建民居,将原有城堡环抱起来,依然保持着面状布局。华安县福田村(表 5-2 中 c)位于山地,地多人少,形成了松散的自由式布局,后来虽然增加了新的民居,由于密度较低,村落依然保持自由式的布局。山重村(表 5-2 中 d)原为组团式的布局形式,新中国成立后村落的拓展以发源地为主,加上原有组团相隔较远,且有自然水系的天然阻隔,依然保持组团式的布局。南靖县塔下村(表 5-2 中 e)为带状的布局,在山谷地形的限定下,村落的拓展沿着水系与山体的边界,从而保持了原有的格局。

表 5-2 不变型的传统村落演化示意表

		阶段一	阶段二	阶段三
保持面状	a.埭尾村			
	b.城内社			

第五章 村落形态的当代困境与机遇：保护与发展

续表

| | 阶段一 | 阶段二 | 阶段三 |

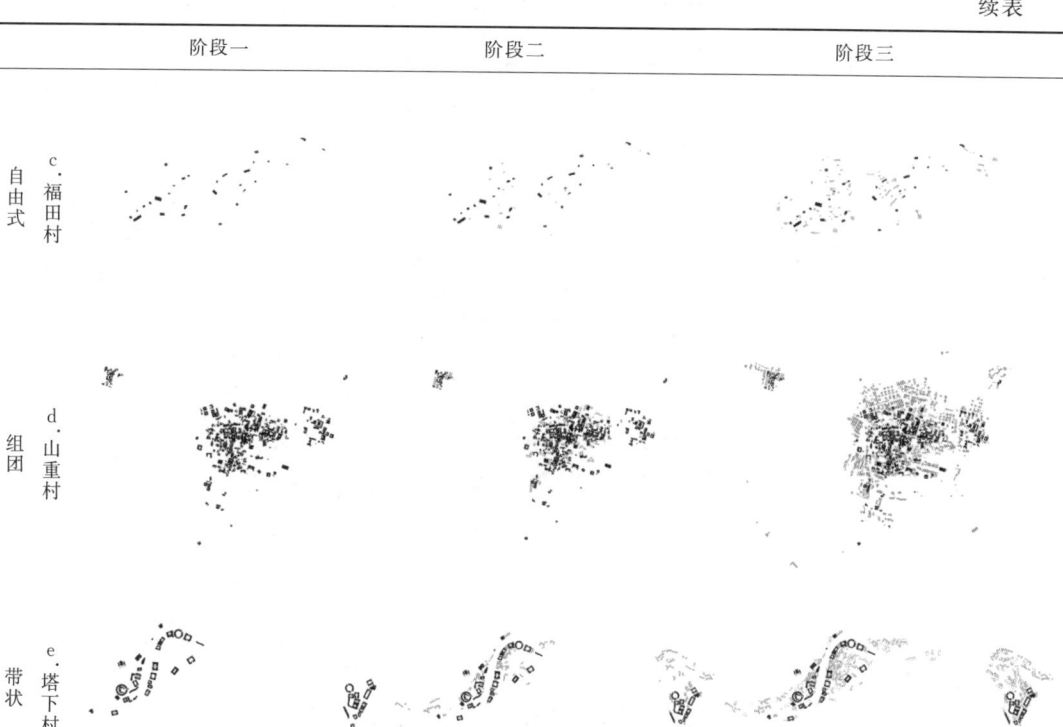

图片来源：作者自绘[1]

（2）变化型

变化型，指的是传统村落的整体规划格局随着人口的自然增长，受到新建民居的影响，发生较为明显变化，大致有以下五种类型。第一种是"面状→组团→面状"，如山河村（表5-3中a），原有的格局为面状，20世纪70年代左右，有一些村民在距离原有村落数百米处兴建了新房，于是村落格局转化为组团式；80年代后至今，随着人口的增长与大量新建民居的拓展，原有组团之间的距离不断缩小，最终融合在一起再次形成面状的格局。第二种是"带状→面状"，如石牛尾村（表5-3中b），原来为带状布局，后来逐渐在村落四周兴建了分散式的新房，随着民居密度的增加，逐渐形成面状的格局。第三种是"面状→组团"，如梧龙村（表5-3中c），原来为面状格局，但是改革开放之后随着"建设社会主义新农村"运动的开展，在距离村落数百米的地方规划出一片新区作为村民集中式的新建宅基地后，则逐渐形成组团式的格局。第四种是"自由式→组团"，如河坑村（表5-3中d），原来的人口不多，建筑也大多采用集合式的大型土楼形式，建筑密度很小，在绵延的山谷里呈现为分散式的自由布局，随着后来大量新建民居的融入和地形边界的分隔，逐渐演化为组团式的布局。第五种是"自由式→带状"，如下版寮村（表5-3中e），在原有超低建筑密度的环境中建筑零散地坐落于山谷之中，呈现为自由式的布局，改革开放后在村落经济发展的

[1] 在时间的节点界定上，阶段一指的是新中国成立前，阶段二指的是新中国成立后至改革开放前，阶段三指的是改革开放之后。

推动下，大量新建民居的融入并在山谷地形限定下逐渐演化为带状的布局形态。

表 5-3 变化型的演化示意表

	阶段一	阶段二	阶段三
面状→组团→面状 a.山河村			
带状→面状 b.石牛尾			
面状→组团 c.梧龙村	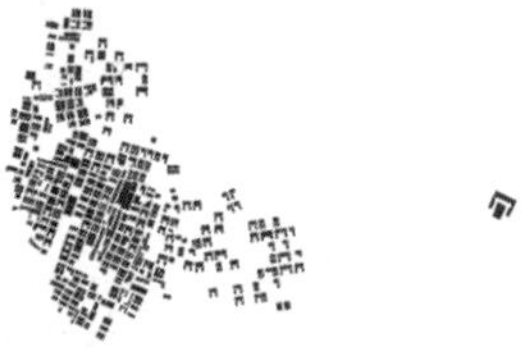		
自由式→组团 d.河坑村			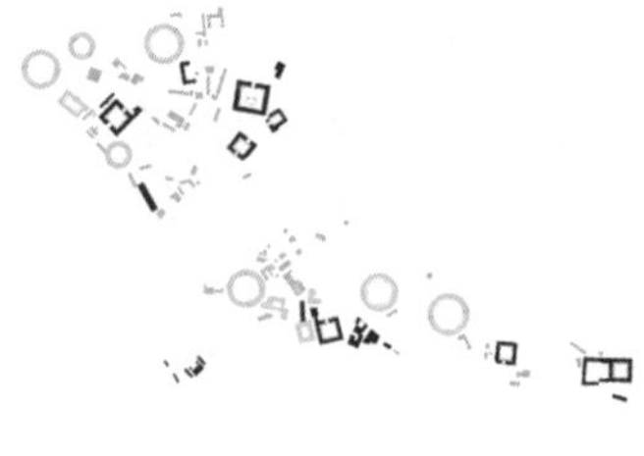
自由式→带状 e.下版寮			

图片来源：作者自绘[1]

5.2.1.2 村落历史风貌

(1) 基于历史风貌保存

传统村落的历史风貌是其历史遗产存续状况的直观重要体现。根据对漳州的"中国传统村落"的历史风貌保存情况的调查，大致可以分为以下三种情况：首先是"整体保护良好

---

[1] 在时间的节点界定上，阶段一指的是新中国成立前，阶段二指的是新中国成立后至改革开放前，阶段三指的是改革开放之后。

型",占20%,这些村落大多具有当地政府的财政支持与特色管理机制,比如成立旅游区管委会,主要有世界遗产"福建土楼"名录里的田螺坑与河坑村、当地开发旅游的埭尾村和塔下村,还有在深山里的南欧村;其次是"核心区域保护良好型",占36%,以具有典型村落边界的堡寨式村落为代表,如城内社、诒安堡、赵家城和菜埔村;整体保护一般型,主要是因为部分新建的现代民居不顾当地政府与村委对村落保护规划中相关控制红线与规划的限定,以改建或新建的"违章"方式对村落核心保护区的历史空间进行渗透,从而在一定程度上破坏村落历史风貌的整体性与协调性。

表5-4 村落历史风貌保护情况统计表

	类型	样本数	村落案例	比例
1	整体保护良好	5	●田螺坑、河坑村、塔下村、埭尾村、南欧村	
2	核心区域保护良好	9	●城内社、诒安堡、赵家城、山河村、菜埔村、梧龙村、山重村、洪坑村、芦丰村	
3	整体保护一般	11	●古港村、石牛尾、钟腾村、珪后村、和春村、福田村、上洋村、石桥村、下版寮村、福塘村、庄上村	

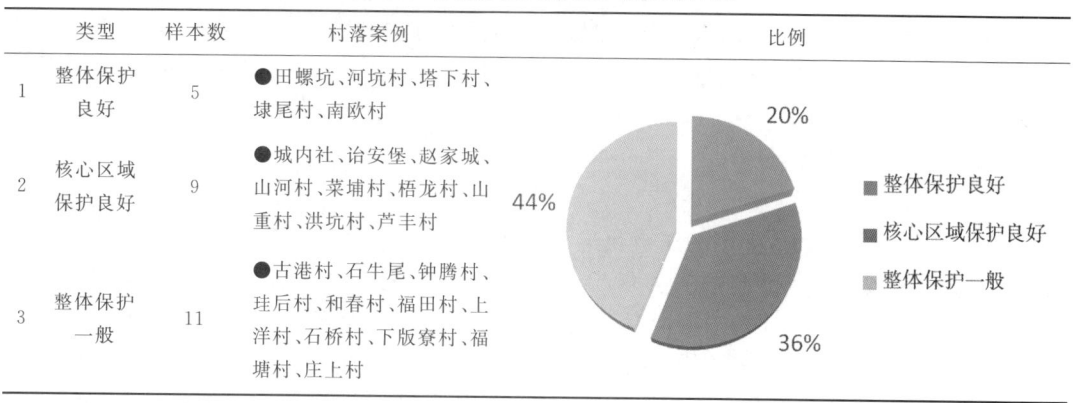

资料来源:作者自绘

(2)基于新旧建筑关系

在传统村落的形态发展过程中,新旧建筑之间的关系主要有以下两种类型。第一种是"隔离型",指的是村落新旧民居之间存在着较为明显的空间边界,从而让村落核心区的历史风貌保存较好。这种隔离有两种方式,一种是原先传统村落就具有较为明显的实体空间边界,比如赵家城、诒安堡和城内社,堡寨式布局下的城墙就是有效控制新建民居向城墙内部渗透的重要方式;另一种是村民在新建民居时尽量往村落外围发展,原有村落内部的传统民居尽量不改建不新建。如洪坑村,除了因为原有古民居体量大、装饰精致华丽,同时也是因为大型民居涉及产权纠纷较多,在村落历史建筑原址上改扩建的人力、物力成本代价也高,促使新建民居往外部发展,很好地保护了核心区的历史建筑群整体风貌。第二种是"渗透型",指的是新建建筑在核心区内以新址新建或旧址改建的方式建造,这种松散的"蚕食式"渗透方式,导致出现了传统村落历史风貌新旧之间的矛盾。

5.2.1.3 村落空间边界

(1)自然边界

在传统村落的自然边界中,山体作为静态的要素大多保持不变,而山上的风水林与山下的河流水系则会因为当地经济模式的转变而发生巨大的系统性变化。以漳州市某县为例,近十年来的某种经济作物产业蓬勃发展,促使许多村民将山上原有的大面积风水林砍伐殆尽,改为种植经济作物,虽然依然是乔木,但是涵养水源的能力大大降低,同时生物的多样性被严重破坏,导致原有四季水源较为平衡的自然水系常常发生旱涝灾害,而且经济作物种植所需的化肥农药在暴雨期间流入河流,进一步造成了水系自然生态的恶化。

(2)人工边界

如第三章中所述,传统村落的人工边界要素早期以历史建筑、人工水池和城墙为代表,进入现代社会后,随着城乡建设的快速发展,边界要素出现了一些新的变化,比如大尺度高速公路或乡村公路对村落内外空间的隔断,还有新经济形态下乡镇企业工业厂房等大型建筑类型的出现,同时新中国成立后村镇中小学与村部办公楼等大型公建的兴建,成为新的村落边界形态,在边界的限定性、尺度感、整体性、地域性与文化性等方面对传统村落的保护与发展提出了新的挑战。

5.2.2 传统村落形态保护困境

在这个瞬息万变的现代工业与信息社会中,传统村落即使远离了闹市以求"独善其身",却依然无法避免受到来自外部世界与自身内部各种不利因素的影响,从而导致村落面临着整体性的功能衰竭,并在保护层面上出现了种种困境,主要表现为村落物质形态、社会体系与发展管理三个方面。

5.2.2.1 村落物质形态

(1)历史风貌破坏

20世纪90年代以来,中国的城市化进程加快,在这一历史背景下,许多传统村落历史风貌遭到了巨大的破坏,乃至于完全消失,历史文化信息随之消失,令人痛心。传统村落历史风貌的破坏有三个主要方面:一方面是因为闲置的历史建筑无人管理维护导致的自然老化与损坏,因为在当今社会经济结构、村落产业结构的剧变下,村落大量劳动力往城镇转移,导致了传统村落中的许多历史建筑闲置无用,加上年久失修、频频倒塌;一方面是新中国成立后在传统村落人口的不断增长与生活环境品质的改善下,居住空间的需求不断增大,但是传统村落对宅基地的严格控制与国家对耕地保护红线管控的强化,导致了村落的居住可建设用地越来越紧张,以至于部分村民在村落历史风貌核心区中以改建[1]或新建[2]的方式,兴建了许多现代"火柴盒"风格的新建筑,与历史建筑浓厚的地域风格差异明显[3],进一步破坏了村落整体协调的历史风貌;还有一方面是,部分开发为旅游景点的传统村落在发展乡村旅游的过程中,未经过整体性的旅游规划设计,或未按照规划设计的方案实施,盲目地过度开发村落有限的土地与历史遗产等资源,或采用了现代风格的大尺度建筑、色彩过于艳丽华美的标牌、商业性浓厚的宣传标语和广告等一系列不符合传统村落原有乡土气息的设计,从而对传统村落历史风貌产生了一定的建设性破坏。

(2)环境生态破坏

漳州大多数传统村落依山傍水、景观优美,自然生态环境优越。究其原因,一是因为漳州地区优良的自然环境基础;二是传统"天人合一"的风水理念,秉承的是人与自然和谐相处的生态理念;第三是因为农耕时代下的生产生活方式,都是基于环境友好的,比如自然农耕的有机耕作方式,还有以生土建筑作为居住用房,以乡土材料作为道路铺地,这些都不会

---

[1] 部分传统民居的建筑结构与平面布局功能,并不适合现代人的生活需求,比如缺乏独立的卫生间和厨房。由于当地村民缺少文物保护意识,有的村民会对自己继承的传统建筑进行改建。但是改建的过程一般都是乡村的施工师傅进行设计与施工,缺乏专业的设计师指导,粗糙的设计与施工显得风格迥异。

[2] 一些建筑因为长时间无人修缮,不再适合当地人居住,缺乏保护意识的当地居民并没有加以重视而重新修缮,而是选择直接拆毁传统建筑并在原址上新建现代风格的建筑。

[3] 除了新建建筑的设计风格迥异之外,还有一个更为重要的问题是新建建筑的高度普遍偏高,由于用地的限制与农村村民相互攀比的心理,新建的建筑物往往高至三四层,与以一层或两层高度为主的传统民居建筑差异巨大。

对生态环境造成不利的影响。

然而,近年来随着村落经济的发展与村落对外联系的增多,许多传统村落及其周边的环境生态面临着巨大的压力,具体表现为几个方面:第一,村落一些乡镇企业与小型作坊的无序发展,不仅因为厂房建设破坏自然山体、占用农田的现象屡有发生,而且生产过程中的有害废水也大多未经净化处理,直接排放至自然水系之中,严重破坏生态环境;第二,有些村落盲目推广所谓的新农村建设,化零为整的集中规划建设方式对脆弱的自然环境压力巨大;第三,在现代化生活方式的普及下,以塑料、钢铁、电子产品等为代表的工业产品大量涌入乡村;第四,对于低密度、分散式居住的村落而言,垃圾收集与转运等处理的成本巨大,垃圾问题成为困扰传统村落环境整治的难题之一;第五,一些发展旅游的村落,也存在过度开发导致的生态问题。

5.2.2.2 村落社会体系

(1) 村落的空心化

传统村落的所谓"空心化",有两个层面的含义。首先是人口外流下的人口空心化。在城镇化进程的推动下,城镇集聚效应导致传统村落大量居民外迁,使得原有传统社会生活的参与者结构发生变化,引发村落空间的一系列适应性问题。从经济、人口统计学的视角上看,城市新兴的旅游和娱乐休闲等服务产业逐渐取代了传统的乡村生活,村落常住的人口大幅度下降[1]。另外一个是文化层面上的"空心化":对祖宗文化历史的记忆、传统社会价值体系与传统村落延续的本质是基于结构性的传承[2],但是现实的情况是这样,如今即使村落里有人住,也已经与传统生产生活方式渐行渐远了。人口结构的失衡,将导致村落生产方式、空间布局等系统性的变化。正如人体生理结构,乡村原有的社会结构与生产方式,在这个"解体"过程中出现了类似人体机能衰竭的现象。趋利的价值观和"精神的荒漠化",推动传统村落文化的进一步瓦解和衰败,使传统村落成为没有"灵魂"的躯壳。这种结构性衰亡,是因为城市化吞噬了多种乡村资源,导致了传统村落的空心化。

农村的空心化问题凸显,尤其是对于传统村落来说,空心化不仅仅意味着人口的流失,更严重的是涉及历史文化的完整性、延续性和真实性[3]。文化的延续需要传承,村落人口的流失意味着一个传统村落衰退的开始,人口的流失造成传统文化无人传承,这些村落文化会随着老一辈的离去而一起消亡,许多非物质文化遗产就是这样遗失在历史的长河中[4]。

(2) 现代生活冲击

传统村落的许多历史建筑虽然精致美观,具有很高的文化与艺术价值,但是对于现代生

---

[1] 人类学与旅游时代[M].赵红梅,等译.桂林:广西师范大学出版社,2009:176.

[2] 王鑫.环境适应性视野下的晋中地区传统聚落形态模式研究[D].北京:清华大学,2014:221.

[3] 历史建筑的闲置与废弃,无人居住,没有了传统的气息,没有了"人气",而人是传统文化的载体,载体的流失使传统村落没有了内涵,变得与普通村落无异。历史文化建筑大多藏身于传统民居之中,周边旧民居质量较差、风貌繁杂,已丧失其特有的历史文化韵味,众多历史文化资源未能有效整合,传统村落的空心化也无疑导致了其真实性与完整性的缺失。

[4] 由于大量青壮年人口移居城镇,村落里只剩下老弱妇孺,一些具有历史价值的建筑无人修缮,功能慢慢退化后无人居住,最终都被人们丢弃。传统村落无人居住,基本风貌仍保持,但原住民已经迁出,在传统村落周围另起新村。例如,有些传统村落的传统建筑比较密集,公共建筑也都集中在村落的中心地区,一些经济比较富足的村落会选择在周边重新建造新的住宅,由于公共建筑是一个村落的核心,所以村民们都不会将其拆除。但是由于居住在村落中心的居民越来越少,中心部分闲置甚至废弃的房子逐渐增多,造成了传统村落的"空心化"。

活而言，存在诸多不相适应之处，比如现代设备与管线的缺失、采光不足、通风不畅、缺少套卫。因此在许多村民的眼里，这些历史建筑是落后与贫穷的象征，于是新建的"火柴盒"式的钢筋混凝土建筑如雨后春笋般出现。除此之外，现代生活交通中的汽车、摩托车等交通工具，乃至于个别村民运输的卡车等现代运输设备，对于道路的宽度与承受力等要求已经和传统完全不同，这导致了传统村落中原有道路在等级与材料方面的现代化。而且，随着现代智能手机终端的出现，以及电视与网络的普及，传统村落原有的社会交往频率也大幅度下降，导致传统公共建筑的"人气"急剧下降，原有宫庙、祠堂的场所精神也因为缺乏人的参与而难以呈现出来。

5.2.2.3 村落发展管理

当今，中国许多传统村落面临快速消失与濒临破坏的危机，自破坏与他破坏情况彼此交织。一些传统村落之所以能够较好地保留下来，某种层面上看并不是国家宏观法律制度管控下的主动性保护结果，而是一种消极状态下的遗漏性遗存使然。在村落发展管理层面的问题上，主要存在保护资金不足、旅游开发不当、规划设计缺失与保护意识薄弱四个方面。

（1）保护资金不足

对于传统村落而言，保护是发展的前提与基础，而充足的保护资金是保护工作得以顺利开展的重要手段与依据。对于传统村落的一些重要历史建筑而言，尤其是世界遗产、国家级与省级文保单位，保护的资金需求巨大，已经超出政府相关机构所能承受的范围，加上这些历史建筑的产权大多属于民间，而且同一栋建筑的产权人众多，对于历史建筑修缮、改造、开发的意见不同，客观上也让一些民间的投资商望而却步、知难而退。同时，对于一些大型历史建筑而言，民间热心人士的捐赠也是杯水车薪，对后期的运营维护也难以保证。保护资金不足的问题，阻碍了传统村落保护与发展相关工作的及时开展与有效实施。

（2）旅游开发不当

传统村落的核心价值，在于存续和弘扬优秀的文化基因，旅游只是发挥其价值的手段之一而不是唯一，因此不能只是为了迎合某一时期内一些低层次的旅游需求，而损害了传统村落的核心价值[1]。近年来随着文化旅游产业的逐步兴起，传统村落的保护与发展日益成为产业与学界的一个焦点。当旅游开发介入传统村落后，村落原生性的空间形态、人口结构、功能布局、产业方式等特征，均发生了巨大的变化，一种"布景化"的现象成为常态，昔日村落内向的安居之所转型为外向喧嚣的旅游胜地，原本"靠天吃饭"的自然经济变成"靠游客吃饭"的商业模式。然而，当这种消费式旅游开发走向盲目式，传统村落人口主体及其意识随之发生错位，将会导致村落自然环境生态、传统生产模式、社会组织结构与传统营建技艺等方面的断裂。

传统村落形态具有重要的保护价值，文化旅游也是传统村落经济发展的主要方式之一，适当地进行旅游开发能够增加当地村民和政府的收入，也能够以此旅游收入来更好地维护与修缮传统村落或传统建筑，但是过度的开发却会适得其反。从开发主导方的视角上来看，

---

[1] 李华东.传统村落：需要的是另一种"旅游"[J].小城镇建设，2016(7)：23-26.

现今对于传统村落的旅游开发模式可以划分为三种类型:外来企业承包的开发模式[1]、当地政府主导的开发模式[2]、传统村落村委会集体主导的开发模式[3]。但这三种模式各自独立的旅游开发,均可能无法使传统村落的开发达到预期理想的效果,还可能对传统村落的环境、历史建筑风貌和传统文化都带来不利的影响。如旅游开发中的资金导向、对外来资金的高度依赖导致旅游项目的盲目性和无序性、造成对乡村环境和乡土文化的破坏;项目雷同、模式单一、缺少特色,"农家乐"的吸引力逐渐降低。另一方面,乡村特有的生产生活方式及承载的社会思想、乡约民俗、民间艺术、民族风情等乡土文化在慢慢地消失,文化同质化、村落空心化、千村一面,寄托数代人情感依托的"山水乡愁"无从寻觅,也造成了许多民间文化遗产的流失[4]。清华大学教授陈志华曾经指出:过度的商业开发,使一些古镇徒有虚名,"它们已失去了乡土建筑最本质的东西,无论从文化内涵上,还是建筑形态上,均失去了乡土建筑最本质的韵味[5]"。

(3)规划设计缺失

值得一提的是,某些地区的传统村落规划中还存在着"政绩化"与"运动式"倾向,功利主义驱动下的规划编制对村落乡土性的"建设性破坏"时有发生。政府主导的城乡统筹下的"新农村建设"(表5-5),是现代国家治理延伸的"自上而下"的一种权力行为,虽然在强执行力下容易见成效,却也造成了乡村风貌的趋同化。

表5-5 现代传统村落的生长模式

序号	类型	位置	特征	生长模式
1	传统村落	相对较偏远	●保持纯粹自组织的状态	村落自组织
2	混合村落	离城镇较近	●新旧两种机制导致了不同类型的形态的叠加并置	村落自组织+政府规划
3	新农村		●拆除旧建筑,另择新址统一规划新的现代民居	政府规划

资料来源:作者整理

不论从融资渠道、土地管理、社会组织与营建技术等层面上来看,乡村建设与城市开发

---

[1] 外来企业的承包开发模式的产生往往是因为传统村落自身没有开发的资金与经验,故与外来企业签订合同,将一定时间内的传统村落经营开发管理权出让给企业。这种所有权与管理权分离的开发模式能在一定程度上实现利益的最大化,而企业作为专业开发者,他们的行为虽然在很大的程度上带动当地的经济发展,但是过度地追求利益也使传统村落自身的文化特色及其蕴含的历史文脉遭到破坏。这种商业利益化的开发往往只能带来短期的利益,缺乏对传统村落发展的前瞻性,在一定程度上不适宜传统村落的长期发展。

[2] 当地政府主导的开发模式,主要是由政府负责传统村落保护和旅游开发及管理的一切工作。政府主导开发的优势在于能全面地将社会资源进行整合,对于传统村落的长期发展能起到积极的作用。但是相对于企业承包开发的模式来说,这种开发的灵活度稍有欠缺,市场经验不足,且在一些经济不发达的地区,政府资金难以满足前期传统村落旅游开发及村落保护所需的正常支出。

[3] 传统村落委员会集体主导的开发模式一般是由传统村落村民委员会主导或村委会带头成立相关部门管理村落或村落景观区域的保护工作,从而进行旅游开发等。由于这种管理模式是让村民自己管理开发,所以往往能充分调动村民东道主精神的热情与积极的干劲,但这种模式也存在一定的不足,因为这种模式下的村落管理者往往是非专业的,没有任何旅游开发经验,所以这种模式开发的传统村落往往在市场中竞争力很差,很难扩大规模。

[4] 张琳.乡土文化传承与现代乡村旅游发展耦合机制研究[J].南方建筑,2016(4):15-19.

[5] 陆元鼎,杨新平.乡土建筑遗产的研究与保护[M].上海:同济大学出版社,2008.

具有诸多的差异性。规划设计这种城市尺度范畴下的反映上层意志的工具,用城市的系统去融合传统村落的系统,在面对传统村落的地域性与复杂性时会出现较多的困境:乡村是基于原有邻里关系与宗族社会伦理结构、农耕为主的生活方式下的自组织生长模式,但是在城市里,则是以个人或核心家庭为单位、依托法律秩序下的个体原子化的城市组织模式。因此,如果片面地将城市建设的组织策略与空间解决方式直接套用到传统村落,将会摧毁传统村落原有的自组织体系,而村落中那些被原子化的村民个体,终究无力对抗城市的入侵力量,农村的弱势状态还将继续恶化[1]。

(4)保护意识薄弱

乡村遗产保护面临的最大困难,不是技术问题,而是观念问题[2]。作为一种乡土遗产,传统村落保护工作需要实现更为广泛的大众化,即"全民认同、全民共享",要让公众真正意识到遗产就在自己身边,并且与自己息息相关[3]。

"只有经济建设好了,才能有效带动其他方面的建设",这种纯粹利益化的心理现象并不少见。许多传统村落由于侧重于当地的经济发展,重开发而轻保护,片面追求经济效益的问题,导致了在保护传统村落保护的措施上投入不足。一般来说,传统村落保护的主要负责主体包括了当地政府、村民与开发商。一些地方领导着眼于发展传统村落经济而忽略了保护,个别官员甚至以传统村落保护工作不能突出政绩、保护投入不能带来利益为由而轻视村落的保护工作。同时,传统村落保护的使命感和责任感的缺失也是普遍现象,对于传统村落开发商而言,首先追求的是经济效益,其次才会考虑到传统村落的保护问题。对于传统村落村民而言,传统村落只是过去生活的一种回忆,而且他们认为这些贫穷、落后的事物并不值得留恋,只有经济效益才是传统村落的唯一价值,因此村民并没有强烈的文物保护意识,对传统村落被非法利用、随意毁坏、推倒拆建的现象也视而不见。村民们的保护意识跟不上传统村落的保护与发展趋势,进而大大增加了传统村落历史风貌和生态环境保护的管控与维护成本。保护意识的薄弱对于传统村落的发展无疑是一块巨大的阻碍石[4],只有改变思想观念,增强文化保护意识,才能使传统村落更好地传承下去。

5.2.3 传统村落形态发展机遇

在中国的城镇化进程中,虽然漳州传统村落面临着各种困境,这不利于该区域传统村落文化的传承与发展,但是受近年来国家宏观战略的转型、学术界的广泛关注与呼吁、政府部门的日益重视与支持、民间对乡村旅游的热情等因素的影响,传统村落的保护与发展也迎来了一系列的历史机遇。

---

[1] 李华东,黄印武,任卫中,等.蜕变与复兴:"乡村蜕变下的建筑因应"座谈会[J].建筑学报,2013(12):4-9.
[2] 罗德胤.村落保护:关键在于激活人心[J].新建筑,2015(1):23-27.
[3] 郭旃.全民参与:公众化的遗产保护趋势[J].世界遗产,2013(4):18.
[4] 由于行政管理手段和文化遗产保护意识滞后于经济发展,加上缺乏古村落保护的专项资金,许多编制的保护规划往往被束之高阁,没有真正付诸实施。保护与开发是一对矛盾。一些地方领导急功近利的思想和开发商的推波助澜,使矛盾更加激化。古村落保护虽然得到了政府名义上的支持,但往往是口惠而不实。很少有政府部门愿意真正投资去管去做这项工作。偶有一些民间机构愿意来投资开发,却采取杀鸡取卵方式进行"保护",反而在一定程度上对古村落造成了更大的破坏。详见:戴志坚.福建古村落保护的困惑与思考[J].南方建筑,2014(4):70-74.

5.2.3.1 民间的内生推动力量

作为全人类共同拥有的精神与物质财富,传统村落是宝贵的历史遗产。从某个视角上看,传统村落的村民都是遗产的创造者和拥有者,传统村落发展与建设也需要每个村民的共同参与[1]。因此,从这个意义上看,历史建筑有机更新的推动力主要来自民间,而不是政府。在保护发展传统村落的过程中,村民主动参与与落实村落的保护策略,是公众参与的一种表现形式,这种自发式的行动才能真正有利于传统村落的可持续发展。民间的内生推动力量,不仅能有效衔接政府调控与市场经营两者之间的相互运作,在对村落的规划上,这种民间的力量也是不可或缺的。村民们对于传统村落的深刻了解,让他们能够因地制宜地提出有建设性和可行性的意见与建议,从而在一定程度上完善发展传统村落的规划方案[2]。

5.2.3.2 政府的上位保护政策

随着中国城乡统筹发展理念的逐步落实,中国开始迈入"以工促农、以城带乡"的新时期,在国家各级政府的推动下,以"美丽乡村"规划建设和"中国传统村落"评选为代表的乡村复兴工程,正得到社会的广泛认可并在各地区的乡村迅速推广。在原来经济体制下,农业、农村与农民需要肩负着工业化战略原始积累下的土地、人力与原材料等资源的重负。如今,如何实现当代的乡村复兴并打破固化的城乡二元制格局,是一个重要的研究课题。在传统村落保护过程中,尤其是宏观的经济、法律等制度建设层面上,政府的统筹管理无疑起到了决定性的主导作用,其推行的上位保护政策可以体现在以下几个方面:首先是在政策制定与基础设施配套方面,通过制定出可实行的、有针对性的、可持续发展的相关政策,并积极投资公路、电力、通信等公共设施以完善传统村落所需的配套工程,为传统村落保护发展奠定了良好的基础;其次是在以市场为主导的领域上,政府通过制定相应的扶持与鼓励政策去引导市场主体,同时规范与限制市场行为对于传统村落历史风貌与生态环境的不利影响[3]。

5.2.3.3 乡村旅游的助力发展

传统村落的保护不是一场运动式的热情释放,而是一个长期的过程,因为除了前期的投入建设之外,后期的管理与维护依然需要源源不断的人力与物力成本,这就需要适当介入一些外部的机制,比如乡村旅游业[4],从而让村落拥有自我造血的机能。随着现代工业化与信息社会发展到一定阶段,在旅游"生态化"战略的推动下,乡村旅游是近年来迅速发展起来的旅游新现象。这种旅游模式,一方面让旅游者体验农村生活、感受农业文明、回

---

[1] 长期以来乡村社会对国家过分依赖,而造成了我国农民思想观念整体较为落后,小农意识浓厚,大部分农民对于集体利益和活动表现较为冷淡。保护应切实了解民众阶层现阶段的需要,增加民众的话语权,通过公众参与来促进保护。

[2] 同时,决策者在制定传统村落的发展战略计划时应兼顾村民的利益,让每一位村民都能享受到村落发展所带来的经济利益,从而确保村落保护战略的顺利推动。在对传统村落的保护过程中,只有培养村民的主人翁精神,使村民自发地成为管理村落的主体,让他们以一种积极主动的姿态投身到传统村落的保护与发展之中,才能真正做到保护与发展的协调统一。

[3] 例如在一些资金不足的地区,政府可以通过制定相关的优惠政策来吸引外来产业开发商的投资,着重引进第三产业,从而对传统村落的生态环境进行保护;同时在管理方面,政府可以下发一些强制性或处罚性的规定与措施,来阻止当地村民的过度开发,以及避免外来游客对当地传统建筑的破坏;同时村民不得自行修缮旧房子,出现问题只能汇报上级,获得批准和资金后才可以进行修缮;等等。

[4] 在我国,乡村旅游是基于乡土文化,利用乡村所依傍的自然景观、人文历史及名胜古迹,以低廉的价格吸引游客前来观光、休闲与度假的一种旅游形式;是针对丰富的乡村资源应运而生的一种旅游开发类型,有利于带动当地社会经济的发展。

顾传统文化和促进城乡文化之间的交流[1]，一方面通过外部经济、技术与制度等资源的输入(图5-5)，促进了传统村落历史建筑的修复与整体生态环境的保护，从而良好地传承村落的历史文脉。

a. 田螺坑观景休息平台

b. 田螺坑公共卫生间

c. 下版寮村卫生所

图 5-5　旅游发展推动下的村落公共设施建设实例
图片来源：作者自摄

5.3　漳州传统村落形态保护与发展的多元路径探索

在全球化深入世界各地的同时，文化作为民族性与地域性的内涵与机能在社会与经济发展中逐渐引起重视。当传统的工业经济过渡到知识经济后，文化产业伴随着城市的产业转型升级而兴盛，成为城市竞争力体现的重要工具。从更宏观的国家层面来看，文化作为一个国家的软实力，文化的传播效应可以在国际上扩展其影响力。作为文化的重要载体之一，传统村落形态在现代语境下如何适应与发展，也是近年来社会各界与学术界共同探讨的热点之一。以漳州地区为例，本书将从传统村落的多元价值基础、对象、原则、策略四个方面，对其保护与发展的路径进行探索。

5.3.1　多元价值作为保护发展基础

5.3.1.1　历史与文化价值
(1) 历史价值
章太炎先生曾经论述："各种科学是世界公共的，独历史各国有各国的。引起爱国心，非

---

[1]　在开发乡村旅游的同时，可以进一步对当地的历史文化、地域特色、民风民俗进行宣传，从而形成良性的循环机制，让乡村旅游不仅仅是一种体验传统生活的方式，更是一种唤醒中国国民传承文化遗产、珍视传统的途径。

历史不可[1]。"只有属于自己的传统文化才是真正原创的,所以越是传承民族的,就越有世界意义[2]。作为人类的历史遗产物质载体,传统村落的形态需要经历漫长历史的文化积累才能逐渐形成,如同历史的活化石一般,深刻地记录了不同历史时期中村落百姓的生产与生活方式,反映了人们当时的伦理观念与价值体系等。由于村落主体的多元化属性,一座传统村落的历史价值是诸多方面的综合体现。每一座传统村落的历史价值可以确切地体现在其地缘的发展、空间的分布与演变、农耕变迁的历史、建筑形态的发展以及民俗传统的传承等各个方面。同样,这些内容也成了该地域独特的历史标志。因此,传统村落形态的历史价值,对于传统村落的保护与传统文化的传承具有极其重要的价值。比如埭尾村的古码头(图5-6中a)是埭尾村村民将村落的农副产品运输到外部的一个通道,间接反映了早期漳州的商业贸易历史;城内社的"黄开盛"楼(图5-6中b),是城内社村民到南洋发展后将所赚的钱以侨汇的方式寄回家里兴建而成的,体现了漳州华侨以及闽南地区的近代历史;珪后村追远堂(图5-6中c)里的牌匾记录着村落子弟所得的功名,以此光宗耀祖,由此反映了漳州的科举历史;云霄县菜埔村(图5-6中d),是陈元光当年入漳平定蛮獠之乱后所建立的一个村落,是漳州地方史重要佐证;赵家城的完璧楼(图5-6中e),是宋代皇家历史的一个延伸,"完璧归赵"是该楼的寓意;诒安堡(图5-6中f)堡寨式防御形制,鲜明反映了明代倭寇长期对东南沿海地区侵扰的历史。

a.埭尾村的古码头

古码头是埭尾村村民将村落的农副产品运输到外部的一个通道,间接反映了早期漳州的商业贸易历史。

b.城内社的"黄开盛"楼

该楼是城内社村民到南洋发展后将所赚的钱以侨汇的方式寄回家里兴建,体现了漳州华侨的历史。

c.珪后村追远堂里的牌匾

祠堂里的牌匾记录着村里子弟所得的功名,以此光宗耀祖,由此反映了漳州的科举历史。

d.云霄县菜埔村

省级文保单位,陈元光当年入漳平定"蛮獠之乱"后所建立的一个村落,是漳州地方史重要佐证。

---

[1] 吕思勉.历史的盛宴[M].北京:新世界出版社,2016:18.
[2] "不要以为世界化就是跟别人一样,如果跟别人一样,别人根本就看不起你,你永远都会跟在别人的后面,因为那不是你原创的东西。"详见:楼宇烈.中国文化的根本精神[M].北京:中华书局,2016:6.

e. 赵家城的完璧楼　　　　　　　　f. 诒安堡的城门
国家级文保单位,是宋代皇家历史的一个　　堡寨式的防御形制,鲜明反映了明代倭寇
延伸,"完璧归赵"是该楼的寓意。　　　　长期对东南沿海地区侵扰的历史。

图 5-6　漳州传统村落历史价值的示意
图片来源:图 a 来自埭尾村村落档案,其余为作者自摄

（2）文化价值

传统村落文化的地域性与多样性,是抵御全球化背景下的同质化浪潮、保持人类文化多样性的重要载体。在村落发展过程中,文化是村落居民长期积累凝聚下来的人文精神与物质体现,可分为物质文化与非物质文化两部分。每一座村落的人居环境、传统民俗、建筑形态等文化,都表现在特定的时间与地域范围内,且与周边环境相互融合、相互制约,最终表现出独特的地域特性。比如山重村的薛氏家庙,体现了宗族文化是传统村落的重要组成部分,家庙祠堂是宗族文化的代表,可以有效凝聚家族的向心力(图 5-7 中 a);和春村的龙显宫,作为传统村落中宗教信仰载体的宫庙建筑,是村落精神秩序的重要物质载体(图 5-7 中 b);菜埔村村口的"风狮爷",诠释了传统村落民间对风水文化的崇信,村口的小石狮雕像据说具有辟邪的作用(图 5-7 中 c)。

a. 山重村的薛氏家庙　　　　　b. 和春村的龙显宫　　　　　c. 菜埔村村口的"风狮爷"
宗族文化是传统村落的重要组成部分,家　　传统村落中的宫庙一般供奉儒释道的圣　　传统村落民间崇信风水文
庙祠堂是宗族文化的代表,有效凝聚家族　　人,是村落精神秩序的重要物质载体。　　化,村口的小石狮雕像据说
的向心力。　　　　　　　　　　　　　　　　　　　　　　　　　　　　　　　　　　　具有辟邪的作用。

图 5-7　漳州传统村落文化价值的示意图
图片来源:作者自摄

传统村落文化,包含有民俗民风文化、传统建筑文化、人居环境文化以及农耕文化等,一座传统村落就如同一座当地文化的博物馆。作为中华民族悠久人居环境文化的重要构成部分,中国各民族与不同区域丰富的人文精神、营建经验和传统工艺都或隐或显地凝固于村落的历史建筑及其环境之中。同时,深厚独特的人文精神文化,也让传统村落在历史长河的考验之中历久弥新,彰显出极为强大的生命力。

5.3.1.2 生态与经济价值

(1) 生态价值

除了具有历史文化传承等方面的人文价值外，在推进生态文明建设上，传统村落也具有不可忽略的功能。传统村落营建过程中的可持续发展理念，与不可持续的现代工业化与消费社会形成一种反差，在人与自然和谐共生关系的现代重构中，可提供一种参考的典型范式。传统村落所拥有的良好生态环境，是传统村落区别于城市聚落[1]的重要特征之一。在生态文明视角下，传统村落的生产与生活都建立在尊重自然、敬畏自然的基础之上，体现着一种人与自然的和谐关系。田园山水、绿意盎然的乡村生活（图5-8），如今成为人人向往的稀缺资源。在城市问题日益凸显的当下，思考与研究传统村落的生态价值对中国的生态文明建设具有重要的启迪作用：在微观层面上，传统村落的生态价值，主要体现在生态环境质量与基础设施的改善、公园及绿化的普及、卫生清洁与垃圾处理等多个方面；在宏观层面上，传统村落村民在与自然环境相处的过程中所形成的独特生态理念与生活方式，正是一种包含了自然、经济与社会等方面的综合性系统，而且各种相关因素彼此相互交织、和谐共生。

a. 钟腾村土楼
生土建筑来源于当地的材料和营建工艺，有效节省人力物力，且对自然环境不产生污染的负面影响。

b. 南欧村的天然瀑布
瀑布是村落里难得的集景观和生态于一体的自然资源，提供村落水栖生物生存和生产灌溉所需。

c. 十洋村的风水林
风水林对传统村落水源的涵养与生物多样性的保持具有重要的功能与意义。

图5-8 漳州传统村落生态价值的示意图
图片来源：作者自摄

---

[1] 城市聚落中的生态系统，不论是从能量层面还是物质层面上说，都是一个高度开放的生态系统，并且处于高度的人为控制当中。在城市化进程中，人类逐渐将自己困在自己架构的人工环境中，与自然环境的联系越来越弱，因此，城市问题愈加凸显。

(2) 经济价值

当代社会,文化不再是古人自我营造的内在想象世界,而是已经作为一种面向外部的消费形式。传统村落的社会习俗、生活模式与歌舞艺术等非物质文化,成为文化消费的对象。因此,在这个背景下,那些非物质文化所依赖的土地、民居等物质载体,便可以在这场文化盛宴中转化为一种能带来经济价值的生产要素。传统村落历史文化价值的不可再生性与稀缺性,在市场经济供求关系中处于优势地位。然而,经济价值的实现需要一种市场的中介,比如旅游,才能有效转化。

作为中华民族宝贵的人文遗产,传统村落记录了中国古代文明的历史足迹,同时其建立在历史发展上的文化资源与生态资源是不可再生的,这也奠定了其旅游经济[1]价值的重要发展基础。从经济的深层次方面上看,作为农耕文明古国,农业经济是中国传统经济的重要基础,这种生产方式与传统村落的形态生成与演变息息相关。传统农耕具有循环经济和绿色经济模式的特点,与当今世界和中国所提倡的可持续发展与生态建设的理念相一致。

5.3.1.3 科学与艺术价值

(1) 科学价值

在传统村落形态的生成与发展过程中,各具特色的环境选址、规划布局、公共空间、历史建筑与装饰工艺等,是传统村落形态发展过程中关于人居环境建设的科学性表现,具有较高的研究探索价值,蕴含了村民在长期的实践过程中所积累的经验与智慧:宏观上的村落选址,体现的是一种环境观,如梧龙村和芦丰村周边有自然水系可作为生活与生产的重要水源,周边有山林可涵养水源和供狩猎;中观层面体现为村落的规划布局,对于平原地区而言,埭尾村规整秩序的布局有利于节约用地,对于山地地区,石桥村灵活自由的布局有利于避免地质灾害;微观层面上,如下版寮"东倒西歪"楼与洪坑村"鸿湖乐居"楼,其结构技术与营建工艺体现了特殊社会环境条件下的智慧。

(2) 艺术价值

在融合了各地特色文化之后,除记录下了历史发展进程之外,传统村落的建筑以其独特的构造方式、装饰形式与施工工艺等,体现出极高的艺术水平与价值。有别于城市建筑在工业化体系下所呈现的均质化与标准化,传统村落的形态丰富多样、极具地域差异性,并展现着村落独有的艺术魅力。在中国"天人合一"的哲学思想背景下,传统村落文化除了在文人墨客的文笔下,折射出诗意栖居的生活情趣之美,更是在作为文化载体的村落形态上,体现了不同民族民系的人文精神和审美趣味,也展现出不同的艺术表现形式。如珪后村闽南古民居的屋顶装饰与红砖墙的华丽精致体现了闽南独特的建筑艺术(图5-9中a);钟腾村榜眼府的屋顶装饰与室内木雕的精美具有较高的艺术价值(图5-9中b);塔下村张氏祠堂"德远

---

[1] 乡村旅游经济可从两个方面来看,一是村庄整体收益,二是村民个体的经济收益。因为村落发展伴随旅游业的发展,将旅游作为经济价值参考因素之一,旅游发展为传统村落带来了巨大的经济收益,这成了当前传统村落经济价值的集中表现。在数据上主要体现为当地就业率、当地居民收入、旅游收益等。

堂"(图 5-9 中 c)上的屋顶装饰独具特色、华丽多彩,与朴素的土楼民居建筑形成鲜明对比。探索、研究与保护传统村落形态中的艺术价值,是村落保护与发展的重要目标与基础。

a. 珪后村古民居

珪后村闽南古民居的屋顶装饰与红砖墙的华丽精致体现了闽南独特的建筑艺术。

b. 钟腾村榜眼府

榜眼府的屋顶装饰与室内木雕的精美具有较高的艺术价值。

c. 塔下村张氏祠堂

祠堂上的屋顶装饰独具特色、华丽多彩,与朴素的土楼民居建筑形成鲜明对比。

图 5-9　漳州传统村落艺术价值的示意图

图片来源:作者自摄

5.3.2　物质与非物质文化遗产对象

《易经》云:"形而上谓之道,形而下谓之器。"前者指的是非物质世界,后者指的是物质世界[1]。传统村落所要保护与发展的客体,由物质文化遗产和非物质文化遗产两部分共同组成。其中物质文化是非物质文化的载体,非物质文化是物质文化的灵魂,二者互为存在,即"道"与"器"相结合。

5.3.2.1　"器":物质遗产

对于传统村落而言,物质遗产的构成要素主要体现在以下几个方面:村落的选址环境、村落规划布局、村落边界、公共空间与历史建筑等不同尺度下的村落形态。村落基址所处的自然环境,是村落整体生存与发展的物质性基础平台,也是决定村落对外联系的方式。村落规划布局,是村落在基于自然环境与社会环境的基础上,对自我文明的传承与对环境的适应及改造下所呈现的村落整体结构特征。村落边界[2],指的是界定村落范围的建筑、城墙等形

---

[1] 姜正成.国学直播厅系列:千字文——识字教学的必备经典[M].北京:中国财富出版社,2015:78.
[2] 这里特指村落的人工边界。

式。历史建筑,则包含了作为居住功能的传统民居建筑,也包含了宫庙、祠堂、书院等公共建筑。上述这些村落物质遗产,共同作为传统文化的物质载体,成为传承文化的重要物质媒介。

5.3.2.2 "道":非物质遗产

对于传统村落而言,物质层面的形态只是显性的"硬件",蕴含在其中隐性的非物质文化才是村落的"灵魂"所在。漳州传统村落里的"道"包含了多方面的内容。既有基于漳州独特环境下的农耕与商贸经济形态,也有中原汉族传承下来的聚族而居和祖先崇拜的宗族社会形态,还有风水礼制与宗教等意识形态,更有基于宗族械斗与倭寇匪患的社会动乱战争[1]。这些多元的历史信息和丰富的文化背景,正是村落形态的真实写照,共同见证了漳州传统村落形态的生成与演变历程。在保护非物质遗产过程中,除了一些不可复制的因素之外,比如当时的社会动乱环境,其他诸如风水理念的环境观照、基于宗教信仰的民间习俗,都是传统村落中重要人文精神的体现,并且依然可以融入现代的生活,成为不可分割的一部分。

5.3.3 整体保护与可持续发展原则

5.3.3.1 整体保护观

传统村落的保护,可以分为表层、中层与深层三个层次(表5-6)。其中,表层指的是村落所依赖的自然山水环境、村落整体风貌格局、传统历史建筑、历史环境要素等有形的物质载体;中层指的是传统村落的经济形态与生产方式;深层指的是文化共同体。上述三个层次并不是各自独立的,而是相互依存、缺一不可的系统,涉及了自然生态、经济技术与社会文化等。任何一个层面或要素的改变,都会直接或间接地影响到整体文化系统的变迁。因此,整体性保护是传统村落保护与发展中应当秉承的首要理念。既要尽可能地将传统村落形态的物质载体保存下来,同时又要留住村落里的村民及其传承下来的精神与文化,让彼此形成相互融合、共同建构的系统。

表5-6 传统村落保护的三层次任务

序号	层次	具体内容
1	表层	●保护村落的自然山水环境、整体风貌格局、传统建筑、历史环境要素等有形的物质载体。
2	中层	●传统生产方式的保护与传承。
3	深层	●文化共同体的修复或重建、新乡村文明的培育。

资料来源:作者整理。参见:李华东.传统生产方式保护与传统村落的未来[J].建筑师,2016(5):19-23.

---

[1] 除此之外,漳州传统村落的非物质文化遗产包括民间工艺、民间艺术和民间风俗。民间工艺主要是漳窑传统制作与手工技艺、仙草传统工艺制作与手工技艺、漳绣手工技艺等;民间艺术包括水仙花传说等民间文学、哪吒鼓乐、南靖土楼闽南山歌、华安畲族民歌等民间音乐,大鼓凉伞舞等民间舞蹈、云霄、东山的潮剧、南靖提线木偶等传统戏剧、龙海杂技等;民间风俗有岁时节令民间信仰以及讲究的丧葬习俗。

5.3.3.2 可持续发展观

如果说上述的整体性保护原则侧重的是空间维度的话,那么可持续发展观则更多基于时间的纵向维度视角。因为,只有时间和空间的完美整合,才能有效地认知世界并建构出未来美好的愿景。可持续发展观,可以从活态保护、地域性的传承、与古为新的包容性三方面来进行诠释。

(1) 活态保护

活态保护,是对"活态遗产"的保护[1],强调文化遗产依然在使用中,并且使用价值需要不断延续。因此,活态保护离不开村落中的社区,只有人作为媒介才能生活在传统村落之中,并且在人与人、人与自然、人与神的诸多关系之中,去传承所谓的生产方式与文化习俗(图 5-10),从而能让静态的物质空间获得动态的场所精神。作为活态保护的理想范式,生态博物馆或许可以符合这种追求下的标准。1971 年第九次国际博物馆会议上,生态博物馆的概念被提出来,指的是具有文物价值的实物遗存以及传统风俗等一系列非物质文化遗产被原状、动态地保护在其原生环境之中[2]。在活态保护的理念推动下,传统村落的村民可以真正认识到传统村落空间及其文化的独特性与重要性,从而不断增强文化的自信心,并激发对保护传统村落的真实情感。

a. 华安土楼民俗实景

b. 南靖土楼客家山歌

c. 南靖龙山民间四平鼓乐队

图 5-10 漳州传统村落中活态非物质文化遗产实例

图片来源:黄浦江.漳州非物质文化遗产名录[M].合肥:黄山书社,2008.

---

[1] 徐敬瑶.社区参与视角下的传统村落活态保护研究——以元阳阿者科为例[D].昆明:昆明理工大学,2016:16.
[2] 熊伟.广西传统乡土建筑文化研究[D].广州:华南理工大学,2012:269-270.

(2) 地域性的传承

对于中国的城市化而言，或许有若干舶来品可以作为参考，然而对于复杂多元的传统村落发展而言，则难以找到完全匹配的模板。这是因为传统村落的地域性，不仅仅是基于自然地理的差异，还受到许多不同民族、民系、宗教信仰与社会环境等方面的影响，除了上述静态的结构性要素之外，还有不同因素之间动态性的承传变易融合等方面的原因。因此，这种兼具多元性与复杂性的地域性特征，其传承方式也应该是基于原有的文化体系上的自我演进，从而形成前后连贯的历史文脉传承。

(3) 与古为新的包容性

梁启超先生曾言"故夫变者，古今之共理也"。作为人类应对自然和社会考验中所积累的文化资粮，传统是社会发展和生存之前提。但是，仅仅保持传统是远远不够的。因为，只有不断创新，才能显示其巨大的生命力。继承是基础，创新是关键[1]。

冯纪忠先生，将其毕生建筑创作思想归纳为"与古为新"（图5-11），并以上海松江方塔园作为其创作思想的媒介，将现代的创造比作是开放在传统枝干上的新花[2]。这是一种历经"现代"与"传统"之间不断斗争后，在现代语境下对传统文化所呈现的一致性认同的重建，体现了一种涵盖古今的包容性。

a. 从南岸看方塔园全景图　　　　　　　　　b. 方塔园北门

图 5-11　上海松江方塔园

图片来源：a 图来自网络；b 图来自：刘东洋. 到方塔园去[J]. 时代建筑, 2011(1): 140-147.

5.3.4　空间策略与协同性策略结合

5.3.4.1　空间策略

(1) 修补与渐进式的介入为主

不同于城市建设过程中具有雄厚资金、缺少历史包袱、强大政策执行力与卓越施工技术等方面的独特优势，传统村落所存在的历史遗产维护、产权结构纠纷、社会关系复杂、宗族组织结构等特殊因素，决定了当代大多数传统村落的建设应当以修补与渐进式的介入为主。这种"微改造"的方式所带来的技术要求、资金成本、对历史风貌的破坏等方面相对是最低的。

---

[1] 何镜堂. 文化传承与建筑创新：何镜堂院士同济大学大师讲坛简介及访谈[J]. 时代建筑, 2012(2): 126-129.
[2] 周榕. 不一不异，与古为新：当代语境下对传统文明的批判性认同与包容性建构[J]. 城市建筑, 2014(25): 22-24.

（2）功能活化与乡村再生

传统村落的"功能活化"，与所谓的"乡村再生[1]"（Rural Regeneration）内涵相似，是在系统观和可持续发展理念下、面向现代化转型过程中，突出村落内部的自我造血更新，并在维持村落乡土性基础上，重新挖掘与塑造传统乡村人文社会与物质形态的多元功能与价值，同时为其注入新的活力以激发村落的生产与生活，使其适应并匹配新型城镇化要求的过程[2]。

对于传统村落而言，功能活化主要有两个层面。一种是赋予空置的场所以新的使用功能。随着城镇化进程下人口流失导致的传统村落空心化，村落许多民居已无人居住、年久失修，渐渐损坏乃至于倒塌。如果能改造为具有民宿、餐饮等商业功能，其经济收入可提供村落民居修缮与公共配套所需资金，形成良性的循环。另外一种是对原有功能的拓展。比如村落中许多祠堂原本只是单纯的祭祀功能，当通过适度改造家具的布置从而拓展为老人活动中心或村落历史展示与交流中心后，不仅可以弥补传统村落公共交流空间不足的缺憾，又能够避免新建建筑对用地与资金的浪费。

以西河粮油博物馆为例（表5-7中a），设计师希望借助对这个废弃粮管所的改造和再利用，通过新功能的植入，如反映当地农业历史的微型博物馆、服务于当地和周边村民的公共活动中心以及服务于外来游客的餐厅等功能，让这些改造后的建筑物成为村落新经济的发动机，为村庄产业的重塑提供支点[3]。在荻浦村（表5-7中b），这些"文革"时期建造的集体牛栏，被设计师巧妙地改造为咖啡馆，对后人认识完整的农耕生活而言具有重要的价值。在郝堂村（表5-7中c），当地村委会用3000元承租了一栋荒废的土坯房，重新装修改造后转变为画室兼茶室，既避免了旧房被拆除的命运，也有效地利用了闲置的空间[4]。

表5-7 基于功能活化的空间策略工程案例

	项目概况	案例举证
a. 西河粮油博物馆	●设计师希望通过对这个废弃粮管所的改造和再利用，通过新功能的植入，如反映当地农业历史的微型博物馆，服务于当地和周边村民的公共活动中心，让这些改造后的建筑物成为村落新经济的发动机，为村庄产业的重塑提供支点	

---

[1] 直面传统乡村地区产业低迷、人口空心化、老龄化、文化素质偏低、资源环境紧迫、城乡差距扩大与历史村落消亡等严重衰败的现实，同时为了规避"乡村城市化"陷阱，呼吁建构"乡村再生"理念，并以此落实与促成乡村地区规划编制思路与范式转型。"再生"理念对应于乡村地区，将之定义为：乡村再生（Rural Regeneration）。

[2] 陈绪冬,陈眉舞,潘春燕.乡村地区再生的复合型规划编制框架与案例——从系统管控到空间行动[J].规划师,2016(3):94-100.

[3] 何崴,陈龙.当好一个乡村建筑师——西河粮油博物馆及村民活动中心解读[J].建筑学报,2015(9):18-23.

[4] 罗德胤.村落保护：关键在于激活人心[J].新建筑,2015(1):23-27.

项目概况	案例举证
b. 浙江桐庐荻浦村 ●这些"文革"时期建造的集体牛栏,被巧妙地改造为咖啡馆,对后人认识完整的农耕生活而言具有重要的价值。	 
c. 河南信阳郝堂村 ●当地村委会用3000元承租了一栋荒废的土坯房,重新装修改造后转变为画室兼茶室,既避免了旧房被拆除的命运,也有效地利用了闲置的空间。	 

图片来源:作者根据相关资料整理[1][2]

(3)地域营造传统的传承

传统村落历史遗存的建设,是基于特殊地域性的建造背景,比如地方材料、营建工匠与营建技艺等一系列系统化的要素。这些基于地方材料和工匠技艺的运用,正是传统村落文化的表现方式之一。除此之外,中国传统语境下的"营造",本质上不仅仅是代表最终完成的建筑本身,而且在于村落建设的整个过程。比如村落选址、规划布局、民居建筑的建设中,涉及风水堪舆等事项。传统民居的营造,往往带有强烈的仪式感,开工、上梁、竣工等过程都需要举行一系列的仪式,既是祈福纳吉的表达,也是沟通人与人、人与物、人与田地之间的方式,从而赋予营造过程本身一种地域性的深刻记忆。然而近百年以来,随着砖石和混凝土材料的普遍使用,传统师徒制的传承[3]受到现代工业生产模式和现代教育制度的挑战,熟悉传统施工工艺,如木结构营造技艺和石雕、木雕、砖雕、灰塑、嵌瓷等装饰技艺[4]的工匠越来越少。因此,在当代传统村落的更新中,应将村落的具体情况结合文化遗产的保护,在符合相关规范的基础上,充分利用当地的地方材料、地方工匠与地方工艺,使传统工程做法能被激活利用,同时适度结合当代技术加以研究,探索可持续性的地域营造系统(表5-8)。

---

[1] 何崴,陈龙.当好一个乡村建筑师——西河粮油博物馆及村民活动中心解读[J].建筑学报.2015,(9):18-23.

[2] 罗德胤.村落保护:关键在于激活人心[J].新建筑.2015,(1):23-27

[3] 中国传统建造的过程也是技艺传承的过程。在民间,手工技艺从来不是通过书本传承的,它们大部分是口口相传,手手相传,师父与徒弟的关系贯彻在建造的过程中。因此可以说,在中国农村建造的过程也是一种文化延续的过程。详见:何崴,陈龙.当好一个乡村建筑师——西河粮油博物馆及村民活动中心解读[J].建筑学报,2015(9):18-23.

[4] 戴志坚.福建古村落保护的困惑与思考[J].南方建筑,2014(4):70-74.

表 5-8　地区建筑营建体系与其他营建体系比较

营建体系	地区原生营建体系	现代营建体系	可持续发展的地区营建体系
与环境的关系	与生态和谐共存	牺牲生态环境	生态、经济、社会协调发展
营建目标	以营建一定舒适度的人工居住环境为目标	以营建过度舒适的人工环境为第一需求	关注营建活动对地区生态的影响
运行模式	适度消费型	享用浪费型	循环再生型
营建方式	线性的、非循环型 资源—建筑—废物	线性的、非循环型 资源—建筑—废物	循环型 资源—建筑—废物—资源
资源利用	地方资源粗放利用	地方资源的大量消耗	地方资源的集约与高效利用
地域文化	传承地域文化	地域文化的缺失	继承地域文化的优势基因，关注在当下语境中的再生
技术体系	低能耗的地域技术与营建经验	高能耗与高技术	发掘地域技术中的生态营建经验，以现代科学规律与技术为指导形成基于循环经济的科学化与体系化地区营建
营建机制	使用者与工匠设计与建造，与社区生活相关联	设计者与使用者环节相脱离，形成从制造、策划、设计到施工交互合作的集权化网络	以使用者为主体，由政府、技术专家与使用者共同协作，形成从策划、设计、生产、建造到运营的地区营建共同体，融入社区发展互动与公共生活
参与对象	使用者与工匠自主营建	庞大的专业合作团队营建	政府、技术专家、地区精英与工匠、使用者
评价依据	安全型、经济性、持久性	舒适性、美观性、安全性	尽量降低营建对环境的负荷，建立科学评价的目标细则与评价方法

资料来源：王竹，魏秦.多维视野下地区建筑营建体系的认知与诠释[J].西部人居环境学刊，2015(3)：1-5.

5.3.4.2　协同策略

(1) 村民自组织的传统

费孝通先生说过："当代人要有文化自觉[1]。"文化的自觉，就是对自己的文化有自知之明，要理性地对待和审视我们身上所承载的文化传统[2]。传统村落的保护与发展，仅仅停留在政府与专家的层面上是远远不够的，更应该是村民自觉的行动。因为传统村落的形态，是村落社会组织系统的反映，并对村落的社会活动产生一系列的深远影响，彼此相互依存、互相重构。因此，对于村落的保护与发展，需要让村落共同体的所有村民具有一种强烈的内部认同感，作为发展主体发挥主观能动性，积极参与村落的建设，以便各种政策、规划与设计能真正落实到位，实现村落社会公共系统的一致性、认同性与完善性[3]。

(2) 规划师、建筑师的身份定位

当前中国，自上而下的传统村落保护体系已基本形成。然而，近年来随着乡村建设的改

---

[1] 所谓的"文化自觉"，既有置身于东西方文化交流下的自觉，也有传统文化与现代文化冲击下的自觉，更有地域文化与中华文化之间互动格局下的自觉。
[2] 易石嘉.闽越文化[M].北京：华艺出版社，2011：导论.
[3] 周榕.乡建"三"题[J].世界建筑，2015(2)：22-23，132.

造，传统村落中的许多所谓"乡愁派"或"奇景派"[1]的设计，并未获得村民的广泛认同。因为，在传统村落地域历史建筑特征的形成过程中，历史建筑的建造主体既是建筑使用者又是设计者，与建造过程中的参与主体紧密联系，所以营建过程既是经济行为又是社会行为[2]。然而，在自上而下的组织管理机制下，基于政府与专家视角下的规划建设方式，无法准确地传达地区社会生活的真实性[3]，保护政策处于整体失势和局部失效状态，传统村落仍然面临不断消亡的态势[4]。因此，在传统村落建设中，作为城市语境下的"专家"或者"教育者"角色的规划师与建筑师，应该从这种身份中脱离出来，放下文化优越性的心理，用平等视角看待传统村落与设计施工过程中的当地合作者（工匠）[5]、未来的建筑使用者（村民）[6]。

（3）对乡村产业复兴的推动

传统村落的保护与发展，除了涉及物质形态的建设、作为建设者与使用者主体的村民之外，还需要通过乡村产业的复兴来整合空间与社会等资源，这样村落才能够重新找到自我的价值。根据村落的文化底蕴与产业基础，找准村落产业发展的整体性定位，结合当前农业转型升级的契机，进行第一产业和第三产业的联动发展，通过产业的精心策划，发挥集体经济的优势，并借助空间策略修复与回归中国传统村落延续下的有机农业与手工业。以西河粮油博物馆为例，通过对历史建筑的改造，结合当地的经济作物与传统工艺，设计师协助村落创立了"西河粮油"的品牌，复兴了当地300年历史的全手工榨油的工艺，成为拉动村落经济、产业重塑的推动力[7]。

5.4 本章小结

本章从文化的时代性与可持续性视角出发，对漳州传统村落形态的现代保护发展适应进行初步探索。以全球化与城镇化背景下漳州传统村落的文化变迁的历程、因素与机制为视角，阐释了村落形态变化的时代背景；从存续现状、保护困境与发展机遇三方面入手，剖析了漳州传统村落形态的发展基础；以价值、对象、原则、策略为步骤，提出漳州传统村落文化保护与发展的多元路径。

一、全球化与城镇化背景下漳州传统村落文化的变迁。首先从时间的纵向维度入手，分

---

[1] 周榕.乡建"三"题[J].世界建筑,2015(2):22-23,132.

[2] 王竹,魏秦.多维视野下地区建筑营建体系的认知与诠释[J].西部人居环境学刊,2015(3):1-5.

[3] 自上而下的机制，大多忽视了营建主体的居民营建的自组织机制，将脱离生活功能与逻辑的经验，以可视化的地域符号与布景化的形态附加到营建中。

[4] 邰艳丽.本期聚焦:传统村落保护与更新——我国传统村落保护制度的反思与创新[J].现代城市研究,2016(1):1-9.

[5] 乡村设计中，并不主张画完整的施工图。原因是当地农民施工者一般看不懂施工图，即设计是开放的，刻意留出给工匠自由发挥的余地。在乡建中，建筑师不应该过于严苛地规定所有的设计细节，应该有意地开放部分设计的权利给当地人，特别是当地的工匠。这既可以使建筑更接地气，更具有"在地性"，也是对当地人和工匠的一种尊重。详见:何崴,陈龙.当好一个乡村建筑师——西河粮油博物馆及村民活动中心解读[J].建筑学报,2015(9):18-23.

[6] 这种身份的转换和交叉谕示了在乡建中建筑师与当地人的关系。这种关系是一种互为师生的彼此学习，而绝不是一方对另一方的教育。详见:何崴,陈龙.当好一个乡村建筑师——西河粮油博物馆及村民活动中心解读[J].建筑学报,2015(9):18-23.

[7] 何崴,陈龙,齐洪海,等.西河粮油博物馆及村民活动中心,[J].世界建筑,2015(3):94-99.

析漳州传统村落文化变迁的历史脉络,将其分为"解构"(新中国成立后至1978年)、"转型"(1978年至20世纪90年代中期)与"重构"(20世纪90年代中后期至今)三个历史阶段;其次从空间的不同尺度视角出发,将其分为三个尺度,分别是世界全球化下文化的同化与反同化共同发展、中国城镇化下传统文脉的撕裂与再修复、漳州发展海西区域中心与旅游城市的现实需求;最后从文化影响形态机制的变迁入手,分别论述了传统机制的衰败与消亡、现代机制的冲击与置换、新旧机制的融合与平衡。

二、文化变迁下传统村落形态的发展现状解析。首先是传统村落形态的存续现状解析,分别从村落整体格局的演变、村落历史风貌的保护、村落空间边界的变化三个方面进行论述;其次是传统村落形态的保护困境,分别从村落的物质形态、社会体系与发展管理三个层面进行阐释;最后分析了传统村落形态的发展机遇,分别从民间的内生推动力量、政府的上位保护政策与乡村旅游的助力发展三个层面进行分析。

三、漳州传统村落形态保护与发展的多元路径探索。首先从历史与文化、生态与经济、科学与艺术层面入手,诠释了多元价值作为村落保护发展的重要基础;其次从物质遗产与非物质遗产两个方面阐释了传统村落保护与发展的对象;再次论述了传统村落形态保护与发展的原则,一方面是整体保护观,另一方面是基于活态保护、地域性传承、"与古为新"的包容性下的可持续发展观;紧接着叙述了基于空间层面与协同性方面的综合策略,前者可分为三个主题,分别是以修补与渐进式的介入为主、功能活化与乡村再生、地域营造传统的传承,后者重视村民自组织的传统、规划师与建筑师的身份定位、对乡村产业复兴的推动三个方面。

总结与展望

作为闽南文化生态保护区的重要组成部分,漳州传统村落具有多样性的形态、丰富的社会内涵与地域性的人文精神。然而之前学界关注点大多囿于单一学科的封闭视野或者某一村落的个案研究,如历史学科集中于漳州传统村落的片段化历史研究,建筑学侧重于某个村落形态的静态性研究,一方面忽略了作为文化载体的传统村落形态外部表征与其内在机制的关联性研究,一方面割裂了传统村落形态作为特定历史存续的动态性研究。因此,这在一定程度上造成了漳州传统村落的理论研究与实证研究缺乏学科视野的多样性和系统性。传统村落文化作为中国传统文化的重要组成部分,是文化研究的纵深拓展与理论体系的补充,同时也是当代全球化与城镇化背景下中国传统村落研究的时代发展需要。

研究结论

本书以文化学为主要视角,为解析漳州传统村落形态演变研究找到了一个理想的切入点,从而较为全面地论证了它的历史发展脉络、典型特征与内在机理,以及在当代存续的可能性路径。文章紧扣"多元""交汇"与"文化"3个关键词:其中"多元"意味着注重整体性研究,"交汇"意味着动态性研究,"文化"意味着形态不仅仅是物理层面上的单一描述。

基于文化学与建筑史学的学科视角,本书在文化地理学、社会学等学科理论的基础上,建立了漳州传统村落形态演变研究的区域性理论框架体系,通过不同层面的分析、归纳与提炼得出三个主要结论。

结论一:通过对漳州传统村落的实地调研,从漳州传统村落发展的自然性基础、多元文化的共时性结构、多元文化的历时性演变与多元文化的交汇性特征四个方面入手,阐释了漳州传统村落多元文化的多维特征。

(1)漳州独特的自然环境构建了其传统村落文化生成的地域性。其中,山海同构地形地貌塑造了文化的封闭性与互动性,差异明显的土壤与耕地资源孕育了不同的经济形态,多元气候分区影响沿海与内陆的生产方式差异,自然灾害多样性引发人口迁徙与祈福文化现象。

(2)漳州传统村落多元文化是基于不同尺度空间下的共时性静态构成结构。漳州传统村落文化在地理约束下表现为大陆文化与海洋文化;在国籍背景下表现为中国文化与南洋文化;在民族差异下表现为中原汉族文化与闽越地域文化;在民系分支下表现为闽海系文化与客家系文化。

(3)漳州传统村落多元文化是基于不同历史节点下的历时性动态演变过程。漳州传统村落文化有以下几个重要的时空坐标系:先秦时期闽越文化在封闭地理阻隔下自然发展;秦汉时期少量北方移民下中原汉族文化的初步介入;唐宋元时期大量人口迁入下中原汉族文化成为主流文化;明清时期人口增长与宗法制度下宗族村落的大规模发展;清末至民国时期华侨迁徙下中国文化外溢与南洋文化的引入。

(4)漳州传统村落多元文化具有不同维度文化复合下的交汇性特征。具体可以体现为以下四个方面:"中心与边缘",是基于空间区位与信息密度的文化迁徙;"一体与多元",是基于空间层叠与时间承传的文化共生;"内生到外溢",是基于人口增长与商业贸易的文化溢出;"化外到化内",是基于行政管理与儒家教育的文化融合。

结论二:漳州传统村落形态的类型划分、构成体系与整体特征,作为一种认知传统村落的理论框架,共同解析了区域性漳州传统村落形态的外部表征。

(1)首先,分别从文化视野下的民系类别和经济形态与物质层面下的村落规模与历史风貌出发,建立漳州传统村落形态的类型框架。在民系类别层面上,漳州传统村落的形态可分为闽海系、客家系与闽客交融型三种类型;在经济形态层面上,可分为传统农耕型、农耕渔猎型、农商一体型与侨汇支撑型四种;在村落规模层面上,可分为大、中、小三种规模;在历史风貌特色层面上,可分为闽南民居、客家土楼、堡寨、混合型四种类型。

(2)其次,从环境选址、村落布局、边界限定与公共空间四个层级入手,系统阐述了漳州传统村落形态的构成体系。不同地貌环境下村落选址的多样性,可细分为盆地、山地、丘陵、山谷、平原五种类型;不同结构组织下村落格局的差异性,可分为组团式、带状、自由式、面状四种类型;自然与人工边界的构成,可分为自然边界与人工边界,两种边界相互关系存在着分离式、强联系与弱联系三种类型;村落街巷与重要节点下的公共空间,可分为街巷空间、人口标志与核心空间三种类型。

(3)从环境介入、空间组织模式与历史风貌特色三方面入手,诠释了漳州传统村落形态的整体特征。其中,顺应自然与因地制宜的环境介入方式,一方面表现为巧借山水、方便生产、利于防御,一方面是顺应地形、灵活布局、节约用地;在空间组织模式上,表现为聚族而居与内向防御;在历史风貌特色上,一方面是形态的多样性,表现为布局的规整与自由、边界的封闭与开放、风格的朴素与华丽,另一方面是形态的交融性,表现为人工与自然的统一、不同风格民居的交融。

结论三:漳州传统村落文化演变历程中基于传承、冲突、融合的不同影响因素,通过与传统村落形态中的村落选址、规划布局、边界限定与公共空间诸形态要素之间产生交互式的联系,共同揭示了漳州传统村落形态演变中的延续、转变与适应的内在机制,并诠释了其村落形态的演化规律。

(1)漳州传统村落形态的延续机制主要体现在以下三个方面。首先是宗族社会形态,一方面是聚族而居的宗族社会组织方式,一方面是祖先崇拜的宗法制度规范;其次是漳州地理特色下的村落经济形态,既有基于土地资源基础的传统农耕,也有基于河流与海洋的商业经济;最后是在意识形态上,主要表现在基于人地关系的风水理念、体现儒家思想传统的礼制精神与基于人神关系的宗教信仰三个方面。

(2)漳州传统村落形态的转变机制主要涵盖了以下三个方面:首先是民间社会动乱,一方面是区域内部不同族群之间基于资源博弈的族群械斗,另一方面与外来倭寇匪患的单向侵略有关;其次在国家宏观政策上,一方面是沿海海禁与迁界对沿海地区空间、经济与社会等层面的系统性破坏,另一方面是卫所屯田制度对村落开发模式的影响;最后,唐初陈元光平定漳州,为漳州地区的开发带来了人口、技术与文化,改变了蛮荒之地的生产与生活方式,而明清时期的海外移民与华侨现象,既让中国文化走向海外,同时也引进南洋文化,并促使漳州传统村落形态走向近代化。

（3）漳州传统村落形态的适应机制主要表现在以下三个方面：首先，以漳州月港为代表的海外贸易体系，与以九龙江为代表的内部贸易通道之间的商业联动，是跨区域物质与文化信息交流的重要方式，推动了海内外、沿海与内陆不同区域文化之间的交融；其次，国家层面上通过军事镇压与行政建制的"王化"政策，与促进官学与民间私学的"儒化"政策，这种国家权力的介入是促使文化加速融合不可或缺的力量；最后，不同族群多元宗教信仰之间相互融合，主要体现在汉族信仰与闽越巫术的融合以及以妈祖信仰为代表的闽海信仰融入客家系，由此带来了传统村落布局上不同宗教宫庙类型的多样性共存，同时也赋予了传统村落原有宗教空间新的功能与场所内涵。

（4）漳州传统村落形态的演化规律主要表现为以下三个层面。首先，村落整体规划布局演化的性质，可以分为主动控制、被动演化与综合推进三种类型，体现了传统村落形态演变过程中主动式的规划与被动式的顺应地形之间的博弈关系；村落整体布局演化的路径，可分为不变型和变化型两个主要类型及八个亚级类型，体现了村落形态的规划布局在时间维度上的变化情况，反映了村落形态演变过程中在人口增长、安全防御等因素影响下的路线选择。其次是村落安全防御体系的构建，一方面体现在空间层面上，通过村落选址、布局与边界三个物质实体方面强化安全防御性，另一方面是基于精神层面，通过祠堂与宫庙的精神地标加强村民的凝聚力。最后，村落公共空间的功能复合，表现在私人与公共、生产与生活、人人与人神三个层面的融合；村落公共空间的形态强化，主要体现在公共建筑在区位与技术两个层面的优势。

研究创新

本书以建筑史学为基础，结合文化学、地理学、社会学等多学科的研究视角，以漳州传统村落形态演变为研究对象，针对之前研究在横向维度上偏于单一学科的视野，以及纵向维度上侧重于个别村落的静态物质形态研究现状，同时突破以往漳州村落研究中将闽海系与客家系分开研究的不足，将其一起纳入研究框架，探讨共同的发展演变历程以及相互影响的关系，突出了漳州传统村落形态演变研究的整体性、系统性与动态性。鉴于此，本书总结了以下三个创新点。

创新点一：基于漳州传统村落的广泛调研分析，以文化认知的多维性为视角，从自然与文化、空间与时间、静态与动态、单一与复合等不同维度上，解析了漳州传统村落多元文化生成的地域性、构成的多样性、发展的动态性与交汇的综合性，系统阐释了漳州传统村落多元文化的生成与交汇逻辑。

首先，从漳州山海互动地貌特征与文化的封闭性和互动性、差异明显的土壤和耕地资源与不同的经济形态、多元气候分区与沿海和内陆的生产方式差异、自然灾害多样性与人口迁徙和祈福文化现象四个方面展开，诠释了漳州独特自然环境条件参与了传统村落文化生成的地域性建构。其次，分别从地理约束下的大陆文化与海洋文化、国籍背景下的中国文化与南洋文化、民族差异下的汉族文化与闽越文化、民系分支下的闽海文化与客家文化四个方面论述了漳州传统村落多元文化的共时性结构。再次，漳州传统村落多元文化的历时性演变，是从时间的维度上诠释了文化在历史轴线上的演化历程：先秦时期闽越土著文化在封闭地理阻隔下自然发展，秦汉时期少量北方移民下中原汉族文化的初步介入，唐宋元时期大量人口迁入下中原汉族文化成为主流文化，明清时期人口增长与宗法制度下宗族村落的大规模发展，清末至民国时期华侨迁徙下中国文化外溢与南洋文化的引入。最后,总结漳州传统村落多元文化的交汇性特征,体现为"中心与边缘""一体与多元""内生到外溢""化外到化内"。

创新点二:突破了漳州传统村落先前研究中存在的视野局限,比如侧重于村落个案、关注于民居单体以及将不同民系分开研究,以多元文化交汇的宏观视角,将漳州各类典型的传统村落纳入同一个研究框架。从漳州传统村落形态的类型、构成与特征三方面入手,探索建立区域性村落形态的研究方法体系,全面解析了多元文化交汇下漳州传统村落形态的区域性整体外部表征。

首先,分别从文化视野下的民系类别和经济形态与物质层面下的村落规模与历史风貌出发,建立漳州传统村落形态的类型框架。其次,从不同地貌环境下村落选址的多样性、不同结构组织下村落格局的差异性、自然与人工边界的构成与相互关系、村落街巷与重要节点下的公共空间四个层级,阐述了漳州传统村落形态的构成体系。最后,从环境介入方式、空间组织模式与历史风貌特色三方面,诠释了漳州传统村落形态的整体特征。

创新点三:不同于之前漳州传统村落形态的静态性研究,从多元文化交汇的动态性视角切入,以延续机制、转变机制和适应机制三个向度建立坐标系,剖析了漳州传统村落形态的演化机制,并进一步诠释漳州传统村落形态的演化规律。

首先,漳州传统村落形态的延续机制体现在三个方面:聚族而居与祖先崇拜的宗族社会形态、漳州区域地理特色下的村落经济形态、风水礼制与宗教影响下的意识形态。其次,漳州传统村落形态的转变机制包含三个层面:族群械斗与倭寇匪患的民间社会动乱、沿海海禁迁界与卫所屯田国家政策、唐初陈元光平定漳州与明清的海外移民。再次,漳州传统村落形态的适应机制表现为:月港海外贸易与九龙江内陆贸易联动、政策"王化"与"儒化"的共同推动、不同族群多元宗教信仰之间相互融合。最后,从传统村落整体规划布局演化的性质与路径、安全防御体系的空间与精神构建、公共空间的功能复合与形态强化三方面入手,诠释了漳州传统村落形态的演化规律。

研究展望

人生漫漫,科研苦旅,学无止境。随着本书研究的深入,便愈加发现本书的研究从深度和广度上看都有需要深化与拓展之处。因此,对多元文化交汇下漳州传统村落形态演变的深入研究,只能期待在未来的岁月中继续探索。

第一,建立漳州传统村落及其民居文化地理的数据库。通过选取文化因子,结合实地调研,在国家的基础地理要素数据库里,将传统村落与民居的详细信息在文化因子的参照坐标系下进行分类记录,再将地理坐标和因子信息等相关数据导入到特定的软件程序中进行分析处理,以生成文化地理分析图,从而构建完整的传统村落与民居文化地理信息库,形成区域传统村落与民居研究量化层面的数理逻辑系统。

第二,拓宽漳州区域内传统村落的研究案例数量。本书的研究对象以漳州地区获得"中国传统村落"称号的代表性村落为主,然而漳州地区传统村落资源丰富,还有许多等待发掘和深入研究的案例可供参考。

第三,将研究的视野延伸至漳州区划外。比如将周边省份的粤北、赣南和闽南的泉州、厦门地区纳入研究,以进行横向与纵向的比较研究。通过和周边地区传统村落的比较,可以反过来去验证多元文化交汇下漳州传统村落形态演变的历程与特征。

参考文献

[1] 李翔海.20世纪中国哲学研究[M].天津:天津人民出版社,2012.
[2] 高建,刘训练.回顾与展望:中外政治思想史研究[M].北京:世界知识出版社,2014.
[3] 施展.枢纽:3000年的中国[M].桂林:广西师范大学出版社,2018.
[4] 李培林,李强,马戎.社会学与中国社会[M].北京:社会科学文献出版社,2008.
[5] 袁年兴.族群的共生属性及其逻辑结构——一项超越二元对立的族群人类学研究[M].北京:社会科学文献出版社,2015.
[6] 余英时.方以智晚节考[M].北京:生活·读书·新知三联书店,2012.
[7] 福建省炎黄文化研究会,世界(澳门)闽南文化交流协会.闽南文化的当代性与世界性[M].福州:海峡文艺出版社,2015.
[8] 单军.建筑与城市的地区性——一种人居环境概念的地区建筑学研究[M].北京:中国建筑工业出版社,2010.
[9] 李岳川.近代闽南与潮汕侨乡建筑文化比较研究[D].广州:华南理工大学,2015.
[10] 林华东.闽南文化——闽南族群的精神家园[M].厦门:厦门大学出版社,2013.
[11] 黄汉民,陈立慕.福建土楼建筑[M].福州:福建科学技术出版社,2012.
[12] 王健.关于构建中国环境模式语言的思考[J].风景园林,2008(1):72-74.
[13] 赵之枫.传统村镇聚落空间解析[M].北京:中国建筑工业出版社,2015.
[14] 王云才.传统地域文化景观之图式语言及其传承[J].中国园林杂志,2009(10):73-76.
[15] 杨大禹.地域性建筑文化基因传承与当代建筑创新[J].新建筑,2015(5):99-103.
[16] 雷冬雪,鲁安东.基于"场所"工具的滨水乡村聚落分析与设计研究——以里下河地区沙沟镇为例[J].时代建筑,2017(4):66-79.
[17] 戴志坚.福建民居[M].北京:中国建筑工业出版社,2009.
[18] 武启祥,韩林飞,朱连奇,等.江西婺源古村落空间布局探析[J].规划师,2010(4):84-89.
[19] 费孝通.江村经济:中国农民的生活[M].北京:商务印书馆,2001.
[20] 孟祥武,王军,叶明晖,等.多元文化交错区传统民居建筑研究思辨[J].建筑学报,2016(2):70-73.
[21] 陈艳宇.文化冲突与多元文化导论[M].北京:中国民主法制出版社,2016.
[22] 郑晓云.文化认同与文化变迁[M].北京:中国社会科学出版社,1992.
[23] 张海洋.中国的多元文化与中国人的认同[M].北京:民族出版社,2006.
[24] 郭建斌.文化适应与传播[M].昆明:云南大学出版社,2007.
[25] 高丙中.居住在文化空间里[M].广州:中山大学出版社,1999.
[26] 伍兹.文化变迁[M].何瑞福译.石家庄:河北人民出版社,1989.
[27] 张曦.民族走廊与地域社会:羌族社会·文化的人类学思考[M].北京:社会科学文献出版社,2017.
[28] 郑一省.文化人类学视野下的广西华侨农林场归侨研究[M].北京:民族出版社,2017.
[29] 王光荣.文化的诠释 维果茨基学派心理学[M].济南:山东教育出版社,2009.
[30] 迈克·克朗.文化地理学[M].杨淑华,宋慧敏译.南京:南京大学出版社,2003.

[31] 黄正泉.文化生态学[M].北京:中国社会科学出版社,2015.
[32] 周均平.秦汉审美文化宏观研究[M].北京:人民出版社,2007.
[33] 黄凯锋.中观层面文化经营管理的价值论基础[M].上海:上海人民出版社,2004.
[34] 刘小荣.日本微观文化解析:日文版[M].北京:北京大学出版社,2014.
[35] 徐平.文化的适应和变迁:四川羌村调查[M].上海:上海人民出版社,2006.
[36] 丁鹏.汉族移民的文化适应研究[M].呼和浩特:内蒙古大学出版社,2012.
[37] 刘有安.移民社会文化适应——20世纪迁入宁夏的汉族移民研究[M].北京:民族出版社,2013.
[38] 雷金瑞,陈金生.西北少数民族文化[M].兰州:甘肃文化出版社,2010.
[39] 纪德君.广府文化:第2卷[M].广州:中山大学出版社,2016.
[40] 丘桓兴.客家人与客家文化[M].北京:中国国际广播出版社,2011.
[41] 戴志坚.闽海系民居建筑与文化研究[J].新建筑,2001(4):79-79.
[42] 曹云华.从文化适应的角度看东南亚华人与当地民族的关系[D].广州:暨南大学,2001.
[43] 李爱慧.文化的移植与适应——东欧犹太移民的美国化之路[M].北京:光明日报出版社,2010.
[44] 戴维海.徽派文化校园读本[M].合肥:安徽人民出版社,2013.
[45] 李伦新,等.海派文化的兴盛与特色——第六届海派文化学术研讨会论文集[M].上海:文汇出版社,2008.
[46] 洪修平.儒佛道思想家与中国思想文化[M].南京:江苏人民出版社,2015.
[47] 赵小花.从华夏边缘到民族边疆:近代青海河湟地区社会文化变迁研究[D].西安:陕西师范大学,2016.
[48] 张文.旅游与文化[M].北京:旅游教育出版社,2001.
[49] 张志春.中国服饰文化[M].北京:中国纺织出版社,2009.
[50] 张璐.近世稳婆群体的形象建构与社会文化变迁[D].天津:南开大学,2013.
[51] 单军.建筑与城市的地区性[D].北京:清华大学,2001.
[52] 郑东军.中原文化与河南地域建筑研究[D].天津:天津大学,2008.
[53] 段进,揭明浩.世界文化遗产宏村古村落空间解析[M].南京:东南大学出版社,2009.
[54] 陆元鼎.中国传统民居与文化:中国民居学术会议论文集[M].北京:中国建筑工业出版社,1991.
[55] 赵晓梅.黔东南六洞地区侗寨乡土聚落建筑空间文化表达研究[D].北京:清华大学,2012.
[56] 白佩芳.晋中传统村落信仰文化空间研究[D].西安:西安建筑科技大学,2014.
[57] 王东.明清广州府传统村落审美文化研究[D].广州:华南理工大学,2017.
[58] 魏楚楚.宗族聚落公共交往场所景观格局探析[D].武汉:华中科技大学,2012.
[59] 吴良镛.中国人居史[M].北京:中国建筑工业出版社,2014.
[60] 黄丽坤.基于文化人类学视角的乡村营建策略与方法研究[D].杭州:浙江大学,2015.
[61] 冯淑华.文化生态学视角下的传统村落空间演化及其模式研究——以江西婺源为例[D].南京:南京师范大学,2008.
[62] 陈昆仑.自然·空间·社会——广州城市水体的人文地理学研究[M].武汉:中国地质大学出版社,2015.
[63] 车震宇.旅游开发背景下传统村落的形态变化研究[D].广州:中山大学,2005.
[64] 余英.中国东南系建筑区系类型研究[M].北京:中国建筑工业出版社,2001.
[65] 艾字弗雷德·哈登.人类学史[M].廖泗友,译.济南:山东人民出版社,1988.
[66] 赵冶.广西壮族传统聚落及民居研究[D].广州:华南理工大学,2012.
[67] 常青.人类学与当代建筑思潮[J].新建筑,1993(3):47-50.
[68] 陈绪冬,陈眉舞,潘春燕.乡村地区再生的复合型规划编制框架与案例——从系统管控到空间行动

[J].规划师,2016(3):94-100.
[69] 张楠.作为社会结构表征的中国传统聚落形态研究[D].天津:天津大学,2010.
[70] 浦欣成.传统乡村聚落二维平面整体形态的量化方法研究[D].杭州:浙江大学,2012.
[71] 席丽莎.基于人类聚居学理论的京西传统村落研究[D].天津:天津大学,2014.
[72] 张力智.儒学影响下的浙江西部乡土建筑[D].北京:清华大学,2014.
[73] 谭立峰.河北传统堡寨聚落演进机制研究[D].天津:天津大学,2007.
[74] 赵冶.广西壮族传统聚落及民居研究[D].广州:华南理工大学,2012.
[75] 梁林.基于可持续发展观的雷州半岛乡村传统聚落人居环境研究[D].广州:华南理工大学,2015.
[76] 彭一刚.传统村镇聚落景观分析[M].北京:中国建筑工业出版社,1992.
[77] 张玉坤.聚落·住宅:居住空间论[D].天津:天津大学,1996.
[78] 杨大禹.云南少数民族住屋——形式与文化研究[M].天津:天津大学出版社,1997.
[79] 单德启.中国传统民居图说1:徽州篇[M].北京:清华大学出版社,1998.
[80] 李晓峰.乡土建筑:跨学科研究理论与方法[M].北京:中国建筑工业出版社,2005.
[81] 吴艳.滇西北民族聚居地建筑地区性与民族性的关联研究[D].北京:清华大学,2012.
[82] 常青.风土观与建筑本土化——风土建筑谱系研究纲要[J].时代建筑,2013(3):10-15.
[83] 张东.中原地区传统村落空间形态研究[D].广州:华南理工大学,2015.
[84] 刘磊.中原地区传统村落历史演变研究[D].南京:南京林业大学,2016.
[85] 张艳琼.美丽宜居视角下湖州荻港村传统村落保护利用策略研究[D].杭州:浙江大学,2015.
[86] 李畅.乡土聚落景观的场所性诠释——以巴渝沿江场镇为例[D].重庆:重庆大学,2015.
[87] 王南希.京西门头沟山区村落乡土建筑与景观研究[D].北京:北京林业大学,2014.
[88] 杨宇亮.滇西北村落文化景观的时空特征研究[D].北京:清华大学,2014.
[89] 杨立国.侗族传统村落景观基因在地方认同建构中的作用及其机制[D].广州:中山大学,2015.
[90] 顾人和,梁海棠,陈爽.白马人村落人居环境的地理特色[J].中国园林杂志,2006(4):56-62.
[91] 余亮,孟晓丽.基于地理格网分级法提取的中国传统村落空间分布[J].地理科学进展,2016(11):1388-1396.
[92] 江春雪.安徽省传统村落地理研究[D].长沙:湖南师范大学,2016.
[93] 韩凤.龙塘村山地传统民居聚落文化旅游资源保护与开发研究[D].重庆:重庆师范大学,2015.
[94] 周尚洁,李雪利.传统村落旅游开发与形态变化研究[J].旅游纵览(下半月),2016(12):36.
[95] 吴文刚.广东古村落旅游发展驱动力研究[J].旅游纵览(下半月),2016(12):74-75.
[96] 张丽然.一个汉族村落宗教生活的人类学调查[D].天津:南开大学,2007.
[97] 秦桂芬,秦莹.少数民族聚居村落生态景观变化的人类学分析——以云南省寻甸县小多姑村为例[J].学术探索,2017(1):63-70.
[98] 刘海旺.汉代农耕聚落考古学研究[D].郑州:郑州大学,2017.
[99] 习通源.青铜时代至早期铁器时代东天山地区聚落遗址研究[D].西安:西北大学,2014.
[100] 傅俊.南宋的村落世界[D].杭州:杭州:浙江大学,2009.
[101] 倪琪,王玉.中国徽州地区传统村落空间结构的演变[M].北京:中国建筑工业出版社,2015.
[102] 车震宇.传统村落的旅游开发与形态变化[M].北京:科学出版社,2008.
[103] 张艳玲.历史文化村镇评价体系研究[D].广州:华南理工大学,2011.
[104] 王伟.基于聚落形态的土楼保护和更新技术研究——以永定区南江村为例[D].南京:东南大学,2015.
[105] 许艳玲.历史聚落更新与保护管理体制研究[D].南京:东南大学,2007.
[106] 王云才,孟晓东,邹琴.传统村落公共开放空间图式语言及应用[J].中国园林,2016(11):44-49.

[107] 张大玉.北京古村落空间解析及应用研究[D].天津:天津大学,2014.
[108] 柳超强.晋东南传统村落户外活动空间特征和模式及其应用:以高平市寺庄镇为例[D].北京:北京大学,2012.
[109] 赵雅玲.碛口古镇传统聚落空间组织智慧及其现代应用研究[D].西安建筑科技大学,2014.
[110] 汤诗旷.苗族传统民居中的火塘文化研究[J].建筑学报,2016(2):89-94.
[111] 单霁翔.从"文物保护"走向"文化遗产保护"[M].天津:天津大学出版社,2008.
[112] 熊莹.基于梅山非物质文化传承的乡村建筑环境研究[D].长沙:湖南大学,2014.
[113] 段汉明.建筑的尺度与时空特征[J].新建筑,2000(5):19-21.
[114] 王静文.传统聚落环境句法视域的人文透析[J].建筑学报,2010(A1):58-61.
[115] 业祖润.传统聚落环境空间结构探析[J].建筑学报,2001(12):21-25.
[116] 王飒.中国传统聚落空间层次结构解析[D].天津:天津大学,2011.
[117] 刘沛林.中国传统聚落景观基因图谱的构建与应用研究[D].北京:北京大学,2011.
[118] 张楠.作为社会结构表征的中国传统聚落形态研究[D].天津:天津大学,2010.
[119] 李芗.中国东南传统聚落生态历史经验研究[D].广州:华南理工大学,2004.
[120] 陈博.黎族传统聚落形态研究[D].杭州:中国美术学院,2016.
[121] 袁晓羚.渭河上游流域传统聚落及民居建筑形态研究[D].西安:长安大学,2016.
[122] 刘丹.北京传统村落景观整治研究[D].北京:北京建筑工程学院,2008.
[123] 沈晖.苏州传统村落适应性保护研究[D].苏州:苏州科技大学,2017.
[124] 冯志丰.基于文化地理学的广州地区传统村落与民居研究[D].广州:华南理工大学,2014.
[125] 谭乐乐.基于文化地理学的桂林地区传统村落及民居研究[D].广州:华南理工大学,2016.
[126] 张演宇.旬阳县传统村落形态与建筑特征研究[D].西安:长安大学,2016.
[127] 冯卫杰.山西静乐县传统村落形态对比研究[D].西安:西安建筑科技大学,2015.
[128] 李滨.河东店镇传统聚落空间的演变与发展研究[D].西安:西安建筑科技大学,2011.
[129] 罗德胤.传统村落规划实践——以西河村为例[J].小城镇建设,2016(7):19-22.
[130] 张智敏.珠江三角洲水乡聚落桑园围研究[D].广州:华南理工大学,2016.
[131] 孟祥武,王军,叶明晖,等.多元文化交错区传统民居建筑研究思辨[J].建筑学报,2016(2):70-73.
[132] 袁炯炯,冉茂宇,黄源成.福建圆形土楼民居空间原型风环境模拟研究[J].厦门理工学院学报,2011(2):45-48.
[133] 曾五岳.漳州土楼揭秘[M].福州:福建人民出版社,2006.
[134] 谢东.漳州历史建筑[M].福州:海风出版社,2005.
[135] 黄兴泉.明清时期漳州家法族规研究[D].漳州:闽南师范大学,2016.
[136] 荣珏.漳州华安高山族"杵舞"的舞蹈研究[D].漳州:闽南师范大学,2015.
[137] 沈宏娜.旅游开发背景下古村落地方文化的再表达:以漳州南靖县田螺坑村为例[D].厦门:厦门大学,2014.
[138] 吉芳.漳州北溪蒋氏宗族的人类学个案观察[D].漳州:闽南师范大学,2010.
[139] 罗哲文.一处独具历史文化内涵特色的古园林——赵家堡"汴派园"和"辑卿小院"[J].中国园林杂志,2006(8):61-61.
[140] 黄汉民.福建土楼[M].北京:生活·读书·新知三联书店,2009.
[141] 黄汉民.中国传统民居:福建土楼[M].北京:中国建筑工业出版社,2011.
[142] 曹春平,庄景辉,吴奕德.闽南建筑[M].福州:福建人民出版社,2008.
[143] 郭磊.洪坑村传统聚落建筑形态研究[D].泉州:华侨大学,2013.
[144] 毕晶晶.漳浦诒安堡聚落形态研究[D].泉州:华侨大学,2012.

[145] 贺慕屿.漳州明清牌坊研究[D].漳州:闽南师范大学,2016.
[146] 雷松霖.漳州堡寨式聚落空间形态研究——以城内社村和埭尾村为例[D].厦门:厦门大学,2017.
[147] 孙晶.漳浦赵家堡聚落历史研究[D].泉州:华侨大学,2013.
[148] 李雄飞,谢早南,李日春,等.漳州市赵家城古堡保存规划[J].城市规划,1990(5):56-59.
[149] 韩俊艳.地域文化背景下非典型传统村落的保护和旅游发展研究——以漳州市南靖县官洋村为例[D].北京:北京交通大学,2016.
[150] 李艳英.福建南靖县石桥古村落保护和发展策略研究[J].建筑学报,2004(12):54-56.
[151] 蔡凌.建筑-村落-建筑文化区——中国传统民居研究的层次与架构探讨[J].新建筑,2005(4):6-8.
[152] 刘云.宋代漳州进士及诸科登第人次考[J].闽台文化交流,2012(4):77-86.
[153] 阮仪三.中国历史文化名城保护与规划[M].上海:同济大学出版社,1995.
[154] 王鑫.环境适应性视野下的晋中地区传统聚落形态模式研究[D].北京:清华大学,2014.
[155] 倪琪,王玉.中国徽州地区传统村落空间结构的演变[M].北京:中国建筑工业出版社,2015.
[156] 张昕,陈捷.权力变迁与村落结构的演化——以静升村为例[J].建筑师,2006(5):75-79.
[157] 王芳.历史文化视角下的内陆传统城市近现代建筑研究[D].西安:西安建筑科技大学,2011.
[158] 林晓平.先秦民俗典籍与客家民俗文化[M].北京:中国社会科学出版社,2016.
[159] 魏晓芳.三峡人居环境文化地理变迁研究[D].重庆:重庆大学,2013.
[160] 袁媛,肖大威,黄家平,等.传统村落边界空间保护初探[J].南方建筑,2014(6):48-51.
[161] 杨定海.海南岛传统聚落与建筑空间形态研究[D].广州:华南理工大学,2013.
[162] 张楠.作为社会结构表征的中国传统聚落形态研究[D].天津:天津大学,2010.
[163] 吕京庆.齐长城沿线军事聚落研究[D].天津:天津大学,2013.
[164] 李晓峰.适应与共生——传统聚落之生态发展[J].华中建筑,1998(02):119-121.
[165] 童磊.村落空间肌理的参数化解析与重构及其规划应用研究[D].杭州:浙江大学,2016.
[166] 朱晓明.试论古村落的评价标准[J].古建园林技术,2001(04):53-55.
[167] 李建斌.传统民居生态经验及应用研究[D].天津:天津大学,2008.
[168] 张东.中原地区传统村落空间形态研究[D].广州:华南理工大学,2015.
[169] 何峰.湘南汉族传统村落空间形态演变机制与适应性研究[D].长沙:湖南大学,2012.
[170] 童磊.村落空间肌理的参数化解析与重构及其规划应用研究[D].杭州:浙江大学,2016.
[171] 孔亚暐,张建华,闫瑞红,等.传统聚落空间形态构因的多法互证——对济南王府池子片区的图释分析[J].建筑学报,2016(5):86-91.
[172] 尤玉柱.漳州史前文化[M].福州:福建人民出版社,1991.
[173] 郑斐.从民族考古学角度看土壤[J].农业考古,1994(1):41-47.
[174] 漳州市地方志编纂委员会.漳州市志:第1~5卷[M].北京:中国社会科学出版社,1999.
[175] 王浩锋,饶小军.承传存续:乡村聚落空间复兴机制刍议[J].建筑师,2016(5):72-79.
[176] 郑振满.明清福建沿海农田水利制度与乡族组织[J].中国社会经济史研究,1987(4):38-46.
[177] 程炯,李新通,陈加兵.基于GIS的漳州市土地适宜性评价[J].福建师范大学学报(自然科学版),2001(2):98.
[178] 阮仪三.中国历史文化名城保护与规划[M].上海:同济大学出版社,1995.
[179] 苏文菁.闽商发展史:漳州卷[M].厦门:厦门大学出版社,2016.
[180] 林耀泉.漳州一千年来气象灾害规律探讨[J].中国农史,1987(3):8-14.
[181] 黑格尔.历史哲学[M].王造时,译.上海:上海书店出版社,2001.
[182] 单德启.冲突与转化:文化变迁,文化圈与徽州传统民居试析[J].建筑学报,1991(1):46-51.
[183] 黄晓利,赵洪波.中国传统文化概观[M].成都:西南交通大学出版社,2014.

[184] 林从华.闽台传统建筑文化历史渊源的研究[D].西安:西安建筑科技大学,2003.

[185] 任健强.华侨作用下的江门侨乡建设研究[D].广州:华南理工大学,2011.

[186] 徐晓望.闽国史略[M].北京:中国文史出版社,2014.

[187] 易石嘉.闽越文化[M].北京:华艺出版社,2011.

[188] 王东,唐孝祥.从化传统村落与民俗文化的共生性探析[J].中国名城,2016(8):65-70.

[189] 罗德胤.中国传统村落谱系建立刍议[J].世界建筑,2014(6):104-107,118.

[190] 罗香林.客家研究导论[M].上海:上海文艺出版社,1992.

[191] 潘安.客家民系与客家聚居建筑[M].北京:中国建筑工业出版社,1998.

[192] 谢重光.海峡两岸文化发展丛书:闽台客家社会与文化[M].北京:人民出版社,2013.

[193] 叶鹏.赣州城市空间营造研究——客家文化为主的多文化互动博弈[D].武汉:武汉大学,2012.

[194] 林晓平.先秦民俗典籍与客家民俗文化[M].北京:中国社会科学出版社,2016:91-96.

[195] 福建省炎黄文化研究会,福建省文化厅.闽越文化研究[M].福州:海峡文艺出版社,2002.

[196] 郑镛.论漳州人的人文性格[J].漳州师范学院学报(哲学社会科学版),2005(4):80-85.

[197] 傅娟,冯志丰,蔡奕旸,等.广州地区传统村落历史演变研究[J].南方建筑,2014(4):64-69.

[198] 陈诠.海峡两岸开漳圣王文化史料集:开漳篇[M].厦门:厦门大学出版社,2014.

[199] 尤玉柱.漳州史前文化[M].福州:福建人民出版社,1991.

[200] 漳州市文化局.漳州文化志[M].漳州市文化局,1999.

[201] 曾五岳著;漳州市文物管理委员会办公室编.漳州史海钩沉[M].福州:福建人民出版社,2006.

[202] 福建省考古博物馆学会.福建华安仙字潭摩崖石刻研究[M].北京:中央民族学院出版社,1990.

[203] 蒋炳钊,吴绵吉,辛土成.中国东南民族关系史[M].厦门:厦门大学出版社,2007.

[204] 傅娟,冯志丰,蔡奕旸,等.广州地区传统村落历史演变研究[J].南方建筑,2014(4):64-69.

[205] 吴春明.中国东南土著民族历史与文化的考古学观察[M].厦门:厦门大学出版社,1999.

[206] 吴春明.中国东南土著民族历史与文化的考古学观察[M].厦门:厦门大学出版社,1999.

[207] 晁成林.宋前文人入闽研究[M].南昌:江西人民出版社,2015.

[208] 黄浦江.漳州非物质文化遗产名录[M].合肥:黄山书社,2008.

[209] 吕思勉.中国通史:上[M].北京:中国文史出版社,2015.

[210] 吕思勉.大中国史[M].南京:江苏人民出版社,2015.

[211] 张娟娟.家法族规在明清法律体系中的作用——兼论明清时期家法族规与国家法的关系[D].重庆:西南政法大学,2004.

[212] 张楠,田晓佩,谭立峰.土地、户籍与赋税制度影响下的传统乡村聚落形态变迁[J].新建筑,2017(5):110-113.

[213] 田涛,郑秦点校.大清律例:卷20:兵律·关津[M].北京:法律出版社,1999.

[214] 陈华文.文化学概论[M].上海:上海文艺出版社,2001.

[215] 周群.季子文化研究丛书:季札评传[M].南京:南京大学出版社,2015.

[216] 吕思勉.吕思勉文丛:秦汉史:文明卷[M].武汉:华中科技大学出版社,2016.

[217] 邹春生.文化传播与族群整合——宋明时期赣闽粤边区的儒学实践与客家族群的形成[M].北京:中国社会科学出版社,2015.

[218] 约翰·H.霍兰.隐秩序——适应性造就复杂性[M].周晓牧,韩晖译.上海:上海科技教育出版社,2000.

[219] 李淑梅,宋扬,宋建军.中西文化比较[M].苏州:苏州大学出版社,2016.

[220] 曹春平.闽南传统建筑屋顶做法[J].建筑史,2006(0):90-104.

[221] 曹春平.闽南传统建筑[M].厦门:厦门大学出版社,2006.

[222] 王绍森.当代闽南建筑的地域性表达研究[D].广州:华南理工大学,2010.
[223] 姚准.景观空间演变的文化解释[D].南京:东南大学,2006.
[224] 凯文·林奇.城市意象[M].方益萍,何晓军,译.北京:华夏出版社,2002.
[225] 童磊.村落空间肌理的参数化解析与重构及其规划应用研究[D].广州:华南理工大学,2016.
[226] 袁媛,肖大威,黄家平,等.传统村落边界空间保护初探[J].南方建筑.2014(6):48-51.
[227] 梁思成.中国建筑史[M].天津:百花文艺出版社,2005:469.
[228] 王鑫.传统聚落空间组构分析:以山西上庄村为例[J].建筑学报,2013(A1):24-27.
[229] 吴艳.滇西北民族聚居地建筑地区性与民族性的关联研究[D].北京:清华大学,2012:24.
[230] 姜勇,孙靖国.《福建海防图》初探[J].故宫博物院院刊,2011(1):67-72,158-159.
[231] 张锦秋.和而不同的寻求[J].建筑学报,1997(2):31-38.
[232] 傅衣凌.论乡族势力对于中国封建经济的干涉——中国封建社会长期迟滞的一个探索[J].厦门大学学报(哲学社会科学版),1961,(3):83-97.
[233] 费孝通.乡土中国[M].上海:上海人民出版社,世纪出版集团,2007:66-70.
[234] 吴永章.多元一体的客家文化:第2辑[M].广州:华南理工大学出版社,2012.
[235] 杨威,刘宇.明清家法族规中的优秀德育思想及其当代价值研究[M].北京:人民日报出版社,2016.
[236] 吕思勉.中国制度史[M].上海:上海教育出版社,1985.
[237] 王铭铭.想象的异邦:社会与文化人类学散论[M].上海:上海人民出版社,1998.
[238] 杨威,刘宇.明清家法族规中的优秀德育思想及其当代价值研究[M].北京:人民日报出版社,2016.
[239] 陈正祥.中国文化地理[M].北京:生活·读书·新知三联书店,1983.
[240] 汉宝德.建筑桃花源[M].北京:生活·读书·新知三联书店,2013.
[241] 李婉婉.庙宇之德与神圣的约定——桂中马坪村落庙宇秩序空间的人类学研究[J].重庆文理学院学报(社会科学版),2014(3):6-11.
[242] 谢重光.客家文化述论[M].北京:中国社会科学出版社,2008.
[243] 潘安,郭惠华,魏建平,等.客家民居[M].广州:华南理工大学出版社,2013.
[244] 孙莹.梅州客家传统村落空间形态研究[D].广州:华南理工大学,2015.
[245] 汪征鲁.福建史纲[M].福州:福建人民出版社,2003.
[246] 周蓓.清代基层社会聚众案件研究[M].郑州:大象出版社,2013.
[247] 黄艺娜.宗族势力的消长与清初地方秩序的重建——以福建漳州碧溪、玉兰宗族械斗为例[J].福建师范大学学报(哲学社会科学版),2016(5):107-114.
[248] 郑镛.明代漳州倭患与民众抗倭[J].闽台文化交流,2006(3):29-33.
[249] 福建省地方志编纂委员会.福建省历史地图集[M].福州:福建省地图出版社,2004.
[250] 张长水.明清之际漳州海防遗存及其保护状况蠡测[J].漳州职业技术学院学报,2011(2):71-77.
[251] 邱季端.福建古代历史文化博览[M].福州:福建教育出版社,2007.
[252] 谢重光.海峡两岸文化发展丛书:闽台客家社会与文化[M].北京:人民出版社,2013.
[253] 单军,罗建平.防御性建筑的地域性应答:以安顺屯堡为例[J].建筑学报,2011(11):16-20.
[254] 陈易洲.开漳圣王文化[M].福州:海风出版社,2005.
[255] 任启平.人地关系地域系统要素及结构研究[M].北京:中国财政经济出版社,2007.
[256] 陈志宏.闽南侨乡近代地域性建筑研究[D].天津:天津大学,2005.
[257] 陈子铭.历史转折时期的漳州月港[M].福州:海峡文艺出版社,2015.
[258] 林冲.骑楼型街屋的发展与形态研究[D].广州:华南理工大学,2000.
[259] 徐晓望.明清东南海洋经济史研究[M].北京:中国文史出版社,2014.
[260] 郑镛.明清时期漳州的海商与海盗论略[J].海文史研究,2014(2):99-115.

[261] 叶锦花.盐政制度变革与明中后期商业的发展——以漳州、泉州地区为例[J].清华大学学报(哲学社会科学版),2014(6):65-78,178-179.

[262] 吴其生.明清时期漳州窑[M].福州:福建人民出版社,2015.

[263] 刘云.宋代漳州进士及诸科登第人次考[J].闽台文化交流,2012,(4):77-86.

[264] 孙清玲,庄铃华.唐宋以来漳州科第盛衰及其原因探究[J].福建论坛(人文社会科学版),2012(9):108-112.

[265] 弗雷泽.金枝:巫术与宗教之研究[M].徐育新等译.北京:中国民间文艺出版社,1987.

[266] 马林诺斯基.文化论[M].费孝通译.北京:华夏出版社,2002.

[267] 何马玉涓.文化变迁中的仪式艺术——以傈僳族刀杆节为例[D].昆明:云南大学,2015.

[268] 刘芝凤.闽台农林渔业传统生产习俗文化遗产资源调查[M].厦门:厦门大学出版社,2014.

[269] 刘晓春.仪式与象征的秩序:一个客家村落的历史、权利与记忆[M].北京:商务印书馆,2003.

[270] 李泽厚.美的历程[M].北京:生活·读书·新知三联书店,2014.

[271] 王路.村落的未来景象——传统村落的经验与当代聚落规划[J].建筑学报,2000(11):16-22.

[272] 卓晓岚.潮汕地区乡村聚落形态现代演变研究[D].广州:华南理工大学,2015.

[273] 周榕.乡建"三"题[J].世界建筑,2015(2):22-23,132.

[274] 李华东.传统村落:需要的是另一种"旅游"[J].小城镇建设,2016(7):23-26.

[275] 张琳.乡土文化传承与现代乡村旅游发展耦合机制研究[J].南方建筑,2016(4):15-19.

[276] 陆元鼎,杨新平.乡土建筑遗产的研究与保护[M].上海:同济大学出版社,2008.

[277] 罗德胤.村落保护:关键在于激活人心[J].新建筑,2015(1):23-27.

[278] 郭旃.全民参与:公众化的遗产保护趋势[J].世界遗产,2013(4):18.

[279] 吕思勉.历史的盛宴[M].北京:新世界出版社,2016.

[280] 徐敬瑶.社区参与视角下的传统村落活态保护研究——以元阳阿者科为例[D].昆明:昆明理工大学,2016.

[281] 熊伟.广西传统乡土建筑文化研究[D].广州:华南理工大学,2012.

[282] 何镜堂.文化传承与建筑创新:何镜堂院士同济大学大师讲坛简介及访谈[J].时代建筑,2012(2):126-129.

[283] 何崴,陈龙.当好一个乡村建筑师——西河粮油博物馆及村民活动中心解读[J].建筑学报,2015(9):18-23.

[284] 戴志坚.福建古村落保护的困惑与思考[J].南方建筑,2014(4):70-74.

[285] 王竹,魏秦.多维视野下地区建筑营建体系的认知与诠释[J].西部人居环境学刊,2015(3):1-5.

[286] 邬艳丽.本期聚焦:传统村落保护与更新——我国传统村落保护制度的反思与创新[J].现代城市研究,2016(1):1-9.

[287] 陆琦,高海峰,梁林.可持续发展视角下乡村景观建设的传承与提升——以中山市桂南村为例[J].南方建筑,2014(2):70-75.

[288] 俞孔坚.关于防止新农村建设可能带来的破坏、乡土文化景观保护和工业遗产保护的三个建议[J].中国园林,2006,22(8):8-12.

[289] 唐祖辉.新农村景观的乡土特色表达策略研究——以浙江美丽乡村建设为例[D].杭州:浙江农林大学,2013.

[290] 王峰玉,闫芳.信阳郝堂村村庄规划整治探索及对美丽乡村建设的启示[J].小城镇建设,2015(7):62-66.

[291] 何镜堂.文化传承与建筑创新:何镜堂院士同济大学大师讲坛简介及访谈[J].时代建筑,2012(2):126-129.

[292] 朱良文.对传统村落研究中一些问题的思考[J].南方建筑,2017(1):4-9.
[293] 车震宇.旅游发展中传统村落向小城镇的空间形态演变[J].旅游学刊,2017(1):10-11.
[294] 贺勇,孙佩文,柴舟跃.基于"产、村、景"一体化的乡村规划实践[J].城市规划,2012(10):58-62.
[295] 曹昌智.探索传统村落精细化保护发展路径[J].小城镇建设,2016(7):17-18.
[296] 樊亚明,刘慧."景村融合"理念下的美丽乡村规划设计路径[J].规划师,2016(4):97-100.
[297] 杨豪中,张鸽娟."改造式"新农村建设中的文化传承研究——以陕西省丹凤县棣花镇为例[J].建筑学报,2011(4):31-34.
[298] 陆元鼎.建筑创作与地域文化的传承[J].华中建筑,2010(1):1-3.
[299] 惠富平.中国传统农业生态文化[M].北京:中国农业科学技术出版社,2014.
[300] 王侠,马远航,杨萌.基于游客时空行为的丽江甘海子旅游服务中心改造规划[J].规划师,2014(9):47-52.
[301] 曹劲.关怀与唤醒——微观视角的乡村文化遗产传承与复兴[J].建筑学报,2017(1):118-120.
[302] 李郇,郑佳芬.文化创意植入下的村庄空间改造——以东莞下坝坊为例[J].规划师,2016(8):76-80.
[303] 陈锐,钱慧,王红扬.治理结构视角的艺术介入型乡村复兴机制——基于日本濑户内海艺术祭的实证观察[J].规划师,2016(8):35-39.
[304] 曹易,翟辉.对传统村落保护与发展模式的几点思考[J].小城镇建设,2015(5):41-43.
[305] 肖毅强.乡村景观的可持续发展[J].风景园林,2013(4):152-153.
[306] 罗德胤.传统村落规划实践——以西河村为例[J].小城镇建设,2016(7):19-22.

附 录

调研传统村落概况信息表

漳州市"中国传统村落"名录

所在县城	乡镇	序号	村落	起源	族姓	民系	民族	经度	纬度	备注：人口；重要建筑、产业、环境
芗城区	天宝镇	01	洪坑村	明	戴	闽	汉	117.306	24.387	
长泰县	马洋溪	02	山重村	唐	薛	闽	汉	117.929	24.669	全国特色景观旅游名村、国家生态示范村
	岩溪镇	03	珪后村	元			汉	117.780	24.755	
龙海区	东园镇	04	埭尾村	明		闽	汉	117.857	24.3619	
	港尾镇	05	城内社	明	黄	闽	汉	117.151	24.385	
漳浦县	旧镇镇	06	石牛尾	清	林	闽	汉	117.735	24.098	秀才返乡建厝
	湖西乡	07	城内村	清	黄	闽	汉	117.817	24.173	国保单位
	湖西镇	08	赵家城	明	赵	闽	汉	117.826	24.152	
东山县	西埔镇	09	梧龙村	明	林	闽	汉	117.442	23.688	
	樟塘镇	10	古港村	明		闽		117.456	23.735	
诏安县	西潭乡	11	山河村	清		闽	汉	117.156	23.785	省保单位——震山祖祠
云霄县	火田镇	12	菜埔村	明		闽		117.340	23.996	省保单位——菜埔堡
华安县	马坑乡	13	和春村	元	邹	客	汉	117.390	24.965	
	马坑乡	14	福田村	明		客	汉	117.373	24.947	
南靖县	书洋镇	15	田螺坑	明	黄	客	汉	117.060	24.584	世界遗产；中国历史文化名村、中国景观村落
	书洋镇	16	河坑村	明		客	汉	117.058	24.648	世界遗产
	书洋镇	17	塔下村	明	张	客	汉	117.051	24.617	省级历史文化名村
	书洋镇	18	石桥村	明	多	客	汉	117.057	24.663	
	书洋镇	19	下版寮	元	多	客	汉	117.230	24.354	裕昌楼是省文保单位
	书洋镇	20	南欧村	明	张	客	汉	117.066	24.616	
	奎洋镇	21	上洋村	明	庄	客	汉	117.111	24.737	
平和县	小溪镇	22	庄上村	明	叶	客	汉	117.108	24.112	庄上大楼是国保单位
	霞寨镇	23	钟腾村	明	黄	客	汉	117.141	24.376	榜眼府是省保单位
	芦溪镇	24	芦丰村	明	叶	客	汉	117.036	24.478	
	秀峰乡	25	福塘村	明	多	客	汉	116.989	24.309	

后 记

  对于大千世界中的芸芸众生而言,"随遇而安"背后的因缘际会或许总会在人生不同阶段的成长经历中留下或深或浅的伏笔,于是当回首来时路中遇到的人和事,在大比例尺度的时空视野下,无论是顺境还是逆境,都值得去感恩与升华。

  小时候的我,出生在闽南地区海边的小渔村,古朴的闽南传统民居里,每在下雨时总喜欢看着内院里屋檐下雨滴所形成的渐渐朦胧的雨幕而发呆;年渐长,社戏与祠堂、庙宇与礼拜、沧海与桑田伴随着我度过快乐的童年;中学之后,随着台商投资区的开发建设,往昔郁郁葱葱的田园风光变成一片尘土飞扬的平地;大学之后村落周边工厂大量民工的居住与商业需求,促使村落边界的不断扩张,昔日历史风貌统一的传统村落转眼成为当代语汇中纷乱无序的城中村……儿时的美好回忆遂尘封于滚滚红尘的日常琐事之中。后来工作原因有机会下乡调研,目睹偏远乡村里传统村落的古色古香,便勾起曾经的少年往事,那份乡土情怀"老树发新枝",由此启发了探索传统村落的一段人生与学术因缘。

  回首学术探索的来时路,深深体会到这条道路漫长崎岖,幸而遇到身边诸多师长和亲友的关怀与帮助,在此表示衷心的感谢!

  人生如逆旅,师长如明灯,提携引领后学前进的方向。首先感恩导师何镜堂院士的悉心指导与关怀。先生以82岁高龄和师母李绮霞教授依旧奋斗工作在一线,其乐观与拼搏精神,像是一盏明灯,在我遇到人生与学业困境时,时刻鼓舞着我继续向前……

  感谢华侨大学建筑学院硕士生导师周春雨和彭晋媛两位先生,他们分别启蒙与引领了我的建筑设计与学术科研生涯,并在后续人生旅途中不断关怀与鼓励。

  感谢厦门理工学院土木工程与建筑学院原院长陈昌萍教授、吴文庆书记与学院诸位同事对我工作与学习的关怀与支持。

  最后要深深感谢我的父母。他们的养育之恩,让我能够生活无忧;他们身体健康,让我身为独子尚可以步履从容……

黄源成

2020年11月于厦门